나는 **평온하게**
죽고 싶습니다

나는 평온하게
죽고 싶습니다

호스피스 의사와 의료인류학자의
말기 돌봄과 죽음의 현실에 관한
깊은 대화

송병기
김호성
지음

프시케의숲

일러두기

1. 외래어 표기는 국립국어원의 표기법을 따르되 관행에 따라 일부 예외를 두었다.
2. 외국어를 음차할 때 가독성을 고려하여 알파벳이 아닌 한글로 표기했다. 단, 약어나 고유 상표, 지칭 등으로 쓰인 경우에는 알파벳으로 표기했다. 예) 케어, 큐어, OECD, 시사IN, A환자
3. 논문, 보도자료, 단편 글, 뉴스매체 등은 「 」, 책, 잡지 등은 『 』, 뉴스기사는 " ", 영상, 영화, 그림, 곡 등은 〈 〉로 표기했다. 단, 해외 문헌의 경우, 책, 학술지 등은 별도의 기호 없이 이탤릭체로, 논문은 " "로 표기했다.
4. 환자 및 보호자, 혹은 호스피스 종사자의 사례들은 구체적인 인물이 특정되지 않도록, 다양한 출처의 자료 및 경험에 바탕하여 재구성되었다. 정원 사진 역시 마찬가지의 이유로 일부분이 조정되었다.

제2부 고통을 통하여

제3부 죽음을 다시 만들기

머리말

깔끔하게 죽고 싶다는 바람에

_송병기

내가 죽음을 의료인류학적으로 탐구한다고 말하면 사람들은 놀라는 표정을 지으며 이렇게 묻는다. "아니 어쩌다 그런 일을?" 많은 이들에게 의료인류학은 낯선 학문이고 죽음은 피하고 싶은 주제이다. 나는 미소를 머금고 다음과 같이 설명하며 사람들을 안심시킨다.

인류학은 일종의 왕복승차권이다. 내 집처럼 익숙한 문화를 잠시 떠나는 시간이다. 낯선 곳의 언어, 제도, 역사, 사람들을 만나고 돌아와 '홈그라운드'를 다르게 보는 일이다. 예컨대 이 왕복승차권을 이용해 트로브리안드 군도에서 쿨라^{Kula}라고 불리는 교역을 접하며 선물^{gift}의 의미를 새롭게 깨달을 수 있다.[1] 또 런던에서 선물 거래^{futures trading}라고 명명된 금융 전산망을 관찰하며 합리성의 개념을 다시 음미할 수도 있다.[2] 인류학이 조명하는 쿨라와 금융 전산망의 형태는 다르지만, 우리 자신에 대해 무엇인가를 알려준다는 점에서 그 본질은 같다. 요컨대 인류학은 '문화'를 연구하는 학문이다.[3]

의료인류학은 의료와 사람의 관계에 대한 폭넓은 이해를 추구하는 인류학 분과이다. 사회문화적 관계망 속에서 탄생, 돌봄, 노화, 아픔 등을 살펴본다. 특히 죽음은 의료와 사람을 총체적으로 생각하기 좋은 주제다. 한 사람의 죽음에는 그가 맺은 관계들이 응집되어 있다. 의료라는 제도, 규범, 실천은 그 관계를 들여다볼 수 있는 렌즈다. 나는 프랑스, 일본, 모로코, 한국의 병원과 노인요양시설에서 현장연구를 하며 죽음이란 주제를 다뤄왔다.

이쯤 설명하면 사람들은 비로소 안심한 표정을 짓는다. 그러곤 죽음에 대한 자기 생각을 밝힌다. 그중 내가 한국에서 많이 듣는 말이 있다. "더러운 꼴 안 보고 깔끔하게 죽고 싶다." 처음에는 그 이야기를 농담으로 받아들였다. 그런데 시간이 흐를수록 그 소리가 목에 걸리고 귓가에 맴돌았다. 내가 만나는 사람들마다 그 말을 했기 때문이다. 현장연구를 수행한 병원과 요양원에서, 자문을 맡은 신문사와 방송사에서, 강의를 한 학교와 회사에서도 그랬다. 사석에서 지인들도 그 소망을 밝히며 뾰족한 수가 없냐고 물었다. 그 바람에 어떻게 응답해야 할지 몰라 혼란스러웠다. 무엇보다 사람들이 왜 생의 끝자락을 더러움과 깔끔함으로 표현하는지 궁금했다.

단순화할 수 없는 죽음의 현실

더러운 꼴과 깔끔한 죽음이란 무엇인가? 혹시 이 말은 위생 상태와 관련되어 있는 것은 아닐까? 건강에 해로운 세균이나 바이러스, 악취를 풍기는 쓰레기나 배설물 따위가 떠오른다. 그러면 앞서 언급한 사람들의 바람은 깔끔한, 즉 쾌적한 환경에서 죽음을 맞이하고 싶은 것으로 이해할 수 있다. 그러나 이 해석은 언뜻 타당한 듯 보이지만 실은 그렇지 않다. 오늘날 한국인 10명 중 8명이 병원에서 죽기 때문이다. 병원은 멸균 상태를 유지하는 공간이다. 또 대개 사람들은 세균 감염으로 인해 사망했거나, 화장실에서 심장마비로 숨진 이의 소식을 듣고 위생을 운운하지는 않는다.

　더러움을 '질서'의 문제로 보는 것은 어떤가? 더러운 꼴, 그러니까 어떤 사물이나 행위가 제자리를 벗어난 상태는 정상적 질서라고 여겨지는 규범, 범주, 상식에 어긋난 것으로 이해할 수 있다.[4] 이런 관점에서 보면 더러운 꼴과 깔끔한 죽음은 도덕적 가치 판단의 문제가 된다. 예컨대 전자는 중환자실이나 요양병원에서 고립된 채 연명의료를 받다가 사망하는 '나쁜 죽음'으로 분류되고, 후자는 집에서 가족의 돌봄을 받으며 고통 없이 사망하는 '좋은 죽음'으로 분류되는 식이다. 말하자면 더러운 꼴과 깔끔한 죽음이란 질서는 시설과 집이라는 장소로 드러나는 셈이다.

　그럼 "더러운 꼴 안 보고 깔끔하게 죽고 싶다"는 바람을 특정 장소에 대한 선호로 이해할 수 있을까? 사람들이 예전처럼 집에서 죽고 싶어하는 것이라고 말이다. 애석하게도 현실이 그렇게 단순명료하지 않다. 가령 노인이 요양병원에 입원한 것을 더러운 꼴로 치부할 수 있는지 생각해보자. 쇠약해진 그를 집에서 돌볼 사람이 없고, 가족이 생업으로 바쁘거나 다른 지역에 살고, 그가 집에서 죽고 싶어도 재택의료 체계가 구축되어 있지 않다면 어떻게 해야 하는가? 그래도 그의 요양병원 입소를 좋고 나쁨으로 판단할 수 있는지 의문이다.

또 가령 암 환자가 적극적 치료를 받다가 중환자실에서 사망한 것을 깔끔하지 않은 죽음으로 부를 수 있는지도 생각해보자. 그에게 노모와 초등학교를 다니는 자녀가 있었고, 가족을 돌봐야 하는 상황에 있는 그가 최선을 다해 항암 치료를 받았고, 평소 의료진이 그에게 다양한 치료 옵션을 제시했고, 그가 말기에 이르러 호스피스를 이용하고 싶었지만 자리가 없었다면? 생의 끝자락을 살아가는 사람들의 조건과 상황을 도덕적으로 구분하는 것이 부조리하게 느껴진다. 정작 우리 삶을 도덕이나 질서의 문제로 전환하는 '현실'은 베일 속에 감춰져 있다는 생각이 든다. 더러운 꼴과 깔끔한 죽음이라는 가치 및 감정을 생산, 유통, 수용하게 하는 현실이란 무엇인가?[5]

병원을 전전하다 죽음에 이르는 사람들

한국에서 노쇠나 말기 질환으로 죽음에 이르는 경로를 보면 현기증이 난다. 대체로 노인 환자들은 집, 요양원, 요양병원, 급성기 병원 사이를 떠돈다. 노인은 집에 머물다가 기저질환이 악화되어 몸 상태가 안 좋아지면 급성기 병원에 간다. 그곳에서 공격적인 치료를 통해 회복이 되기는 하지만, 체력이 떨어져서 집으로 오기가 힘든 상황에 맞닥뜨린다. 그러면 요양원이나 요양병원에 들어간다. 거기서 지내다가 상태가 안 좋아지면 다시 급성기 병원에 입원한다. 만약 급성기 병원에서 회복되면 또다시 요양원이나 요양병원에 간다. 이와 같이 노인 환자는 '뺑뺑이'를 돌다가 결국 급성기 병원에서 사망한다.

각 시설을 간단하게 정의하면, 요양원은 고령이나 질병 등의 이유로 집에서 홀로 일상생활을 하기 힘든 노인에게 신체활동 서비스를 제공하는 곳이다. 노인복지법에 의거한 요양시설이기 때문에 상주하는 의사는 없다. 반면 요양병원은 의료법에 근거한 병원이며, 의사가 상주하고, 장기요양이 필요한 환자에게 치료 및 재활 등의 의료서비스를 제공하는 곳이다. 요양병원과 달리 급성기 병원은 이른바 많이 아플 때 가는 곳이다. 응급실과 중환자실이 있는 종합병원을 가리킨다.

한편, 대개 암 환자는 집과 '서울의 큰 병원'을 오가다 몸 상태가 많이 안 좋아지면 중환자실에 입원한다. 암은 '시각적'인 질환이고, 그 특성은 자본과 밀접한 관계를 맺는다. 암 진단 및 치료에는 영상 기기의 도움이 절대적이다. 예컨대 위암이나 간암 같은 고형암은 CT, MRI 등의 영상 검사를 통해 암세포의 크기를 판단할 수 있다. 또 어떤 장비를 사용하느냐에 따라 암 치료의 결과도 달라질 수 있다. 서울의 큰 병원들은 막강한 자본력을 바탕으로 양성자 치료기, 중입자 치료기 등의 첨단 기기를 운용하며 전국의 암 환자들을 끌어당긴다.

완치에 대한 희망과 가능성이 끊임없이 제시되는 현실에서 말기, 즉 치료를 함에도 불구하고 질환이 진행되어 남은 수명이 수개월 정도 예상되는 시기를 규정하고 받아들이는 일은 점점 어려워진다. 그러나 의학에 100퍼센트는 없다. 항암 치료법이 발전하고 있지만, 상당수 환자들은 생애 말기에 이른다. 몸 상태가 급격히 나빠진 환자는 중환자실에 입원해 '집중치료'를 받다가 사망한다. 의료가 진단과 치료라는 말로 통용되는 현실에서, 돈도 안 되는 돌봄은 개인이 알아서 해결해야 하는 일로 치부된다.

무엇이 생의 끝자락을 괴롭게 하는가

오늘날 우리가 경험하고 있는 생의 끝자락은 3가지 특징이 있다. 첫째, 돌봄의 경로가 삶을 '임시적인 상태'로 만든다는 점이다. 환자가 안심하고 지낼 수 있는 곳이 없다. 집, 요양원, 요양병원, 급성기 병원 모두 불안한 장소이다. 환자는 의료라는 '컨베이어 벨트'를 타고 자꾸 어딘가로 이동해야 하는 대상으로 변모한다. 의학적 판단에 따라서 환자 삶의 형식이 규정되는 셈이다. 그 과정에서 환자의 일상, 관계, 역사, 즉 목소리는 주변으로 밀려난다.

둘째, 생애 말기 돌봄을 함께 이야기할 '상대'가 없다는 점이다. 생애 말기는 갑자기 인생의 진리를 깨닫는 시간이 아니다. 여전히 일상의 연속이다. 다만 돌봄의 중요성이 선명하게 드러나는 시기이다. 예컨대 생애 말기를 어디서 보낼지, 누구에게 돌봄을 받을지, 어떤 의료 처치를 지속하거나 중단할지, 생계를 어떻게 유지할지, 임종은 어디서 할지 등등 여러 사안에 대해 생각하고 준비할 필요가 있다. 생애 말기 돌봄은 내밀하고 복잡하고 전문적인 일이다. 개인이 혼자 하기는 힘들다. 누군가와 함께 대화하고 계획을 세워야 한다. 문제는 그 '누군가(제도)'가 보이지 않는다는 것이다. 현실적으로 환자와 가족이 생애 말기 돌봄을 요양병원 의사나 대학병원 의사와 논의하기는 어렵다. 만약 생애 말기 돌봄을 시장에 내맡긴다면, 정치의 존재 이유를 묻지 않을 수 없다.

셋째, 생의 끝자락에 대한 '상상력'이 턱없이 부족하다는 점이다. 대개 생의 끝자락에 대한 상상은 어떤 병원을 가서, 어떤 의사를 만나고, 어떤 약을 먹고, 어떤 수술을 받아야 하는지에 대한 것에서 크게 벗어나지 못한다. 이러한 상상은 치료를 받고 회복을 기대할 수 있는 시기에는 유용하다. 하지만 치료를 받아도 회복을 기대하기 어려운 생애 말기에는 어울리는 상상이 아니다. 생애 말기는 '지난한 돌봄'과 함께한다. 가령 환자가 음식을 삼키지 못할 때, 의학적 진단과 처치를 넘어서 어떻게 그 '취약함에 응답'할 수 있을지 다양한 사람들이 다각도로 고민해야 하는 시간이다. 환자와 의료진의 관계, 돌봄과 의료의 관계가 근본적으로 달라져야 하는 생의 끝자락에 대한 풍부한 상상력이 절실하다.

"더러운 꼴 안 보고 깔끔하게 죽고 싶다"는 바람은 이런 맥락에서 생각해야 한다. 이 바람에는 생의 끝자락을 살아가는 사람을 '사람으로 대우'하기 어려운 현실이 담겨 있다. 생애 말기에도 진단과 치료 외에 다른 가치로 디자인된 의료를 떠올리기 힘든 상태. 기대수명은 늘어나고 있지만, 정작 나이 드는 삶을 기대할 수 없는 역설. 죽는 것보다 늙는 것이 더 두려운 마음이 들어 있다. 현재 이 난국을 어떻게 타개할 수 있을지에 대한 대답으로 '안락사'가 인기를 끌고 있는 것으로 보인다.[6] 그러나 한국과 안락사를 허용한 서구 국가들 사이에는 큰 차이점이 있다. 한국 내 안락사 논의의 시발점은 '환자의 자기결정권'이라기보다는 '불평등한 삶의 조건'이라는 것에 주목해야 한다. 돌봄을 개인적 일로 고립시킨 결과 '간병 살인' 같은 문제가 발생하고 있는 한편, 개인들은 안락사를 통해 그런 문제에 대응하려는 아이러니한 상황이 벌어지고 있다. 이 엄혹한 현실에 대한 폭넓은 논의도 구체적인 방안도 부재하다. 그렇기에 한국에서 안락사라는 말은 '모종의 혐의'로부터 자유롭지 못하다. 돌봄을 제대로 받지 못해서 선택한다는 혐의. 돈이 없어서 선택한다는 혐의. 가족에게 폐를 끼치기 싫어서 선택한다는 혐의. 안락사라는 말에는 온갖 혐의가 그림자처럼 따라다닌다.

호스피스에서 평온한 죽음을 모색하다

이 책은 호스피스 완화의료를 통해 "더러운 꼴 안 보고 깔끔하게 죽고 싶다"는 바람에 응답한다. 호스피스 완화의료는 적극적인 치료에도 불구하고 수개월 내 사망이 예측되는 환자와 그 가족에게 전인적인 돌봄과 의료를 제공하는 서비스이다.[7] 의사, 간호사, 사회복지사, 성직자, 자원봉사자 등이 이른바 다학제팀을 이루어 환자의 아픔에 총체적으로 응답하는 체계이다. 진단과 치료가 아닌, 말기 환자 및 보호자의 고통 경감과 삶의 질 향상이란 가치를 중심으로 디자인된 시공간이다. 호스피스 완화의료는 죽어감, 죽음, 죽음 이후가 어떻게 유기적으로 관계를 맺는지, 그 얽힘이 어떻게 우리를 '사람'으로 만드는지를 보여주는 현장이다. 평온한 죽음을 위한 대안을 다각도로 모색하는 데에 참고가 된다. 상상력은 세계를 새롭게 보는 힘이다. 호스피스 완화의료는 그 자체로도 의미가 있지만, 오늘날 생의 끝자락 풍경을 다르게 볼 수 있게 한다는 점에서도 가치가 있다.

나는 호스피스 의사 김호성과 함께 이 책을 썼다. 우리는 2019년 호스피스 완화의료 학회에서의 인연으로 생애 말기 돌봄에 대해 함께 논의하고 연구해왔다. 그러던 중 호스피스를 입구로 하여 말기 암 환자는 물론 우리 모두를 당사자로 하는 돌봄과 죽음의 현실을 다양한 차원에서 짚어보는 책의 필요성을 절감했다. 2022~2023년, 나는 이 책을 쓰기 위해 그가 일하는 '동백 성루카병원'을 수차례 방문했다. 그곳에서 그와 장시간 이야기를 나눴고, 호스피스가 정확히 무슨 일을 하는지, 공간은 어떻게 구성되어 있는지, 어떤 방식으로 움직이는지, 누가 일하는지, 제도와 시스템적 특성은 무엇인지 등을 살펴봤다.

동백 성루카병원은 말기 환자를 위한 호스피스이다.[8] 많은 분들의 후원에 힘입어 2020년 천주교 수원교구가 용인시 처인구에 설립했다. 의사, 간호사, 사회복지사, 종교인, 자원봉사자 등이 일하고 있다. 입원 병상 수는 40개이다. 호스피스 간병제도인 보조활동인력을 운영하고 있어 다른 유형의 요양기관에 비해 간병비 부담이 덜하다. 가정 방문 호스피스 서비스도 운영한다. 호스피스 비용은 건강보험의 호스피스 정액급여비용에 준하여 책정된다. 호스피스를 이용하기 위해서는 먼저 담당 주치의에게 말기 진단을 받아야 한다. 호스피스 의뢰가 적시된 진단서 및 소견서를 발부받은 환자는 누구나, 종교에 관계없이 이용 가능하다.

이 책은 나와 김호성이 동백 성루카병원에서 나눈 대화로 이루어져 있다. 처음에는 각자 서술체로 산문을 쓰고 이를 짜임새 있게 구성해 책으로 묶으려 했다. 하지만 그 형식이 우리가 대담에서 느꼈던 혼란, 고민, 긴장, 좌절, 희망을 충분히 담아내지 못한다는 결론에 이르렀다. 조금 실험적인 책을 쓰기로 했다. 편집자가 대화를 기록했고, 나와 김호성은 녹취록에 바탕하여 내용을 대화체로 대폭 보강했다. 이 책의 상당 부분은 새로 쓴 글이다. 우리는 대화라는 형식을 통해 우리의 감정과 생각이 상호침투하기를 바랐다. 동백 성루카 병원을 '인류학적 현장'으로 삼고 생애 말기 돌봄의 현실을 알아보는 한편, 이 현장과 교차하는 한국의 의료와 사회문화를 조명했다.

1부는 '공간'(1장)과 '음식'(2장)을 통해 호스피스의 개괄적인 상을 그린다. 먼저 1장에서 동백 성루카병원의 정원, 카페, 기도실, 병실, 목욕실, 프로그램실 등을 둘러보면서, 호스피스라는 공간이 어떤 가치를 중심으로 디자인되고 작동하는지 살펴본다. 2장 '음식'은 삶의 가장 기본적인 조건인 먹는다는 것을 통해 호스피스 돌봄의 특징을 첨예하게 드러낸다. 호스피스에서 음식은 단지 생존을 위한 것이 아닌, 삶의 의미를 부여하는 실존적, 사회적인 것임을 깨닫게 된다.

2부에서는 '말기 진단'(3장)과 '증상'(4장)이라는 주제 아래 호스피스에서 행해지는 의료를 본격적으로 다룬다. 한국에서는 법적, 제도적, 사회적, 의료적 요소들이 복합적으로 작용하여, 암 환자에게 말기를 선언하는 것이 결코 쉽지 않다. 3장 '말기 진단'에서는 이러한 곤란한 현실에 대해 자세하게 짚어본다. 이어서 4장 '증상'은 환자의 아픔에 대한 호스피스의 접근 방식과, 그로부터 발생되는 윤리적인 난점들을 알아본다. 특히 호스피스에서 통증pain과 고통suffering을 어떻게 다루는지 조명한다.

3부에서는 '돌봄'(5장)과 '애도'(6장)를 키워드로 호스피스 돌봄의 특징을 부각시킨다. 5장 '돌봄'에서 주목하는 것은, 일반 병원에서 보기 힘든 세심한 돌봄과 이를 실현해나가는 다학제팀의 일하는 방식이다. 돌봄이 호스피스의 핵심임을 선명하게 밝힌다. 끝으로 6장 '애도'는 환자가 임종할 때의 임종실 모습과 사별 이후의 풍경을 두루 전한다. 임종기 환자의 신체 증상부터 그 시기에 다학제팀 구성원들이 하는 일, 그리고 사별가족 돌봄에 이르기까지, 호스피스가 지향하는 총체적 돌봄의 상(像)을 보여준다.

이제 현장으로 들어갈 시간이다.

정원

(왼쪽) 가톨릭 경당
(오른쪽) 마리아상

성상 뒤편에 임종한 환자들의 이름이 적힌
나무 명패들이 부착되어 있다.

카페 그라시아

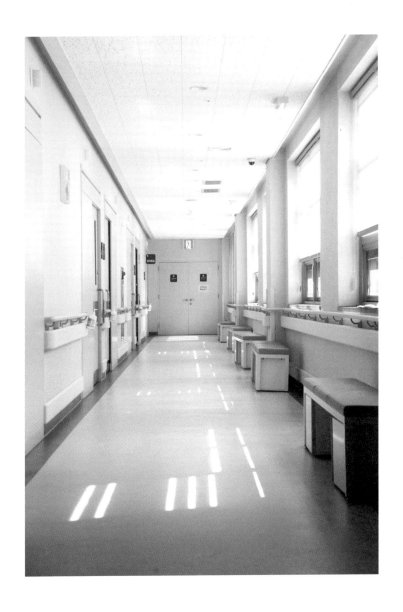

(왼쪽) 1층 복도
환자와 보호자의 사진들

(오른쪽) 2층 복도

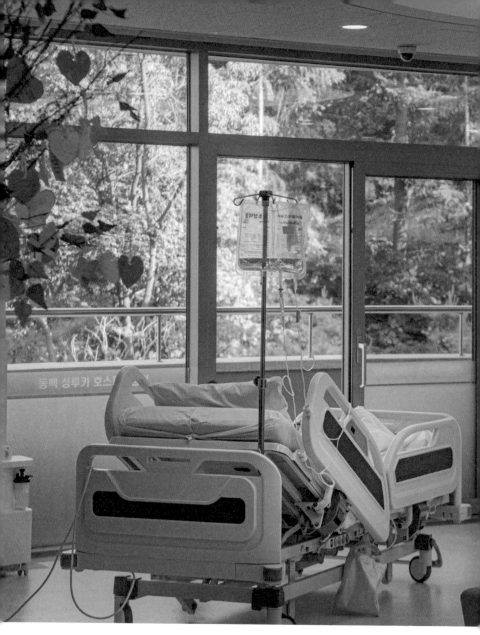

2층 로비

커다란 창을 병원 곳곳에서
마주할 수 있다.

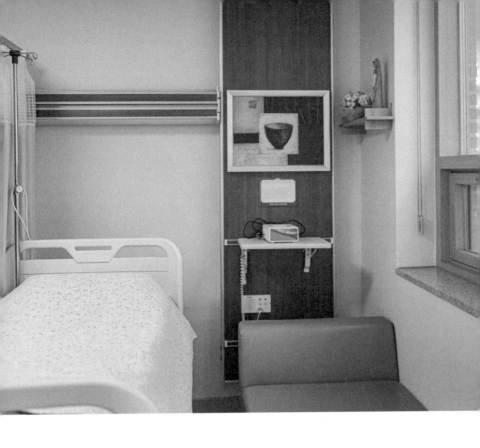

(왼쪽) 프로그램실
(오른쪽) 임종실

제1부

다시 삶의 세계에서

1장 공간

호스피스 속으로

송병기 여기에 오는 내내 마음이 심란했습니다. 호스피스는 죽을 때 가는 곳으로 알려져 있으니까요. 마음을 다잡으며 입구에 도착했는데 예상치 못한 장면과 마주쳤습니다. 사람들이 신발을 벗더군요. 기분이 묘했습니다. 위생 때문에 신발을 벗나 싶다가도, 누군가의 집에 들어가는 것 같기도 했습니다. 널찍한 현관에 놓여 있는 다양한 형태의 신발을 보면서 어떤 사람들이 여기 있을까 궁금증도 생겼습니다. 저도 신발을 벗는데, 웬걸, 마음이 조금 편해지더군요.

김호성 대부분의 환자나 보호자들은 몹시 괴롭고 힘든 상황에서 호스피스에 들어오게 되죠. 그런 어려운 상황에서 신발을 벗을 수 있는 공간은 집처럼 편안한 느낌을 줍니다. 이른바 큰 병원 안에 부속되어 있는 호스피스와는 달리, 이곳 동백 성루카병원 같은 독립형 호스피스는 건축 설계 시에 그런 디테일을 고려하게 됩니다.

송병기 신발을 벗으면서 긴장이 완화된 경험은 사소한 게 아닙니다. 힘든 시간을 겪어온 환자와 보호자가 조금이라도 편안함을 느끼면 좋겠다는 호스피스 사람들의 마음이 느껴졌습니다.

김호성 제가 아는 또 다른 호스피스는 병실에 온돌까지 깔려 있었습니다. 난방에도 도움이 되고, 심신이 지친 보호자들이 따뜻하게 바닥에서 잘 수도 있죠. 간병하다 보면 엄청 몸이 쑤시잖아요. 어떤 분들에겐 좋은 침대보다 온돌방이 편안하게 느껴지죠. 병원을 지을 때 많은 분들이 환자에게 어떤 것들이 도움이 될지를 고민한 흔적이라고 생각합니다.

송병기 일상은 공간과 분리해서 생각할 수 없습니다. 예컨대 사람들은 전화로 "지금 어디야?"라는 말을 자주 합니다. 눈앞에 없는 상대가 어디에 있는지 알아야 구체적인 대화가 가능하기 때문이죠. 대개 학교는 공부하는 곳, 시장은 장보는 곳, 집은 쉬는 곳으로 여겨집니다. 저는 라디오를 즐겨 듣습니다. 만약 방송에서 "마침내 아무개는 화성에 도착했다"라는 말이 나오면, 청취자들은 우주 공간을 구체적으로 상상하기 시작할 겁니다.

장소와 공간이란 말을 나눠서 생각해보죠. 장소는 '여러 요소들이 각각의 위치에서 자리를 지키고 있는 모양이나 상태'를 가리킨다고 할 수 있습니다. 예컨대 병원은 진찰실, 병실, 약품, 장비 등의 요소들이 배열된 '장소'입니다. 그런데 사람들은 병원을 장소로 이해할 뿐만 아니라 '공간'으로도 경험합니다.[1] 공간은 장소에 시간과 움직임이 포함된 개념입니다. 의료법이라는 제도에 의해 규정된, 즉 장소로서의 병원은 환자, 보호자, 의료진의 실천에 의해 공간으로 전환됩니다. 사람들은 병원의 여러 요소들을 이용하고, 그것들과 관계를 맺습니다. 그로 인한 연속적인 행위들, 만남들, 상황들은 교차하며 복합적 이야기를 구성하죠. 이런 관점에서 공간은 사람들의 경험과 관계를 이해할 수 있는 중요한 단서입니다.

오늘은 호스피스라는 공간이 어떻게 말기, 돌봄, 죽음의 가능성을 다양하게 만드는지 개괄해보는 시간입니다. 먼저, 동백 성루카병원의 로비, 기도실, 병실, 프로그램실, 복도, 카페, 정원을 다학제팀과 연결해서 살펴보죠. 그런 다음 호스피스 공간을 둘러싼 쟁점을 간략히 짚으며 마무리하면 좋겠습니다.

김호성   그럼 우선 다학제팀이란 무엇이고 어떤 역할을 하는지 소개하겠습니다. 호스피스의 다학제팀 접근이란 한 환자의 어려움을 다양한 사람들이 같이 고민하고 해결한다는 뜻입니다. '백지장도 맞들면 낫다'라는 우리나라 속담과도 비슷한 맥락이죠. 한국 호스피스의 다학제팀은 보통 의사, 간호사, 사회복지사로 구성됩니다. 그 외에 저희 병원처럼 종교인이 있는 호스피스도 있죠. 다학제팀 회의에는 환자를 간병하는 호스피스 보조활동인력 분들이 오는 경우도 있습니다. 간병인들은 환자의 돌봄을 바로 옆에서 하고 있어서 환자에게 어떤 것이 어렵고 필요한지 중요한 정보를 줄 수도 있기 때문이지요.

말기 환자의 고통은 신체적인 요인뿐 아니라 심리적·사회적·경제적·영적 요인들의 영향을 받는 총체적 고통total suffering입니다. 말기 환자의 이런 총체적 고통을 다각도로 살펴 해결하기 위해서 다학제팀multidisciplinary team을 구성하게 되는데요. 다학제팀은 '다면적인 한 인간이 마주한 문제를 다루기 위해서는 다양한 직제의 사람들이 협력해야 한다'라는 상식에서 출발했습니다. 이는 20세기 초 영국의 사회복지사이자, 간호사, 의사인 시슬리 손더스Cicely Saunders가 이야기한 현대 호스피스 운동의 핵심 개념입니다.[2] 따라서 호스피스에서는 의사와 간호사, 사회복지사, 종교인, 자원봉사자, 음악·미술 치료사 등의 다양한 직군이 팀을 이루어 전인적 돌봄을 제공합니다.

삶과 죽음이 부드럽게 연결된

송병기 다학제팀은 환자 돌봄을 위해 모인 '어벤져스'처럼 보입니다. 저는 그중에서도 종교인의 역할에 대해서 먼저 이야기하고 싶습니다. 그 이유는 다른 게 아니라, 동백 성루카병원 현관에서 신발을 벗고 로비에 들어서면 예수를 그린 성화, 마리아상, 그리고 미사를 볼 수 있는 경당과 마주하니까요. 마치 성당에 온 것 같은 기분이 듭니다.

김호성 일단 천주교에서 운영하는 호스피스이기 때문이라고 말할 수도 있겠죠. 하지만 이러한 공간 배치를 다각적으로 생각할 필요가 있습니다. 성화·성상 옆을 보면 임종한 환자들의 이름이 적힌 작은 나무 명패들이 벽면에 죽 부착되어 있습니다. 저는 종교가 없습니다만, 말기 돌봄 영역에서 그런 기록행위와 의례의 공간이 있다는 점이 중요하다고 생각합니다. 즉, 종교적 의미를 넘어서, 한 사람이 죽으면 끝이 아니고 누군가가 기억을 한다는 것이죠. 입구이자 출구에 이런 애도와 추모의 공간이 있는 셈인데, 이는 마치 삶과 죽음이 부드럽게 연결된 느낌을 갖도록 합니다.

송병기 '삶과 죽음이 부드럽게 연결된 느낌'이라는 말이 마음에 와닿습니다. 앞으로 하나씩 살펴보겠지만, 저는 그 말이 호스피스 공간의 핵심을 이룬다고 봅니다. 대개 환자 삶의 역사는 투병과 입원으로 쪼개지거나 끊어지기 쉽습니다. 호스피스는 또 하나의 입원 장소가 아니라 '돌봄'을 통하여 그 단절된 삶을 회복하는 곳입니다. 즉, 집과 일상으로 대표되는 환자의 관계망을 다시 연결하는 곳입니다. 호스피스에서 환자는 가능한 한 '나답게' 생의 끝자락을 보내다 죽음을 맞이합니다. 사람들은 고인을 기억하는 일상의 의례를 행합니다. 그렇게 삶과 죽음이 부드럽게 연결된 공간이 호스피스라고 생각합니다.

김호성 동백 성루카병원은 천주교에서 운영하고 있습니다만 개신교와 불교에서 하는 호스피스도 있습니다. 호스피스에 참여하는 성직자들은 주로 가톨릭, 개신교, 불교, 원불교의 종교인들입니다. 해당 종교를 가진 말기 환자들의 실존적·영적 위기에 많은 도움을 주죠. 더불어 그 종교에 속해 있지는 않지만 호감을 가진 환자들에게, 종교인들은 의미 있게 다가오기도 합니다. 제도적 종교는 말기 돌봄의 현실에서 생각보다 훨씬 중요하고, 환자와 보호자들에게 의미가 있습니다. 거의 대부분의 환자들이 신체적 고통을 넘어 실존적·영적 고통을 겪어요. 다학제팀의 팀원들 역시 일을 하면서 호스피스 내의 성직자 분들에게 많이 의지하지요.

송병기　종교를 영어로 '릴리전^{religion}'이라고 하죠. 그 어원을 보면 크게 두 가지 의미가 있습니다. 하나는 '묶는다^{religare}'는 뜻이고, 또 하나는 '다시 읽는다^{re legere}'는 말입니다. 다양한 해석이 가능할 것 같습니다. 예컨대 기독교, 이슬람교, 불교는 경전이란 토대 위에 있고, 사람들은 그 책을 읽고 또 읽으면서 지금의 내가 탄생 이전과 죽음 이후의 세계와 연결된 존재라는 것을 알게 됩니다.

물론 종교를 특정 신앙과 동일시할 필요는 없다고 생각합니다. 종교의 연결성과 서사성을 참고해 인생을 책으로 비유하면 어떨까요? 책은 문자들의 조합인 동시에 어떤 배경과 맥락에 기초하고 있습니다. 또 종이 한 장 한 장을 묶어 맨 사물이죠. 누군가에게 읽혀야 하고요. 호스피스가 질병으로 끊어지거나 흩어진 환자 삶의 서사를 다시 묶고 읽을 수 있도록 돕는 공간이 아닐까 하는 생각이 듭니다.

김호성　환자의 일상에 다양한 어려움이 꼬리에 꼬리를 뭅니다. 성직자가 호스피스에 필요한 이유가 여기에 있는 것 같습니다. 불안, 우울 같은 심리적인 문제들은 유명한 정신과 의사가 와서 설사 풀어준다 해도 실존적인 위기는 여전히 남아 있습니다. 정신건강의학적 솔루션을 넘어, 환자의 그 '아픔'에 귀 기울이고, 곁을 내줄 사람이 필요하죠. 그래서인지 호스피스 의사와 성직자를 같이 겸하고 있는 분들도 있습니다.

한편, 말기 환자들의 실존적 위기가 종교인만이 다룰 수 있는 영역인지에 대해서 생각해볼 필요가 있습니다. 예컨대 환자들과 가장 많은 시간을 보내는 사람은 간병인들입니다. 실제로 환자들은 간병인들에게 본인의 여러 실존적 이야기를 털어놓고 위안을 받기도 합니다. 차차 살펴보겠지만 종교인만이 아니라 다학제팀의 구성원 모두가 각자의 방식으로 환자와 시간을 보내며 실존적·영적 돌봄을 하고 있다고 말할 수도 있습니다.

송병기 대개 실존적·영적 고통은 '삶의 의미 찾기'로 표현되죠. 정말이지 답이 없는 질문입니다. 이 '삶의 의미 찾기'는 스스로 마주해야 하는 영역이기도 합니다. 환자는 환자대로, 보호자는 보호자대로, 의사는 의사대로, 사회복지사는 사회복지사대로 삶의 의미가 있을 겁니다. 그런 점에서 기도실은 중요한 곳입니다. 혼자 묵상할 수 있는 곳이죠. 제가 살펴봤던 여러 호스피스에서 기도실은 사람들이 많이 찾는 곳이었습니다. 신앙과 상관없이 기도실에서 삶의 여정을 찬찬히 정리하는 환자도 있었고, 사랑하는 이의 고통에 가슴 아파하며 우는 보호자도 있었습니다. 또 평소 친하게 지냈던 환자의 죽음을 슬퍼하는 간호사도 있었습니다. 기도실은 오롯이 나 자신과 마주하며, 내 삶의 서사를 음미하고 촘촘하게 연결하는 곳이었습니다.

김호성 동백 성루카병원에 있는 기도실도 그렇습니다. 많은 분들이 그곳에서 묵상을 합니다. 예전에 근무했던 한 호스피스는 종교재단이 아니었음에도 기도실이 있었지요. 그 호스피스에서 제가 가장 좋아했던 공간이 기도실이었습니다. 고요하고, 삶과 죽음에 대해 묵상하기 좋았거든요. 호스피스에서 일하면 몸과 마음이 힘들 때가 있는데, 저에게는 기도실이 환기의 장소로 느껴졌습니다.

1인실이 항상 좋기만 할까

송병기　병실에 대해서도 이야기해보죠.

김호성　한국의 일반적인 병동은 4인실 또는 6인실인데요. 동백 성루카병원은 기본 2인실이고, 나머지는 전부 1인실입니다.

송병기　그 이유는 무엇인가요?

김호성　무엇보다 다른 환자에게 받는 영향을 최소화하기 위해서 입니다. 예컨대 옆의 환자가 임종을 하게 되면, 남은 환자는 어쩔 수 없이 심리적인 변화를 겪게 되잖아요. 그 점을 고려해서 동백 성루 카병원에서는 다인실이라도 최대 2인실로 이루어져 있습니다. 한국의 경우 유독 다인실이 많은데요. 호스피스가 아니더라도 1인실이 기본인 선진국과 대비됩니다. 다만 흥미로운 건, 외국과 달리 한국의 환자들 중에는 1인실에 있는 걸 못 견뎌 하는 분들이 간혹 있습니다. 누구나 독립적 공간을 선호할 것 같지만, 어떤 사람들은 1인실 환경에서 외로움을 더 크게 느끼기도 합니다.

송병기　옆에 누가 있는 게 낫다는 거군요. 의외네요. 제 상식으로 는 1인실에 있는 게 더 편할 것 같은데 말입니다. 한편 이해도 됩니다. 아플 때 옆에 누가 있으면 안심이 되는 면이 있죠. 또 연배 있는 분들 중에 유년시절부터 '자기만의 방'이 있던 경우도 드물 테죠. 다른 한편으로는 병원이든 요양시설이든 1인실을 '돈 문제'로만 볼 게 아니라 그 사람의 고유함, 개성을 지키는 틀로 생각할 필요도 있습니다. 행정 편의를 위해 '몇 호 병실'로 부를 수 있지만, 동시에 '아무개 님의 방'이라고 말할 수도 있죠.

제가 연구했던 프랑스의 한 노인요양원은 1인실은 기본이고, 입소자가 평소 쓰던 침대, 서랍장, 장롱, 옷가지, 사진, 라디오, TV, 책 등도 가져올 수 있게 했습니다. 입소자의 '방'에 들어갈 때마다 마치 그의 초대를 받은 느낌이 들더군요. 제가 '방 주인'의 눈치도 보게 되고요. 노인의 몸 상태나 질병에 대한 이야기를 하기보단, 그 방에 살고 있는 한 사람에 대한 이야기를 많이 듣게 되더군요.

김호성　기본적으로 1인실이 쾌적하고 편안합니다. 다만 모든 환자들에게 그렇지는 않다는 것을 경험합니다. 심지어 1인실로 갔다가 다시 2인실로 옮기기도 합니다. 그곳만의 특수성이 있거든요. 가령 2인실에서 한 환자는 거동이 여의치 않으나 다른 환자는 나쁘지 않은 체력일 수 있는데, 그러면 상태가 괜찮은 환자가 옆의 환자를 챙겨줍니다. "간호사님, 이 환자가 아파요. 와서 좀 봐주세요" 하는 식으로요.

환자들과 보호자들 간에도 이런 관계가 맺어집니다. 옆 환자의 보호자가 다른 환자의 간식을 챙기기도 하고 이것저것 신경 쓰지요. 한번은 어머니를 여읜 한 여성 보호자가 있었는데요. 간병 기간에 옆 자리에 있던 환자와 라포Rapport(상대방과 형성되는 친밀감 또는 신뢰관계)가 쌓여서, 그 환자 임종 이후에 열린 사별가족 모임 때 함께 참여한 적도 있습니다. 또 자신의 가족을 여의고 나서도, 옆자리 환자가 생존해 있으면 잘 있는지 계속 찾아오기도 하고요.

송병기　흥미롭습니다. 1인실과 다인실을 그렇게 생각해볼 수도 있군요. 돌봄의 순환이라고 할까요? 병실 안의 일상적 돌봄에 주목하게 됩니다.

김호성　그런데 다른 한편으로는 그렇게 라포가 잘 쌓이면 염려가 되는 면도 있습니다. 다른 환자의 영향을 더 크게 받게 되거든요. 같이 지내던 환자가 임종하면 침울해지고 우울해합니다. 그렇다 해도 별다른 조치를 취하지는 않아요. 사람 사는 곳이니까요.

송병기　병실이 그저 건조하고 갑갑한 곳이라고 생각했는데, 그 안에 복잡다단한 관계가 작동하고 있군요.

김호성　모든 병실이 1인실이어야 하는가? 여전히 고민을 일으키는 질문입니다. 예전에 제가 일했던 호스피스는 전부 1인실이었습니다. 1인실을 원하는 환자와 보호자들이 그 호스피스에 입원을 했을 텐데요. 그럼에도 환자들이 외로움을 느끼는 경우가 있고, 자기 상태에 더 예민해하기도 했습니다. 다인실의 경우에는 한 환자가 자신의 아픔을 옆자리의 다른 환자와 자연스럽게 비교하면서 '아, 나는 괜찮은 거구나' 하거든요. 보호자들도 달리 비교군이 없다 보니 자기 환자의 증상을 크게 보게 됩니다. 그래서 1인실은 의료진의 노동력과 에너지가 더 많이 투여됩니다.

송병기　저는 조금 다른 이야기를 하고 싶습니다. 여기 병실에서 가장 눈에 띄는 것은 큰 창문입니다. 햇빛이 잘 들고, 풍경은 잡힐 듯

빤히 눈에 들어옵니다. 호스피스 앞에 있는 작은 산도 보이고, 그 옆으로 도로와 아파트도 보입니다. 1층 정원에서 사람들이 휴식을 취하는 모습도 보이고요. 이러한 창문의 크기와 배치는 우연이 아닙니다. 건축 설계 시 고려된 사항이라고 생각합니다.

저는 창문의 '개방성'과 '연결성'에 주목합니다. 창문은 다양한 의미를 내포하고 있죠. 닫힌 곳을 열린 곳으로 변모하게 하는 사물입니다. 창문을 통해 안에서 밖을 볼 수도 있지만, 밖에서 안을 볼 수도 있습니다. 건물의 창이 때로는 '마음의 창'이 되기도 합니다. 그 창에 따라서 관점과 관계가 달라질 수 있죠. 여기 병실의 창문은 앞서 저희가 살펴본 신발장, 로비, 기도실과 같은 흐름 속에 있음을 알 수 있습니다. 즉, 호스피스 공간은 집과 일상으로 대표되는 환자의 관계망과 연결되고자 한다는 겁니다. 삶과 죽음이 부드럽게 연결된 공간으로서 말이죠. 환자는 병실에 있지만 관계가 단절된 존재가 아닙니다. 창문에 커튼을 칠 수도 있고 열 수도 있습니다. 혼자만의 시간을 가질 수도 있고, 타인과 함께하는 시간도 가질 수 있습니다.

제가 살펴봤던 프랑스의 한 호스피스 병실에도 큰 창이 있었습니다. 창 밖으로는 주차장과 도로가 보였죠. 한 환자가 틈만 나면 주차장에 있는 자전거를 보더군요. 자전거 애호가였습니다. '투르 드 프랑스'(매년 7월 프랑스에서 열리는 도로 사이클 경기)에도 여러 차례 참여한 분이었죠. 환자의 마음을 헤아린 간호사들은 다학제팀 회의에서 그에 대한 이야기를 꺼냈습니다. 얼마 뒤에 호스피스 직원들은 각자 집에서 자전거를 가지고 와서 주차장에 세워두었습니다. 그리고 작게나마 자전거 경주를 열었죠. 그 대회를 준비하는 과정에서 환자는 자신의 의견을 말하며 기뻐했습니다. 그때 저는 호스피스에서의 돌봄이란 게 '벽에 창을 내는 일' 같다고 느꼈습니다. 이를 앞서 언급한 '삶의 의미'와 연결해서 생각해볼 수도 있죠.

선생님, 미카엘, 라파엘이란 이름이 붙은 병실은 뭔가요?

김호성　임종이 가까운 환자들이 옮겨 가 있는 곳입니다. 1인실 환자들은 원래 머물던 1인실에서 그대로 임종을 맞습니다. 2인실 환자의 경우 임종이 가까워지면 보호자와 상의하여 좀 더 크고 혼자 쓸 수 있는 미카엘, 라파엘 등의 방으로 옮기게 됩니다.

송병기　그럼 아까 말씀하신 다인실의 특성이 사라지는 것 아닌가요? 왜 굳이 임종실을 따로 마련하는 걸까요?

김호성　첫 번째로는 다른 환자에게 미치는 심리적인 영향 때문이죠. 바로 옆에서 환자가 임종하면 남아 있는 환자에게 안 좋은 영향이 있을 수 있거든요. 두 번째로는 2인실에 많은 사람들이 머물 수 없기 때문입니다. 현재 2인실 상주 인원을 한 명으로 정해놓았는데, 임종기에는 보통 환자 주변에 한 명이 아니라 친지 여러 명이 있게 되잖아요. 실제로 이 시기에 가족들이 환자 곁을 지키는 것이 중요합니다. 따라서 많은 보호자들이 상주할 수 있는 병실로 옮기는 겁니다.

미카엘실, 라파엘실이라고 이름을 붙인 이유는 천주교와 연결 지을 수도 있지만, 무엇보다 보호자의 안정을 위해서죠. 만약 곧이곧대로 "이제 임종실로 옮겨야 합니다"라고 하면 보호자들이 많이 불안해할 수 있거든요. 물론 병실 이름을 달리하는 것만으로는 한계가 있고, 여러 면에서 세심한 안내도 뒤따라야 합니다. 이를테면 병실을 옮길 때 가족들에게 단순히 "환자가 안 좋아져서 옮깁니다"라고 설명하는 것보다, "환자 상태가 좋지 않아 더 많은 보호자가 옆에 있어야 할 것 같다"라고 하는 식이지요. 이런 이야기를 팀원들 간에 나누곤 합니다.

병원에서 결혼식을 열다

송병기   선생님, 프로그램실에 대해서도 이야기하면 좋겠습니다.

김호성   네, 프로그램실은 다학제팀의 회의 공간이자 환자들이 음악·미술 치료 등의 다양한 요법을 받고, 더불어 이벤트가 일어나는 장소이기도 합니다. 이벤트란 일상을 사는 우리에겐 '특별한 일'이란 의미지만, 호스피스에 입원한 환자에겐 '이전 일상의 회복'을 뜻합니다. 이를테면 환자나 보호자의 생일 축하 같은 것들이 그렇죠.

언젠가 한번은 작은 결혼식을 연 적도 있습니다. 당시 어머니가 환자였고, 딸의 결혼식이 얼마 안 남은 상태였는데요. 환자가 식장에 갈 형편이 안 되다 보니, 다학제팀과 상의해서 파일럿 결혼식이라고 해야 할까요? 본식 전에 여기서 식을 조촐하게 연 적이 있습니다. 침상에 누워 있는 어머니 앞에 딸과 아버지가 각기 드레스와 턱시도를 차려입고 신랑이 입장했죠. 하객들도 오고 간호사들도 다 모여서 박수를 쳤어요. 감동적인 장면이었지요.

송병기 환자, 가족, 다학제팀이 어떤 마음으로 결혼식을 준비했을지 상상하게 됩니다. 또 결혼식 때 어머니와 딸의 마음은 어땠을까요? 당사자들의 만감이 교차했을 것 같습니다. 그러한 이벤트, 혹은 공간의 실천은 그 의의가 큽니다.[3] '환자가 어떻게 살아왔는가', '환자의 나머지 삶을 어떻게 일관되고 통합적으로 디자인할 것인가' 등을 고려했다는 점에서 그렇습니다. 환자와 보호자 입장에서는 무엇과도 바꿀 수 없는 하루일 것 같습니다.

호스피스에서 환자가 죽는 것은 사실입니다. 그러나 호스피스에서 사람들은 생의 끝자락에서도 놓칠 수 없는 일상의 가치를 확인하고 실천합니다. 제게는 결혼식이 굉장히 흥미롭게 다가오는데, 알다시피 결혼식은 새로운 삶의 시작을 알리는 의례잖아요. 이 역시 앞서 언급한 '삶과 죽음이 부드럽게 연결된 공간'과 일맥상통합니다. 한편, 저는 '삶의 의미'가 이렇게 복잡다단한 게 아닐까 하는 생각도 듭니다. 환자가 신체적으로 편안함을 느낄지라도, 결혼을 하지 않은 자식이 걱정되어 잠 못 이루는 경우를 어렵지 않게 볼 수 있습니다. 결혼의 의미는 차치하고, 환자가 자식을 생각하는 마음에 주목하게 됩니다. 저마다 추구하는 삶의 의미가 있으니까요.

프로그램실에서 이러한 의례를 준비하는 데 많은 역할을 하는 분이 사회복지사로 알고 있습니다. 대개 사회복지사를 복지관이나 주민센터에서 보게 되죠. 그런데 호스피스에서 사회복지사의 역할을 다시 생각하게 됩니다. 사회복지사는 의료인, 종교인, 전문치료사, 자원봉사자, 보조인력 간의 협업이 잘 이루어질 수 있도록 하는, 이른바 코디네이터 역할을 합니다. 치료를 중심으로 디자인된 일반 병원에서는 의사의 지시를 중심으로 다른 직군이 일사불란하게 움직이죠. 의사의 리더십에 기반한 수직적 형태의 조직을 유지합니다. 반면, 돌봄을 중심으로 디자인된 호스피스에서는 다양한 직군을 유기적으로 연결하는 일이 중요합니다. 네트워크 형태의 조직을 운영하는데, 거기서 사회복지사의 코디네이터십이 빛을 발하는 것 같습니다.

김호성　한국의 거의 모든 병원에 사회복지사들이 있기는 합니다. 그분들은 보통 환자의 치료적 접근에 필요한 사회적 자원을 적절히 연계하는 역할을 하죠. 제도적인 부분에서 일어나는 고통을 다루는 겁니다. 그런데 호스피스에서는 그것에 더해 특히 환자의 사회적·관계적 부분을 돌보는 데에 초점을 맞춥니다. 앞서 말씀드린 결혼식이 하나의 예입니다. 딸의 결혼식이 두 달 후인데, 어머니인 환자는 그때까지 살 용기와 자신이 없었죠. 그때 사회복지사가 제안하여 프로그램실에서 미니 결혼식을 열었습니다. 환자는 침상에서 이를 지켜봤고요.

사진, 카페, 그리고 삶

송병기　동백 성루카병원 복도 곳곳에 걸린 사진들을 한참 들여다봤습니다.

김호성　환자의 일상이나 특별한 행사 장면을 찍은 것입니다. 예컨대 어떤 사진은 목욕하기 전에 환자를 찍은 것입니다. 많은 분들이 상급병원의 병실 환경에서 씻지 못하다가 이곳에 와서 목욕을 하고 나면 아주 개운해합니다. 환자와 보호자들의 모습을 찍은 사진을 보면, 힘들었던 과거나 걱정되는 미래가 아닌, 그분들이 오롯이 느끼는 '현재'를 저도 같이 경험할 수 있어서 좋습니다.

송병기 인물 사진의 본질은 그 삶에 대한 기억과 진술에 있다고 생각합니다. 저는 이 사진들 속의 인물들을 알지 못하지만, 사진을 통해 그 삶의 결, 고유함, 복잡성을 조금이나마 느낄 수 있습니다. 호스피스에서 사진도 일종의 공간이라고 할 수 있습니다. 선생님이 사진을 보면서 제게 이야기를 해주듯, 이곳의 많은 분들이 사진 속 인물들과의 기억을 되살릴 테지요. 그러고 보면 복도의 사진은 로비 입구 벽면에 있는 나무 명패와 중첩되는 면이 있습니다. 사진과 목욕에 대한 이야기는 추후 자세히 하면 좋겠습니다.

기억에 대한 이야기를 하다 보니 음식에 대한 생각이 납니다. 어떤 음식을 먹을 때 내 안의 기억이 새록새록 떠오르기도 하니까요. 1층 로비에 카페가 있잖아요. 커피향이 너무나 좋아서 그냥 지나치기 어렵습니다. 저희도 만나면 커피부터 한잔 마시니까요.

김호성 자원봉사자들이 카페 '그라시아'를 운영하고 있습니다. 자원봉사자도 다학제팀의 일원이죠. 이 카페는 환자와 보호자들에게 중요한 공간입니다. 봉사자가 환자와 가족에게 드리는 커피 한잔은 환자에게는 마지막 커피가 될 수 있고, 간병으로 지친 보호자들에게는 잠깐의 휴식이 되기 때문입니다. 커피 원두향이 로비에 퍼지면 기분이 좋아집니다. 커피향을 맡을 때 사람들이 가지게 되는 감정들이 있습니다. 테이블에 앉아 사람들이 차와 커피를 마시며 담소를 나누면 여기가 죽음을 위한 곳이 아니라 삶의 공간이라는 생각이 듭니다.

송병기 　추후 저희 대화에서 드러나겠지만 자원봉사자는 호스피스 돌봄에서 중요한 역할을 합니다. 예컨대 목욕 봉사를 통해 환자를 만나기도 하고, 원예에 관심에 있는 환자와 함께 화분을 가꾸기도 하고, 사별가족 모임을 지원하기도 하죠. 또 이렇게 카페에서 환자, 보호자, 직원, 방문객도 환대합니다.

　카페에 앉아서 정원을 바라보면 평온함이 느껴집니다. 카페 이름도 좋은데요, 그라시아gràtia. 은총, 감사, 친절 등을 뜻하는 라틴어죠. 종교적인 의미를 떠나서, 저만 해도 맛있는 커피를 마시면 저 자신과 주변에 너그러워지고 세상이 잠깐이라도 아름다워 보이는 경험을 합니다. 불어로 카페café는 사람들이 모이는 공간이자 커피라는 음료를 뜻하는 말입니다. 카페가 나와 다른 사람들을 이어주는 공론장의 역할을 한다면, 지구 반대편에서 온 커피는 내 몸을 관통하며 나와 세계를 연결하는 음식입니다. 즉 공간을 통해서 '세계를 지각'한다면, 음식을 통해서는 '세계의 일부'가 된다고 볼 수 있겠죠. 나중에 음식에 대한 이야기도 자세히 나누면 좋겠습니다.

정원으로 소풍 가는 환자들

김호성 　1층 로비와 연결되어 있는 정원은 환자들이 탁 트인 하늘을 볼 수 있는 열린 공간입니다. 사실 삶이 얼마 남지 않은 환자들은 거의 대부분 하루 종일 좁은 병실에서 지내게 됩니다. 하지만 이곳에선 환자들이 침대에 있는 상태로 밖으로 나와 햇볕과 바람을 살갗으로 느끼며, 계절을 느낄 수 있죠. 그리고 바로 앞이 산이라서 숲속에 들어온 것 같은 느낌을 갖게 됩니다. 환자들은 물론이고 보호자들도 삭막한 구조의 병원에서 많이들 힘들어하는데, 이렇게 개방된 공간이 환자의 답답함과 우울감, 더 나아가 섬망을 조절하는 데에도 많은 도움을 줍니다.

송병기 호스피스로 오기까지의 경로가 험난했을 테죠. 말할 수 없는 우여곡절을 겪었을 테고요. 환자와 보호자의 마음을 다 헤아리기는 어렵습니다. 그러나 여기 온 그들이 편안함을 느낄 수 있도록 애쓰는 것, 그들의 상황을 개선하는 것은 가능하고 또 중요하다고 봅니다.

김호성 말기 환자에게 자연 환경은 중요한 것 같습니다. 정원 앞쪽에 산도 있어 나무들이 많이 보이죠. 새소리도 들리고요. 날씨가 좋으면 환자와 보호자가 침상을 밖으로 빼놓고 옆에 나란히 앉아서 이야기를 나누곤 합니다. 그 모습이 얼마나 보기 좋은지요. 가끔 오후 회진 때 병실에 환자가 없을 때에는 정원으로 환자를 보러 나가기도 합니다. 그리고 1층 로비에서 환자·보호자를 위한 음악회를 하는 경우도 있습니다. 참석자 대부분은 의식이 있는 환자들이지만, 의식이 명료하지 않은 환자들이 참석하는 경우도 있습니다. 청력은 의식 수준이 저하된 상태에서도 마지막까지 유지되는 경우가 많거든요.

송병기 병상을 정원으로 빼다니, 흥미롭습니다. 정원에 있으면 자연도 보이고, 아파트도 보이고, 호스피스 2층과 3층의 병실과 복도 창문도 보입니다. 게다가 정원은 1층 로비와 연결되는 곳입니다. 사람들의 동선의 중심에 정원이 있습니다.

정원은 환자뿐 아니라 호스피스를 오가는 사람들의 위치와 관점을 움직이게 합니다. 머릿속이 복잡할 때 산책이나 운동을 하면 문제가 달리 보이듯이, 자신의 위치와 관점을 바꿔보면 마음이 편안해지기도 하죠. 무엇보다 정원에서 사람들은 호스피스가 일상과 분리되지 않고, 다양한 존재들이 '함께 살고 있는 곳'이라는 점을 느낄 것 같습니다.

한편 이런 생각도 듭니다. 보통 병원은 '안전의 공간'입니다. 뒤집어 말하면 주의 및 통제가 중요한 곳입니다. 그런데 여기서는 환자가 자연스럽게 정원에 나옵니다. 그러다 환자의 안전에 문제가 생기지는 않을지, 의사로서 걱정되지는 않나요? 혹시 환자의 상태 악화에 대한 부담을 느끼지는 않는지 궁금합니다.

김호성 환자가 정원에 나가서 혹시 낙상을 하거나, 외부인에게 감염이 될 가능성을 걱정하는 분도 있습니다. 하지만 말기 환자에게는 일괄적이고 획일화된 안전 지침보다는 상황에 맞는 유동적인 지침이 중요하다고 생각합니다. 이는 관리하는 병원 입장에서만 보자면 사실 에너지가 더 드는 일입니다. 지속적으로 내부 인력들과 의사소통을 해야 하고, 지침을 변경해야 하니까요. 하지만 그만큼 환자나 보호자에게 도움이 된다고 생각합니다.

송병기　그렇군요. 보통 호스피스 의사의 일을 환자의 통증 및 신체적 증상 조절 정도로만 알고 있는 경우가 많죠. 그런데 제 생각에 그의 역할은 '조정자'가 아닐까 싶어요. 호스피스에서 의사는 의학적·사회적 요소들을 고려하며 환자의 '편안함'을 도모하죠. 그 과정에서 환자, 보호자, 다학제팀 간의 섬세한 조율, 긴밀한 소통을 한다고 봐야겠지요.

김호성　코로나19 팬데믹 기간 때 있었던 이야기를 해보겠습니다. 당시 거의 대부분의 한국 호스피스 완화병동에서는 면회가 엄격히 제한되었습니다. 특히 멸균·치료의 패러다임 아래 있는 큰 병원에 부속된 호스피스 병동의 수많은 보호자들이 환자의 임종을 지켜보지 못했어요. 호스피스 병동인데 다른 기관과 크게 차이가 없었던 것이죠. 그래서 많은 환자와 보호자들이 호스피스 입원을 피하다 보니, 응급실에서 마지막을 힘들게 보내는 일이 많아졌습니다.[4] 하지만 당시 저희 같은 독립형 호스피스 기관은 나름대로의 유연한 방역 기준을 가지고 환자와 보호자의 시간을 존중하기 위해 노력했습니다.

송병기　시설을 무작정 폐쇄하지 않았군요. 환자가 '사회와 분리'되지 않도록 나름의 방역 기준을 고심하셨군요.

김호성　네. 그렇다고 방역 수칙을 안 지키는 것도 아니었고요. 그때 많은 환자와 보호자들이 저희 병원에 입원하여 도움을 받았다고 생각합니다. 그래서 코로나19 팬데믹 기간에 다른 기관들보다 환자들의 입원 대기가 많이 걸려 있었어요.

송병기   당시 우리 모두 경험했듯이, 바이러스 감염 자체에 대한 우려도 컸지만 그로 인한 사회적 배제에 대한 공포도 엄청났다고 봅니다. 격리, 추적, 폐쇄, 거리두기 같은 단어들이 범람했지요. 요양시설과 병원에 입원한 분들 중에는 거의 생이별하듯이 가족과 면회도 못하고 돌아가신 분들도 있었습니다. 동백 성루카병원의 대응은 그와는 달랐고, 최대한 생의 끝자락을 존엄하게 보낼 수 있는 방식을 고민했다는 점이 인상적입니다. 코로나 사태 때도 환자가 원하면 정원에 나갈 수 있었나요?

김호성   물론입니다. 다만 방역 상황에 따라 환자·보호자들이 지켜야 할 지침들이 조금씩 변했죠. 이러한 유연한 방역 지침은 병원 내부 구성원들이 지속적으로 고민하며 논의한 결과였습니다. 기본적으로 병원 운영위원회에서 정부 지침에 따라 방역 수준을 조절했습니다. 코로나에 차츰 익숙해지기 시작할 무렵부터는 방역 지침에 의료진의 판단뿐 아니라 신부님 등 다른 직역 구성원들의 의견도 최대한 수렴되었습니다. 즉 환자나 보호자의 상황을 배려하여 조금 더 유동적으로 변경된 것이죠. 그렇게 면회 지침이 너무 엄격하지도, 너무 자유롭지도 않게 설정되었던 것 같습니다.

본격적인 연구를 한 것은 아니지만, 그런 유연한 방역 지침을 가졌던 동백 성루카병원이 획일적이고 엄격한 방역 지침을 유지한 다른 병원의 호스피스 병동과 비교하여 코로나 감염자 수가 상대적으로 많지 않았다고 생각합니다. 오히려 조금 더 적지 않았을까 하는 개인적인 추정을 합니다. 이는 1인실 또는 2인실로 이루어진 저희 병원의 병실 구조에서 기인하지 않았나 싶어요.

요컨대 치료적 목적의 상급병원, 만성기 환자를 돌보는 요양병원의 엄격한 감염관리 지침을 말기 환자를 돌보는 호스피스 시설에 적용하는 것이 적절할까요? 호스피스의 경우, 정부의 천편일률인 방역 지침으로 환자들의 자유를 제한하기보다는 병실 구조 등의 공간적 이점을 활용해 유동적으로 방역 지침을 설정하는 것이 더 적절하지 않을까요? 이와 관련해서는 앞으로 사회적·학문적 논의가 필요하다고 생각합니다.

송병기 최대한 환자가 편안함을 느낄 수 있는 방향으로 방법을 찾았군요. 특히 다학제팀에서 그러한 논의를 여러 차례 했다는 게 인상적입니다. 확실과 불확실의 이분법을 넘어, 환자가 처한 상황을 어떻게 개선할 수 있을지를 고민했다는 점에서요.

제 생각에 그 방역 지침에서 빛을 발한 것은 동백 성루카병원이라는 '군집^{herd}'의 변화에 있다고 생각합니다. 이 군집은 바이러스라는 외부의 적에 대한 자기방어 전략을 세운 게 아니라, 애초에 바이러스와 함께 지낼 수밖에 없는 인간 삶의 조건을 질문했습니다. 서로의 몸이 연결되어 있음을 느끼고, 서로의 어려움과 고통에 응답하려고 했습니다. 코로나19에 취약하다는 이유로 그저 환자를 격리하는 게 아니라, 엄중한 상황을 직시하되 환자가 겪을 수 있는 불안함, 외로움, 차별에 대응하는 방식으로 군집, 즉 '공동체^{community}'를 변화시켰습니다.[5]

여러 종류의 행위자 간의 유기적인 관계를 의미하는 군집^{herd}은 코로나 사태 때 보건당국의 조치를 떠받친 '인구^{population}'라는 개념과 차이가 있습니다. 인구는 사회를 하나의 유기체로 상상하는 방식이자, 공동체의 운명을 파악하는 근거입니다. 각종 통계 수치로 재현되는 인구는 '국가'라는 추상적 덩어리의 안정성을 관리하는 데 효과적인 개념이지만, 정작 개인들의 구체적인 일상, 관계, 삶의 조건은 간과합니다.[6] 예컨대 요양원과 요양병원은 어쩌다 '코로나19의 무덤'이 되었을까요? 집단감염이 빈번하게 일어나고 그로 인해 사망자가 속출하는데도 노인들은 왜 시설에서 빠져나오지 못했을까요? 보건당국은 왜 노인의 격리를 강화했을까요? 생각이 꼬리에 꼬리를 뭅니다.

도판 1.1

호스피스에는 벽시계가 없다

김호성   말기 돌봄 현장을 경험하면서 저는 말기 환자의 '시간 관념'에 관한 질문을 스스로 하곤 합니다. 물리적 시간의 길이로 환자의 생애 말기를 판단하는 게 어떤 의미가 있을까? 호스피스 입원 후 일주일 살다가 임종한 환자와 이주일 살다가 임종한 환자, 둘 중 후자가 전자보다 좀 더 살았으니 나은 경우라고 할 수 있을까? 제 답은 '단순하게 비교하기 어렵다'입니다. 이는 제3자인 의료진의 시각도 있지만 당사자인 환자와 보호자들의 시간인식에 대한 것이기도 합니다.

송병기   호스피스 입원 후 죽음까지 남은 시간, 그 시간의 길이가 그다지 중요하지 않다는 말씀인가요?

김호성   예상 외로 환자나 보호자들도 물리적 시간을 가장 중요하게 생각하지는 않습니다.

송병기   호스피스에 오기 전후로, 환자·보호자의 시간감각이 다르다는 말씀인가요?

김호성   그렇습니다. 저는 개인적으로 말기 암 환자와 보호자들의 시간인지 방식에 대해 관심이 있는데요. 우선 호스피스로 오면서 환자와 보호자들이 머무는 공간에 전환이 일어나게 됩니다. 이러한 공간의 전환이 사고의 전환을 가지고 오죠. 대부분의 환자들은 하루를 살든 이틀을 살든 사흘을 살든 편안하게 있으면 좋겠다고 생각합니다. 상황을 극복하고 좀 더 오래 살길 원하는 환자도 없지는 않지만, 거의 대부분의 경우에는 물리적 시간의 연장보다 평안함을 소망합니다.

이런 경향은 입원 일수에 따른 호스피스 만족도에서도 나타납니다. 입원 일수가 길수록 환자와 직원의 라포가 쌓여 만족도가 높을 것 같지만, 항상 그렇지는 않습니다. 입원 일수가 하루 이틀 정도로 아주 짧은 경우를 제외한다면, 재원 일수와 호스피스 만족도 사이에는 상관관계가 아주 크지 않다고 개인적으로 생각합니다. 재원 기간이 두 달로 긴 경우에도 환자와 보호자의 호스피스 만족도가 낮을 수 있습니다.

건강이 유지되어 자율성이 확보될 때에는 '오래 사는 것이 제일 중요하다'라는 식의 선형적 시간이 흐르기 마련입니다. 하지만 체력이 떨어져 다른 이에게 의지하게 되는 상황에서는 시간이 선형적이지 않고, 장소와 인간관계에 의해서 비선형적으로 '구성'된다고 생각합니다.

송병기　　선생님 말씀은 일반적으로 통용되는 지식과 충돌합니다. 그래서 흥미롭습니다. 대개 호스피스에서 환자가 생을 마무리할 수 있도록 '충분한 시간'을 가지는 게 좋다고 말하니까요. 혹자는 '일주일은 너무 짧지 않은가'라는 생각을 할 것 같습니다.

김호성　　물론 단순하게 말하기는 어렵습니다. 다만 말기 돌봄의 여러 측면을 살펴보자는 취지에서 말씀드리는 겁니다. 통증을 놓고 이야기를 해보겠습니다. 이런 상황을 가정해보죠. 어느 일반적인 병원에 환자 A가 일주일 동안 입원하여 평균 3점의 통증을 경험합니다. 그 환자는 재원 당시 9점의 아주 극심한 통증을 겪은 날도 있지만, 일주일 평균으로 보면 3점의 통증 수치를 보이고, 퇴원 당일에도 그것이 특별히 낮아지기보단 평균치의 통증 수준을 보입니다.

또 다른 환자 B는 이주일 동안 입원을 했을 때 평균 6점의 통증 수치를 경험한다고 해보죠. 하지만 환자 B는 환자 A와는 다르게 한 번도 아주 심각한 통증은 겪지 않고, 최대 7점의 통증을 겪다가 오히려 퇴원 전까지 통증이 점점 줄어드는 양상을 보여 마지막 통증 수치가 3점까지 내려갑니다. 두 환자 중 어느 쪽이 더 아팠을까요?

송병기 단순하게 대답을 해보자면, 더 오랜 기간 동안 상대적으로 더 높은 평균 통증을 겪은 환자 B가 더 아팠다고 생각할 수 있을 것 같습니다.

김호성 네, 그것이 상식적이죠. 하지만 나중에 환자들이 기억을 돌이켜봤을 때는 꼭 그렇지 않다고 학문적으로 밝혀져 있습니다. 통증 기간과 통증 평균보다 더 의미 있는 것은, 가장 큰 통증과 가장 마지막 통증의 평균값이라고 알려져 있습니다. 앞의 예시에 적용해보면, 이 값이 환자 A는 6점, 환자 B는 5점입니다. 이는 평균 통증 수치인 환자 A의 3점, 환자 B의 6점과는 사뭇 다른 결과입니다. 환자 B는 재원 기간도 환자 A보다 길고, 평균 통증 수치도 더 높았음에도 불구하고, 오히려 환자 A보다 덜 아팠다고 생각할 가능성도 있다는 것입니다. 즉 경험하는 자아와 기억하는 자아는 다를 수 있습

니다.[7]

앞서 말기 환자들의 시간이 '선형적이지 않고 장소와 인간관계에 의해서 비선형적으로 구성된다'고 이야기했는데요. 그것과 이 연구는 맥이 닿아 있습니다. 즉 말기 환자와 그를 돌보는 가족들의 시간은 우리가 일상적으로 느끼는 선형적 경험보다는, 타인에 의해 구성되어 만들어지는 기억의 총화總和에 가깝습니다.

이 이론을 호스피스에 적용해보면 어떨까요? 환자·보호자들은 어떻게 해야 호스피스에서 잘 지냈었다고 기억할까요? 얼마나 더 오래 살았는지 하는 것만이 가장 중요한 게 아닙니다. 호스피스 입원 이후 환자의 심한 고통을 경감시키고, 또 마지막에 좋은 기억이 남도록 환경을 조성하면, 결과적으로 환자와 보호자들이 의미 있는 경험을 하게 될 가능성이 있다는 뜻입니다. 이는 환자의 재원 일수, 더 나아가 이전 투병 기간에 겪은 고통들에 대한 해석마저 달라지게 할 수 있습니다. 호스피스에서 사별가족들과의 마무리를 중요하게 여기는 것도 이런 맥락에서 볼 수 있습니다. 물론 이는 도식적인 설명입니다. 돌봄에 관한 구체적인 이야기는 차차 살펴보도록 하죠.

송병기 통증을 그렇게 해석할 수도 있군요. 보통 그걸 그냥 없애야 하는 '나쁜 증상' 정도로만 이해하기가 쉽죠. 통증을 환자의 일상, 또 보호자, 다학제팀 간의 관계를 이해하기 위한 단서로 볼 수 있겠습니다. 기억하는 자아와 경험하는 자아가 다르다는 점, 환자의 통증, 더 넓게는 고통을 경감하는 일의 중요성을 생각하게 됩니다. 환자가 생의 끝자락을 평온하게 보내는 것이 제일 중요하고, 그 모습을 보는 가족과 다학제팀의 기억도 중요하겠군요.

하루는 제가 동백 성루카병원 간호부장님께 이런 질문을 했습니다. 환자가 호스피스에 와서 하루 만에 돌아가시면 간호사로서 기운이 빠지지 않느냐고 말이죠. 마치 '임종 처리'를 하는 기분이 들지 않느냐고 물어봤습니다. 간호부장님은 환자가 하루가 아니라 반나절이라도 통증이 조절된 상태에서 평온하게 지내다 돌아가시는 것도 의미가 있다고 하더군요. 생의 끝자락이 어떤 시간으로 차 있는가? 즉 시간의 밀도와 질이 중요하다는 말이었습니다. 어떤 환자에게는 통증이, 또 다른 환자에게는 가족 관계가 중요한 사안일 수 있다는 거죠. 앞서 저희가 이야기한 결혼식과 연결해서 생각해볼 수 있는 대목입니다. 또 어떤 환자는 호스피스에 와서 두 달 가까이 지내다 돌아가셨는데, 시간이 지날수록 보호자가 생업과 간병에 지쳐 병실에 오지 않았던 경우도 있었다고 합니다.

이러한 이야기를 공간과 시간과 연결해서 생각해보고 싶습니다. 호스피스를 둘러보면서 흥미롭게 느낀 점 중 하나는 벽시계나 달력이 없다는 겁니다. 그 이유를 핸드폰으로 시간을 확인할 수 있기 때문이라고 단순히 말할 수는 없을 테죠. 오히려 이곳의 사람들에게는 선형적 시간으로 구축된 서사가 별 인기가 없는 건 아닐까요? 여기서 시간은 일정한 방향으로 흘러가는 것이라기보다는, 여러 방향을 한데 모아 짜 이룬 것에 가깝지 않을까요? 예컨대 환자가 느끼는 '현재'의 아픔은, 동시에 보호자가 간직할 '미래'의 기억이기도 한 것이죠. 보호자는 환자의 마지막을 어떻게 기억하는가? 이 질문은 곧 호스피스에 대한 평가이기도 하겠죠.

계속되는 삶의 이야기

김호성   말기 돌봄에서는 환자가 삶의 서사를 구성하도록 돕는 것이 중요합니다. 다학제팀 팀원들이 늘 노력하는 부분이기도 한데, 현실에서 좋은 결과를 내는 일이 쉽지만은 않죠. 하지만 환자의 서사가 갖는 중요성과 가치를 알고 지지하는 것만으로도 충분히 의미가 있다고 생각합니다.

의료 영역은 크게 네 가지로 나눌 수 있습니다. 건강 증진·예방 영역, 질병 치료 영역, 재활 영역, 그리고 완화의료 영역입니다. 사람들이 가장 관심을 많이 가지고 돈을 쓰는 곳은 건강 증진·예방 영역일 겁니다. 고가의 건강검진은 물론, 다양한 약물이나 기능식품까지 시장이 넘쳐납니다. 또 사람들은 치료 영역에도 관심이 많은데요. 치료 목적을 가진 한국의 이른바 빅5 대형 상급병원의 요양급여비 규모가 4조 원 가까이 됩니다.[8] 다음으로, 재활 영역은 최근 10년 전부터 각광받기 시작했습니다. 노인 인구가 많아지면서 근골격계 질환도 늘어나고, 퇴행성 질환이 부각되었죠. 여기저기 재활병원을 쉽게 볼 수 있고요. 그런데 아직까지 완화 영역에 대해서는 관심이 많이 없는 듯합니다.

말기 환자를 어떻게 돌봐야 할 것인가? 이런 질문에 일반 사람들은 요양원, 요양병원, 호스피스, 급성기 병원 등을 모호하게 떠올립니다. 어떤 시설이 무슨 역할을 하는지 불분명하게 다가오죠. 생의 끝자락에서 누구나 타인의 돌봄을 받게 됩니다. 삶의 마지막 공간이 반드시 의료기관일 필요는 없겠지만, 대부분의 현대인들이 마지막을 의료기관에서 보내는 현실을 고려해볼 때, 말기 돌봄 공간에 대한 논의가 시급합니다. 물리적 시간만이 아니라 삶의 서사가 가진 중요성을 이해하는 공간이 필요합니다. '삶의 서사는 어떻게 형성되는가', '삶의 서사를 어떻게 받아들이는가'에 대한 논의가 이루어지는 그런 공간 말입니다.

송병기　저는 파리에서 퇴행성 신경질환을 겪고 있는 노인들이 모여 있는 요양원에서 현장연구를 했습니다. 두 개의 다른 세계가 빈번하게 충돌하더군요. 예컨대 입소자 그 누구도 벽걸이 시계를 보지 않는데 곳곳에 시계가 걸려 있었습니다. 의료진과 요양보호사에게 그 공간은 업무 시간표를 기준으로 작동하는 곳이었지만, 어르신에게 시간은 그렇게 선형적으로 흐르지 않았습니다. 입소자에게 아침은 시계가 지시하는 시간이라기보다는 오히려 어둡고 조용하고 느린 감각 같은 것이었습니다.

예컨대 어르신은 파자마를 입고 천천히 거실에 나오거나 침대에 그냥 머물 수도 있습니다. 거실에는 블라인드를 치고 조명을 따로 켜지 않습니다. 정 날씨가 흐리면 반만 켰습니다. 점심이나 저녁과 달리 음악이나 라디오 소리도 없습니다. 입소자는 아무 말 없이 지정석에 앉아 커피나 차를 마시고, 비스킷이나 토스트를 먹습니다. 아침 식사를 하면서 옆 사람의 식기를 챙겨주며 한마디를 건네기도 하고, 아무 말 없이 깨끗한 식탁보를 쓰다듬기도 합니다.

이들에게 하루의 시작은 어떤 옷을 입는 것, 어떤 속도로 움직이는 것, 어떤 장소에 가는 것, 어떤 소리를 듣는 것, 어떤 이와 만나는 것, 즉 총체적 감각에 달려 있었습니다. 이들이 기억을 잘 못한다고, 같은 행동을 반복한다고, 배회한다고, 말이 안 되는 소리를 한다고,

그 삶의 가치가 없어지는 걸까요? 이들을 제정신이냐 아니냐로 판단하는 게 맞을까요? 오히려 이들은 다른 감각으로 자기 삶을 살아간다고 봐야 하지 않을까요? 삶이라는 게 관계성에 의해서 지지되고, 편집되고, 새롭게 읽힐 수 있잖아요. 어떤 곳에서, 어떤 관계를 맺으며 시간을 보내는가에 따라 질병이 삶의 위기로 이어지지 않을 수 있다고 생각합니다.

김호성   말씀을 들으면서 '자율성'에 대해 곰곰이 생각하게 됩니다. 호스피스에서 어느 중년 남성 환자는 스스로 화장실만 못 가도 삶의 의미를 잃어버리고 많이 우울해하더군요. 책임감이 강하고, 자기 결정에 대한 감각이 발달한 분이었죠. 만약 한국 사회가 자율성이 조금 제한된 사람도 큰 무리 없이 사회적 관계를 영위할 수 있는 곳이었다면, 어쩌면 그분의 자기 인식도 사뭇 다르지 않았을까요? 옛날에는 동네에서 어떤 어르신이 좀 이상한 말을 하더라도 주변 분들이 "응, 응" 하고 장단을 맞춰주고 그랬잖아요. 인지적인 어려움을 겪더라도 주변 사람들이 그의 삶의 리듬을 존중하고 관계를 잘 유지한다면 질병의 경험이 달라질 것 같습니다

송병기   '인구소멸'이니 '가족해체'니 하는 말이 유행가처럼 울려 퍼지는 요즘, 그런 관계를 기대하기는 쉽지 않습니다. 오히려 친족과 공동체에 대한 새로운 상상과 실천이 필요할 때입니다. 한편, 환자는 질병 때문에 단지 '아프기'만 한 사람이 아닙니다. 오히려 질병을 '경험'하며 이전과 다른 삶의 서사를 쓰고 있다고 봐야 합니다. 기존에 갖고 있던 습관, 성격, 가치, 일상이 정지하거나 증발하는 게 아니라,

질병을 경험하며 그것이 재해석되고 재구축되는 시기인 것이죠.

그런데 현실에서 우리는 질병을 어떻게 경험하고 있나요? 가령 말기를 투병의 결과, 즉 병과 싸워서 진 상태로 보고 있는 건 아닐까요? 몸의 기능 부전이 인생의 손상으로 이어지고 있는 건 아닌지요? 생애 말기가 무가치한 것으로 취급되거나 주변 사람들에게 부담으로 여겨지고 있지는 않을까요? 환자의 일상과 서사는 주변화되고 오로지 '몸 그 자체'에만 초점을 맞추고 있는 건 아닐까요? 우리가 질병을 인식하고 경험하게 하는 '현실'이란 무엇인지 질문해야 합니다. 이 문제도 차차 논의하면 좋겠습니다.

김호성 네, 앞으로 그러한 이야기를 본격적으로 하면 좋겠습니다. 한 가지 덧붙이자면, 호스피스 환자들은 대개 본인이 살아왔던 방식대로 삶을 마무리합니다. 다학제팀은 환자마다의 독특한 삶의 서사를 어떻게 지지하고 존중할 수 있을지 고민하고, 개별 상황에 맞추어 각각의 방식으로 서사를 잇도록 돕습니다. 딸과 관계가 좋지 않아 연락이 끊긴 환자를 위해서 딸에게 연락을 취한다거나, 앞서 말씀드렸듯 자녀의 결혼을 앞두고 말기 돌봄을 받게 된 환자를 위해 병원에서 작은 결혼식을 여는 경우도 있습니다.

사실 이러한 작업에는 항상 어려움이 있습니다. 다학제팀 팀원들이 환자의 깊은 이야기를 듣고 임상심리 전문가 수준의 상담을 하기가 쉽지 않거든요. 호스피스 평균 재원 일수가 한 달이 채 안 되는데, 그 기간 안에 긍정적인 의미로 비일상적인 사건이 일어날 가능성은 많지 않습니다. 우선 환자의 체력이 너무 떨어져 있고, 어떤 문제점을 알았다고 해도 어디에서부터 풀어야 할지 난감하기도 합니다.

그래서 저는 그렇게 생각을 합니다. 다학제팀이 환자와 함께하는 것 자체가 그냥 서사라고 말이죠. 환자의 서사에 우리가 들어가 있는 것이 그만큼 중요하다는 뜻입니다. 환자한테 뭘 특별하게 해주지 않더라도 환자의 공간에 함께 존재하며 같이 하루를 살아가는 것, 그러면서 환자가 오늘 뭘 할지, 누구를 만날지, 어떻게 무료한 시간을 보낼지 함께 이야기 나누는 것, 그런 것이 중요한 서사 중의 하나라는 생각이 듭니다.

송병기 다학제팀이 환자의 서사 중 일부라는 말이 와닿습니다. 묵묵히 환자 곁에 있는 건 굉장한 일입니다. 환자의 말, 행위, 생각에 주의를 집중하고, 누군가를 기억하는 것이니까요. 그건 내 생의 일부를 나누는 것인 동시에 갱신하는 일입니다. 그렇게 우리 생은 서로 섞입니다. 한편, 이는 앞서 저희가 이야기한 종교인의 돌봄에 대한 이야기와 연결됩니다. 다학제팀이 하는 일과 돌봄이란 게 이렇게 연결되고 순환되고 있음을 느낍니다.

김호성 한번은 고지식하고 까탈스러운 남성 환자가 있었습니다. 가정폭력 전력이 있어서 배우자와 사이가 별로 안 좋고, 자식들도 양가감정을 갖고 있었죠. 그래도 가족들이 측은한 마음에 호스피스로 찾아오긴 했어요. 한국 중년 남성의 특징이, 자식들에게 고맙다는 표현을 많이 못 합니다. 저희한테는 이야기하지만 보호자한테는 딱히 표현을 안 하죠. 가족에게 고맙다고 해본 적도 없고, 어떻게 하는지도 모르니까요.
이때 다학제팀에서 사이를 잇는 역할을 합니다. "환자가 이런 이야기를 하던데요?"라고 하면 마음이 풀리게 되고 보호자의 서사가 만들어집니다. 그리고 이 보호자의 서사는 다시 환자의 서사에 영향을 주게 됩니다. "지금까지는 힘들었지만 마지막에 그런 이야기를 들으니 참 좋네. 내가 당신과 함께 있다니 감사한 일이야." 저는 모든 사람의 삶에 해피엔딩이 반드시 필요하다고 생각하지는 않지만, 어떤 분들에게는 삶을 살아나갈 때 중요한 문제일 수도 있다고 생각합니다.

송병기　그간 우리는 죽음을 '순간'으로 파악해왔던 것은 아닐까요? 이를테면 '어떤 의료 결정이 삶을 의미 있게 혹은 무의미하게 만드는가?', '죽기까지 얼마나 시간이 걸리는가?', '언제까지 살 수 있는가?', '임종까지 또 임종 이후에 드는 비용은 얼마인가?' 같은 질문을 하면서 말입니다. 죽음의 성격, 의미, 가치는 어느 순간에 어떤 선택을 하느냐에 따라 규정되는 것처럼 보입니다. 연명의료 기술이 발달하고, 말기 돌봄의 양상이 개인의 자원에 따라 크게 달라지는 현실에서 그런 물음이 중요해졌다고 볼 수 있습니다.

　하지만 죽음을 순간으로 이해하다 보면 '그 순간까지 살아온 사람의 역사'가 간과될 수 있습니다.[9] 출생이 삶의 과정이듯이, 죽음도 삶의 과정으로 이해할 필요가 있습니다. 환자가 어떤 사람인지, 어떻게 살아온 사람인지, 그 삶의 연속성과 통합성을 바탕으로 죽음을 파악하면 어떨까요? 저는 호스피스 다학제팀이 바로 이 지점을 고민하고 실천하고 있다고 생각합니다. 환자와 보호자의 서사를 주시하고 해석하는 다학제팀의 노력이 눈에 띕니다. 그때 "이 사람의 서사는 이거야"라고 확신하기보단 그의 삶에 관심을 갖는 게 인상적입니다. 그 관심을 단순히 오지랖이라고 일축해선 안 됩니다. 환자에게 필요한 서사라는 게 어떤 시점에는 자식의 결혼식일 수도 있고, 또 어떤 시점에는 하루를 무탈하게 보내는 것일 수도 있겠지요. 선생님 말씀처럼, 환자와 보호자가 다양한 형태의 말기 돌봄을 경험할 필요가 있습니다. 그 경험에 따라서 우리가 알고 있는 '죽음'이 달라질 수 있지 않을까요?

다채로운 공간이 늘어나기를

송병기　오늘 선생님과 대화하면서 독립형 호스피스의 장점을 여실히 느낄 수 있었습니다. 상급병원의 공간에서는 구현하기 힘든 것들이 곳곳에서 세심하게 실천되고 있습니다.

김호성　역사적으로 보면 치료 목적의 시설이 만들어진 것은 그리 오래되지 않은 일입니다. 1900년대 이전에는 거의 대부분 치료가 아닌 완화가 목적이었단 말이죠. 20세기에 들어서야 치료 목적으로 디자인된 건물, 즉 병원이 생겼습니다. 그런 치료 목적의 공간에서 완화 목적의 공간을 추구하는 것은 아무래도 한계가 있지 않을까요?

　물론 상급병원에서 "우리도 내부에 호스피스 병실을 따로 만들어서 좀 더 환자 삶의 서사를 고려해보자. 환자·보호자와의 관계도 치료 일변도가 아니라 다각적으로 살펴보자"라고 할 수도 있겠죠. 그런 시도는 중요하다고 생각하고, 나쁘게 보지 않습니다. 종합병원에 완화적 환경이 조성되면 더 많은 환자들이 혜택을 받을 수 있을 테니까요. 다만, 근본적으로 기존 종합병원이란 공간은 진단, 치료, 수술을 중심으로 디자인되어 있습니다. 완화를 목적으로 디자인된 독립형 호스피스와는 다릅니다. 공간의 디자인이 다르고, 거기서 차이가 생긴다고 봅니다.

송병기　공간의 디자인, 흥미로운 표현입니다. 공간이 어떤 가치를 중심으로 구성되어 있는지 봐야 한다는 말로 이해했습니다. 앞서 언급한 예처럼 종합병원은 치료에 적합하고, 호스피스는 완화에 적합하다고 볼 수 있습니다. 선생님께서 다양한 가치로 디자인된 의료 공간들의 필요성을 제기했다고 생각합니다. 그에 대해 깊이 공감하지만, 몇 가지 미세한 부분에 대해 세심하게 짚을 필요가 있다고 생각합니다.

　먼저, 치료cure와 돌봄care을 무 자르듯 나눌 수 없다는 점을 분명히 전제해야 합니다. 가령 치료 목적으로 만들어진 종합병원은 돌봄이 없어도 될까요? 우리 모두 알고 있듯이, 오히려 돌봄은 치료를 위해 보장되어야 하는 필수적 요건입니다. 수술을 하려면 보호자 동의가 필요하고, 그 보호자는 환자 곁을 지킵니다. 보호자는 환자와 의료진의 가교 역할을 합니다. 간병도 합니다. 보호자가 간병을 못하면 간병인이 필요합니다. 또 지인들은 병실에 와서 환자를 위안합니다. 다시 말해, 환자는 종합병원에서 '치료만' 받는 사람이 아닙니다.

　그럼 완화 목적으로 만들어진 호스피스에는 치료가 없을까요? 그렇게 말하기 어렵습니다. 완화가 완치가 아니라고 해서 적절한 약물 처치도 없는 건 아닙니다. 종합병원과 목적은 다르지만, 호스피스의 의료진도 '치료를' 합니다. 치료가 언제나 완치를 의미하는 것은 아니기 때문이죠. 요컨대 의료에서 치료와 돌봄은 중첩되어 있습니다. 의료기관이 추구하는 목적과 가치에 따라 둘 중 한쪽이 좀 더 각광을 받는 것은 아닌지 되묻게 됩니다.

김호성　옳은 말씀입니다. 저 역시 치료와 돌봄이 긴밀하게 얽혀 있음을 이해하고 있습니다.

송병기　또한, 선생님께서 지적하셨듯이 돌봄과 치료에 대한 관념은 시대에 따라 변하는 측면도 염두에 두어야 합니다. 지금 우리에게 병원은 진단과 수술 등으로 움직이는 곳이지만, 역사적으로 병원은 종교시설에 가까웠죠. 예컨대 파리 노트르담 대성당 앞에 있는 공립병원 이름이 '오텔-디우$^{Hôtel-Dieu}$'입니다. 7세기에 지어진 병원이지요. 오텔^{Hôtel}은 궁, 숙소, 관청 등을 말하고, 디우^{Dieu}는 신을 뜻합니다. 이 공립병원의 시작은 가톨릭과 연결되어 있는데, 애초에 빈자, 떠돌이, 순례자를 돌보는 곳이었습니다. 사람의 병고를 덜고 구원을 청하는 병자성사처럼, 당시 교회는 지친 이들의 몸과 마음을 '돌보며 치료'했다고 볼 수 있습니다. 시간이 흐르며 의료는 질병으로 망가진 몸을 고치기 위한 방법으로 점철해왔고, 오늘날 오텔-디우도 '치료' 중심의 공립병원으로 운영되고 있습니다.

　하지만 그렇다고 해서 병원에 돌봄이 사라진 건 아닙니다. 돌봄이 없는 게 아니라, 눈앞에 돌봄이 있어도 알아보지 못하는 것이죠. 시대에 따라서 돌봄과 치료에 대한 관념이 변하는 한편, 우리는 '지금 시대를 통해서' 돌봄과 치료를 달리 본다고 할 수 있습니다.

김호성   지금의 관점에서 볼 때, 과거의 병원은 돌봄 목적이고 현재의 병원은 치료 목적이라고 말하지만, 사실은 과거나 현재나 공히 돌봄 및 치료가 어우러진 행위를 한다는 말씀으로 들었습니다. 다만 이것이 관념의 차이로 인해, 동일한 행위에서 어느 한쪽이 도드라져 보이거나 혹은 아예 포착조차 되지 않는다는 지적입니다. 선생님의 말씀에서 치료와 돌봄의 긴밀한 얽힘을 다시 한번 확인하게 됩니다. 앞서 제가 호스피스와 다른 병원의 차이가 어디서 비롯되는지를 검토하면서 드린 말씀이, 자칫 두 공간의 완전한 기능 분리가 불가피하다는 주장으로 들리지 않기를 바랍니다.

송병기   선생님 말씀의 취지를 알고 있습니다. 저도 검사, 응급, 수술 등으로 바쁘게 돌아가는 이른바 큰 병원에 호스피스 병실을 만드는 게 가능한지, 괜찮을지 의문이 듭니다. 말기 환자가 지내기에는 동백 성루카병원 같은 호스피스가 더 나을 것 같습니다. 차라리 종합병원은 그동안 해왔던 일을 더 잘하게 하고, 완화를 목적으로 디자인된 호스피스는 따로 만들어가는 게 훨씬 현실적으로 보입니다. 하지만 이를 치료 공간과 돌봄 공간의 분리로 보면 곤란합니다. 그보단 '의료 다양성 증진'으로 봐야 한다고 생각합니다. 수술을 전문으로 하는 병원이라고 해도 돌봄은 중요하고, 완화를 전문으로 하는 병원이라고 해도 치료가 부재한 것은 아닙니다.

김호성   공감합니다. 다양한 가치로 디자인된 공간이 많아지면 좋겠습니다. 돌봄과 치료가 다채롭게 배합된 곳들이 많이 나타나길 바랍니다.

송병기　단순히 병원 수를 늘리는 게 아니라, 선생님 지적대로 다
채로운 공간이 많아져야 한다고 생각합니다. 예를 들어 골절로 거동
이 불편한 환자가 회복 때까지 단기간 입원해 돌봄을 안심하고 받을
수 있는 공간이 동네에 하나쯤 있으면 어떨까요? 환자의 평소 삶의
리듬을 존중하는 재택의료가 늘어나면 어떨까요? 이는 말기 환자나
노인에게만 해당되는 이야기가 아닙니다. 나이와 상관 없이 누구에
게나 해당될 수 있습니다. 누구나 아플 수 있으니까요.

　우리가 일상에서 마주하는 병원이란 의사가 환자를 진찰하고 치
료하는 곳이죠. 이런 공간에 너무 익숙하다 보니까 다른 상상을 못
하게 되는 것 같습니다. 그런데 동백 성루카병원에 와보니 '한국에서
도 이런 공간이 가능하구나', '생각과 개념과 디자인 방향 같은 게 달
라지면 다른 공간을 창조할 수도 있구나' 하는 걸 확인하게 됩니다.
또 의료란 무엇인지에 대해서도 근본적으로 생각하게 됩니다.

호스피스라는 다른 삶의 방식

송병기　많은 사람들이 호스피스를 경험하면 이 제도에 대한 소문
이라도 널리 퍼질 텐데 아쉽습니다. 한편 이런 생각이 드는데요. 호
스피스를 기존 의료체계에서 다루는 게 맞을까요? 앞서 선생님께서
다양한 가치로 디자인된 공간이 늘어나야 한다고 강조했는데, 그 일
을 기존 의료체계에서 할 수 있을지 의문이 듭니다. 도무지 견적이
안 나온달까.

　한국의 의료는 국가의 강한 통제를 받고 있다고 볼 수도 있지만,

그를 토대로 강력한 의료시장이 작동하고 있는 구조입니다. 공공병원과 민간병원이 구조적으로 큰 차이가 없을 정도입니다. 의료인력을 구하기 위해 병원 간 치열한 경쟁이 있고, 인건비를 맞추기 위해 비용을 관리해야 하죠. 진료량, 비급여 진료 등을 늘려서 수익을 올리는 방법을 쓰거나, 인력을 확충하기보단 효율성을 강조해 비용을 아끼는 방향으로 움직이고 있습니다. 주목할 점은 사람들이 그 틀에 맞게 의료와 돌봄을 경험한다는 것입니다.[10] 신약이나 첨단 기기를 경험해온 환자와 보호자로선 호스피스의 완화의료에 가치를 부여하기가 어려울 수 있다는 말이기도 합니다. 호스피스를 이런 현실에서 확충하는 게 가능할까요?

김호성　말씀하신 것처럼 호스피스 완화의료는 '필수의료'적인 속성이 있습니다.[11] 모든 환자들이 생애 말기에 삶의 질을 위해 완화의료를 받아야만 하죠. 그럼에도 현실적으로 호스피스 이용이 잘 이뤄지지 않는 요인이 있습니다. 예컨대 췌장암이나 담도암은 여전히 치료가 어렵지만, 유방암이나 폐암 같은 경우 치료적 옵션이 이전에 비해 많이 늘어났습니다. 예전에는 4기라고 진단을 받으면 여명이 몇 개월밖에 안 되었지만, 요즘에는 적절한 유전자 검사를 통한 맞춤치료를 하면 수년을 잘 지냅니다. 이에 따라 환자들은 끝까지 치료적 옵션에 집중하게 되고, 체력이 현저히 떨어질 때까지 항암치료를 하게 됩니다. 치료의 영역이 팽창되면서 완화의 영역인 호스피스의 고민이 커질 수밖에 없는 거죠.

　『아무도 죽지 않는 세상』이라는 책을 보면, 트랜스 휴먼에 관련된 내용이 나옵니다.[12] 심한 심부전으로 생이 얼마 남지 않은 환자들의 경우, 원래 호스피스 완화의료의 영역에 속합니다. 하지만 만약 책에서 이야기한 것처럼 심장이식이 가능하다면, 치료 혹은 더 나아가 재활의 영역에 속하게 되는 것입니다. 이런 시나리오에서 완화는 사회경제적 문제로 치환됩니다. 돈이 있으면 '치료'를 하고, 그렇지 못하면 '완화'의 영역으로 밀려나는 식으로요. 계급적으로 완전히 나뉘는 겁니다. 밀려난 이들의 열패감이나 상심과 더불어, 호스피스 완화의료가 지금보다 더 '실패'와 '희망 없음'의 이미지로 고착될지도 모릅니다.

송병기 저는 바로 그러한 '사회적 상상'을 비판적으로 살펴봐야 한다고 생각합니다. 건강, 정상, 독립, 자율로 대표되는 몸이란 과연 무엇일까요? 거기에 한 사람의 일상, 관계, 돌봄, 상호의존성에 대한 이야기는 어디로 증발했을까요? 또 언제 도래할지 모르는 치료라는 가능성, 그 불투명한 미래에 현재를 저당 잡혀야 할까요? 의료가 이제껏 이런 방식으로 발전해왔고, 우리의 생각과 삶의 방식을 재단한 측면은 없을까요?

지금도 각종 매체에서 '100세 시대' 운운하며 인간이 자연스레 겪는 아픔, 의존, 나이 듦, 죽음을 리스크로 만들고 각종 의료기술과 금융상품으로 대비해야 한다고 다그치는 소리와 이미지가 넘쳐납니다. 거기에는 현재 삶의 위상을 발견하게 하는 과거도 없고, 총체적 삶이 전제된 미래도 없습니다. 그러한 현실에서 '생명'은 철저히 평가되고, 사람들이 기대하는 '이상적인 몸'도 사라집니다.[13] 이제, 다른 삶의 방식을 이야기할 때가 되었습니다.

김호성   네, 선생님 말씀에 동의합니다. 저는 호스피스가 그런 다른 삶의 방식 중의 하나가 될 수 있다고 생각합니다. 적절한 시점에 호스피스 완화의료의 개입이 환자들의 삶의 질을 높여주고, 더 나아가 생존 여명에도 긍정적인 영향을 끼친다는 보고가 있습니다.[14] 또한 호스피스에서 적절한 돌봄을 받은 환자가 사망한 후에 보호자들의 육체적·정신적 건강에도 긍정적인 영향을 준다는 연구들도 있습니다.[15] 요컨대 실질적으로 환자와 보호자들에게 도움이 된다는 것이지요.

그런데 아직까지 호스피스 완화의료에 대해 잘 모르시는 분들이 허다합니다. 대중 캠페인도 많이 해왔고 드라마 같은 대중문화를 통해서도 알려왔습니다만, 아직 많은 한계가 있습니다. 인지도 부족과 더불어, 운영상의 현실적인 어려움에 대해 정부의 관심과 개입이 요긴한 상황입니다. 시장 논리만으로는 작동하기 어렵습니다. 다행히 2016년에 입원형 호스피스의 건강보험 급여화로 인해 어느 정도 도움이 되고는 있지만, 장기적인 운영을 해나가기에는 여전히 부족합니다. 정책 당국자들이 진지한 관심을 기울일 때, 잘 디자인된 생애 마지막 장소가 다채롭게 꽃 피울 수 있을 겁니다.

송병기   호스피스는 '특이한 건축물'이 아니라 환자의 '삶을 통합적으로 디자인'하는 일입니다. 환자의 삶에 관심을 갖고, 돌봄의 목표를 세우고, 성취하는 일이라고 생각합니다. 그 과정에서 의료진이 환자에게 약물을 투여할 수도 있지만, 환자가 목욕을 하고, 정원에서 바람을 쐬고, 가족 기념일을 챙기고, 여유롭게 음악을 감상할 수도 있죠. 그러고 보면 호스피스는 '미결정의 세계'인 셈입니다.[16] 확실과 불확실이라는 기준으로 환자의 몸을 판단하는 게 아니라, 환자가 처한 상황을 개선하기 위해 필요한 결정이 무엇인지를 끊임없이 찾고 실천하는 공간입니다.

2장 음식

어디까지 먹을 수 있는가

송병기　인간이 있는 곳이라면 음식이 있기 마련입니다. 음식은 인간을 이해하는 데 중요한 단서를 제공합니다. 오늘은 음식과 호스피스에 대해 이야기해보면 어떨까요? 대개 사람들은 환자와 음식의 관계를 '병원밥 먹겠지', '치료 때문에 아무거나 못 먹겠지', '나으려면 잘 먹어야지' 정도로 인식하는 것 같습니다. 선생님, 동백 성루카 병원에 있는 환자들은 음식을 어떻게 먹나요?

김호성　말기 환자라고 상태가 동일하지는 않습니다. 환자 상태에 따라 식이 종류가 다르지요. 밥을 먹을 수 있는 환자도 있고, 죽을 먹을 수 있는 환자도 있고, 물만 겨우 먹는 환자도 있습니다.

송병기　흔히 말하는 '맛없는 병원밥'을 생각하면 될까요? 씹지 못하는 환자는 가루처럼 갈린 밥을 먹고, 덩어리를 못 삼키는 환자는 젤리 같은 밥을 먹는 장면이 떠오릅니다. 환자의 상태에 따라서 전해질, 지방, 단백질, 섬유소 등이 조절된 밥. 칼로리와 영양소가 치밀하게 계산된 병원식. 오래전에 병원에 며칠 입원했던 적이 있는데, 죽을 만큼 맛없는 밥을 살려고 먹었던 것이 지금까지도 기억에 남습니다.

김호성 저도 어린 시절 입원했을 때 먹었던 병원밥 냄새가 아직도 기억이 납니다. 병원 특유의 소독약 냄새가 섞여 있던 기묘한 밥 냄새였죠. 실제로 대부분 병원밥은 맛이 별로입니다. 맛보다는 의학적 처치의 연장선으로 밥을 바라보기 때문이지요. 호스피스도 예외는 아니어서 일반적인 병원밥을 떠올리시면 됩니다. 다만 나름대로의 특수성이라면, 의학적으로 큰 문제가 되지 않는다는 전제 안에서, 환자가 원하는 음식을 사식으로 가져와서 먹어도 됩니다. 어느 정도는 자유로운 거죠. 물론 자유롭다고는 해도 아무 기준도 없는 건 아니고요.

송병기 가령 죽이나 미음이 아닌, 환자가 좋아하는 음식을 먹을 수도 있다는 건가요?

김호성 예전에 이런 일이 있었습니다. 웬만큼 체력 유지가 되고 식욕도 있는 환자가 있었는데요. 그런 환자에게는 호스피스의 일상이라는 게 무료할 수 있습니다. 보통 사람들이 심심할 때 무슨 생각을 하나요? '점심 때 뭐 먹을까?', '저녁에는 뭐 먹지?' 하는 것처럼, 환자들도 똑같습니다. 환자이기 이전에 인간이니까요. 어느 비 오는 날이었는데, 보통 비 오면 칼국수를 먹어야 한다고 얘기하곤 하잖아요. 그 환자도 그날 칼국수를 먹고 싶다고 했어요. 당일에 근처 가게로 가서 칼국수를 사다 드렸죠. 저희 의료진도 마침 먹고 싶기도 했고요. 다만 아쉽게도 병원으로 가져왔을 땐 국수가 약간 퍼져 있었습니다.

송병기　　그런 일이 병원에서 일어나기도 하는군요.

김호성　　말기 암 환자라고 해서 전부 다 못 먹지는 않습니다. 특히, 음식에 대한 욕구가 사라지는 것도 아니고요. 어떤 날에는 다학제팀이 보호자들과 부침개를 같이 해먹은 적도 있습니다. 그렇게 하면 환자와 의료진 간에 라포가 쌓이기도 합니다. 음식이 관계를 형성하는 데 중요한 역할을 하는 거죠.

송병기　　한 공간에서 일상을 공유하고 밥도 같이 먹는 관계, 식구食口라고 할 수 있겠네요. 포근한 동화처럼 느껴집니다.

김호성　　항상 그렇지는 않습니다. 호스피스에서도 의사, 보호자, 환자와의 관계는 크게 변하지 않습니다. 하지만 저희에게는 음식과 관련된 그런 이야기가 '호스피스란 무엇인가'에 대한 고민의 흔적이기도 합니다. 의료시설이라 해도 어떤 가치 아래 어떻게 운영되는가에 따라 의료진이 환자와 음식을 함께 먹을 수도 있다고 생각합니다. 심지어 때로는 환자에게 술을 소량 허용하기도 합니다.

송병기　제가 잘못 들은 건가요? 술이라고요?

김호성　환자에게 술을 허용한다고 하면 많은 분들이 놀라곤 하더라고요. 하지만 저희에게는 자연스러운 일입니다. 요즘에는 무알콜 술도 꽤 많이 있습니다. 물론 환자의 몸 상태를 고려합니다. 호스피스의 목적이 단지 치료가 아니라, 돌봄과 완화이기 때문에 음식의 목적도 달라지는 거죠. 설령 술이라고 해도 환자의 삶의 질에 도움이 된다고 하면 소량 고려해볼 수 있는 겁니다.

송병기　흥미롭습니다.

김호성　생각나는 환자가 있습니다. 외국에서 살다 온 젊은 환자였는데, 요즘 뭘 먹고 싶은지 물어보니 햄버거가 먹고 싶다고 하더군요. 그래서 햄버거를 사와서 맛있게 먹었습니다. 어느 날엔 술을 먹고 싶다고 했습니다. 기름진 음식에는 맥주의 청량감이 때로 필요하잖아요. 환자라고 해서 그게 생각이 안 날 리가 있나요? 물론 병원에서는 술이 금지되어 있습니다. 중독뿐 아니라 실제적으로 환자에게 여러 약물들이 투입되기 때문에 간 기능에 영향을 미치는 상황이니까요. 하지만 그렇다고 해서 술 한 잔 마셨을 때 정말로 말기 환자한테 의학적으로 심대한 영향을 미치느냐? 그건 아무도 알 수 없습니다.

송병기　음… 흥미로운 이야기입니다.

김호성   문제가 될 수 있는 환자들이 있습니다. 내장 기능이 현격하게 나쁘면 당연히 음주는 금지예요. 하지만 그 환자는 다른 장기가 아닌 뇌에 암이 있는 환자였고 간 기능도 괜찮았습니다. 또 술을 먹는다 해도 소량만 마실 것 같았거든요. 그래서 허락을 했습니다. 삶이 얼마 남지 않은 환자한테 의미가 있고 명백한 해가 되지 않으면 소량의 술도 줄 수 있다고 생각합니다.

송병기   의사로서 부담감을 느끼지는 않았나요? 저러면 환자에게 해가 되지는 않을지 걱정될 것 같거든요. 괜히 문제 생길 일 만들지 말자는 마음도 생길 것 같고요. 병원에서 사람들은 작은 반응에도 신경이 곤두서기 쉽습니다. 긴장감이 감도는 곳이지요. 또 무엇보다 의사가 의료결정을 하는 데 있어 '확실과 불확실'은 중요한 기준 아닌가요?

김호성   당연히 기본적으로는 환자에 대한 의학적 판단이 우선 이뤄집니다. 그런데 호스피스에서는 고려하는 것이 한 가지 더 있습니다. 환자가 처한 상황과 가족들과의 관계 같은 겁니다. 이를테면 환자의 여명이 소량의 술 한 잔 때문에 의학적으로 더 짧아지진 않을 것 같은 상황에서, 막걸리 한 잔으로 환자의 현재 삶이 많이 달라질 것 같다? 그랬을 때는 술이라고 해도 허용할 수 있습니다. 충분한 효용이 있으니까요. 신체적으로 아프지 않은 것만 의학적 효용이 아니라고 생각합니다.

송병기   음식 이야기를 하다 보니 윤리를 선험적으로만 이해해선 안 되겠다는 생각이 듭니다. 의료현장에서 통용되는 윤리에 대한 정의가 있다면, '그렇게 행함을 통해서 어떤 해를 발생시키지 않는 것'이 아닐까 합니다. 당연하고 간단해 보이지만 실은 불규칙적이고 까다로운 말이죠. 예컨대 여기서 '해害, maleficence'란 무엇일까요? 환자의 신체적 증상만으로 해를 판단할 수 있을까요? 삶의 질 지수 같은 걸로 측정해야 할까요? 환자의 자율성이나 자기결정권으로 이해하면 될까요? 해가 무엇인지를 놓고 환자, 보호자, 의료진의 생각이 다르면 어떨까요? 무조건 환자의 생각을 존중하면 되는 걸까요? 아니면 의료진의 판단에 무게를 더 둬야 할까요? 이 모든 걸 절충해야 할까요? 그게 현실적으로 가능할까요? 쉽게 말하기 어려운 문제입니다.

김호성　저는 이 질문을 던져보고 싶습니다. 과연 의사의 역할이란 뭘까요? 환자의 삶을 연장하는 것도 있겠지만, 환자의 삶의 질을 올리는 것도 중요하다고 생각합니다. 호스피스에서 환자들은 어차피 술을 먹는다 해도 지극히 소량만 섭취합니다. 의학적으로 심대한 영향을 끼치지 않죠.

　'술'이란 음식 자체가 중요하다기보다는, 환자의 기대여명과 상태에 맞는 돌봄을 한다는 것이 핵심입니다. 다만 모든 의료기관에서 이런 식의 판단을 하는 것은 현실적이지 않습니다. 예를 들면 요양병원의 경우 호스피스와 상황이 좀 다릅니다. 아무래도 요양병원에 입원한 환자는 여명이 길고, 한 번 허락하면 계속 허락해야 하는 문제가 생기니까요. 하지만 말기 암 환자가 있는 호스피스는 상대적으로 환자들의 여명이 짧고 예견됩니다. 그래서 환자의 상태를 종합적으로 봐서 판단하면 되기에, 어려운 고민이긴 하지만 아예 못 다룰 고민은 아닙니다. 많은 환자나 보호자들은 술을 그리 많이 원하지도 않을뿐더러, 먹어도 정말 소량만 먹을 수 있는 상태이거든요.

송병기 '환자가 원해도 절대 안 됩니다'도 아니고, '환자가 원하니 그냥 다 줍니다'도 아니라는 말씀이군요. 각 사례별로 세심한 판단이 필요할 것 같습니다. 환자 삶의 질은 숫자로 나타낸 지표가 아니라 다학제팀의 관찰, 관여, 숙의를 통해서 해석된 '가치'라는 점에 주목하게 됩니다. 여기서 가치는 생명 존중, 해악 금지, 환자의 자율성 존중 같은 '선언적 윤리로서의 가치^{value}'로 요약되지 않습니다. 그렇다고 환자의 신체 상태, 성격, 경제력, 가정환경 같은 '세속적 평가로서의 가치^{worth}'로 환원되지도 않죠. 호스피스 다학제팀은 이 두 가치의 한계를 경험적으로 파악하고 있다는 생각이 듭니다. 두 가치를 상호보완적으로 다루는 한편, '호스피스 돌봄'이라는 새로운 가치를 생산하고 순환시키고 있는 게 아닐까 싶어요. 이에 대한 이야기도 차근차근 나눠보면 좋겠습니다.

김호성 저는 말기 환자에게 일괄적으로, 반드시 지키게 해야 할 의학적 지침 있다고 생각하지 않습니다. 환자가 필요로 하는 것이 무엇인지 귀 기울이는 것, 그리고 타이밍이 중요합니다. 그 타이밍은 환자의 원하는 바를 솔직하고 원활한 의사소통으로 확인하는 것에서부터 시작합니다. 즉 왜 당신은 이것을 원하는지, 왜 원하지 않는지, 그리고 그것을 물어보는 시점이 중요하다는 거죠.

송병기 많은 생각이 머릿속에 맴돕니다. 의사의 역할 중 하나는 환자 삶의 질을 올리는 것이라는 말씀에 공감합니다. 또 차차 살펴보겠지만 말기 돌봄에 있어 암 환자와 비암성 질환을 겪고 있는 환자의 차이점을 고려하는 것도 중요합니다. 환자의 여명은 말기 돌봄에서 중요한 쟁점이 되기도 하니까요. 다른 한편, 제가 주목하는 것은 선생님이 언급한 '환자가 필요로 하는 것이 무엇인지 귀 기울이고 제때 소통하기'입니다. 그 말은 돌봄을 환자 삶에 대한 '앎'과 환자의 아픔에 대한 '응답'으로 생각할 수 있게 합니다. 호스피스에서 돌봄이 죽어가는 환자를 그저 도와주는 일이 아님을, 자율과 의존의 비대칭적 관계가 아님을 깨닫게 합니다.

음식 이야기로 돌아와서, 선생님의 설명을 다시 정리해보겠습니다. 환자가 먹는 게 무조건 좋다고 말하기는 어렵습니다. 암 때문에 내장 기능이 원활하지 않은 환자에게 음식 섭취는 해가 될 수 있습니다. 이 경우 음식 섭취가 아닌 다른 돌봄이 강구되어야 합니다. 반면 음식 섭취가 가능한 환자의 경우, 그가 원하는 음식을 제한적이나마 제공할 수 있습니다. 전자와 후자는 공통점이 있는데, 바로 환자의 '편안함'을 목표로 한다는 것입니다. 즉, 다학제팀은 환자의 몸 상태를 살피는 동시에 그 '입맛'에도 관심을 갖고 귀 기울인다고 볼 수 있습니다.

김호성　　네, 그렇습니다. 말씀해주신 것처럼 음식의 제공 여부보다는 그 과정에서 일어나는 지속적인 환자와의 의사소통 그리고 음식 제공의 목적이 중요합니다.

송병기　　호스피스에서 음식은 돌봄의 궤도를 따라 움직이는 것 같습니다. 여기서 돌봄이란 환자가 느끼는 불편함을 포착하고 환자가 처한 상황을 조금이라도 더 낫게 만드는 과정을 말합니다. 저는 호스피스 다학제팀의 미덕은 시간을 들여 환자에게 무엇이 도움이 될지를 찾는 데 있다고 생각합니다. 그 '시간'이 말기 돌봄의 핵심 요소가 아닐까 싶어요.

김호성　　　환자, 보호자, 그리고 의료진이 함께 그 '시간'을 찾아가고 만들어갑니다. 그리고 그 과정에서 이전에 환자가 겪은 식이 지침의 방향이 바뀌게 됩니다. 예를 들면 환자와 보호자들은 흔히 "무엇을 먹어야 되고, 무엇을 못 먹나요?"라고 물어봅니다. 의학적 지침을 구하는 것이죠. 하지만 저희의 대답은 이렇습니다. '무엇을' 먹느냐보다는 '왜' 먹는지 그리고 '얼마나' 먹는지가 중요하다고 말입니다. 즉 의학적 판단 안에서 큰 무리가 없으면 섭취를 허락해드립니다. 너무 뜨겁거나, 차거나, 딱딱하거나, 기름지거나, 맵거나, 날것인 음식 이외에 모든 음식들은 그 '종류'보다 '정도'를 조절하는 것이 중요하다고 알려드립니다. 그리고 혹시 섭취 중이나 섭취 후에 통증 등의 증상이 생기면 중지하고 이후에는 시도하지 않는 것이 좋다는 정도의 지침을 제시하죠. 그 지침은 명시되고 변하지 않는 기준이 아닌, 환자의 상태와 바람 사이의 가변적이고 일시적인 기준입니다.

음식의 기억, 기억의 음식

송병기　　　음식은 삶의 서사와 연결되어 있습니다. 어떤 사람이 비

오는 날 파전에 막걸리가 '당긴다'고 말하는 건 우연이 아니죠. 그 경험을 해서 좋았거나, 그 경험이 좋았다는 이야기를 들었거나, 그 경험이 좋을 것 같다고 느껴야 가능한 일입니다. 사람들은 먹기에 관한 경험, 기억, 지식이 '머리'가 아니라 '몸'에 각인된다고 여깁니다. '몸이 기억한다', '몸이 먼저 반응한다'고 표현하기도 하죠. 음식, 입, 몸, 기억은 내 삶의 표층을 이루는 요소입니다. 마르셀 프루스트의 소설 『잃어버린 시간을 찾아서』에서 주인공이 홍차에 마들렌를 적셔 맛을 보자마자 지나간 봄을 떠올리는 장면이 독자들에게 공감을 얻은 것은 우연이 아닙니다. 비록 홍차와 마들렌을 먹어보지 않았거나 좋아하지 않아도, 그게 무슨 말인지 쉽게 이해할 수 있습니다. 음식은 삶의 연속성을 이해하고 존중하는 일과 맞닿아 있습니다.

김호성   중요한 지적을 해주셨습니다. 음식을 주제로 풀어낸 외국 호스피스의 책들이 몇 권 있는데요. 그 책들의 핵심은, 환자가 기억하고 있는 음식을 제공해서 환자의 서사를 회복시킨다는 겁니다. 그건 단순히 음식 자체만의 문제가 아닙니다. 우리는 생물학적인 존재여서 항상 먹어야만 살 수 있습니다. 하지만 이러한 먹는 행위는 기본적으로 문화적 맥락 안에 들어가 있습니다.

가끔 환자들은 "어머니가 해준 된장찌개가 먹고 싶다", "내 아내가 해준 김치찌개가 먹고 싶다"고들 이야기합니다. 이는 음식의 종류를 넘어서, 그때 환자가 음식을 둘러싸고 경험했던 분위기, 다른 이와의 관계 등을 지금도 그리워하고 다시 경험하고 싶다는 것입니다. 즉 질병의 진행으로 일상이 무너져 내렸지만, 아직도 그 일상을 다시 회복하고 싶다는 이야기이지요. 그것을 통해 환자는 살아 있음을 느끼게 됩니다.

송병기   공감합니다. 사람에게 음식은 '영양'의 차원에서 그치지 않습니다. '입맛'의 차원도 있습니다. 한 노인요양원에서 현장연구를 할 때 이야기를 잠깐 하면, 아침마다 예쁜 컵에 레몬즙을 떨어뜨려 물을 마시던 할아버지가 있었습니다. 레몬즙 두세 방울이 들어간 물이 영양학적으로 어떤 의미가 있을까요? 어떤 방문객은 그의 행동을 마뜩잖게 봤습니다. 앞으로 살날이 얼마 남지 않은 사람이 쓸데없는 짓을 한다고 말이죠. 하지만 할아버지에게 그건 매우 중요한 일이었습니다. 입소하기 전부터 해왔던 습관이었고, 자신의 개성을 표현하는 수단이었습니다. 요양원에서 단체생활을 하고 있지만, 그럼에도 '나'라는 고유한 존재가 여기 살고 있음을 나타내는 의례였습니다. '당뇨와 치매가 심한 202호 어르신'과 '아침마다 레몬즙이 들어간 물을 마시는 할아버지'의 차이는 매우 큽니다. 예쁜 컵, 레몬즙, 물의 조합은 요양원의 대다수 구성원들을 할아버지의 일상으로 초대했습니다. 사람들은 그의 인생에 관심을 가졌습니다. 시간이 꽤 흘렀지만 여전히 제가 그분을 생생히 기억하고 있는 이유이기도 합니다.

김호성   흥미로운 이야기입니다. 호스피스 맥락으로 돌아와, 한 가지 덧붙이고 싶은 말은 음식을 준비하는 다학제팀에게도 서사가 발생한다는 점입니다. 그 안에서 이른바 관계성이라는 것이 일어납니다. 책『내 생의 마지막 저녁식사』가 기억납니다. 독일의 한 유명한 요리사가 호스피스에서 말기 환자에게 음식을 만들어주면서 쓴 이야기입니다. 환자가 기억하는 음식을 구현하려고 이렇게도 만들어보고 저렇게도 만들어보고 노력하는 내용입니다. 책 속에서 저자는 환자가 그 맛이 아니라고 하면 낙심을 하고, "바로 그 맛이야!"라고 하면 큰 기쁨을 느끼죠.[1] 즉 환자의 서사 안에 의료진도 들어가 있는 겁니다. 음식이라고 하는 게 단순히 먹고 싶은 것을 먹는다는 것이 아니라, 환자, 보호자, 의료진이 모두 포함된 서사의 일환인 거지요. 환자한테 막걸리를 단순히 '허용'해준 것이 아닌, 환자의 상황을 '이해'하고 그의 서사에 '들어갔다'는 것을 의미합니다. 이는 호스피스에서 다학제팀과 환자는 일방적으로 무엇을 주거나 받기만 하는 관계가 아니라, 서로의 삶, 서로의 이야기에 들어가 상호작용하는 능동적인 관계란 것이죠.

송병기　음식은 생존에 관련된 것이면서도 동시에 인생의 구성 성분이기도 합니다. 선생님 말씀을 들으니 한 일본 호스피스의 식단을 다룬 책 『인생 최후의 만찬』이 생각납니다.[2] 이 책에 등장하는 호스피스에서는 일주일에 한 번씩 환자가 희망하는 '리퀘스트 식단(요청 식단)'을 만들어줍니다. 남들이 보기에 평범해 보이는 음식일지라도, 어떤 사람에게는 인생이란 나무를 지탱하는 뿌리 같은 것일 수 있죠. 어린시절에 가족 모두가 좋아했던 튀김, 고향 바다가 떠오르는 초밥, 평소 부부가 즐겨먹었던 부침개 같은 것들 말입니다. 이 호스피스에서는 요청식을 마지막 순간을 보내는 '환자의 마음 돌봄'의 일환이라고 합니다. 마음 돌봄이란 말을 음미하게 되더군요.
　또 이 책이 흥미로웠던 이유는 환자, 보호자, 의료진의 관계뿐 아니라 영양사와 조리사의 노력에 대해서도 생각할 수 있었기 때문입니다. 환자의 이야기에 귀 기울이고, 환자가 편하게 음식을 먹을 수 있도록 호스피스의 모든 사람들이 애쓰는 모습에 감동하게 됩니다. 그러고 보면 환자는 음식을 먹지만, '여러 마음'을 먹는다고도 할 수 있습니다.[3] 이는 음식을 통해 환자와 다학제팀의 서사가 섞인다는 선생님의 설명과도 일맥상통합니다.

저에게도 그런 음식이 있습니다. 어린 시절, 토요일에 친구들이 집에 놀러오면 어머니가 한 번씩 떡볶이를 해주셨어요. 그 느긋한 시간이 좋았습니다. 그래서인지 골라도 지금도 떡볶이를 좋아합니다. 무엇보다 그런 기억이 살아가는 데 힘이 되더군요.

김호성   저도 그런 기억의 음식이 있습니다. 제가 어렸을 적 할머니 댁에 놀러가면 할머니께서 구워주시던 갈치와 오이무침이죠. 가끔 비슷한 음식의 냄새를 맡을 때면, 그 시절 할머니 댁의 냄새와 분위기가 갑자기 온몸에 느껴집니다. 평소에는 제 뇌의 기억세포 안에 깊숙이 숨겨져 있지만, 어느 순간 제 존재를 흔들곤 합니다.

송병기   음식이 드러내는 다양성과 연결성은 실로 놀랍습니다. 네덜란드의 인류학자이자 철학자인 아네마리 몰Annemarie Mol은 '먹기'에 대한 다양한 고찰을 통해 '뇌-이성-소유' 중심의 인간관에 질문을 던집니다.[4] 이렇게 생각해보죠. 여러 장소에서 만들어진 식재료가 여러 경로를 통해서 한데 모이고, 또 여러 조리법을 통해 음식으로 변모합니다. 사람들은 그 음식을 맛보고, 씹고, 삼키고, 소화시키고, 배출합니다. 대장의 미생물은 소화를 돕는데, 세균 수가 1,000여 종이 넘습니다. 그렇게 음식은 몸 안에서 변하는 한편, 음식으로 인해 몸도 변화를 겪습니다. 몸 밖으로 배설된 분뇨는 다시 지구 어딘가로

퍼집니다. 흔히 개인을 이성을 가진 독립적인 존재라고 말하지만, 음식이란 관점에서 보면 그 몸 안과 밖의 경계는 모호합니다. 나라는 고유한 존재가 세계 안에 있다고 말할 수도 있지만, 세계가 내 몸을 관통하고 있다고 말할 수도 있습니다.

더욱이 음식은 사회적 관계망 안에 있습니다. 인간은 조리 방법을 갖고 있고, 먹는 방법이 있으며, 먹으면 되는 것과 안 되는 것을 구분합니다. 음식과 인간의 관계는 제도로 확장되기도 합니다. 사실 환자가 먹는 밥, 즉 환자식은 건강보험이란 제도와 분리해서 생각하기 어렵습니다. 병원에 입원한 환자의 식대에는 이미 의사의 처방, 건강보험의 산정 방식, 그를 뒷받침하는 법적 근거, 세금이 들어가 있습니다. 식단의 영양과 칼로리, 일반식과 치료식, 조리사와 영양사도 기본적으로 건강보험이란 틀 안에서 움직입니다. 또 음식의 범주를 확장하면, 수혈과 장기이식을 떠올려보면 알 수 있듯이, 치료를 이유로 타인의 몸이 내 몸 안에 들어오기도 합니다. 이런 맥락에서, 호스피스에 입원한 환자의 음식에 다학제팀의 서사가 섞여 들어가는 현상도 이해할 수 있습니다. 요컨대 음식은 인간이 '몸-먹기-상호의존'의 존재임을 알려줍니다.

잘 먹어야 낫는다는 오해

김호성 호스피스 현장에서 음식에 대해 환자나 보호자들과 상담할 때 큰 어려움이 하나 있습니다. 바로 대부분의 말기 환자들이 음식의 목적을 기력 회복으로 생각한다는 것입니다. 체력이 많이 떨어진 상태라 일단 먹어야 한다고 생각하죠.

송병기   내가 기운이 없는 이유가, 못 먹어서 그렇다고 생각한다는 거군요. 기력이 없으니 먹는다, 어찌 보면 당연한 생각 같아 보입니다.

김호성   사실 암 환자에게 영양은 중요합니다. 수술과 항암, 방사선 치료를 위해서는 적절한 영양분 섭취가 필수적이라고 알려져 있습니다. 적당한 양의 칼로리는 물론, 근육량 확보를 위해 단백질도 필요합니다. 하지만 대부분의 말기 암 환자들은 병의 진행으로 인해 식욕이 없고, 구역질과 통증 때문에 음식을 먹기가 어렵습니다. 그리고 여명이 2~3주 남은 환자들은 어떤 노력을 해도 기력 회복이 잘 되지 않지요. 즉 환자가 못 먹어서라기보다는 병이 너무 진행되었기 때문에 기력이 떨어진 것입니다. 먹지 못하는 것은 병이 깊어서 생긴 2차적인 결과인 셈입니다.

　하지만 환자나 보호자들에게는 암이 눈에 안 보이기 때문에, 기력이 떨어진 원인을 음식으로 돌리게 됩니다. 그분들이 보기에는 먹는 양이 줄어든 것이 체력 저하의 가장 큰 이유인 거죠. 그래서 환자의 능력보다 더 먹거나, 더 먹입니다. 그리고 거기서 문제가 생깁니다. 폐렴이 생기거나 복통이 유발되죠. 그래서 의료진이 면담을 하면서 반드시 강조를 합니다. 호스피스에서는 기력 회복이 아니라 삶의 질을 위해 음식을 먹는다고.

송병기   그렇군요. 일반 상식과 충돌하는 이야기처럼 들립니다.

김호성　　관점의 전환이 필요합니다. 지극히 현실적이고 중요한 이야기입니다. 상급병원에서 호스피스로 전원해온 환자와 보호자들에게 이런 이야기를 해주면 그분들의 음식 스트레스가 많이 줄어드는 모습을 볼 수 있었습니다.

송병기　　그만큼 환자나 보호자들을 설득하기도 만만찮을 것 같습니다.

김호성　　면담이 쉽지는 않습니다. 왜냐하면 일단 환자나 보호자들은 안 좋은 상황을 '먹어서' 극복해보자는 의지가 크기 때문입니다. 그리고 한국 사회에서는 쌀이 중요하고, 밥을 먹는다는 것에 큰 의미를 두는 탓에 면담이 지난하고 어렵습니다. 다만 어떨 땐 환자보다도 보호자가 좋아하는 경우도 제법 많습니다.

송병기　　그건 왜 그럴까요?

김호성　　환자 입장에서는 그전까지 억지로 먹어왔고, 보호자 입장에서는 안타깝지만 억지로 먹여왔기 때문입니다. 조금 더 오래 살기 위해, 기력 회복을 위해 아프고 힘들지만 참아왔던 거죠. 그러다가 이제 억지로 안 먹어도 된다고 하니, 환자는 물리적인 고통이 덜어진다는 생각에, 그리고 보호자는 죄책감이 줄어든다는 생각에 반색하는 것입니다. 물론 웬만한 보호자는 쉽사리 행동을 바꾸지는 못합니다. 못 먹는다고 해서 그대로 놔두는 게 정말 쉽지 않습니다. 그래서 면담이 쉽지 않지요.

송병기　환자를 방치한다는 느낌이 들기 때문일까요?

김호성　'환자가 악화된 게 혹시 음식을 안 먹어서일까?' 하는 거죠. 그만큼 그분들의 인식 속에 음식 섭취와 생명 연장은 딱 달라붙어 있습니다. 오히려 '의사의 말을 믿을 수 있을까?' 하고 고민을 하게 됩니다.

송병기　"의사의 말을 믿을 수 있나?" 일상에서 흔히 쓰는 말이잖아요. 여러 함의가 있는 것 같은데요. 신뢰와 돌봄의 관계라고 할까요? 선생님은 그 말을 어떻게 이해하는지 궁금합니다.

김호성　호스피스 환자들은 그전에 상급병원에서 오랫동안 의료진과 관계를 맺었던 상황에서 전원을 하게 됩니다. 이러한 관계성이 호스피스에서 영향을 미치는 점이 있습니다. 이를테면 상급병원 의료진이 자신의 직업윤리에 과다할 정도로 충실하여 환자의 말기 상태를 인정하지 못하고, 끝까지 치료적 방향을 유지하다가 너무 늦게 환자를 호스피스로 보내는 상황이 있습니다. 그런 경우에 환자나 보호자들은 이전의 의료진과 라포가 쌓여 호스피스의 약제와 돌봄 방식을 쉽게 믿지 않는 경향이 있습니다. 예컨대 "이전 상급병원 의사는 밥을 먹어 체력을 유지하는 게 중요하다고 했는데, 왜 여기서는 다른 이야기를 하지요?"라는 식입니다. 호스피스의 음식 관련 규정이 제아무리 환자를 위하는 목적이라고 해도, 그러한 돌봄을 실제로 행하기 위해서는 신뢰가 바탕이 되어야 합니다.

송병기 '의사의 말을 믿을 수 있는가?'는 많은 생각을 하게 하는 주제입니다. 앞으로 다양하게 살펴보면 좋겠습니다. 다시 먹는 이야기로 돌아와서, 환자가 크게 세 부류로 나뉘는 것 같습니다. 칼국수나 막걸리 같은 것도 먹을 수 있는 환자, 이전에는 못 먹었지만 체력이 회복되어서 이제 조금 먹을 수 있는 환자, 지속적으로 계속 못 먹는 환자. 이들 케이스가 다 다르기 때문에 먹기라는 것이 무조건 호스피스 환자에게 도움이 된다고 말할 수는 없을 테죠. 저마다의 환자에게 먹기에 대한 방향성을 달리 제시하고, 새로운 변화도 추구해야 되는 것 같습니다. 앞서 언급한, 환자의 먹기와 의학적 판단이 충돌할 경우 이것을 어떻게 풀어나가야 할까요?

김호성 어려운 일이죠. 일단 의학적으로 괜찮은 수준이고 환자도 먹을 수 있으면 특별히 신경을 안 써도 됩니다. 즉 음식에 대한 지침을 제시하면 큰 문제가 없습니다. 그리고 당연히 환자가 의식이 떨어져 못 먹게 되는 상황에서도 큰 문제가 없죠. 하지만 중간 과정, 즉 환자의 체력은 떨어지는데 당사자는 계속 먹길 원하는 상황이 제일 어렵습니다. 매일매일의 환자의 체력과 음식 요구도를 잘 파악하여 상황에 맞게 설명하면서 안내를 합니다.

한 가지 흥미로운 사실이 있습니다. 장폐쇄 환자 같은, 먹고는 싶은데 의학적 상황이 여의치 않은 환자들이 '먹방'을 보는 것을 자주 경험합니다. 먹방에서는 다른 사람이 먹음직스러운 음식을 굉장히 맛있게 먹잖아요. 대체 왜 호스피스 환자들이 그런 프로그램을 보는 걸까? 환자들에게 물어봤습니다. "이런 방송을 보면 더 먹고 싶어져서 힘들지 않으세요?"

송병기　환자들이 뭐라고 하던가요? 제가 환자라면 먹방을 안 보고 싶을 것 같거든요.

김호성　대부분의 환자들은 자신의 못 먹는 현실을 비교하여 힘들어하기보다는 "아뇨, 괜찮아요. 저걸 보면 배고픔이나 제 어려움들이 많이 해소돼요"라고 말하더군요. 뇌과학의 이른바 거울뉴런^{mirror} ^{neuron} 작용이 아닐까 싶습니다. 한 개체가 다른 개체의 움직임을 보고 스스로 움직이는 것과 동일하게 느낀다는 것인데, 이것이 먹기와 관련하여 작동하는 것이죠. 남이 먹는 것을 보고 대리만족이 일어난달까요. 옆의 보호자가 먹는 모습을 보면 대리만족이 된다고 이야기하는 환자도 있었습니다.

송병기　흥미롭습니다. 저는 먹방을 보면서 괴로움을 느낄 것 같거든요. 그런데 먹방은 뇌과학보단 취향의 문제가 아닐까요? 저 개인적으로는 이해하기 힘들지만, 어떤 사람에게는 먹방이 중요할 수 있다고 생각합니다.

김호성　네, 어쩌면 감각의 취향일 수도 있을 것 같습니다. 중요한 것은, 호스피스에서 일반 상식과는 반대되는 모습을 볼 수 있다는 점입니다. 감각의 결핍이 있다고 해서 그 결핍을 두고 보는 것이 아니라, 다른 방식으로 채운다는 것이죠. 외국의 한 호스피스에서는 못 먹는 환자에게 본인이 원하면 쿠키 굽는 냄새를 맡게 해주기도 합니다. 동백 성루카병원에는 커피향이 나는 카페가 있고, 다른 독립형 호스피스에는 빵을 굽는 베이커리가 있기도 합니다. 배가 고프지 않아도 커피향, 빵 굽는 냄새를 맡으면 기분이 좋아지잖아요. 비록 먹는 능력을 잃었더라도 감각을 다른 방식으로 충분하게 채우는 것이죠. 그래서 음식을 못 먹는 환자들의 경우, 먹방 같은 시각 자극이나 커피향 같은 후각 자극이 도움이 된다고 생각합니다. 덧붙여, 제가 먹방과 거울뉴런 이야기를 꺼낸 이유는 그 과학적 함의보다는 사회적 함의에 주목하고자 함입니다. 먹는 행위가 반드시 개인 차원에 국한되어 있는 행위가 아니라는 것을 강조하고 싶습니다.

왜 수액과 영양제에 집착하는가

송병기　대화의 흐름을 조금 돌려볼까요. 대개 환자들은 밥을 못 먹으면 병원에서 수액이나 영양제를 맞는다고 생각합니다. 그게 기운을 내는 데 도움을 준다고 보죠. 그 이야기를 해보면 좋겠습니다.

김호성　먼저 수액과 영양제가 정확히 무엇인지 짚어보겠습니다. 수액은 생리식염수나 포도당 용액 등으로 이루어져 있고, '적절한 수분 및 약물의 주입'을 목적으로 처치됩니다. 영양제는 정맥을 통해 아미노산, 포도당, 지방, 전해질 등의 '영양을 공급'하는 목적을 가집니다. 식사를 못 하는 환자들에게는 수액과 영양제 이야기가 나올 수밖에 없습니다. 당연히 호스피스 측의 판단 아래 수액과 영양제를 사용하지만, 아까 말씀드린 환자·보호자와의 음식 관련 면담이 긴밀하게 연관되어 있습니다.

송병기   면담의 어려움을 말씀하셨었는데, 관련하여 어떤 어려움
이 있나요?

김호성   한국에서는 환자가 음식을 못 먹으면 수액과 영양제를 맞
아야 한다는 것이 일반 시민들의 의학적 상식입니다. 기력이 떨어
졌을 때 병원에 가서 링거를 맞고 몸이 좋아졌다고 느낀 경험을 거
의 대부분의 사람들이 가지고 있잖아요. 그게 바로 한국의 의료문화
입니다. 누구나 원하면 가까운 병원에서 각 과의 전문의들을 어렵지
않게 만날 수 있고, 수액과 영양제도 쉽게 처방받을 수 있습니다. 주
치의 주도하의 강력한 의료전달 체계가 있는 서구의 다른 나라들과
는 사뭇 다르죠. 민간의료 주도의 의료환경에서 그러한 의학적 처치
가 '문화'가 된 것입니다. 즉 한국 사회에서는 아무것도 못 먹게 되면
당연한 듯 영양제를 찾습니다. 흥미로운 건, 영양제가 하얀색이어야
된다는 거예요. 백미와 같은 하얀색이어야 제대로 된 영양제 대접을
받습니다.

송병기   의학적 상식이라는 말을 곱씹게 됩니다. 영양제의 물성에
대한 이야기도 흥미롭습니다.

김호성   수액과 영양제도 종류가 다양하게 있습니다. 그중 환자
의 상황에 맞는 것을 골라서 써야 하지요. 그런데 어떤 환자·보호자
에게는 본인들이 이미 염두에 두고 있는 영양제의 종류와 양이 있습
니다. 만약 의료진이 환자의 의학적 상황을 판단하여 하얀색 지방을
뺀 영양제를 주면, 그런 분들은 자신이 생각하는 다른 영양제를 요

구합니다. 그래서 상담을 할 때 음식의 목적이나 음식의 종류, 영양제의 효용 등을 모두 다 아울러서 설명해야 합니다.

문제는, 그럼에도 불구하고 보호자마다 환자마다 이해 수준이나 경험이 다 다르다는 겁니다. 특히 많은 환자들은 호스피스를 자신이 이전에 있던 기관과 비교합니다. 치료 목적의 상급병원에서는 환자가 음식을 못 먹으면, 면담이 아닌 콧줄이나 수액 치료를 바로 제공했을 테죠. "다른 병원과 달리 여기서는 그 영양제를 충분히 안 주네요. 환자를 굶겨 죽일 셈인가요? 호스피스라고 해서 환자를 버리는 거예요?" 다른 접근 방식과 마주한 환자·보호자의 불안감이 계속 생기게 됩니다.

송병기　사물이라는 것은 사전에 등장하는 '과학적 지식'의 형태로도 존재하지만, 사람들이 겪는 경험의 층위, 강도, 밀도에 따라서 '쟁점'으로도 변모합니다. 지금 우리가 주목할 것은 그 쟁점입니다.

김호성　못 먹는 말기 환자의 수액·영양제 이야기는 생각보다 훨씬 복잡합니다. 앞서 한국의 의료문화와 관련 지어 접근해보기도 했지만, 좀 더 보편적인 차원에서도 이를 살펴볼 수 있습니다. 먹는다는 행위는 어느 사회에서나 그 사회의 구성원으로 인정받을 수 있는 자격인 '성원권membership'과 밀접한 연관이 있습니다. 비록 음식을 먹지는 못하지만 그 비슷한 영양제라도 처치받고 있다는 사실은, 말기 암 환자 입장에서는 자신이 여전히 공동체 안에서 '성원권'을 가지고 일상을 살아가는 존재임을 나타낼 수 있다는 것입니다. 아무것도 못 먹는데 뭐 하나라도 안 달아났다? 이는 그가 환대받는 사회 구성원이 아닌 것으로 해석될 수 있습니다. 당사자로서는 공동체에서 버림받는다는 느낌인 것입니다.

송병기   선생님 말씀처럼 음식과 환대의 관계가 중요하다고 생각합니다. 음식을 통해 '사람의 자리'를 존중하는 사례는 우리 주변에서 얼마든지 찾을 수 있습니다. 예컨대 환자가 질병 때문에 음식을 먹지 못하더라도, 병문안을 갈 때 빈손은 곤란합니다. 과일이나 음료수라도 사 들고 가야죠. 그게 '예의'입니다. 또 앞서 이야기했듯이 환자의 식단은 건강보험과 분리해서 생각할 수 없습니다. 건강보험은 보험료와 세금으로 운영되는 사회보험이죠. 즉 환자의 음식은 사회적 연대라는 토대 위에서 만들어진다는 겁니다. 음식은 영양의 차원을 넘어 나와 우리를 이어주는 매개이기도 합니다.

김호성   다른 한편, 수액과 영양제의 실제적인 효용에 대해서도 언급하고 싶습니다. 처음에 호스피스에 오는 환자들은 식사량이 줄어 있는 분들이 많기 때문에 보통 수액과 영양제를 처방합니다. 다만 상급병원에서 쓰는 양보다는 적게 드리곤 합니다. 왜냐하면 말기 암 환자에게는 수액이 오히려 해가 되는 경우가 많기 때문입니다. 수액이나 영양제도 음식처럼 일단 몸에 흡수가 되어야 하는데, 말기 암 환자들에게는 이 과정에 한계가 있습니다. 만약 흡수가 잘 안 될 경우, 이것이 신체 내의 다른 공간으로 이동하게 되어 흉수나 복수, 가래, 말초부종 등을 만들어 환자를 더 고통스럽게 할 가능성이 있습니다. 대체적인 연구 결과들에 따르면, 말기 암 환자에게 수액과 영양제를 투여하는 것은 여명을 늘리는 데는 효용이 없고, 부작용이 생길 가능성이 높아집니다.[5] 즉 무작정 투여하는 것이 아니라, 환자의 의학적 상태를 면밀히 평가하고 그에 맞는 처치를 하는 것이 중요합니다.

송병기　선생님이 지적한 '효용'이라는 말에 주목하게 됩니다. 의료진의 입장에서 수액이나 영양제는 의학적 근거와 효용이 있어야 쓰게 될 겁니다. 의료진은 그것이 환자에게 도움이 되는 게 확실한지 불확실한지를 판단해야 합니다. 물론 환자와 보호자도 의학적 근거에 기반해 수액을 이해하고 그에 관한 결정을 고민할 수도 있습니다. 하지만 앞서 언급했듯이 중요한 것은 수액·영양제에 대한 '순수 지식'이 아니라 '쟁점'입니다. 즉 사람들이 현장에서 왜 의학적 근거에 기반한 확실과 불확실로 수액을 다루기에는 '충분하지 않다'고 생각하는지 그 맥락을 살펴봐야 합니다.

김호성　환자의 상태가 좋지 않아 먹는 양이 적거나 못 먹게 되면 수액과 영양제를 적절하게 드립니다. 하지만 그 효용과 한계에 대해서도 알려주어야 합니다. 환자와 보호자가 생각하는 만큼 환자의 여명을 늘리거나 기운이 나게 해주지 않는다는 것을 알려드리죠. 더 나아가 환자가 불안정기, 임종기가 되면 수액과 영양제를 최대한 줄입니다. 그렇지 않으면 호흡곤란, 부종, 가래 등으로 환자가 힘들어하기 때문입니다. 하지만 그 과정이 쉽지 않습니다. 그 시기에 보호자는 많이 불안해하기 때문입니다. 오히려 수액과 영양제를 더 많이 요구하는 경우도 있습니다. 커뮤니케이션을 지난하게 하다가 '아, 이 보호자는 정말 안 되겠다. 도저히 이해시킬 수가 없다'고 하면, 환자의 증상이 아주 심하지 않은 한에서 그냥 수액과 영양제를 유지하기도 합니다.

이러한 현장의 모습은 사실 의학적 판단이라기보다는, 의사와 환자와 보호자 간의 지속적인 의사소통의 결과입니다. 조금 더 깊이 들어가보면, 보호자들에게 죄책감이 큰 경우에 의사소통에 더욱 어려움을 겪는 것 같습니다. 그리고 호스피스에 입원한 지 얼마 안 돼 라포가 많이 쌓여 있지 않은 보호자, 젊은 환자의 보호자, 환자-보호자의 관계 혹은 보호자-보호자의 관계가 썩 좋지 않은 경우 등에도 소통이 어렵습니다. 불안이 크면 임종기의 수액·영양제 투여에 있어 완고해지기 쉽습니다.

송병기 "수액을 달아달라"는 표현 이면에 있는 불안에 관심을 가질 필요가 있다는 거군요. 다학제팀이 환자와 보호자의 관계를 섬세하게 살필 수밖에 없겠습니다.

김호성 의학적 효용이 아주 중요한 국면에서는 반드시 의사가 역할을 해야 합니다. 하지만 호스피스에서는 의학적 판단이 100퍼센트가 아닙니다. 많은 부분이 관계에서 설정됩니다. 의사-환자, 환자-보호자, 보호자-보호자의 관계가 어떤 모습인지가 중요합니다. 예를 들어 환자가 의료진을 신뢰하면 수액과 영양제에 대한 면담이 용이합니다. 하지만 의사-환자의 관계가 제일 중요한 것은 또 아닙니다. 앞서 말씀드린 것처럼 보호자가 환자에게 죄책감을 많이 가지고 있으면 쉽지 않죠. 나아가 자녀들 간의 관계가 원활하지 않은 상황이면 그런 논의는 훨씬 더 어려워집니다. 환자가 임종기가 되어

아들은 수액과 영양제를 줄이는 것에 동의를 하더라도, 아들이 딸과 사이가 좋지 않으면 되레 오해를 만들 수 있죠.

보호자들의 나이도 중요합니다. 보호자가 젊은 사람이면 면담이 용이합니다. 반면, 나이가 많으신 분이면 상대적으로 어려워집니다. 앞에서 고개는 끄덕거리는데 나중에 돌아와서 "왜 영양제 안 달아줘요" 하는 분들이 있거든요. 그런 경우에는 저희가 수액을 달되 속도를 굉장히 늦춥니다. 그러면 연로한 보호자들이 가끔씩 말씀하시죠. "의사 양반, 영양제가 안 떨어져."

송병기　그러고 보면 수액·영양제란 게 아주 복잡한 물질입니다. 선생님이 지적하셨듯이 상식, 경험, 환대, 효용, 돌봄, 관계 등의 주제와 얽혀 있기 때문입니다. 수액에 관한 대화를 나누다 보니 '자양강장제'가 머릿속에 떠오릅니다. 대개 피로회복제의 유의어로 통용되는데, 그 배경을 짚어볼 필요가 있습니다. 자양滋養은 몸에 영양을 더한다는 뜻이고, 강장强壯은 오장을 튼튼하게 한다는 말이며, 제劑는 약을 의미합니다. 자양강장제의 대명사라 할 수 있는 박카스가 1961년에 나왔습니다. 당시 의료보험 제도는 없었죠. 한국전쟁의 폐허 속에서 사람들은 기아와 궁핍에 허덕였고, 의료는 영양 공급과 서로 뗄 수 없는 연관성을 갖게 됩니다. 그러고 보면 대표적인 자양강장제의 이름이 풍요와 생명력을 상징하는 신, 바쿠스Bacchus인 것은 우연이 아닙니다. 거기에는 건강한 몸을 갈망하는 사람들의 경험, 믿음, 지식이 녹아 있습니다. 바꿔 말해, 자양강장제에는 의료를 스스로 해결할 수밖에 없었던 역사적 맥락이 들어 있습니다.

이런 흐름에서 수액과 영양제를 살펴보면 어떨까요? 2000년 시행된 의약분업[6] 이전만 해도 수액 주사를 병원이 아닌 장소에서 맞는 경우가 흔했습니다. 약국에서 수액을 쉽게 구입할 수 있었고, 집, 경로당, 마을회관 같은 곳에서도 소비했죠. 수액·영양제, 링거, 링겔 같은 단어로 불리며 일상의 한 부분으로 자리 잡았습니다. 특히 '못 먹고 기운이 없는' 사람에게 도움이 되는 의료로 여겨졌는데, 여기서 의료는 앞서 언급한 자가돌봄의 성격이 강합니다. 의료진에게 기대지 않고도 환자를 치료하고 돌볼 수 있는 방법이었죠. 참고로 우리에게 익숙한 국민건강보험은 2003년이 되어서야 온전한 사회보험의 형태를 갖추고 시민들을 병원으로 견인하기 시작했습니다.

　더욱이 수액과 영양제는 '환자 역할'을 부여합니다.[7] 집에서 감기약만 먹는 사람과, 병원에서 수액 주사를 맞은 사람은 다르게 취급됩니다. 수액의 형태와 색깔 같은 물성이 발휘되기 때문입니다. '자양강장'에 좋은 액체로 가득 찬 병, 그 병과 혈관을 연결하는 투명한 줄, 그 줄 속을 흐르는 액체, 그 액체를 한 시간가량 누워 맞는 모습은 환자를 좀 더 아픈 사람으로 만들어줍니다. 링거 맞았다고 하면 환자가 평소 수행해야 할 역할이나 책임을 면제해주기도 합니다. 예컨대 학생이 수액 주사를 맞으면 그날 학원에 가는 대신 집에서 휴식을 취해도 누가 뭐라고 하기 힘들죠. 회사원도 비슷합니다. 링거 맞고 온 직원에게 사장이 야근을 시키기는 어려울 겁니다. 뒤집어 말해, 수액은 환자라는 신분, 아픈 몸이라는 취약한 상태를 공동체로부터 안전하게 승인받을 수 있도록 돕는 사물인 셈입니다.

김호성　흥미롭습니다. 덧붙이자면, 한국에서 영양제와 수액은 성원권을 얻기 위해 개인이 역사적·문화적으로 노력했던 것들 중의 하나라고 생각합니다. 산업화 기간 동안에 노동력을 끝까지 제공해야만 사회의 구성원으로 인정해주었고, 그렇지 못할 때에는 사람 구실을 못한다고 취급받았습니다. 수액과 영양제를 맞아서라도 빠르게 노동의 현장으로 복귀해야 한다는 압박이 있었던 거죠. 이 문제에 있어서 제일 중요한 것은 환자가 사회적 기능을 못한다 해도 '당신은 우리 사회의 중요한 구성원'임을 지속적으로 환기하는 것입니다. 수액과 영양제를 얼마나, 어떻게 주는지를 넘어, 공동체의 다른 '환대' 방식을 찾고 그 빈틈을 메꿀 필요가 있습니다.

콧줄의 딜레마

송병기　수액·영양제에 대해서 이야기를 나눴는데요. 그렇다면 이른바 '콧줄'도 다뤄볼 수 있지 않을까요?

김호성　지인의 병문안을 가는 일반인을 상상해보면, 수많은 병상에서 단연 눈에 띄는 것은 코에 삽입한 가느다란 투명 튜브, 일명 콧줄일 겁니다. 흔한 만큼 환자 치료에 요긴하게 쓰이는 도구이지요. 코(비鼻)에서 위胃까지 이어지는 관이라고 해서, 비위관이라고도 합니다. 콧줄은 현장에서 크게 두 가지 목적으로 쓰입니다. '배출하거나, 공급하거나'인데요. 첫 번째는 위장관(위에서 직장까지 이어진 소화기계를 일컫는 의학용어)이 막히거나 출혈이 생겼을 때 장의 압력을 줄이고, 체액을 내보내기 위한 '배출'의 목적입니다. 가령 위장관에 암이 있는 환자에게 중요한 처치이죠. 두 번째는 오늘 주제와 관련이 있는 '공급'의 목적입니다. 환자가 체력이 떨어져 스스로 음식을 먹지 못할 때 콧줄을 통해 영양을 공급하는 것을 말합니다.

콧줄을 통한 영양 공급은 응급처치를 받고 회복 가운데 있는 환자에게 효과적입니다. 다른 방식, 이를테면 수액을 맞는 것에 비해 콧줄이 더 생리적으로 알맞고 장기에 부담도 덜 주거든요. 하지만 콧줄이 언제나 좋은 것은 아닙니다. 여명이 얼마 남지 않는 말기 환자에게 콧줄을 사용하는 것은 여러 논란이 있습니다. 일단 말기 환자의 상태에 따라서 설사나 가래, 폐렴 등이 조장될 가능성이 있습니다. 즉 의학적으로 효용이 의심스러울 수 있다는 겁니다. 보다 중요한 논란은 윤리적인 측면에서 발생합니다. 보통 말기 환자의 자발적 의사를 확인하지 않은 상황에서 콧줄이 삽입되는 상황 때문인데요. 이는 환자의 자기결정권에 기반한 존엄성을 해치는 것은 아닌지 고민하게 합니다.

송병기 콧줄이 환자의 건강상태와 삶의 질을 '충분히' 개선한다면 문제가 없겠죠. 참고로 노인요양시설에서는 콧줄의 쟁점이 삶의 질과 관련되어 있습니다. 콧줄이 환자의 삶의 질과 무관하게 수명만 연장하는 결과를 낳고 있지 않느냐는 거죠. 요양시설에서 콧줄을 한 채 하루 종일 누워 있는 노인환자를 어렵지 않게 볼 수 있습니다. 그렇게 10년간 있다가 '자연사' 하는 경우도 있고요. 이를 어떻게 생각해야 할까요?

김호성 말기 암 환자를 돌보는 저희 같은 호스피스 병원에서는 콧줄에 대한 판단이 아주 어렵지는 않습니다. 콧줄로 영양 공급을 한다고 해서 환자의 여명이 현격히 늘거나 삶의 질이 올라가지 않는다는 많은 연구 결과가 있기 때문입니다.[8] 그래서 당사자와의 소통도 원활한 편입니다. 환자의 존엄을 위해 대부분의 환자와 보호자들은 콧줄을 원하지 않으니까요.

현실적으로 콧줄에 대해 제일 고민하는 곳은 호스피스보다는 요양원과 요양병원입니다. 그러한 시설에는 치매나 중풍 환자가 입원해 있는데, 이들 비암성 환자의 경우 암 환자보다 여명을 예측하는 것이 어려운 탓에 환자가 음식을 먹는 것이 어려워지면 거의 대부분 콧줄을 삽입하게 됩니다. 그 과정에서 환자·보호자들과 면밀한 의사소통도 이루어지지 않고 있는 것이 현실입니다. 결과적으로 많은 요양병원에서 의식이 없는 채로 오로지 '생존'을 위해 콧줄로 영양 공급을 받는 환자가 생기게 되는 것입니다. 어떨 땐 환자가 콧줄이 불편해 무의식적으로 그걸 빼내려 할 수도 있는데, 그러면 어쩔 수 없이 환자를 못 움직이게 묶는 안타까운 일이 일어나기도 합니다.

송병기 인간은 인생을 사는 존재입니다. 인생은 연결된 이야기입니다. 전기傳記를 영어로 '바이오그래피biography'라고 하잖아요. 생bio에 관한 기술graphy이죠. 어떤 인물에 관한 책이나 영화를 보면 알 수 있듯이, 인생은 내 이야기만으로는 도저히 구성이 안 됩니다. 나와 우리의 말이 얽히고, 흘러가고, 쌓여가는 거죠. 우리는 각자의, 또 공동의 서사를 채워가며 살고 있습니다. 그렇게 인생은 정치와 역사가 되는 거겠죠. 이런 맥락에서, 콧줄이 환자의 목숨을 유지할 수 있게 하더라도 그 삶의 연속성과 통합성을 무시하거나 파괴하는 효과를 낸다면, 콧줄을 의료의 문제로만 다룰 수 있을까요?

김호성   맞습니다. 콧줄은 의료를 넘어 '의사소통'과 '관계'의 문제이며, 사회적 맥락 속에 있습니다.

송병기   콧줄에 대한 질문을 이렇게 한번 바꿔볼까요? 나는 콧줄을 한 채 하루 종일 병상에 누워 있고 싶은가? 그렇게 사는 게 좋은 삶이라고 말할 수 있을까? 만약 아니라면, 콧줄을 한 채 하루 종일 누워 있는 환자를 그냥 두고 보는 게 괜찮을까? 나는 싫은데, 저 사람은 왜 그런 대우를 받아야 할까? 물론 좋은 삶이란 게 딱 정해져 있지는 않죠. 각자 삶의 방식은 다르니까요. 그럼에도 '모두에게 비판적으로 좋은 삶'이 무엇인지 질문을 멈출 수는 없습니다.[9] 그 질문은 내가 추구하는 삶을 존중받기 위해서도 필요합니다.

김호성   저는 많은 시민들이 그러한 지점에 동의하고 공감한다고 봅니다. 하지만 막상 닥쳤을 때의 '현실'이 문제입니다. 부모님이 말기 치매나 파킨슨병, 노쇠 등으로 요양병원에 입원했을 때 보호자들은 난처한 기로에 서게 됩니다. 콧줄을 끼우는 것이 환자에게 힘든 것은 알지만, 부모님이 '굶어서' 돌아가시게 할 수는 없지 않은가? 보호자 입장에서 그건 허용하기가 무척 어렵습니다.
      의사들도 어렵긴 마찬가지입니다. 환자가 씹고 삼키는 것을 어려워하게 되면 요양병원의 의사들은 콧줄을 고려하게 됩니다. 처음에는 영양분을 충분하게 공급해서 근육을 회복하는 것을 콧줄의 목적으로 합니다. 과정이 순탄하다면 이후에는 콧줄을 빼고 다시 음식 섭취를 할 수 있게 되겠죠. 설사 애초의 목적에 이르지 못하더라도, 콧줄을 통해 지속적으로 영양을 잘 공급한다면 상대적으로 더 생존을 할 가능성이 있습니다. 여기에, 어쨌든 '환자를 굶게 하지 않는다'라는 의사의 직업 윤리적인 판단과 감정도 개입됩니다. 즉 환자가 스스로 "난 콧줄을 원하지 않습니다"라고 명시적으로 밝히지 않는한, 보호자와 의료진 나름대로의 '윤리적' 판단하에 콧줄을 삽입하게되는 경우가 많습니다.

송병기 의료진 사이에서도 콧줄에 대한 생각의 차이가 있는 걸로 알고 있습니다.

김호성 처해 있는 상황에 따라 의견차가 있습니다. 급성기 병원의 의사들은 환자의 회복 가능성이 있기 때문에 콧줄에 좀 더 쉽게 접근하고 심리적 거부감이 덜합니다. 이에 비해 완화의료를 하는 의사들은 그 효용과 관련해 조금 더 예민하게 봅니다. 그리고 의사와 간호사 간의 차이도 있습니다. 연구에 따르면 의사보다 간호사가 콧줄의 효용에 대해 부정적이었습니다.[10] 간호사들이 좀 더 삶의 질을 세밀하게 보는 거죠. 의사는 환자의 상태를 많아야 하루에 1~3번 정도 회진하며 보지만, 간호사는 훨씬 더 많이 환자와 접촉하잖아요. 그래서 환자의 삶의 질을 더 많이, 빨리 인지할 가능성이 있습니다.

송병기 참고로 제가 프랑스 병원에 있을 때 보니까, 말기 환자에게 인공 영양 공급을 '중단'하는 것에 대해 50대 이상의 의사들과 젊은 의사들의 입장이 꽤 달랐습니다. 여기서 말기 환자는 암 환자뿐 아니라 요양시설에 있는 비암성 환자도 포함됩니다. 다양한 임상 경험이 축적된 50대 이상의 의사들이 말기 환자에게 인공 영양 공급을

'중단'하는 결정에 더 긍정적이었습니다. 말기 환자에게 인공 영양 공급을 하는 것만이 능사가 아니라는 것을 경험적으로 알고 있었습니다. 다시 돌아와서, 한국의 의료 현실은 대개 콧줄을 삽입하는 쪽으로 흘러갑니다. 보호자, 의료진의 생각 외에 콧줄 삽입을 용인하는 다른 요인은 없나요?

김호성 한국의 이른바 돌봄 환경이 콧줄을 끼우게 하는 요인이기도 합니다. 환자가 체력이 떨어져 연하嚥下(삼키기) 능력 저하가 나타나면, 연하를 담당하는 근육이 재활할 수 있도록 식이 종류, 식이 시간 등을 적절히 조절해야 합니다. 이에 따라 식이 시에 환자를 돌보는 시간이 늘어나게 되죠. 하지만 우리나라 요양시설에서 일하는 요양보호사나 간병인에게 충분한 시간이 허락되어 있지 않습니다. 개개인 한 명 한 명을 돌볼 수 있는 환경이 대개 아니란 겁니다. 즉 환자 저마다의 씹고 삼키는 능력을 고려하여 천천히 음식을 떠먹일 여건이 안 됩니다. 그냥 콧줄을 끼우고 일괄적으로 유동식을 제공하는 것이 더 빠르고 효율적이죠.

선의는 때로 신중함을 요한다

송병기 환자가 결국엔 못 먹으면 수액·영양제를 쓰는 방법이 있고, 또 콧줄을 사용하는 방법이 있습니다. 호스피스에서는 그 방법들을 어떨 때, 어떻게 사용하나요?

김호성　말씀하신 것처럼 환자가 못 먹으면 병원에서는 크게 두 가지 방법을 씁니다. 첫째는 콧줄 또는 위루(복벽에 튜브를 삽입 후 외부에서 위에 직접적으로 유동식을 투여하는 것)를 통해 구강은 아니지만 위장으로 영양을 공급하는 방법입니다. 입을 통하지는 않지만 음식물이 위와 장을 거치기 때문에 생리적입니다. 두 번째는 수액 및 영양제입니다. 이는 위장관이 아니라 혈관으로 필요한 영양분을 제공하는 것입니다.

　말기 암 환자를 돌보는 호스피스에서는 환자의 상태에 따라 비위관을 거치하는 경우도 없지는 않습니다만, 대부분의 환자는 식이가 불가능하면 수액과 영양제를 사용합니다. 말기 암 환자들은 통증 등의 증상을 조절하기 위해 정맥을 통한 수액로를 확보하고 있고, 여명이 길지 않고 예측 가능한 경우가 많기 때문입니다. 하지만 혈관으로 영양제를 오랫동안 공급하게 되면 장내 세균총 문제, 내장기관의 부담, 감염 문제 등이 생길 가능성이 올라갑니다. 그래서 상대적으로 여명이 길고, 예후 예측이 쉽지 않는 요양시설에 있는 말기 비암성 환자들은 콧줄을 상대적으로 더 많이 사용하게 됩니다.

송병기　수액·영양제와 콧줄. 모두 의사가 환자에게 수분과 영양을 공급하기 위한 의료행위입니다. 제가 주목하는 건 장소와 환자의 상태에 따라 그 의료행위의 의미가 달라지는 점입니다. 호스피스 이야기부터 해보죠. 서울 시내 한 종합병원의 호스피스 병동에서 수액·영양제에 관한 연구를 했었는데, 간략히 소개하면 이렇습니다.[11] 먼저, 수분·영양 공급이 해가 될 수 있는 임종기 환자를 의사가 선정했습니다. 다음으로, 의사와 간호사가 환자와 보호자에게 영양제의

용도와 부작용에 대한 설명을 여러 차례 했습니다. 그리고 며칠 뒤에 환자와 보호자가 어떤 선택을 하는지 살펴봤습니다. 어떻게 됐을까요?

김호성　의학적으로만 보면 임종기에는 과도한 수액·영양제를 안 하는 게 맞죠.

송병기　물론입니다. 여기서 의학적 근거에 기초한 합리적 판단이 무엇인지는 분명해 보입니다. 그런데 환자와 보호자에게 물으면, 열에 아홉은 "그래도 해야죠"라고 대답하더군요. 이걸 어떻게 이해해야 할까요? 환자와 보호자의 선택이 이른바 의료 집착 때문일까요? 아니면 '웰다잉 교육 부족'이나 '죽음을 터부시하는 한국문화' 때문인 것으로 이해해야 될까요? 당시 환자와 보호자를 따로 만나서 인터뷰를 해봤습니다. 크게 두 가지 이유를 발견할 수 있었습니다.

　　먼저 호스피스라는 공간에 대한 환자와 보호자의 인식입니다. 호스피스 병동에 있음에도, 그분들은 호스피스가 무엇인지 잘 모르더군요. "호스피스, 그게 뭐죠?", "저는 그냥 다른 방식으로 치료를 한다고 들었는데요" 같은 대답을 했거든요. 호스피스 병동과 급성기 병동은 동일한 종합병원 내에 있다고 하더라도, 둘은 서로 다른 목표와 운영체계를 갖고 있습니다. 하지만 의료진에게 호스피스에 대한 충분한 설명을 듣지 못한 경우, 즉 호스피스에 대한 이해 없이 급성기 병동에서 호스피스 병동으로 이동한 환자와 보호자는 그 둘의 차이를 구분하지 않았습니다. 겉으로 보기에도 급성기 병동이나 호스피스 병동이나 별 차이가 없어 보였으니까요.

김호성   급성기 병동과 호스피스 병동이 하나의 공간 안에 있는 종합병원에서는 충분히 그런 사례가 있을 것 같습니다.

송병기   동백 성루카병원과는 다르죠. 여기는 독립된 건물을 갖고 있는 이른바 독립형 호스피스 시설이니까요. 설사 호스피스가 뭔지 모르고 종합병원에서 이곳으로 왔다고 해도, 보통 병원과는 다르다는 것을 어렵지 않게 느낄 수 있습니다. 현관에서 신발도 벗고, 경당도 있고, 경당 옆에 걸린 환자들의 이름표도 있고, 로비 중앙에 카페가 있고, 음악도 흐르고, 정원도 넓고, 사진 전시도 있죠. 앞서 저희가 살펴봤듯이 호스피스란 '공간의 실천'이 급성기 병원과는 확연히 다릅니다.

김호성   공간의 차이가 생각의 차이와 맞물리는 게 흥미롭습니다.

송병기   한편, 호스피스 전원에 대한 이해가 높은 보호자가 환자에게 그 얘기를 안하는 경우도 있었습니다. 굳이 환자에게 호스피스 이야기를 해서 혼란스럽게 할 필요가 없다는 거예요. 또 이런 경우도 있습니다. 며느리가 의료인이고 간병을 담당하더라도 환자의 인공 영양 공급에 대해 솔직한 의견을 내기는 어려웠습니다. 괜히 그 이야기 꺼냈다가 "시부모가 빨리 죽었으면 좋겠냐"는 도덕적 비난을 받을 수도 있으니까요. 그런 사정을 아는 의료진은 '중요한 의료 결정'을 할 때 '아들'을 찾았습니다. 호스피스 내 의료 결정이 가족 문제, 젠더 문제와 긴밀히 연결되어 있습니다.

김호성　　정리해보면, 환자와 보호자 둘 다 호스피스에 대한 인식이 희박한 경우도 있고, 혹은 환자는 인식이 없지만 보호자는 충분히 인식하고 있는 경우도 있다는 말씀이군요. 실제로 그것이 수액·영양제와 관련한 판단을 흐리게 할 수 있는 것 같습니다. 그러한 인식의 문제 다음으로, 두 번째 이유는 무엇이던가요?

송병기　　말하자면 "가시는 길에 최선을 다하는 게 도리 아니냐"는 겁니다. 보호자는 환자가 호스피스 병동에서 오래 있지는 못할 거라고 생각했습니다. 환자도 자신에게 시간이 얼마 남지 않았다고 말했고요. 제가 연구했던 호스피스 병동의 평균 재원 일수가 15일이었습니다. 대개 환자는 2주 안에 돌아가셨지요. 이런 맥락에서 보호자는 수액·영양제를 맞는다고 당장 환자에게 큰 문제가 생기는 게 아니라면, 뭐든 최선을 다해야 한다는 입장이었습니다. "잘 먹은 귀신이 때깔도 좋다는데"라는 대답도 나왔습니다. 영양제의 물성, 즉 색깔, 투명한 줄, 움직이는 액체가 환자와 보호자를 안심시켜준 거죠. 이런 사정을 이해하고 있는 의료진은 의학적 근거만으로 영양제에 관한 의료결정을 내릴 수 없었습니다.

김호성　　저희 역시 마찬가지의 일을 현장에서 경험합니다. 어려운 이야기입니다. 수액과 영양제의 사용은 의학적 효용보다는, 환자나 보호자들이 처한 상황과 관계성 안에서 결정하게 되는 경우가 많습니다.

송병기　　한편, 비암성 환자들이 대부분인 노인요양시설의 콧줄의 경우는 완전히 다릅니다. 치매, 파킨슨병, 뇌출혈 등을 포함한 노인성 질병은 예후에 대한 판단을 하기가 어렵습니다. 오늘 돌아가실 것처럼 보이는 어르신이 내일은 괜찮아 보이는 경우가 흔하죠. 음식을 잘 못 먹는 환자에게 콧줄을 하면, 그 상태로 5년, 10년이 흘러갈 수도 있습니다. "가시는 길에 곡기를 챙겨드리는 게 도리이다", "잘 먹은 귀신이 때깔도 좋다" 같은 이야기를 할 상황이 아닌 겁니다. 콧줄에 대해서 환자, 보호자, 의료진 모두 신중하게 생각해야 합니다.

김호성 요즘에는 많은 사람들이 그에 대해 문제의식을 느끼고 있는 것 같습니다. 더불어 콧줄, 위루에 대해 환자·보호자들과 깊은 논의를 하는 것이 어려운 의료적 환경도 함께 고려해야 합니다. 콧줄을 결정한 의료진이라 해도 당연히 환자에게 도움을 주려는 목적이 었을 겁니다. 향후 환자·보호자들과 의견을 서로 주고받는 과정을 만들고, 그것을 보장하기 위한 제도적 장치가 중요하다고 생각합니다. 이른바 '말기 돌봄 계획'에 대한 이야기 말입니다.

송병기 아울러 환자를 돌볼 수 있는 방법이 많아야 하고, 또 그걸 실천할 수 있어야 합니다. 가령 목 넘김에 어려움을 겪는 환자의 경우, 식사 수발을 섬세하게 해야 합니다. 천천히, 편안한 분위기에서, 입맛을 돋우는 돌봄이 무엇인지 논의해봐야겠죠. 때로는 영양학적으로 별 의미 없는 설탕을 활용할 수도 있습니다. 영양 흡수를 못 하거나, 아예 삼키지 못하는 환자를 위한 돌봄도 세심하게 고민해야 합니다. 문제는 현실적으로 노인요양시설에서 의료진, 보호자, 요양보호사, 간병인이 그러한 돌봄을 계획하고 실천할 수 있느냐는 겁니다. 돌봄 제공자의 처우와 노동 조건, 사회적 인식도 면밀히 검토하고 개선해야 합니다. 인간을 인간으로 대우하는 돌봄을 하기 위해서는 돌봄 제공자 또한 인간으로 대우받아야 합니다.

한 가지 더 짚어볼 문제가 있습니다. 제가 현장연구를 했던 강남의 한 노인요양원은 '콧줄 환자'를 아예 받지 않았습니다. 콧줄을 하면 환자 삶의 질도 좋지 않고, 보호자의 돌봄 기간도 예측하기 어렵기 때문입니다. 직원들은 콧줄을 돌봄이 아니라 '생명 관리'로 여겼습니다. 언제 끝난다는 기약도 없이 영양분을 환자의 코로 주입하는 일을 활기 없는 생명만 유지하는 것으로 이해했습니다. 즉, 요양원의 환자, 보호자, 직원들에게 콧줄은 '불안한 미래'라는 생각을 불러일으키는 듯했습니다.

반면, 이른바 취약계층의 노인들이 주로 입원하는 한 요양시설에서는 콧줄에 관한 결정이 비교적 쉽게 이뤄졌습니다. 환자의 돌봄을 찬찬히 논의하고 실천할 인력도, 보호자도 없기 때문이었죠. 이처럼 환자의 인공 수분·영양 공급은 사회적 불평등과 밀접한 관련이 있습니다.

김호성　　참으로 만만치 않고 어려운 이야기입니다. 결국 콧줄은 의료진이 판단하는 환자의 상태, 예후, 환자가 있는 장소, 가족 관계, 더 나아가 경제적 상황까지 내포되어 있는 복잡다단한 처치입니다. 그런데 선생님이라면 만약 식사를 못 하게 됐을 때, 어떻게 하고 싶으세요?

못 먹는 자를 위한 환대

송병기　질병 때문에 음식을 못 먹으면, 일단 놀랄 것 같습니다. 태어난 이후부터 늘 해오던 걸 못하니까요. "밥을 먹어야 되는데, 왜 못 먹지?" 그런 생각이 들겠죠. 먹고 싶은 게 있는데 못 먹는 상황도 무척 괴로울 것 같습니다. 물론 식욕이 없을 수도 있겠고요. 한편 음식 섭취를 대체할 수 있는 것은 무엇일지 고민할 것 같습니다.

김호성　한 사회 구성원이 음식물을 못 먹게 되었을 때, 사회에서는 그 사람을 어떻게 대우하는가. 이 질문과 마주해야 합니다. 옛날에는 기본적으로 그런 분들에게 음식을 끝까지 먹이고, 그마저도 못 삼키게 되면 결국 돌아가시게 되는, 그런 정도의 돌봄이 있었던 상황일 텐데요. 오늘날 음식을 못 먹게 되면 크게 세 가지 방법이 있죠. 영양제, 콧줄, 위루. 선생님이라면 그중 무엇을 택하겠어요?

송병기　그런 선택지라면 저는 아무것도 안 하고 싶습니다.

김호성　아무것도 안 한다. 왜죠?

송병기　세 가지 모두 나를 힘들게 할 것 같습니다. 의료진하고 상의하면서 여러 방법을 찾을 것 같아요.

김호성　그런 분들이 VSED ^{Voluntarily Stop Eating and Drinking}, 즉 자발적 단식을 선택하기도 합니다.

송병기   아… 말년에 단식인가요. 곡기를 끊고 죽음을 맞이한 구도자의 이야기가 떠오르네요.

김호성   외국 문헌에는 심심치 않게, 자발적 단식으로 삶을 마무리하는 사례가 보고됩니다. 연명의료도 아닌, 의사의 도움을 받아 죽음에 이르는 의사조력자살(의사가 처방한 약물을 환자 스스로 주입해 죽음에 이르는 행위)도 아닌, 다른 결의 선택이죠. 스콧 니어링Scott Nearing이나 선승 같은 사람들이 자발적 단식을 통해 편안하게 삶을 마무리했다는 이야기가 '이상적'인 사례로 회자되기도 합니다.

　하지만 문헌을 찾아보면 단식의 과정도 순탄치만은 않습니다.[12] 환자의 갈증, 섬망 같은 육체적 고통이 만만치 않고, 더불어 그것을 바라보는 의료진의 윤리적 죄책감도 많이 유발된다는 보고들이 있거든요. 더구나 한국의 경우 연명의료를 거부하더라도, 기본적인 수분과 영양 공급은 해야 하는 것으로 연명의료결정법에 규정되어 있습니다.

송병기   어떤 선택도 하기가 만만치 않군요.

김호성   이러한 이야기는 저희가 앞서 논의한 것처럼 복잡하고 쉽지 않습니다. 일견 '말기 환자에게 무엇을 어떻게 제공할 것인가'가 핵심인 것처럼 보이지만, 자세히 들여다보면 '말기 환자를 어떻게 끝까지 사회의 구성원으로 인정할 것인가'가 가장 큰 관건입니다. 많은 사람들에게 먹는 것이 중요한 이유는 그것이 사회의 환대를 뜻하는 것으로 여겨지기 때문입니다. 따라서 만약 환자가 먹지 못한다면,

다른 측면의 환대가 필요합니다. 즉 '먹지 못해도 당신은 공동체에서 여전히 환대를 받고 있다'라는 자세 말이죠.

송병기 "한 사회 구성원이 음식물을 못 먹게 되었을 때, 사회에서는 그 사람을 어떻게 대우하는가"라는 앞서의 말씀이 큰 울림을 줍니다. 단순히 '음식을 줘야 한다, 말아야 한다'고 판단하는 것이 아니여야 함을 깨닫게 하는 말입니다. 질병의 진행으로 한 사람의 일상이 무너져 내렸지만, 어떻게 그 일상을 다시 회복할 수 있을지 여럿이 고민하고 힘을 합치는 일이 필요합니다. 어떻게 사람을 사람으로 대우할 것인가, 그것은 곧 인간 존엄에 대한 물음입니다.

'음식'이 '나-우리'를 어떻게 변화시키는지, 또 내가 어떻게 세계와 관계를 맺고 있는지 찬찬히 생각할 수 있었습니다. 오늘날 맛집과 먹방에 대한 정보는 차고 넘치지만, 생의 끝자락에서의 음식과 먹기에 대한 이야기는 찾아보기 힘듭니다. '환자라면 잘 먹어야 한다, 못 먹으면 죽을 수 있다' 정도의 이야기에서 크게 벗어나지 못하는 것 같습니다. 우리가 죽음 앞의 생을 피상적으로 다뤄왔다는 방증이라고 생각합니다.

이제라도 생의 끝자락의 해상도를 높여야 합니다. 건강한 음식 혹은 몸에 좋은 음식에 대한 이야기만 할 게 아니라, 말기 돌봄에서 음식이 어떻게 쟁점이 되는지 관심을 가져야 합니다. 쉬운 답은 없지만, 우리가 나아갈 방향은 있습니다. 환자가 처한 상황을 개선하기 위해 무엇을 할 수 있는지, 무엇을 해야 하는지 하나씩 숙의하고 결정해가는 겁니다.

제2부

고통을 통하여

3장 말기 진단

선 긋기의 어려움

송병기　인생을 연령에 따라 단계별로 나누는 '생애주기'라는 말이 있습니다. 유아기, 청소년기, 중년기, 노년기 등등으로 구분하죠. 이 틀에 따르면 각 시기마다 해야 할 일, 혹은 행해지도록 기대되는 일들이 나름 정해져 있습니다. 선생님, 의료현장에서 생애주기라는 용어는 어떻게 쓰이나요?

김호성　의학에서 '생애주기'란 말은 보통 소아청소년과에서 아이들의 발달과정을 평가할 때 쓰입니다. 혹은 건강검진에서 이른바 성인병이 호발하는 나이를 기준으로 일정 구간들을 구분할 때 사용되기도 합니다. 다시 말해 사람이 태어난 후 특정한 의학적 평가나 개입이 필요한 시기를 지칭하는 것이죠.

송병기　그럼 생애주기와 호스피스에서 말하는 말기는 어떤 관계가 있을까요?

김호성　보통 생애주기에서 이야기하는 말기란 '생生이 얼마 남지 않는 시기' 정도의 다소 모호한 의미로 쓰이는 것 같습니다. 다만 호스피스에서의 말기란 조금 더 의학적인 개념입니다. 즉 치료를 함에도 불구하고 기저질환이 진행되어 남은 수명이 수개월 정도 예상되는 시기를 의미합니다. 그래서 호스피스에 입원하려면 말기 암 진단서가 필요합니다. 호스피스에서의 말기는 생애주기의 말기보다 조금 더 좁은 의미입니다.

송병기　호스피스는 말기 진단과 밀접한 관련이 있군요. 오늘은 말기 진단에 대한 이야기를 나눠보면 좋겠습니다.

김호성　말기 진단은 생각보다 훨씬 복잡하고, 다양한 쟁점을 품고 있습니다. 다른 나라 이야기를 잠깐 해보겠습니다. 덴마크에서는 의사가 말기 진단을 내리면, 그 이후에 환자가 쓰는 약값이 전부 환급됩니다.[1] 말기 환자 입장에선 경제적 부담이 많이 줄어들겠죠. 이를 덴마크의 튼실한 복지체계의 일환으로 볼 수도 있겠지만, 달리 보면 의료비 절감을 겨냥한 정책이라고 생각할 수도 있습니다. 말기 환자에게 시행되는 불필요한 검사나 처치를 억제하는 효과가 있을 테니까요. 한정된 의료자원을 효율적으로 관리한다고 볼 수도 있다는 겁니다. 덴마크 정부는 이러한 정책의 효과와 부작용을 다각도로 분석하여 계속 지속할 것인지 판단하겠지요. 그런데 한국에서도 이런 정책을 적용할 수 있을까요? 저는 어렵다고 봅니다.

송병기   왜 어려울까요?

김호성   한국에서 이 제도를 도입한다고 생각해보죠. 약값을 환불해준다고 해서 상급병원 의사들이 말기 진단을 조금 더 쉽게 하거나, 혹은 환자들이 말기 진단을 조금 더 잘 받아들이게 될까요? 우리나라 상급병원에서 벌어지는 말기 진단 현장의 모습은 간단하지 않습니다. 환자나 보호자, 그리고 의사의 생각이 일치하면 좋은데, 그렇지 않은 경우가 너무나 많죠. 한국에서 말기 진단은 의학적 판단, 경제적 문제를 넘어서 여러 사회적 맥락 안에 있기 때문에 쉽지 않습니다.

송병기   공감합니다. 한국에서는 되레 '의사가 환자를 포기했다'고 생각하지 않을까요? 호스피스로 오는 환자 중에는 대학병원 의사에게 버림받았다고 느끼는 분도 있습니다.

김호성   어제 제가 가정 방문 호스피스에서 겪은 이야기를 잠깐 해보겠습니다. 환자는 복수腹水만 좀 차 있고, 걸어 다닐 수 있어서 일상생활은 큰 문제가 없었어요. 제가 환자의 상태를 평가하고 이후 돌봄 계획을 의논하는데 환자가 물어보더라고요. "○○ 대학병원에 항암 목적의 외래가 잡혀 있는데, 그때 내가 어떻게 해야 할까요?" 가정 호스피스에 등록되어 있는데도 항암치료에 관해 고민한다는 말이죠.

송병기   묘한 상황입니다. 호스피스를 선택한다는 것은 항암치료를 중단한다는 뜻입니다. 따라서 환자의 상대도 대학병원에서 호스피스의 의료진으로 바뀌는 게 자연스럽죠. 말씀하신 환자의 경우는 대학병원의 항암치료와 호스피스의 완화의료를 동시에 쥐고 있는 것처럼 보입니다. 이 상황을 어떻게 이해해야 할까요? 환자의 의지? 가족의 희망? 혹은 대학병원 의사의 신념 때문일까요?

김호성　　그 환자는 스스로의 의지로 항암치료를 중단한 후 가정 호스피스 쪽으로 방향을 바꾸었습니다. 그런데 대학병원 의료진은 환자의 상황에 대해 잘 모르고 있는 거예요. 환자는 힘든 항암치료를 안 하고 싶은 생각이 커서 호스피스에 등록한 것인데, 상급병원 의사가 항암치료를 하자고 이야기하면 그걸 해야 될까요?

송병기　　참 어렵네요. 그래도 환자가 호스피스를 선택할 때 가졌던 마음이 중요하지 않을까 싶어요. 선생님은 어떻게 대답하셨어요?

김호성　　저는 환자 본인의 생각이 제일 중요하다고 안내해드렸고, 환자는 가족들이랑 상의를 한 번 해본다고 하더라고요. 외래를 가서 항암치료를 실제로 할지 안 할지는 두고 봐야죠. 그런데 만약 항암치료를 결정하면 호스피스 등록을 취소해야 합니다. 이렇게 어떤 환자는 호스피스에 와서도 고민을 합니다. 이전 상급병원에서 항암이 힘들어서 나왔지만 '이제 몸이 괜찮으니 한 번 더 항암을 해보면 어떨까?' 하는 고민을 실제로들 한다는 것이죠.

송병기　　환자가 호스피스를 선택한 이후에도 마음 편하게 지내지 못하는 모습이 안타깝습니다.

김호성　　그런 경우에 호스피스 팀은 환자와 함께 완화의료의 목적과 항암치료의 여러 부작용에 관해 이야기를 충분히 나눕니다. 그러한 논의를 거쳤음에도 항암치료로 방향을 전환하는 경우도 있습니다. 호스피스 완화의료를 받는 모든 환자가 편안한 상태로 있지만은 않으니까요.

송병기　　호스피스 의사로서 고민일 것 같습니다. 이와 관련된 의료현장 이야기를 더 들려주시면 좋겠습니다.

김호성　　고민되는 지점들이 있습니다. 말기 진단은 항암치료의 종결점이지만, 동시에 연명의료 계획 및 호스피스의 시작점이기도 합니다. 그런데 우리가 주목할 점은 말기 진단에는 의사, 환자, 보호자의 판단과 의지와 감정 등 여러 요소들이 들어 있다는 것입니다. 일반인들은 말기 진단이 의학적으로 분명하고 정확하게 내려지는 것으로 알고 있지만 현실은 그렇지 않습니다.
　　의료인류학자 강지연의 연구[2]에서 알 수 있듯, 말기란 의학적 권위에 의해 수동적으로 '주어지는 것'이 아니라 의사, 환자, 보호자의 관계 안에서 능동적으로 '만들어져 활성화되는 것'에 가깝습니다. 즉 의사, 환자, 보호자의 생각이 일치하는 시점에 본격적인 말기라는 상황이 생긴다는 것입니다. 이는 어느 한 주체라도 그렇게 생각하지 않으면 말기 상황이 생기지 않는다는 이야기이기도 합니다. 그렇기 때문에 말기 진단의 경계가 분명하지 않다는 것입니다. 스스로 말기가 아니라고 생각하는 환자가 호스피스에 입원하면, 통증이 심하지 않아도 심리적으로 불안해하고 힘들어하는 경우가 있습니다.

송병기 중요한 점을 짚어주셨습니다. 말기 진단은 항암치료의 종결점이자 호스피스의 시작점인데 그 선을 긋기가 쉽지 않다는 말씀으로 이해했습니다. 문득 호스피스 병동의 사람들을 담은 다큐멘터리, 〈목숨〉(감독 이창재)이 생각납니다. 특히 한 환자가 항암치료를 다시 해야 할지 고뇌하는 장면이 떠올라요. 가족과 상의한 후에 결국 대학병원으로 돌아가서 항암치료를 재개하는데, 환자는 호스피스 입원을 이르다고 느낀 것 같아요. 카메라가 담지 못한 여러 고민들이 있었겠지요. 저는 그 장면을 보면서 말기라는 시간이 애매모호하다는 생각을 했습니다. 다큐멘터리 너머에 있는 현실의 복잡다단함이 있지 않습니까?

유랑하는 비암성 환자들

김호성 특히 말기라는 개념은 비암성 환자의 경우 경계가 훨씬 더 흐릿합니다. 가까운 친척 이야기를 잠깐 해보겠습니다. 그분은 중증 치매인데 요양원에 머물고 계십니다. 그런데 한번은 요로 감염이 생겨서 급성기 병원으로 옮긴 다음 항생제 처치와 콧줄 시술을 받은 적이 있습니다. 다행히 위급한 상황을 잘 넘기고 회복되셨지요. 다만 이후 제게 이런 고민이 생기더라고요. '급성기 병원으로 옮겨서 잘 회복되어 다행이다. 근데 다음에도 또 중환자실로 옮겨야 하나? 거

기서 더 힘드실 수도 있는데?'

저는 중증 치매 환자들이 중환자실에 가서 어떻게 지내는지 어느 정도 알고 있고, 환자의 회복 가능성도 점점 떨어질 것임을 알고 있습니다. 하지만 그때 친척 어른의 경우처럼 급성기 병원에서 회복이 될 수도 있는 거죠. 이 문제를 두고 고민이 깊어져서 가족회의까지 하게 되었습니다. 저는 기본적으로 요양원에 계시다가 상태가 안 좋아지면 요양병원으로 옮기는 정도의 방향을 염두에 두었습니다. 하지만 당연히 어떤 친척은 요양병원이 아닌 급성기 병원으로 옮기는 것을 이야기하더란 말이죠. 얼마간 불편할 수는 있지만 회복의 가능성이 없는 게 아니니까요.

송병기　상식에 비추어 생각해보면 의료에서 편안함과 회복이란 가치는 연결되어 있습니다. 예컨대 감기 몸살로 고생하다가 약을 먹고 쉬면 몸이 회복됩니다. 즉 몸이 편안해집니다. 그런데 말기 암 환자, 또 요양시설에 있는 노인 환자의 경우는 좀 다른 맥락에서 봐야 한다는 말씀이시죠?

김호성　네. 말씀하신 대로 의학에서 그 두 가치가 항상 상충되지는 않습니다. 가령 뼈가 부러진 환자는 수술을 받고 회복되면 편안해지거든요. 하지만 말기 환자는 고민되는 지점들이 있습니다. 체력이 떨어져 있기 때문에 편안함과 회복, 양쪽 모두를 얻기가 현실적으로 어렵지요. 당시 저는 환자의 편안함을 위해 적극적인 치료를 덜 하려고 했던 것입니다.

송병기　말기라는 특성을 이해할 필요가 있겠군요. 환자의 편안함에 집중하는 것이 환자를 포기한다는 의미가 아니라는 점도 알아야 하고요.

김호성　그렇습니다. 더불어 질병에 따라 말기의 경과가 다르다는 점도 알아야 합니다. 말기 암 환자와 말기 비암성 환자 간에 차이점이 있습니다. 먼저 암 환자의 경우, 수술이나 항암치료에 한계가 생기는 말기에 체력이 급격하게 떨어집니다. 통증이나 섬망 등의 증상으로 고통을 받게 되며, 비교적 여명이 예측 가능합니다. 이분들을 위해 한국에는 입원형 호스피스 제도가 있습니다. 호스피스에서 생애 말기 돌봄 계획을 집중적으로 의논하게 됩니다.

하지만 암이 아닌 환자의 경우, 말기가 되어도 예후가 단시간에 떨어지지 않고 치료 면에서도 변수가 많아 예측이 어렵습니다. 요양원이나 요양병원에 있는 노인 환자들이 여기에 해당되죠. 이분들의 돌봄 경로는 불안정합니다. 대개 이들은 집에서 지내다가 기저질환의 악화로 급성기 병원에 갑니다. 급성기 병원에서 적극적인 치료를 받고 어느 정도 호전은 되지만 다시 집에서 지내기에는 불안한 상태가 됩니다. 그러면 요양원이나 요양병원에 입소하게 됩니다. 거기서 상태가 나빠지면 다시 급성기 병원에 갑니다. 비암성 질환을 겪는 환자들은 그러한 순환을 거듭하게 됩니다.

송병기　선생님의 지적처럼 장기부전이나 치매 등의 비암성 질환을 겪는 고령 환자들의 생애 말기 과정이 심상치 않습니다. 요즘 '기-승-전-요양시설'이라는 자조 섞인 말이 널리 쓰이죠. 많은 분들

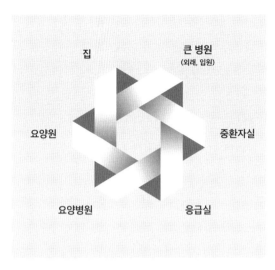

도판 3.1 현기증 나는 생애 말기의 경로

이 생의 끝자락이 괴롭다고 합니다. 어떤 이는 스위스에 가서 의사 조력자살을 하고 싶다고 말합니다. 또 다른 이는 죽기 직전까지 건강하게 살겠다며 열심히 약을 먹고, 시술을 받고, 돈을 관리합니다. 노화와 죽음에 대한 혐오와 공포가 만연합니다.

　현실을 자세히 들여다보면 비암성 환자는 집, 요양원, 요양병원, 급성기 병원 사이를 '부유'합니다(도판 3.1). 저는 그 유동적인 경로가 삶을 '임시적인 상태'로 전환한다는 점에 주목합니다. 예컨대 집은 건강에 문제가 생기면 나가야 하는 불안한 곳, 요양원은 영양공급이란 가치에 눌려 입맛을 지키기 어려운 곳, 요양병원은 낙상 예방을 이유로 온종일 병상에 있어야 하는 곳, 급성기 병원은 더 아픈 환자를 위해 빨리 자리를 비켜줘야 하는 곳입니다. 그러한 돌봄의 경로에서 환자는 언제라도 떠나야 하는 사람으로 취급됩니다. 특히 환자의 서사, 역사, 취향, 관계 등은 별 의미가 없을뿐더러 심지어 돌봄에 방해가 된다고 여겨집니다. 구구절절 자기 이야기를 하는 사람은 말 많고 까다로운 환자로 찍히기 십상입니다. 반면 그곳에서 가치가 있 는 것은 환자가 다른 곳으로 떠나기 전까지 생명을 유지하는 데 필 요한 조치들입니다. 의료진이 규정한 환자의 몸 상태입니다.

그런 한편, 아이러니하게도, 현실에서 그 돌봄의 경로는 '윤리적 인 것'으로 이해됩니다. 예컨대 환자는 가족에게 폐를 끼치지 않기 위해 시설에 간다고 말하고, 가족은 환자의 안전을 위해 여러 방법 을 찾을 수밖에 없다고 하고, 의료진은 위급한 상황을 예방하고 대 처해야 한다고 말합니다. 마치 각개격파를 하듯이, 각자 맡은 바 그 때그때 책임을 다하고 있는 겁니다. 그런데 바로 그 '윤리성' 속에서 환자를 취약한 존재이자 탈역사적 존재로 만드는 기존의 구조는 공 고히 유지됩니다. 가족, 돌봄 제공자, 의료진도 취약한 조건 아래 어 떤 방식으로든 돌봄을 지속하며 지쳐갑니다. 우리는 왜 이런 방식 으로 돌봄을 경험할 수밖에 없을까요? 돌봄은 왜 우리 삶을 취약하 고 불안정하게 하는 걸까요? 이런 현실에서, 저는 우리가 '어떻게 돌 봐야 하는가?'에 대한 논의만 할 수는 없다고 생각합니다. 돌봄을 평 등이나 정의가 아니라, 개인적 고난과 윤리의 문제로 만드는 사회적 구조에 대해서도 질문해야 합니다.

김호성   공감합니다. 현재 비암성 환자들이 말기가 되었을 때에 이용할 수 있는 시설은 요양병원과 요양원입니다. 그런데 두 시설 모두, 법의 틀 안에서 연명의료결정을 이행할 수 있는 여건을 잘 갖 추고 있지 않습니다. 이를테면 전체 요양병원의 불과 10퍼센트 남짓

만이 '의료기관 윤리위원회'를 설치하고 있습니다. 이는 나머지 90퍼센트의 요양병원에서는 말기 환자가 임종이 임박했을 때 연명의료 여부를 자체적으로 결정할 수 없다는 뜻입니다. 법이 그 결정의 권한을 의료기관 윤리위원회에 두었기 때문입니다. 요양병원의 실정이 그러한데, 요양원은 더 말할 필요도 없겠지요. 요양원은 의료기관도 아니라서 윤리위원회는커녕 상주하는 의사도 없습니다. 그러니 환자의 상태가 위중해지면 대부분의 요양병원, 그리고 모든 요양원은 환자를 무조건 급성기 병원에 보내는 것입니다.

그런데 사실 노쇠나 중증 치매 환자들은 여건만 되면 요양원에서도 충분히 말기 돌봄을 할 수 있습니다. 비암성 환자에 대한 말기 판단의 주체가 정비되어야 한다는 것이죠. 이에 대해서는 제도적으로 할 일이 많습니다. 요양병원과 요양원에서의 말기 돌봄을 어떻게 할지는 사실 이제부터 본격적으로 논의를 해야 하는 상황인 것입니다. 예컨대 말기 돌봄 계획을 위해선 면밀한 접근이 필요합니다. 환자의 여명을 예측해야 하고, 연명치료를 할 것인지 말 것인지 결정해야 합니다. 또 환자가 남은 시간 내에 무엇을 원하는지, 어떤 유언을 남길 것인지, 장례 준비는 어떻게 할 것인지 등 많은 것들을 이야기해야 합니다.

하지만 현실에선 말기 돌봄 계획에 대해 의료진도, 환자도, 보호자도 크게 관심이 없습니다. 결국 나중에 환자의 상태가 악화되고 나서야 우왕좌왕하게 되죠. 제가 느끼기엔, 말기 환자들에게 정말 중요한 것은 유명한 의사도, 좋은 약도, 좋은 시설도 아닙니다. 긴밀한 의사소통을 통해 돌봄 계획을 제대로 수립하는 것이야말로 제일 중요하다고 생각합니다.

송병기　선생님이 말씀하신 '비암성 환자에 대한 말기 판단의 주체'란 무엇일까요? 혹자는 생의 끝자락에 대한 의료화를 강화하자는 말이냐고 반문할 수도 있습니다. 생의 끝자락을 살아가는 사람들의 '취약함'을 삶의 조건과 관계성을 배제한 채 말기라는 생의학적 틀로 환원하자는 것이냐며 따질지도 모릅니다. 이와 관련해 제 나름의 설명을 곁들이면 좋겠습니다.

먼저, 저도 선생님도 복잡다단한 인생을 생의학적 체계 안에서 납작하게 만드는 의료화에 비판적 입장을 갖고 있습니다. 의료화에 대한 비판은 삶에서 의료를 없애자는 말이 아니라, 우리가 익숙하게 마주한 의료가 무엇인지를 질문하는 일입니다. 한국에서 죽음이 생의학적 문제로 쪼그라든 이유는 환자를 말기로 분류했기 때문이 아닙니다. 현재 말기 진단은 생의 끝자락을 의료의 문제로 축소하기보다는 오히려 그 반대 양상을 보입니다. 앞서 살펴봤듯이, '어쨌든' 말기 진단을 받고 호스피스에 들어온 암 환자는 삶의 역사성을 고려한 돌봄을 받을 가능성이 큽니다. 또 그곳에서 죽음은 삶의 과정으로 이해됩니다. 반면, 말기라는 개념 없이 여러 곳을 떠도는 비암성 환자는 '자유로운' 게 아니라 '임시적인' 삶의 형태 속에서 의료화를 경험할 공산이 큽니다. 무엇이 전자와 후자를 가르는 것일까요? 선생님이 말씀하신 '비암성 환자에 대한 말기 판단의 주체'는 그 문제에 대한 나름의 해법이라고 생각합니다. 암성이든 비암성이든, 질병적 특성과 상관없이 환자와 가족이 말기 돌봄에 대해 소통할 수 있는 '상대'가 필요하다는 주장이라고 이해합니다. 환자, 보호자, 의료진, 모두 각자 알아서 대처하기보단 이들이 함께, 안정적으로 말기 돌봄 계획을 세우고 진행할 수 있도록 돕는 정책적 노력을 촉구했다고 봄니다.

김호성　멀리서 보면 죽음의 의료화로 보이는 걸까요? 가까이서 보면 분명 죽음의 인간화인데 말이죠. 구체적인 현실을 봐야 한다고 생각합니다.

송병기　다른 한편, 제 머릿속을 어지럽히는 질문들이 있습니다. 어쩌다 말기 진단은 '돌봄의 경계'가 되었을까요? 말기 진단을 받은 자와 받지 못한 자를 둘러싼 불평등을 어떻게 이해해야 할까요? 말기는 의학적 판단인 한편, 환자 삶의 형태를 구성한다는 점에서 '정치적'입니다. 이런 맥락에서, 정부가 입원형 호스피스 완화의료 대상을 말기 암 환자로 정한 이유는 무엇일까요? 지금도 호스피스 완화의료 대상을 다른 환자군으로 확대하지 않는 이유는 무엇일까요? 이를 암이라는 질병적 특성, 호스피스 인프라 부족 등으로만 설명해야 할까요?

　연명의료결정법이 시행된 2018년, 건강보험심사평가원이 출간한 한 보고서는 "환자 1인이 말기 암 진단 후 입원형 호스피스를 선택할 경우, 전체 진료비용은 약 520만 원, 환자 본인 부담이 약 150만 원, 정부 지출은 370만 원 적게 지출되는 것으로 나타남"이라고 분석합니다. "평균적으로 말기 암 진단 후 입원형 호스피스군의 진료비용이 일반병동보다 낮은 수준"이라고 합니다. 그 이유는 일반병동에서는 비급여 비율이 높기 때문이라는 겁니다.[3] 암은 첨단 기술로 대표되는 기기, 진단, 수술, 신약 등을 동반하는 질환입니다. 돈이 많이 듭니다. 뒤집어 말해, 그 보고서의 내용은 말기 암 환자는 곧 죽을 사람인데 쓸데없이 일반병동에서 의료자원을 낭비하지 말고 호스피스에 입원하는 게 개인과 국가 모두에게 이득이라는 말로 들립니다. 즉 낭비를 줄였으니, 그 일부를 호스피스 완화의료에 투자할 수 있다는 제안으로 들립니다.

이런 관점에서, 비암성 질환을 겪는 고령 환자들이 집-요양원-요양병원-급성기 병원 사이를 떠도는 현상 혹은 '돌봄의 경로'를 달리 생각하게 됩니다. 이 노인 환자들은 질병 특성상 암 환자처럼 의료자원을 크게 낭비하는 것도 아니고, 그렇다고 일반병동에서 비급여 진료를 받는 것도 적절하지 않고, 국가가 딱히 의료자원을 낭비한 것도 없으니 투자를 하는 것도 꺼려지는 '애매한 사람들'입니다. 비암성 환자의 여명은 말기 암 환자에 비해 훨씬 깁니다. 따라서 그 돌봄의 경로는 국가가 이들을 장기간 적절한 비용으로 요양시설에서 관리하는 한편, 그 가족들은 '돌봄 부담 없이' 열심히 경제활동을 하도록 장려하는 체제로 보입니다.

요컨대 저는 일상에서 치매, 고혈압, 뇌졸중, 관절염, 암 같은 질환들이 어떻게 '평범한 것'이 되어가는가에 주목합니다. 철학자이자 비평가인 마크 피셔Mark Fisher의 견해를 참고해보죠. 그는 영미권에서 우울증을 비롯한 정신적 고통이 국민건강보험으로 처리되는 현상에 큰 관심을 갖습니다.[4] 그는 우울증을 질환이 아니라 일종의 '정치적 범주'로 봅니다. 그가 생각하기에 그러한 정신적 고통은 신자유주의적 자본주의와 밀접한 연관성을 지닙니다. 그런데 건강보험이라는 제도가 그 사회적 고통을 개인적 스트레스, 즉 '평범한 질환'으로 만드는 데 큰 역할을 하고 있는 것이죠. 그의 비평은 우리에게 시사하는 바가 큽니다. 한국에서 아픈 노인들은 요양시설로 가게 되고, 암 환자들은 큰 병원으로 가게 됩니다. 이를 아픔의 개인화로 명명할 수도 있을 겁니다. 그 '평범한' 인식, 실천, 삶의 형식이 국민건강보험으로 유지된다는 것은 의미심장합니다. 그렇게 형성된 현실은 무엇에 도움을 주는 걸까요?

의료기술 진보의 역설

김호성 말기 진단에 대한 이야기에서 빼놓을 수 없는 것이 바로 의학기술의 진보입니다. 예를 들면 코로나19 팬데믹 때 많은 시민들이 에크모^{ECMO}(체외막 산소 공급 장치)라는 장비에 대해서 들어보셨을 겁니다. 심장과 폐의 기능을 대신해주는 기계죠. 제가 의대생 시절에는 병원에 에크모가 한 대 있을까 말까 했어요. 심장수술을 할 때나 쓰는 정도였습니다. 그런데 지금은 거의 대부분의 병원에 많은 수의 에크모가 있습니다. 이런 최첨단 의료기기들이 이전보다 훨씬 더 쉽게 접근이 가능해진 것이죠. 사람의 심장과 폐가 멈춰도 기계가 그걸 대신해줄 수 있는 기술의 진보가 '흔한 일'이 된 것입니다. 그래서 환자가 상태가 안 좋으면 최대한 이러한 기술의 도움을 받아 회복치료를 하려는 게 당연해졌습니다.

암에 대해서도 의학기술의 진보가 뚜렷합니다. 암은 병기를 1기, 2기, 3기, 4기로 나누는데, 암이 원래 발생 부위를 떠나서 다른 장기에 전이되어 있는 상태를 의학적으로 4기라고 합니다. 예전에는 폐암 4기라고 진단받으면 곧 말기로 판단하여, 의료진이 환자에게 신변 정리를 하거나 공기 좋은 곳에서 마지막을 보내라고 권고했죠.

하지만 지금은 폐암 4기라도 유전자 검사를 해서 알맞은 표적치료제나 면역치료제를 찾아 투여합니다. 그 결과 생존 여명이 현격히 길어지는 경우도 종종 보게 됩니다.

송병기 선생님 말씀처럼 의료기술의 발전은 의료결정과 긴밀한 관계를 맺고 있습니다. 신약이나 새로운 수술방법 등 수많은 가능성이 넘쳐나고 있는 현실에서 말기라는 '선 긋기'는 불가능한 일처럼 느껴집니다.

김호성 예전에는 암 4기가 곧 말기였습니다. 근데 지금은 암 4기는 4기일 뿐입니다. 치료 옵션들이 많이 생겼어요. 표적치료제나 면역치료제도 있고, 또 최근에는 CAR-T(카티) 세포치료제도 있습니다. 혈액암 같은 경우에는 정말 완치가 되기도 합니다. 그렇기에 의료진도 환자도 치료의 영역에서 호스피스 완화의료의 영역으로 방향을 바꾸기란 결코 쉽지 않습니다.

송병기 치료의 선택지가 많아지고 있습니다. 환자의 입장에서는 그것을 '희망'으로 볼 수도 있습니다. 이런 현실을 고려해볼 때, 환자가 유교문화나 가족 때문에 삶에 집착하고 자기결정권을 행사하지 못한다고 단순하게 해석하기도 어렵습니다.

김호성 그렇습니다. 더불어 비암성 질환의 경우, 그동안 크게 증대된 재활치료의 접근성과 효용성을 주목해볼 필요가 있습니다. 예전에는 심각한 뇌졸중이 생기거나 장기 기능이 안 좋아지면 말기가 되는 것은 시간문제였습니다. 그런데 요즘에는 신경 재활이나 호흡기 재활, 심장 재활 등의 발달로 상황이 꼭 그렇지만은 않습니다. 병이 아주 진행된 환자라도 의지를 가지고 의학적 개입을 적절하게 받으면 어느 정도 회복이 가능하다는 뜻입니다. 이는 말기의 경계를 늦추거나 흐리게 만듭니다.

송병기　　한 가지 덧붙이고 싶은 점은 그 기술과 인식의 관계가 건강보험이라는 제도를 통해 심화되고 일상화된다는 것입니다. 예컨대 건강보험의 수가 酬價 적용을 받지 않는 신약과 첨단 수술은 '특별한 의료'로 취급됩니다. 경제적 여유가 있는 소수만이 그 의료에 접근할 수 있죠. 대개 그 특별한 의료는 정부, 연구소, 기업, 병원의 자본으로 생산되고, 이윤을 남기는 게 중요합니다. 그것이 진료현장에서 폭넓게 쓰일 수 있는지 시험도 통과하는 것이 중요합니다. 그 과정을 마치고 마침내 건강보험 속으로 들어오면 특별한 의료는 '통상적 의료'로 전환됩니다.

김호성　　말씀하신 것처럼 한국에서 의료기술의 문제는 항상 보험 급여와 연계되어 있습니다.

송병기　　더 나아가 특별한 의료와 통상적 의료의 관계는 정치적 성원권의 문제가 되기도 합니다. 2000년대 초, 만성골수성 백혈병 치료제 글리벡을 둘러싼 갈등이 떠오릅니다. 다양한 쟁점은 차치하고, 그 갈등을 아주 거칠게 요약하면 이렇습니다. 다국적 제약회사 노바티스는 효과 좋은 신약의 가격을 비싸게 유지하려 했고, 반면 환자들은 약값을 낮추려고 했죠, 그 둘 사이에서 정부는 조정자 역할을 했습니다. 이른바 대화와 타협의 시간을 거쳐 마침내 글리벡은 건강보험 급여를 적용받는, 즉 진료현장에서 폭넓게 쓰이는 약이 되었습니다.

제가 주목하는 점은 새로운 약이나 기기 등이 제도화되는 과정도 순탄치 않지만, 한번 제도화된 의료를 환자, 보호자, 의료진이 중단하거나 보류하는 것도 굉장히 어렵다는 겁니다. 이런 현실을 말기 진단 및 연명의료결정과 연결해서 생각해볼 수도 있지 않을까요?

김호성 중요한 지적입니다. 이런 논의는 사실 의료계, 정부, 환자단체가 지속적으로 '협상'을 하는 주제이기도 합니다. 말씀해주신 '특별한 의료'가 '통상적 의료'가 되기 위해서는 의학적 효용만이 아니라 비용 문제가 항상 동반되며, 이는 '어디까지' 공동체가 감당할지에 대한 '정치적·경제적' 이야기로 사실상 넘어가게 됩니다. 보통 환자단체는 말기 환자에게 끝까지 사용할 수 있는 약물에 대한 접근성을, 의료계는 의학적 효용을, 정부는 비용을 강조하곤 하죠.

다만 말기 환자에게 '유용한' 약물이란 어떤 것일지 생각해볼 필요가 있습니다. 비용을 천문학적으로 들이고도 생존 여명을 조금밖에 늘릴 수 없다면 과연 유용하다고 할 수 있는가. 더 나아가 그 여명이라는 것이 얼마나 삶의 질을 유지해주는가. 고민스러운 질문들입니다. 물론 최신 치료를 빠르게 급여제도 안에 들여와서 환자에게 접근권을 보장하는 것은 중요한 일입니다. 하지만 어떤 의사 분들은 그것이 말기 환자에게 실질적으로 얼마나 도움이 되는지에 대해 회의적인 이야기를 하기도 합니다.

송병기 치료를 언제까지 해야 할까요? 그 선 긋기가 쉬운 일이 아닙니다. 이와 관련해 미국의 의료인류학자 샤론 코프먼Sharon Kaufman 의 연구를 참고하면 좋겠습니다.[5] 그중 인공심박동기와 제세동기에 대한 이야기를 해보죠. 환자의 몸에 이식된 인공심박동기와 제세동기는 전기 자극을 통해 정상 심장박동을 유지하게 돕습니다. 이 의료기술은 '빠른 죽음을 피하는 것을 일상적으로' 만드는 데 기여했다고 평가받죠. 원래는 소수의 환자들이 받는 '특별한 의료'였는데, 메디케어Medicare 로 불리는 미국의 노인의료보험 제도에 편입되면서 고령 환자들의 '통상적 의료'가 됩니다. 문제는 그 삽입술을 받는 환자의 대다수가 심장뿐 아니라 다양한 기저질환이 있는 노인이라는 점입니다. 고령 환자는 그 의료기술 덕분에 '빠른 죽음'을 피할 수 있습니다. 하지만 그는 시간이 흐를수록 빈번해지는 전기 충격, 기저질환으로 인한 문제, 그에 대처하기 위한 또 다른 치료로 인해 고통을 겪게 되죠.

김호성 인공심박동기 문제는 호스피스 완화의료 현장에서도 고민하는 지점 중의 하나입니다. 거의 임종기인 환자가 인공심박동기에 의해 부정맥이 지속적으로 교정되는 상황은 적잖이 혼란스럽습니다.

송병기 이런 상황을 한번 생각해보죠. 한 환자가 본인이 건강하다고 판단해 호스피스에서 퇴원합니다. 하지만 그 후 심장질환으로 인해 내과치료를 집중적으로 받게 되죠. 몸 안에 인공심박동기도 들어옵니다. 그는 어쩌다 한 번 몸 안의 기기가 작동할 때는 괜찮다고 생각합니다. 하지만 시간이 흘러 건강이 나빠지고 하루에도 수차례의 전기 충격이 심장에 가해지는 일상을 맞게 됩니다. 그는 극심한 고통을 느끼고 몸 안의 기기를 제거하기로 결심합니다. 그런데 가족과 의료진은 걱정을 합니다. 그 장치가 없으면 죽음의 위험이 발생하는데 괜찮냐는 겁니다. 인공심박동기를 제거하는 '과격한 결정'을 하기보단, 또 다른 시술과 약을 써서라도 인공심박동기를 유지하는 게 옳지 않느냐고 환자를 설득합니다. 어떤가요, 너무나 '한국적인' 상황일까요? 아니요, 이는 미국에서도 일어나는 일입니다.

흔히 말하길 미국은 개인의 자유를 중요하게 여기는 곳이라고 합니다. 하지만 그렇다고 해서 환자가 보호자와 의료진의 의견을 가볍게 무시할 수 있을까요? 또 환자의 생각은 시간이 흘러도 절대 변하지 않을까요? 샤론 코프먼은 현실은 그렇게 단순하지 않다고 지적합니다. 오늘날 환자, 보호자, 의료진의 일상은 '통상적 의료'를 형성하는 기술, 지식, 법규, 제도, 자본 등과 얽혀 있습니다. 통상적 의료는 단순히 의료기술이 아니라 일종의 '윤리적 감각'이라고 할 수 있습니다. 예컨대 노인의 인공심박동기를 중단한다는 것은 남들이 옳다고 생각하는 규범을 거스르는 행위, 즉 '올바르지 않은 의료'로 여겨지는 것이죠. 선생님, 한국도 이와 비슷한 상황이 벌어지고 있지 않나요?

김호성 한국의 말기 돌봄 현장에도 그런 일들이 자주 있습니다. 이를테면 호스피스에 입원한 말기 환자가 미처 받아보지 못한 항암치료를 다시 원한다거나, 갑작스럽게 내장 출혈이 생겼을 때 지혈제 처치를 넘어 상급병원 식의 혈관색전술(혈관을 막는 시술), 수혈 등을 원하는 경우가 있습니다. 그럴 땐 어떤 처치를 어디까지 원하는지 면밀하게 환자·보호자들과 상의하게 됩니다. 예를 들면 어떤 환자는 출혈이 지속적이면 상급병원에 가기를 원할 수도 있습니다. 환자가 아니라 보호자가 그런 요구를 할 수도 있죠. 갑작스러운 상태 변화 시에 상급병원에 가서 본인이 원하는 처치를 받고 회복될 수 있는지에 대한 의학적 상황과는 별개로, 환자와 보호자들이 호스피스에 와서도 그런 이야기를 할 수 있다는 것이 중요합니다. 머리로는 말기 환자의 경과를 알고 있지만, 정작 현실에 부딪치면 '무엇이라도 환자에게 더 해주어야 하지 않나'라는 감정이 드는 것이죠. 그래서 이런 상담은 쉽지 않습니다. 그러한 상황을 대비하여 호스피스 입원 전 상담에서 미리 '이러저러한 처치는 여기서는 가능하지 않다'고 정보를 반복하여 제공하기도 합니다.

송병기   한국 정부는 의료기술에 전폭적으로 투자를 하고 있죠. 2022년 기준, 전세계에서 가장 많은 임상시험이 이루어지는 도시는 서울입니다. 도시별 임상시험 순위로 1위입니다. 서울에서 지하철을 타면 임상시험 참여자를 찾는 광고를 어렵지 않게 볼 수 있죠. 단일 국가 임상시험 순위를 봐도 한국이 세계 3위를 차지하고 있습니다. 미국, 중국 다음입니다. 다국적 제약회사들이 서울을 사랑할 수밖에 없죠. 규모가 큰 대학병원들이 몰려 있어 연구 협력을 하기도 좋습니다. 중환자라면 서울에 한 번은 오게 되는데, 건강보험 시스템에 환자의 개인정보도 체계적으로 정리되어 있고, 임상시험에 참여하는 분들도 협조적이죠. 기업, 대학, 정부. 그 자본, 연구, 정책. 더불어 민간의 적극적 참여가 맞물리면서 새로운 치료에 대한 수요는 갈수

록 커지고 있는 형국입니다.[6]

김호성　거대 의료산업 복합체의 현장에서 말기 환자들의 '삶의 질'을 생각하는 것이란 우물에서 숭늉을 찾는 일인지도 모르겠습니다. 하지만 그럼에도 본인이 치료하던 환자의 마지막 삶의 질을 위해 호스피스 전원을 서둘러 진행하는 상급병원의 의료진이 있습니다. 그래서 입원 면담 시에 환자와 보호자들에게 말씀드리죠. "참 좋은 주치의 선생님을 두었다"고요. 그런 의료진이 점점 많아지면 좋겠습니다. 이는 의사들에 대한 호스피스 완화의료 교육과 연관된, 앞으로의 과제일 것 같습니다.

말기에 대한 법의 몽상

송병기　말기 진단에 대한 이해의 폭을 넓힐 필요가 있습니다. 말기 진단은 생의학적 체계나 의료적 판단만의 문제가 아니기 때문입니다. 현재 한국에서 말기 진단은 연명의료결정법과 분리해서 생각하기 어렵지 않습니까?

김호성　일반 사람들에게는 연명의료결정법이 모호하고 생소한 법률일 것 같습니다. 법의 정식 명칭은 '호스피스 완화의료 및 임종과정에 있는 환자의 연명의료결정에 관한 법률'입니다. 이를 간략히 줄여서 '연명의료결정법'이라고 부르는 것이죠.
　이 법은 말기 돌봄의 근간입니다. 다시 말해, 현장의 실천이 이

법의 테두리 안에서 이루어지고 있습니다. 그러므로 이 법이 무엇인지 살펴볼 필요가 있습니다. 먼저, 연명의료결정법상에 '말기'는 무엇이라고 정의되어 있을까요? 제가 한 번 읽어보겠습니다.

"말기 환자란 적극적인 치료에도 불구하고 근원적인 회복의 가능성이 없고 점차 증상이 악화되어 수개월 이내에 사망할 것으로 예상되는 진단을 받은 환자를 말한다."

또한 특이하게 '임종기'를 별도로 구분해놓았는데요. 역시 읽어보겠습니다.

"임종 과정이란 회생의 가능성이 없고, 치료에도 불구하고 회복되지 아니하며, 급속도로 증상이 악화되어 사망에 임박한 상태를 말한다."

말하자면 시한부가 수개월인 '말기'가 있고, 그 이후 죽음이 임박했을 때를 '임종기'라고 규정한 것입니다. 당연히 외국에도 말기에 대해 정의가 되어 있지만, 이렇게 한국처럼 말기와 임종기를 법으로 명확하게 구분하는 나라는 없는 것으로 알고 있습니다.

송병기 외국은 '터미널^terminal'(말기)이라는 단어 하나만 쓰죠. 한국에서, '말기'와 '임종기'의 구분이 의료 현장에 어떤 영향을 미치나요?

김호성　환자의 연명의료결정을 임종기에만 할 수 있도록 법에 명시해놓았습니다. 이로 인해 말기 판단이 용이한 암 이외의 몇몇 질병을 제외하곤 다른 말기 환자가 호스피스 혜택을 받지 못하게 하고 있습니다. 즉 말기와 임종기의 구분이 따로 없다면, 혹은 연명의료결정을 임종기가 아닌 말기부터 할 수 있다면, 더 많은 시민들이 말기 돌봄 계획을 보다 사전에 계획할 수 있게 될 겁니다.

송병기　앞서 살펴봤듯이 말기 진단을 하는 것도 어렵지만, 말기와 임종기를 구분하는 것도 매우 어렵지 않나요?

김호성　말기 돌봄을 하는 임상의사들은 왜 말기와 임종기의 구분을 해놓았는지 의아해합니다. 불만도 좀 있고요. 현실에서는 환자의 상태가 명확하게 구분이 되지 않습니다. 아무리 경험이 많은 의사도 환자가 말기인지 임종기인지는 명확히 알 수 없습니다. 법적으로 규정되어 있긴 하지만, 이 법이 원하는 대로 명확하게 환자의 상태가 나누어지지 않는다는 이야기지요.

　더욱이 해당 법은 '호스피스 완화의료'와 '연명의료결정'을 함께 묶어놓았습니다. 서로 다른 두 개의 범주가 한 바구니에 담겨 있습니다. 호스피스 완화의료는 말기 돌봄의 '방향'을 의미하는 것입니다. 말기가 되면 환자가 이후의 삶을 어떻게 살지 가족·의료진과 계획하며, 적극적인 치료보다는 호스피스 완화의료의 방향으로 가겠다고 결정하는 장면을 떠올려볼 수 있습니다. 그런데 연명의료결정은 의학적인 처치 개입 등의 '기술적인' 이야기로 볼 수 있습니다. 연명의료결정이란 환자가 병이 진행되어 임종이 가까우면 중환자실에서 연명의료를 하지 않겠다는 '보류$^{\text{withhold of life sustaining treatment}}$'와 이미 중환자실에서 인공호흡기 등으로 연명의료를 하는 환자들의 '철회 $^{\text{withdraw of life sustaining treatment}}$'와 관련된 법입니다. 이처럼 각기 다른 함의를 갖는 두 영역의 이야기들이 연명의료결정법이란 한 바구니에 혼란스럽게 섞여 있습니다.

송병기　　선생님 말씀을 정리하면, 연명의료결정법에는 '말기'와 '임종기'의 구분이 있고, 또 '호스피스 완화의료'와 '연명의료결정'의 구분이 있습니다. 현실적으로 말기와 임종기를 무 자르듯 나눌 수 없고, 호스피스 완화의료와 연명의료결정은 서로 다른 성격의 범주입니다.

　　연명의료결정법의 정식 명칭은 '호스피스 완화의료 및 임종과정에 있는 환자의 연명의료결정에 관한 법률'입니다. 즉, 이 법은 호스피스 완화의료에 관한 법안과 임종과정에 있는 환자의 연명의료결정에 관한 법안을 합쳐놓았습니다. 말기는 호스피스 완화의료와 관련이 있고, 임종기는 연명의료결정과 관련이 있죠.

　　그 입법 과정에 관한 방대한 내용은 여기서 논하기는 어렵습니다. 다만, 두 법안의 통합으로 인해 호스피스의 말기 환자와 그렇지 않은 말기 환자 간에 실질적인 차이가 발생하는 점을 지적하고 싶습니다.[7] 예컨대 전자의 경우는 임종기에 진입하지 않았다고 하더라도 연명의료를 중단할 수 있습니다. 앞서 선생님은 말기 진단은 항암치료의 종결점인 동시에 호스피스의 시작점이라고 말씀하셨죠. 즉, 호스피스의 시작은 연명의료의 종결을 의미합니다. 호스피스를 택한 말기 환자들은 '자동적으로' 연명의료 중단이라는 자기결정권을 행사하게 된다고 말할 수 있죠. 이들은 호스피스에서 말기 돌봄을 받으며 임종을 하게 되고요.

반면, 호스피스에 들어가지 못한 말기 환자들의 경우는 임종기에 진입했다는 의사 2인 이상의 판정이 있어야만 연명의료를 중단할 수 있습니다. 문제는 앞서 살펴봤듯이 말기와 임종기라는 구분이 임상적으로 매우 어렵다는 점입니다. 연명의료결정법은 임종기를 '사망에 임박한 상태'라고 명시하고 있지만, 상식적으로 생각해도 '얼마나 죽음에 임박하였는가'를 규정하기란 쉽지 않습니다. 사망하기 1분 전이라고 해야 할까요? 아니면 1시간 전이나 24시간 전이라고 해야 할까요? 1년 전이라고 하면 어떨까요? 무엇보다 생의 끝자락을 이렇게 수량적으로 파악하는 게 타당한지 의문이 듭니다.

더욱이 중환자실의 환자가 연명장치의 제거를 원하는 것에 대해 '생명 단축'이라는 도덕적 우려를 표명하는 현상도 있습니다. 또 말기 암 환자가 아니면 호스피스에 입원할 수도 없죠. 즉, 호스피스 밖에 있는 환자들은 연명의료 중단이라는 자기결정권도 온전히 행사하기 힘들고, 말기 돌봄도 제대로 받기 어렵습니다. 연명의료결정법이 의도한 것은 아니겠지만, 이처럼 호스피스에서 돌봄을 받는 말기 환자와 그렇지 않은 말기 환자 간에 구조적 불평등이 심각합니다.

김호성　　그렇습니다.

송병기　　또 다른 각도에서 연명의료결정법을 살펴보죠. 해당 법에 따르면, 개인은 평소 건강할 때 사전연명의료의향서를 작성하고, 그가 말기 진단을 받으면 주치의가 연명의료계획서를 작성하고, 또 시간이 흘러 임종기에 들어서면 비로소 연명의료결정을 이행할 수 있습니다. 그런데 죽음에 이르는 과정이 그렇게 예측 가능하고, 단계적이고, 깔끔하게 진행될까요?

김호성 사전연명의료의향서 작성 유무와 상관없이, 환자의 상태를 임종기로 판단하는 데는 의사 두 명의 교차 확인이 필요하고 절차도 까다롭습니다. 예컨대 어떤 사람이 수일 전에 복지관에서 '위중할 시 연명치료를 원하지 않는다'는 사전연명의료의향서를 작성했다고 해보죠. 그가 갑작스러운 건강 악화로 병원의 응급실에 가게 되면, 사전연명의료의향서보다는 환자의 의학적 상태 평가와 소생이 우선시될 가능성이 높습니다. 만약 환자가 평소에 건강했다고 하면 그건 당연한 일입니다. 하지만 만약 환자가 많이 쇠약한 만성질환 환자라고 해보죠. 그러면 이야기가 달라집니다.

송병기 선생님의 지적처럼 연명의료결정에 대한 판단과 시행은 점진적이고 예측 가능한 방식으로 진행되지 않습니다. 환자가 어떻게 병원에 오는지, 어떤 몸 상태인지, 어떤 생각을 갖고 있는지, 어떤 가족 관계를 맺고 있는지, 또 그를 만난 의료진의 판단은 어떠한지 등 수많은 변수가 있기 때문입니다.
　선생님, 진단이란 무엇인지 짚고 넘어가면 좋겠습니다. 의사는 어떻게 환자를 진단하는지, 진단을 위해서 필요한 것들은 무엇인지 설명해주실 수 있을까요? 말기와 진단이란 개념을 나눠서 생각해보면 좋겠습니다.

김호성　의학적으로 진단이란 의사가 여러 검사를 통해 환자가 가지고 있는 질병에 대한 원인 및 상태를 판단하는 행위를 의미합니다. 진단의 과정은 사람마다, 질병마다 다릅니다. 병의 진단이 늦게 나기도 하고, 더 나아가 진단이 잘못되기도 하는 경우도 있지요. 이는 환자가 가지고 있는 질병, 의사의 경험, 진단기기의 발달과 연관되어 있습니다. 보통은 검사 결과를 통한 객관적인 의학적 판단을 의미하죠. "대장암 3기입니다"라고 이야기하는 것처럼요.

　하지만 말기 진단이란 근본적으로 '치료 한계'에 대한 판단이 들어가 있어, 질병의 원인을 밝히기 위한 일반적인 진단과는 다릅니다. 이는 객관적인 검사뿐 아니라, 환자의 체력 등의 임상적인 판단이 같이 들어가기 때문입니다. 그래서 보다 더 유동적이며, 이는 정확하지 않을 가능성도 항상 고려됩니다.

송병기　설명 감사합니다. 저는 말기 진단과 밀접한 관련이 있는 연명의료결정법이 어느 날 하늘에서 갑자기 떨어진 게 아니라는 점을 지적하고 싶습니다. 여느 법처럼 연명의료결정법도 특정 시기에 어떤 이유에서 만들어진 '역사적 산물'입니다. 세칭 보라매병원 사건과 김할머니 사건을 거치면서 탄생했죠. 두 사건에 대한 다양한 해석이 있지만, 저는 두 사건을 통해 국가와 의사 간의 불신과 적대감이 팽배해졌다는 점에 주목합니다. 두 사건은 무엇보다 의사들에게 나도 하루 아침에 '살인자'로 몰릴 수 있다는 인식을 심어주었고, 최선을 다해 진료를 해도 결과가 나쁘면 법적 문제가 발생할 수 있다는 불안을 안겨줬습니다. 국가가 의료진을 감시와 처벌의 대상으로 보는 현실에서, 의료진이 취할 수 있는 최선의 방법은 환자의 퇴원을 끝까지 유보하고 치료를 지속하는 것 아닐까요?

김호성　많은 분들이 보라매병원 사건과 김할머니 사건을 기억할
겁니다. 1997년에 일어난 보라매병원 사건은, 의식이 없는 환자를
보호자의 동의하에 퇴원시켰음에도 법원에서 의사들을 살인방조죄
로 형사처벌한 사건입니다. 그 당시만 해도 병원에서 죽는 것은 '객
사'라는 인식이 강했습니다. 그래서 환자가 위중하면 의료진은 보호
자의 동의하에 집까지 동행하는 일이 자주 있었죠. 말기 환자에 대
한 그 시절 의료진 나름의 '의료윤리'적인 행동이었습니다. 환자들은
앰부^{ambu}라고 불리는 수동식 인공호흡기를 잠깐 유지하다가 집에서
임종을 맞곤 했습니다.

　하지만 보라매병원 사건 이후, 의료계에서는 그런 일들이 없어지
고 지극히 방어적이고 보수적으로 접근하게 되었죠. 환자 또는 보호
자들이 원하는 방식으로 임종을 맞게 해주었는데 법적 처벌을 받은
것이 그만큼 의료진에게 충격이었던 겁니다. 시민사회에 일종의 '배
신감'마저 느낀 것이죠. 그 후로 많은 환자나 보호자들이 원하지 않
는 연명치료를 받을 수밖에 없었습니다. 의사들은 이른바 '끝까지 치
료하는' 보수적인 선택을 할 수밖에 없었습니다. 그러다 2008년에
김할머니 사건이 일어나게 됩니다. 보호자들이 식물인간이 된 말기
환자의 연명치료를 거부할 수 있게 해달라고 요구했으나 병원 측이
이를 거부하면서 법정 소송이 일어난 사건입니다. 그 후 연명의료결
정법이 2016년에 제정되어 2018년부터 시행 중이죠.

송병기　보라매병원 사건에 대한 조금 다른 관점도 언급할 필요

가 있습니다. 이 사건에서 주목할 점은 의사나 가족이 환자의 최선의 이익이 무엇인지, 또 환자가 바라는 바가 무엇인지에 대한 숙의가 부족했다는 것입니다. 의사는 그저 '보호자가 해달라는 대로 해주는' 사람이 아니죠. 당시 윤리적 어려움을 겪은 의사는 다른 전문가나 병원윤리위원회에 자문을 구했을까요? 또 보호자는 환자의 치료비를 해결하기 위해 담당 의사 및 관련 기관과 상의를 했을까요? 특히 보호자가 '경제적 사유'가 아니라 '환자가 판단했다면 어떻게 했을까?'를 고려했는지 궁금합니다. 무엇보다 의료진과 보호자가 '환자의 최선의 이익'을 생각하며 의료결정 과정에 참여할 수 있도록 돕는 제도가 있었는지 질문하게 됩니다.

보라매병원 사건과 김할머니 사건의 여파가 사라졌다고 보기 어렵습니다. 현재 환자, 보호자, 의료진, 국가 간의 불신은 점점 커져가고 있습니다. 예컨대 의사는 환자의 자기결정권을 '안심하고 존중'할 수 있을까요? 오늘날 회자되는 환자의 자기결정권은 사실상 치료거부권을 가리킵니다. 한국에서 치료는 자기결정권을 거론할 필요도 없이 '자유롭게' 이뤄지니까요. 그러나 환자의 치료거부권은 인정되고 있지 않습니다. 이를 환자의 자기결정권이 아직 확립되지 않았기 때문이라고 말해도 괜찮을까요? 생명윤리가 강조되는 요즘 대다수는 환자의 자기결정권의 중요성을 부정하지는 않을 겁니다. 자기결정권의 개념 이해도 중요하지만, 무엇보다 그 권리를 행사하기 어려운 현실에 주목해야 합니다. 만약 의사가 환자의 치료거부권을 존중하면 비난과 처벌을 받지 않을까요? 연명의료결정법은 병명, 치료방법, 문서작성, 윤리위원회 구성, 의료결정 이행 시기 등에 관한 규정을 빼곡하게 달아놓았습니다. 연명의료에 한해 '치료 중단'을 엄격하게 승인하고 있습니다.

김호성　외국에서는 찾아보기가 힘든 법입니다. 대부분의 나라에서 말기 환자의 자기결정권에 관련되어서는 현장 의료진의 판단과 환자와의 관계성에 맡기고 있기 때문입니다. 하지만 한국은 법적인 여러 사건을 거치면서 의사와 환자의 자율적 상호 관계보다는, 까다롭고 번거로운 '법'을 만들어 제한적으로 승인하고 있는 것이죠. 이러한 법이 만들어지게 된 역사적 맥락도 있고, 그것이 '저신뢰 사회'의 단면을 보여주는 것 같아 씁쓸하기도 합니다.

법 조항 너머의 현실을 보라

송병기　연명의료결정법 제1조, 법의 목적을 살펴보죠.

> "이 법은 환자의 최선의 이익을 보장하고 자기결정을 존중하여 인간으로서의 존엄과 가치를 보호하는 것을 목적으로 한다."

여기서 환자의 '최선의 이익'과 '자기결정'을 존중해야 한다는 말에 주목할 필요가 있습니다. 의료현장에서 두 가치가 서로 충돌할 때가 있지 않습니까? 환자의 최선의 이익을 보장하는 주체는 의료진이고, 자기결정의 주체는 환자라고 볼 수 있죠. 두 주체의 목적이 늘 같지 않을 수 있습니다. 의료진은 "이게 환자에게 최선이야"라고 의학적 판단을 내렸는데, 환자 입장에서는 "의사 마음대로 결정하네"

라고 느끼는 경우도 있죠.

김호성 연명의료결정법은 환자의 자기결정권을 충분히 의료현장에서 살리는 데 방점이 있다고 생각합니다. 전통적으로 의사가 환자의 최선의 이익을 살피는 전문가라는 신뢰에 기초하여 온정적 간섭주의paternalism가 지배적이었습니다. 그러다 오늘날 환자의 자기결정권을 충분히 보장하는 방향으로 사회문화가 변화하게 되었지요.

의료현장의 이야기를 해보죠. 어떤 의료진은 환자의 자기결정권은 존중했으나 환자에게 최선의 이익이 되지는 못한 의료적 상황을 떠올리며 아쉬움을 토로하기도 합니다. 예를 들면 '이 환자의 폐렴은 중환자실에 가서 치료를 할 수 있을 것 같은데, 환자가 연명치료를 원하지 않으니 아쉬움이 남는다'라고 할 수 있죠.

송병기 연명의료결정법 1조에 관한 또 다른 의견도 있습니다. 법에서 언급된 최선의 이익을 의학적인 최선으로만 파악할 게 아니라, '가정假定적인' 자기결정의 근거로 볼 수도 있다는 겁니다. 예를 들어 현재 환자의 의사결정 능력이 없다면, 평소 환자의 가치관이나 삶의 방식을 가장 잘 알고 있을 가족이 그를 대신해 결정을 하게 됩니다. 가족은 환자 삶의 연속성과 통합성을 바탕으로 '환자의 최선의 이익'을 고려합니다. 만약 환자가 의사결정 능력이 있다면 연명의료를 중단할 것이라고 '가정'하는 것이죠.

예컨대 세브란스병원 김할머니 사건에서 "대법원은 현재 김씨의 상태로는 자기결정권을 행사하여 치료 중단을 요구하는 의사표시를 할 수 없으나 과거 김씨가 가족에게 했던 진술 등에 근거하여 이 사건 연명치료의 중단을 구하는 의사를 추정할 수 있다는 점, 추정적 의사에 의해서도 자기결정권에 기한 연명치료 중단이 허용될 수 있다는 점을 들어 원고 김씨에게 부착된 인공호흡기를 제거하라고 판단"[8]했습니다. 이렇게 볼 때, 환자의 최선의 이익과 자기결정의 존중은 서로 대립되는 개념이라고 할 수 있을까요?

한편, 최선의 이익과 자기결정은 서로 충돌하는 가치라기보다 판단의 관점을 표현하는 것일 수도 있다는 의견도 있습니다.[9] 당사자의 판단은 '자기결정'의 결과로 나타나는 것이고, 제3자의 판단은 '당사자를 위한 최선의 이익'에 관한 것으로 본다는 말이죠. 이때 제3자가 가장 중요하게 고려할 점은 '경제적 사유'가 아니라 '당사자가 판단했다면 어떻게 했을까?'를 살피는 것입니다.

김호성　쉽지 않은 이야기이긴 하지만, 환자와의 면밀한 의사소통을 통해 환자의 최선의 이익과 자기결정권 존중을 적절하게 보장해줄 수 있다고 생각합니다. 한편, 한국의 의료현장에서는 '최선의 이익'을 합의할 때 의사와 환자뿐 아니라 보호자의 의사까지 고려되는 측면이 있습니다. 사실 현장에서는 '보호자의 개입'이 '환자의 최선의 이익'을 찾는 데 제일 어려운 장벽이 되기도 합니다. 예를 들어 환자가 사전에 인위적인 수액 처치를 원하지 않는다고 말했더라도, 정작 환자가 의식이 떨어져 못 먹게 되면 보호자들이 환자의 바람과는 달리 수액과 영양제를 달라고 하는 경우가 있죠.

송병기　네, 환자와 보호자 간의 소통이 원활하지 못한 경우가 있죠. 가족이 정말 환자의 뜻을 존중하는 게 맞는지 의문스러운 때가

있습니다. 의사들 사이에서 이른바 '지나친 가족주의'가 환자의 자기
결정권을 침해한다는 말이 나오기도 합니다. 그런데 가족 간의 소통
이란 게 얼마나 어렵습니까? 이 소통의 어려움은 의료에만 국한된
것이 아니죠. 저는 오히려 사람들이 평소 잘 언급하지 않는 가족주
의와 자기결정권에 대한 이야기가 난감한 의료 결정을 앞두고 갑자
기 호출되는 현상에 주목합니다.

참고로 말씀드리면, 연명의료결정법을 만들 때 환자의 의사를 명
료하게 파악할 수 있는 객관적 증거를 마련해야 한다는 조항을 넣자
는 의견이 있었다고 합니다. 하지만 너무나도 바쁜 의료현장에서 의
료진이 그런 자료를 일일이 확인하기가 어렵다고 봐서 그 조항이 빠
졌다고 해요.

저는 환자의 '최선의 이익'과 '자기결정'을 완전히 다른 개념으로
보는 입장도 있고, 꼭 그렇게 보지 않아도 된다는 의견도 있음을 말
하고 싶습니다. 많은 시민들이 연명의료결정법이 어떤 '언어'로 구성
되어 있는지에 대해 관심을 가질 필요가 있다고 생각합니다. 그러한
법규, 기술, 지식, 제도와 우리 일상이 어떻게 관계를 맺고 있는지 살
펴보는 것은 오늘날 죽음에 대한 이해의 폭을 넓히는 일입니다.

김호성　　해당 조항을 뺀 것은 잘한 일 같습니다. 현실적이지 않아
요. 현장에서 환자의 상태는 시시각각 변하고, 의료진에게는 충분한
시간이 없습니다. 사실 연명의료결정법을 이행하는 과정에서 요구
되는 여러 문서작업만 해도, 어떤 경우엔 의료진에게 '짐'이 되기도
합니다. 말씀하셨듯이, 결국엔 법의 언어와 일상의 언어, 의사의 언
어와 환자의 언어 사이의 간극을 최대한 좁히고 일치시키는 게 제일

중요한 것 같습니다. 신뢰에 기초한 의사소통 말입니다.

하지만 돌발적인 법적 사건이 소통의 노력을 무력화할 위험성이 언제나 있다는 것을 기억해야 합니다. 연명의료결정법이 시행된 이후에도 그런 사건이 발생했죠. 목을 졸라 지인에게 상해를 가한 사람이 병원에서 해당 피해자가 사망하자, 연명치료 중단을 진행한 의사 세 명을 고소한 사건인데요.[10] 본인이 상해죄로 처벌받을 것을 의사들 때문에 상해치사로 복역하고 있다고 걸고 넘어진 것입니다. 황당한 고소죠. 다행히 연명치료 중단이 적절한 과정을 통해 이루어졌다고 결국 판단되었지만, 이렇게 제도의 틈 안에서 예측하지 못한 상황이 생깁니다. 현장에서의 의사소통이 제일 중요하지만, 이런 법적 사건들이 생기면 의료진은 방어적이게 될 수밖에 없습니다. 안타까운 현실입니다.

송병기 앞의 이야기와 연결되는데, 근본적으로 '신뢰'의 문제입니다. 신뢰할 수 없는 환경에서 사람들은 돌봄을 하기도, 받기도 어렵죠. 환자, 보호자, 의료진이 함께 논의하거나 의료결정을 내리기도 쉽지 않고요. 현재 연구를 하고 있어서 자세히 말하기는 어렵지만, 저는 한국의 의료현장에서 언급되는 자기결정권 같은 권리들, 또 그곳에서 표출되는 권리들 간의 부딪힘이 불신의 경험에서 형성되고 강화되는 측면이 있다고 생각합니다.

한편, 연명의료결정법 18조에 대한 논의도 필요하다고 생각합니다. "환자의 의사를 확인할 수 없고 환자가 의사표현을 할 수 없는 의학적 상태인 경우", 가족이 연명의료결정을 대리하는 것에 대한 조항인데요. 저는 법이 환자의 의사를 대리할 수 있는 이를 '가족'으로 제한한 점이 오히려 환자가 대리판단을 받을 권리를 축소한 것이라는 생각이 듭니다. 게다가 법이 말하는 그 '가족'이란 무엇인지도 의문입니다. 그건 다름 아닌 결혼한 이성부부 중심의 가족입니다.[11]

다양한 형태의 삶의 방식이 존재하고, 가족의 형태도 빠르게 변하고 있습니다. 이제 4인가구가 아니라 1인가구가 '정상가족'이라고 해도 과언이 아닌 시대입니다. 외동도 많고, 사별하고 홀로 지내는 분들도 많죠. 또 비혼 1인가구, 동성 커플, 동거 관계 등의 형태로 지내는 분들도 많습니다. 그런데 이런 경우 평소 환자와 깊은 관계였다고 해도, 그를 대리해 연명의료결정에 참여하긴 어렵습니다.

김호성 이 법이 전통적인 가족 구성원을 전제로 만들어진 상황이라, 무연고자나 1인가구 등의 다양한 상황에 있는 환자들에겐 적용되지 못하는 맹점이 있습니다. 이들은 본인이 연명치료에 대해 미리 의사를 밝혀놓지 않으면, 임종기에 연명치료를 안 하거나 중지할 수 없다는 뜻입니다. 이를테면 인공호흡기를 시작하지 않는 것도, 인공호흡기를 떼는 것도 불가능합니다.

송병기 최근 이런 뉴스도 있었습니다. "태어난 지 아홉 달 된 아기가 엄마한테 학대를 당해서 심정지 상태로 병원에 이송된 뒤에 연명치료를 받아왔습니다. 그런데 이 일로 징역 4년을 선고받은 엄마가 최근 아기의 연명치료를 중단하기로 한 사실이 알려졌습니다."[12] 보호자이면서 가해자인 엄마가 아기의 연명의료결정을 하는 아이러니한 상황이 벌어진 겁니다. 이런 경우 그 대안으로 의료기관 윤리위원회가 연명의료 중단 여부를 판단할 수는 있어도, 그 결정을 책임지고 대리하기는 어렵습니다. 더불어 법의 사각지대에 있는 무연고자에 대한 연명의료결정도 생각해봐야 합니다. 무연고 환자의 경우, 법이 인정한 가족이 없어 연명의료가 지속되는 경우가 있습니다.

요컨대 연명의료결정법이 전제하는 가족은 결혼과 혈연으로 묶인, 화목하게 지내는, 합리적으로 토론하는, 환자를 무리 없이 돌보는, 의사와도 긴밀하게 소통하는 사람들입니다. 현실에 이런 가족이 얼마나 있는지 의문입니다.

김호성　　현실은 복잡다단하고, 법이 그 다양한 현실의 모습을 얼마나 잘 담을 수 있을지 참 쉽지 않은 것 같습니다. 그리고 시간이 지나면서 현실의 모습도 달라지게 되죠. 말씀해주신 가족의 범위, 무연고자 문제 등을 관련 전문가들이 인식하고 이에 대해 이야기를 하고 있습니다. 어떻게 하면 적절한 대리인을 선정하여, 전통적인 가족의 형태가 없는 사람들의 입장을 대변할 수 있을지 제도적인 고민을 하는 것이죠.

송병기　　사전연명의료의향서에 대해서도 짚어보죠. 저는 사전연명의료의향서의 취지와 목적에 반대하지 않습니다. 다만 시민들이 그 제도를 어떻게 수용하고 있는지는 따로 살펴봐야 한다고 생각합니다. 평소 건강할 때 자신의 말기와 연명의료에 대해서 미리 생각해보고 심지어 문서까지 작성하기란 결코 쉬운 일이 아닙니다. 건강한 사람은 건강하게 오래 살기 위한 생각과 노력을 할 겁니다. 아픈 사람 혹은 크게 아팠던 사람도 비슷할 테고요. 젊고 건강한 사람이 사전연명의료의향서를 쓰면 주변에서 걱정하지 않을까요? 마찬가지로 건강하게 오래 살아야 할 부모님이 그 문서를 작성했다고 하면 자식은 화를 낼지도 모릅니다. 이를 환자의 자기결정권을 존중하지 않는 문화라고 단순하게 말하기 어렵습니다.

김호성　제 생각에, 그건 문화적인 측면의 이야기인 것 같습니다. 그래서 사전연명의료의향서 작성을 저는 단순히 자기결정권에 대한 표현보다는 스스로의 삶의 마무리에 대해 보호자들과 이야기할 수 있는 '좋은 기회'의 도구로 생각합니다. 오늘 대화 첫머리에 언급했던 생애주기 관련 검사와 통합하여 시민들에게 알려주면 조금 더 자연스럽게 접근할 수 있지 않을까요? 예를 들면 현재 66세 이상이 되면 국가건강검진에서 인지기능장애 검사를 시행하고 있는데, 이때 사전연명의료의향서에 대한 정보를 의무적으로 제공하는 식으로요.

송병기　흥미로운 접근 방법입니다. 다양한 토론이 필요하고 그 내용이 정책에 반영될 필요가 있습니다. 대개 사람들은 사전연명의료의향서를 쓰면 불필요한 연명의료 없이 '깔끔하게' 죽을 수 있다고 여깁니다. 그 문서를 작성하고, 자기주도적으로 죽음을 준비하는 것이 성숙한 시민의 자세라고 봅니다. 그런데 그 '상식'에 대해서 다시 생각하게 된 계기가 있었습니다. 얼마 전 지하철 승강장에서 사전연명의료의향서 작성을 독려하는 정부의 광고를 봤습니다(도판 3.2). 지팡이를 짚은 두 남성 노인이 대화하는 이미지를 사용했더군요. 이 광고에 왜 각계각층의 사람들이 나오지 않고, '특정한 사람들'이 등장했는지 의문스러웠습니다.

2023년 12월 기준, 사전연명의료의향서의 작성 비율은 전체

도판 3.2

성인 인구의 4.9퍼센트입니다. 그 수는 약 200만 명인데, 대부분 60~80대 여성입니다.[13] 왜 유독 이 나이대의 여성들이 문서를 작성했을까요? 이들이 특별히 성숙한 시민이기 때문일까요? 혹은 남편이나 자식에게 짐이 되지 않으려는 마음이 커서일까요? 설마 모성애 때문일까요? 제 생각은 다릅니다. 쉽게 단정 지을 수 없지만, 평소 이들은 집에서 남편을 돌보고, 또 다른 가정에 방문해 남성 환자를 돌보는 일을 해왔던 것은 아닐까요? 그러다 정작 본인이 아프고, 돈도 없고, 자신을 돌봐줄 사람도 없다고 느낄 때 사전연명의료의향서를 쓰는 것은 아닐까요?

그러고 보면 이 여성들은 사전연명의료의향서를 통해서 불평등한 삶의 조건을 드러내고 있는 셈입니다. 이 문서를 통한 '삶의 의향 표현'을 자율성이나 모성애 같은 말로 설명하는 게 적절한지 의문이 듭니다. 저는 이 현상이 돌봄을 둘러싼 성불평등과 밀접한 관련이 있다고 생각합니다. 이 현상을 뒷받침하는 사회적 논리와 권력 관계를 살펴보기 위한 인류학적 연구가 필요합니다.

김호성   중요한 지적을 해주셨습니다. 사전연명의료의향서의 작성은 단순한 문서의 작성이 아니라, 문화적 맥락 안에 들어가 있는 것 같고, 이는 한국의 돌봄 현실을 반영하는 것 같습니다. 특히나 한국의 돌봄문화에서 여성들은 난감한 현실에 처해 있죠. 사회에서는 여성을 마땅히 돌봄을 제공해야 하는 '의무'의 주체로 바라보지만, 정작 본인이 돌봄을 받아야 할 때는 '권리'의 주체로 인정받지 못하는 일이 흔합니다.

누가 감히 말기를 고지하는가

김호성   암 환자들은 왜 '서울의 큰 병원'으로 모여들까요? KTX 같은 교통수단의 발달, 지방의 인구 감소, 서울 중심의 근대화 등 여러 요인이 있습니다. 한편, 암이라는 질병의 특수성도 생각해볼 수 있습니다. 암은 자본의 규모와 밀접한 관련이 있는 질환입니다. 의학적으로 병을 진단하는 검사의 특성이 여기에 영향을 미칩니다. 예컨대 CT나 MRI 같은 영상기기의 도움이 절대적이죠. 암 세포의 크기 등을 시각적으로 판별하는 게 중요합니다. 또 그를 토대로 치료가 이뤄집니다. 즉, 암을 둘러싼 검사와 치료가 첨단 의료기술과 밀접하게 연결되어 있고 비용도 많이 듭니다. 단적으로 양성자 치료기를 가지고 있는 센터는 수도권밖에 없잖아요. 또한 당연하게도 암은 임상실험 자료가 치료에 중요한 근거가 됩니다. 큰 암센터일수록 환자 데이터도 많고, 이는 진단과 치료에 영향을 미칩니다. 즉 규모의 경제가 작동되고 있는 것이죠.

송병기　종종 사회과학자들은 자본의 끝없는 증식을 암 세포에 빗대어 표현하는데, 저는 그것을 은유로만 보면 안 된다고 생각합니다. 암은 정말로 자본의 증식과 밀접한 관련이 있습니다. '한국인 사망 원인 1위 암'은 생명을 위협하는 질환인데, 눈으로 비교적 쉽게 보고 판단하며, 치료할 수 있는 여지를 준다는 점, 여러 과의 의료진이 협력해야 한다는 점, 높은 수가가 보장된 각종 검사, 치료제 등 비급여 진료가 가능하다는 점, 최신기기, 신약, 임상 데이터를 끊임없이 촉진한다는 점, 그러한 의료에 있어 시민들의 접근성 향상을 위해 정부가 관여한다는 점, 또 그것이 자본 증식의 새로운 활로가 된다는 점을 생각하면 그렇습니다.

　암이 '시각적'이라는 말, 즉 의료기기가 생산하는 '이미지'는 자본의 선험적인 조건이라고 할 수 있는 물화된 인식과 경험의 구축을 뜻한다고 볼 수도 있습니다. 오늘날 아픔, 고통, 말기, 죽음을 둘러싼 구체적인 삶의 조건, 관계, 서사, 역사는 의료기기가 찍어내는 이미지와 부합하거나, 그 이미지로 설명되거나, 그 이미지 저편으로 밀려납니다. 진료실에서 의사가 환자보다 모니터 속 이미지에 더 큰 관심을 보이는 것을 서양의학의 특징으로만 이해할 수는 없습니다. 자본과 의료가 밀착된 한국에서 의료기기의 이미지로 재현되지 않는 아픔, 혹은 재현 불가능한 아픔을 어떻게 '재현'할 수 있을지를 고민해야 하는 난감함이 있습니다.

김호성   환자·보호자들이 이른바 '서울의 큰 병원'에 있는 의사의 말기 진단은 그래도 믿는 반면, 지역에 있는 의사의 말기 진단은 잘 믿지 않는 경향이 있습니다. 후자의 경우는 '진짜 말기 진단'이 아닌 거예요. 수도권으로 다시 말기 진단을 받으러 가게 되는 것입니다.

한편, 병원의 위치 및 크기와 별개로, 비암성 질환의 경우에는 말기 진단을 하기가 참 어렵습니다. 참고할 만한 영상검사나 혈액검사 등이 뚜렷하지 않기 때문입니다. 정부가 내놓은 연명의료결정법 적용 대상인 말기 환자의 진단기준[14]이 있지만, 실제 임상에서 이런 기준들이 아주 많이 쓰이지는 않죠. 비암성 환자의 생애 말기 과정은 암 환자와 크게 다릅니다.

송병기   서울의 상급종합병원이 갖고 있는 막강한 의료자원이 암을 진단하는 데 영향을 미친다고 생각합니다. 뒤집어 말해, 바로 그 점이 말기라는 '선 긋기'를 어렵게 하기도 하지만, 반대로 말기를 활성화하는 데 기여도 합니다. 어쨌든 눈에 보이는 검사 결과를 놓고 환자의 몸 상태를 말할 수 있기에, 말기를 둘러싼 환자, 보호자, 의료진의 대화가 그래도 가능하다고 봅니다.

특히 암이라는 질환이 시각적이라는 말에는 예후 예측에 대한 의미도 포함되어 있다고 생각합니다. 말기 암 환자의 임종 과정은 드라마틱하다는 말이 나올 정도로, 짧고 분명하게 이뤄집니다. 반면 장기부전이나 치매 등의 비암성 질환을 겪는 환자들은 예후를 예측하기가 쉽지 않죠. 장기적이고, 몸 상태가 좋아졌다 나빠졌다 변동을 거듭하며 사망에 이르기 때문입니다.

한편, 환자를 이렇게 생의학적 체계 안에서 보면 놓치는 것들이 있습니다. 돌봄입니다. 암성 환자도 비암성 환자도 모두 일상을 사는 존재입니다. 이들은 치료뿐 아니라 생계, 음식, 양육, 집안일, 가족 관계도 생각하는 사람들입니다.

김호성　공감합니다. 많은 암 환자들이 어려움을 겪는 부분 중의 하나입니다. 아직 완치가 되지 않았지만 그렇다고 호스피스로 올 만큼의 말기도 아닌 환자들, 그분들은 일상생활이 집에서 되지 않는 경우가 많습니다. 근래에 이런 환자들을 대상으로 한 '암 요양병원'들이 많이 생기고 있죠. 다만 저는 이러한 병원들이 근거가 미약한 치료들을 최근 문제가 되는 민간보험에 많이 기대서 하는 것 같아 그리 바람직하다고는 생각하지 않습니다. 다른 형태의 완화의료와 돌봄이 이루어지는 장소가 필요합니다. 이런 간극에서 진행기 암 환자를 위해 노력하고 있는, 뜻 있는 요양병원 선생님들도 물론 계십니다.

송병기　의료와 돌봄을 분리하고, 돌봄을 다양한 상품 중 하나로 구매하게 하는 구조로 보이는데요. 지금 시대에 의료란 무엇인지, 또 의료는 무엇이어야 하는지에 대한 사회 성원 간의 다양한 토론이 필요하고, 이를 토대로 변화를 시도할 수 있는 합의점을 조금씩 만들어가야 한다고 생각합니다.

김호성　한국에서 말기로 진단받는 과정은 사실 개개인이 '각자도생'하는 쓸쓸한 과정이기도 합니다. 개인적으로는 이러한 과정에서 환자가 지속적으로 의논할 수 있는 주체가 있어야 한다고 생각하지만 현실은 그리 녹록치 않습니다. 다른 나라에 자랑할 만큼 의료 접근성이 좋은 나라에서 왜 이런 일들이 일어날까요? 지금 시민들이 원하는 의료란 무엇일까요? 여러 가지 안이 나와 있습니다. 의료 이용을 제한하는 영국의 주치의 제도 형식도 있고, 그보다 조금 더 느슨하게 의료 수요를 통제하는 방식도 거론됩니다. 의사나 환자들에게 인센티브를 적절하게 주면서 의료 서비스 제도를 조금씩 개선해 나가는 방법입니다. 더불어 민간 영역에서 '의료복지 사회적 협동조합'[15] 같은 대안적 주체의 움직임이 곳곳에서 있는 것으로 알고 있습니다.

송병기 저희의 대화에서 드러나듯이 의료는 역사, 지식, 법규, 제도, 자본, 일상이 상호작용하면서 형성되는 현실입니다. 우리의 문제를 제대로 살피고, 우리에게 맞는 해법을 찾아야 합니다. 저는 답이 어느 종착점에 있다기보다는, 이러한 논의 과정으로 이미 문제를 풀어가고 있다고 봅니다. 그것은 사람들이 현재 마주하는 의료라는 '현실'과 다시 관계를 맺는 일이기 때문입니다. 그 과정에서 새로운 변화와 가능성이 열릴 것이라고 생각합니다.

말기 고지에 대한 이야기를 더 해보면 좋겠습니다. 좀 전에 지방 의사들은 말기 고지를 하기 어려워하는 분위기가 있다고 하셨는데요. 서울의 대학병원 의사들 역시 말기 고지를 어려워하긴 마찬가지입니다. 자타공인 '명의' 소리 정도는 들어야 자신 있게 말기 고지를 할 수 있다는 이야기도 있습니다. 의사들이 느끼는 어떤 부담감에 대해서 알고 싶습니다.

김호성　일선 의료진이 싫어하는 개념이 '명의'입니다. 물론 아주 특수하게 훈련된 의사가 있을 수는 있지만, 사실 명의라고 하는 건 정의가 다양할 수 있잖아요. 저는 한 환자의 지속적인 건강상태를 잘 파악하고 의사소통을 잘하는 동네의사도 명의가 될 수 있다고 생각합니다. 하지만 이러한 생각과는 별개로, 현실은 항상 그렇지는 않은 것 같습니다. 의료 접근성이 고도로 발달한 한국의 의료환경에서 말기 암 환자들은 병원을 옮겨 다니기도 합니다. 왜냐하면 어떤 병원들은 특정 상황에서 말기 암 환자에게 임상 연구들이 열리기도 하거든요. 여기에 참여하기를 원하면 그 환자는 지금껏 자신을 치료해주었던 의료진이 아닌, 처음 보는 의료진에게 가서 항암을 받으며 자신의 말기 진단을 유보시키죠. 그래서 현실이 간단치 않다는 것입니다.

더불어 의사들에게 말기 고지라고 하는 것은, 되도록 거부하고 싶고 미루고 싶은 일입니다. 의대에서 배우는 '생명을 살리는' 직업윤리와 배치된다고들 느끼니까요. 본인이 끝까지 이 환자를 책임져주어야 한다는 생각도 말기 고지를 늦추는 이유 중의 하나라고 생각합니다.

송병기　저는 현장연구를 하면서 말기 고지에 대한 대학병원 의료진의 고민을 알게 되었습니다.[16] 그 이야기를 나누고 싶습니다. 어느 날 대학병원 혈액종양내과 의료진이 제게 하소연을 하더군요. 말기에 해당하는 40~60대, 이른바 중장년 남성 암 환자들이 말기 돌봄에 대해 가타부타 말을 안 한다고요. 의료진은 환자들이 중환자실에 가서 가족과 시간을 보내지도 못한 채 임종하고 말 것 같은 상황을 걱정했습니다. 항암치료의 득보다 실이 크다는 판단이 있었죠. 의료진이 제게 물은 것은, 이 남성 환자들이 체면을 매우 중시하고 말기 진단을 인생 실패로 받아들이는 경향이 있지 않느냐는 것이었습니다.

김호성　의료진의 예상이 맞던가요?

송병기　환자들을 만나 이야기를 들어봤습니다. 본인들도 답답했던지 속마음을 털어놓더군요. 환자들은 질병과 치료 그 자체보단 가장으로서의 죄책감 때문에 더 고통스러워했습니다. 40~60대면 이른바 사회의 허리잖아요. 40대는 한창 일할 때고, 50~60대는 중책을 맡는 나이죠. 이들 남성 환자에게 사장님, 부장님, 선생님, 남편, 아버지 등의 호칭은 자신이 누군지를 설명하는 강력한 틀이었습니다.
　또 대다수 환자는 고령의 부모님과 아내, 자녀를 부양해왔습니다. 한 환자의 말이 떠오릅니다. 노모가 홀로 지내시고, 배우자는 전업주부, 아이들은 이제 중학생인데, 내가 없으면 이들이 얼마나 힘들겠냐고 하더군요. 그 말을 듣는데 여러 생각이 들었습니다. 남성의 임금노동에 큰 영향을 받을 수밖에 없는 청소년, 중년, 노년 삶의 조건이란 무엇인지. 또 환자가 한국이란 삶의 터전을 얼마나 불안한 마음으로 살아왔는지. 그간 보고 듣고 겪은 사회적 불평등이 말기 진단 시점에 고통으로 나타나는 건 아닐까 하고요.

김호성　참 막막할 것 같습니다.

송병기　말기 진단이라는 게 참 어려운 것 같습니다. 환자의 입장에서도 어렵고, 담당교수 역시 너무나 외로운 상황에 놓여 있습니다. 치료와 관련해서 갖가지 방법이나 기술은 계속 발달하지만, 어쨌든 그런 것들이 오히려 환자의 컨디션을 더 악화시킬 것 같은 시점이 다가오죠.

김호성　현재 의료진은 그냥, 각자 대처를 하고 있는 것 같아요.

송병기　대형병원에서는 치료 규범은 명료한데, 반면 말기 돌봄과 관련해서는 별 말이 없습니다. 딱히 규범이 없죠. 정부의 지침이나 의료보험 수가 같은 것이 되어 있지도 않고요. 교수가 본인의 '철학'으로 말기 진단을 내려야 되는 상황이죠. 외로운 결정입니다. 어떤 교수는 끝까지 환자한테 말기라고 얘기를 안 하기도 하고, 어떤 교수는 바로 얘기하기도 합니다. 교수와 보호자랑은 긴밀히 이야기를 하는데 환자가 소외된 경우도 있고요. 말을 안 하면 안 하는 대로, 하면 하는 대로 어려운 문제에 부딪힙니다. 이걸 좀 같이하는 시스템이 있으면 좋겠다는 생각이 들더군요.

김호성　호스피스에 와서 보호자들이 이전 병원의 주치의에게 화를 내는 경우가 있습니다. "의사가 우리 아버지 앞에서 말기 진단을 바로 고지했다"고 말이죠. 제가 보기에 그 의사는 교과서적으로 잘한 것입니다. 하지만 사람이란 워낙 다양하다 보니까 반응을 전부 예측할 수 없죠. 그런 보호자는 담당 주치의를 엄청 비방하면서 "말기 고지 이후부터 아버지가 기운이 없다"는 이야기를 하기 시작합니다. 환자는 병이 진행되면서 기력이 자연스럽게 없어지는데, 보호자는 본인의 속상한 감정을 의사에게 투사한 것입니다.

의료현장에서 말기 진단을 둘러싸고 의사와 환자와 보호자 간에 서로 눈치 보기 또는 정치적 협상 같은 분위기가 있는 것도 사실입니다. 이러한 어려움에도 불구하고 근래에는 환자 본인에게 말기 고지를 적절한 시점에 해주어야 한다는 것이 의료현장에서 강조되고 있습니다. 앞서 논의한 연명의료결정법의 취지인 자기결정권을 최대한 존중해야 한다는 것이죠.

환자도 일상을 사는 존재

송병기 인상 깊게 읽은 에세이 『어머니를 돌보다』에 나오는 에피소드가 생각납니다.[17] 90대 어머니가 폐렴 때문에 응급실로 실려갑니다. 의사들은 어머니의 폐렴을 치료하고 싶어합니다. 진통제를 투여하지 않은 채 폐렴의 경과를 관찰하고, 그 염증을 제거하고 싶어하죠. 한 의사가 정맥을 찾아 어머니의 목에 바늘을 찌르자 어머니가 비명을 지릅니다. 딸은 어머니가 고통스러워한다고 말하고, 의사는 폐렴을 치료하길 원한다고 말합니다. 그러다 딸은 그 병원에 호스피스 시스템이 있다는 사실을 알아냅니다. 노인정신의학과 의사는 어머니가 병원을 나와 집에서 호스피스 돌봄을 받아야 한다고 판단하고 조치를 취합니다.

딸과 어머니 모두 호스피스 완화의료 덕분에 다시 집으로 돌아가게 되고, 딸은 어머니가 임종 과정에 들어서면 무엇을 해야 하는지 구체적으로 생각하게 됩니다. 새로운 치료를 지속하는 게 능사는 아니라는 점, 호스피스라는 대안이 있다는 것을 경험하게 되죠. 이 에세이의 배경은 뉴욕, 시간은 2000년대 초입니다. 여기 등장하는 어머니는 암 환자가 아니지만 무리 없이 호스피스를 받을 수 있었습니다. 책을 읽으면서 오늘날 서울은 어떤지 묻게 되더군요. 현재 한국도 그 이야기와 비슷한 사례가 얼마나 많을까요? 호스피스 이용 여부에 따라 생의 끝자락에 대한 서사가 많이 달라지겠다는 생각이 들었습니다.

김호성　　암 환자건 암이 아닌 환자건, 질병에 관계없이 모든 환자들에게 호스피스 돌봄이 필요하다고 생각합니다. 다만 돌봄의 형식은 병의 종류, 환자가 있는 곳에 따라 유연하게 다를 수 있겠지요. 제일 중요한 것은 말기 돌봄 계획의 '주체'가 있어야 한다는 것입니다. 말기 환자의 상태를 잘 파악하고 정보를 교환하며 의사소통을 할 수 있는 주체가 필요합니다.

　　이는 시설뿐만 아니라 지역사회 안에도 말기 판단의 주체가 있어야 한다는 뜻입니다. 지금은 거의 전무하다시피 하죠. 다만 현재 '일차의료 방문진료 시범사업'이 시행 중인데,[18] 방문진료를 하는 의사 모임에서 호스피스 완화의료에 대해 궁금해하더라고요. 또 한 번은 저희 기관에 호스피스 돌봄을 의뢰한 환자가 가정에서 최대한 머물고 싶어했습니다. 다만 저희로부터 가정 호스피스 서비스를 받기에는 너무 멀리 계셨지요. 그래서 서울 강북에서 방문진료를 나가는 선생님한테 연계하여 환자의 생애 말기 돌봄을 한 경험이 있습니다. 나중에 보호자한테 전화 연락을 받았는데 "그 선생님을 소개해줘서 감사했다"라고 하더군요. 이런 사례처럼 지역사회의 의사들이 말기 판단의 주체가 돼서 생애 말기 돌봄을 받을 수 있는 대안이 중요하고, 이에 대한 제도적 장치가 보다 확대되어야 한다고 생각합니다.

송병기 그렇습니다. 질병의 특성과 관계없이 많은 시민들이 완화의료를 경험할 수 있어야 한다고 생각합니다. 완화의료는 호스피스보다 더 넓은 개념입니다. 의료진이 환자의 삶의 질을 해치는 통증, 불안 등의 증상을 조절하는 것, 또 환자를 둘러싼 관계에 관심을 갖는 것은 중요합니다. 그 방법으로 선생님이 언급하신 재택의료를 생각해볼 수 있습니다. 보건복지부 요양보험제도과에서 '장기요양 재택의료센터 시범사업'을 하고 있죠. 다시 말해, 재택의료가 노인장기요양보험과 연결되어 있는 겁니다. 이 사업이 잘 된다면, 추후 재택의료가 요양원, 나아가 요양병원의 일부 기능까지 흡수할 수 있지 않을까요? 재택의료 의료진이 비암성 환자와 돌봄을 논의할 수 있는 '상대'가 될 수도 있지 않을까요?

김호성 한국은 병원 공간의 디자인 콘셉트가 거의 대부분 치료와 재활 또는 요양입니다. 아직까지 완화의 목적으로 만들어진 곳은 호스피스밖에 없습니다. 요양병원은 이런 요소들이 섞여 있는 형태이고요. 연명의료결정법 제도 안에 들어가 있는 요양병원이 지금 상황에서는 많지 않기 때문에,[19] 완화의 목적보다는 거의 재활과 요양의 목적으로 세워져 있다고 생각해도 될 것 같습니다. 치료, 재활, 요양, 완화의 상황이 유동적이긴 하지만 아직까지는 완화의 목적을 달성할 수 있는 시설이 많지 않습니다. 앞으로 어떻게 시설의 하드웨어,

소프트웨어를 만들고 운영해야 할지 고민되는 지점이 있습니다. 더 나아가 반드시 시설에 있어야 하는지에 대한 고민도 있겠지요. 여건이 되는 환자는 재택의료 시스템을 통해 시설이 아니라 집에서 마지막을 맞이할 수 있어야 한다고 생각합니다.[20]

송병기　　완화 목적의 시설에 대한 고민은 필요한 일입니다. 그리고 이 부분은 '말기 진단이란 무엇인지, 왜 중요한지'에 대한 질문과 깊이 연관되어 있다고 생각합니다.

김호성　　네, 맞습니다. 왜 굳이 말기 진단을 해야 할까요? 말기 환자들은 기본적으로 치료 목표가 완전히 다르기 때문입니다. 원인에 대한 의학적 교정보다는 증상 조절, 그리고 심리적·사회적 관계의 편안함과 안정성이 우선됩니다. 그 결과, 무엇보다 개인의 안녕과 삶의 질이 향상되지요. 또한 개인이나 사회의 비용 절감 효과가 있습니다. 하지만 이러한 필요성과 효용에도 불구하고 현실적인 장벽도 있습니다. 아까도 언급했지만, 의료진이 현장에서 느끼는 시민들의 말기와 죽음에 대한 태도, 대처 방식 같은 문화적 맥락 말입니다.

송병기　　그와 함께, 반대로 시민들이 현장에서 느끼는 의료진의 말기와 죽음에 대한 태도, 대처 방식도 있습니다. 어디에 서서 보는가에 따라 그 현상은 다르게 이해될 수 있습니다. 서로가 서로를 향해 '이국적'이라며 불편해할 수 있죠. 예컨대 의료진은 환자와 보호자가 지나치게 의료진에게 의존한다고 볼 수 있고, 반대로 말기 과정에 대해 딱히 논의할 상대가 없는 환자와 보호자는 지푸라기를 잡는 심정으로 혹은 울며 겨자 먹기로 의료진과 관계를 맺고 있다고 볼 수도 있습니다. 저는 환자, 보호자, 의료진의 관계뿐 아니라 그 관계를 둘러싼 사회적 논의와 정책도 강조되어야 한다고 생각합니다. 국회와 정부의 역할을 따져봐야 합니다. 그리고 앞서도 살펴봤듯이 환자, 보호자, 의료진이 특정한 방식으로 관계를 맺을 수밖에 없는 구조란 무엇인지에 대해서 질문해야 한다고 생각합니다.

환자는 치료만 생각하는 단순한 사람이 아닙니다. 오히려 그런 관념에 물음을 제기할 필요가 있습니다. 환자는 일상을 사는 존재이고, 우연히 질병을 만나 의존적인 상태가 된 거죠. 환자가 아프다는 이유로 삶의 서사가 치료의 문제로 쪼그라드는 상황이 문제가 아닐까요?

김호성 중요한 지적입니다. '말기'라는 단어가 가진 안 좋은 힘이 있습니다. 개인의 일상은 가려지고 개성이 없어지죠. 똑같은 환자복을 입고 비슷하게 증상이 나쁜, 돈 안 되는 환자. 당사자 입장에선 무력감을 느끼게 됩니다. 그래서 호스피스 입원 환자에게 저는 회진 때 지극히 개인적인, 일상적인 것들을 묻습니다. "밤에 잠을 좀 주무셨나요?", "식사는 하셨어요?", "오늘 기분은 어떠세요?" 흔히 환자 스스로 '나는 환자니까 잠을 좀 못 자도 잘 못 먹어도 당연해'라고 규정하기 쉽습니다. 호스피스에서는 이러한 자기 속박을 최대한 풀어 일상생활에서 개성을 드러나게 하려고 하죠. 암 환자뿐만 아니라 다른 말기 비암성 환자들도 그런 욕구들이 다 있을 거예요. 이를 최대한 회복시키는 것이 말기 돌봄 기관 종사자들의 목표라고 생각합니다.

송병기   환자의 욕구와 개성, 그리고 일상을 회복시킨다는 말이 인상적입니다.

김호성   말기 환자는 사회적으로 '소수자'적인 위치에 놓이게 됩니다. 여기서 소수자란, 개성이 없어지고 단지 집단 정체성으로만 그 사람을 설명하게 되는 것을 의미합니다. 삶의 개별성이 사라지고 말기 환자라는 정체성으로 뭉뚱그려지게 되죠. 제가 학부 의대생 실습 때 느꼈던 말기 암 환자의 모습이 있습니다. 통증 때문에 잠을 못 이루고, 우울해하고, 의사소통이 안 되는 사람들. 병실에서 얼굴이 밝은 암 환자를 거의 못 봤죠. 물론 통증을 비롯한 생물학적인 반응의 결과였을 수도 있겠지만, 그와 동시에 암 환자라는 처지에 맞게 형성된 사회적 자아의 모습이었을 수도 있습니다. 뭐라고 할까요. 자신의 정체성을 잃어버리고 사회적 관계가 끊어져버린 모습이었습니다. 호스피스 완화의료의 목적은 이전 삶의 모습을 최대한 회복시키고, 저마다 이전에 가지고 있던 개성을 발휘하게 하는 것입니다. 자기 주도적으로 삶을 유지하는 모습 자체를, 저는 경험적으로 삶의 질이 좋은 상태라고 직감합니다.

송병기   공감합니다. 우리 모두는 살고 있는 동시에 죽어가고 있는 존재이고, 자율과 의존 사이를 끊임없이 오가는 존재입니다. 말기 환자를 우리 삶에서 분리할 게 아니라, 우리 삶에 말기 환자도 있음을 받아들였으면 좋겠습니다. 말기 환자를 생의학적 문제로 보는 것을 넘어서, 우리 안의 타자성을 성찰하는 계기로 삼았으면 합니다.

김호성　한 가지 덧붙이고 싶은 점이 있습니다. 과연 말기 환자에게 의사의 역할이 얼마나 중요할까, 하는 것입니다. 당연히 의사는 환자의 육체적 어려움을 줄이는 데 중요한 역할을 합니다. 하지만 한 사람의 인생의 관점에서 보면, 의사가 제일 중요한지 저는 잘 모르겠거든요. 중요하지 않다는 의미가 아니라, 한국 사회에서 생각하는 만큼 의사의 역할이 크지 않다는 겁니다. 평균 수명이 증가한 요인만 살펴봐도, 통념처럼 의학기술의 발달이 큰 부분을 차지하지 않습니다. 그보다는 대부분 영양과 위생, 예방접종이 중요한 역할을 했지요. 급성기가 아닌, 만성기 질환이나 말기 환자에게는 의사의 역할이 생각보다 그리 크지 않습니다. 이 경우에는 의학적 치료보다 돌봄의 질이 상대적으로 더 중요합니다. '여든이 넘으면 수술을 해야 될까', '아흔에 암 검진을 꼭 해야 할까' 같은 질문이 필요합니다.

송병기　의사는 어떤 일을 해야 할까요? 환자는 어떤 삶을 살까요? 환자와 의사의 바람직한 관계란 무엇일까요? 우리가 원하는 의료가 어떤 모습인지에 관한 폭넓은 논의와 상상력이 풍부해지면 좋겠습니다.

현재 한국에서 말기 진단은 생의학적 문제, 여명 예측에 관한 문제가 아닙니다. 생의 끝자락에 지대한 영향을 미치는 정치적 문제입니다. 말기 진단 이전이든 이후이든, 또 집이든 요양병원이든 상관없이, 아픈 사람이 '사람으로서 대우'받을 수 있는 삶의 조건이란 무엇일지 질문해야 합니다.

'기대수명 life expectancy'과 '기대삶 expectation for life'을 나누어서 생각해 보면 좋겠습니다.[21] 수명이 점차 늘어나고 있지만, 우리는 어떤 삶을 기대할 수 있는가? 죽는 것보다 늙는 게 두려운 작금의 현실은 인구, 가성비, 효율성, 생산성, 양적 사고로 대표되는 '기대수명'이란 틀 속에서 만들어진 게 아닐까요? 저는 많은 분들이 삶의 조건, 불평등, 돌봄, 존엄, 질적 사고로 대표되는 '기대삶'이란 렌즈로 생의 끝자락을 바라보기 시작했다고 생각합니다. 혐오와 공포를 넘어 이 이야기들이 널리 퍼지기를 기대합니다.

4장 증상

아픔이란 무엇인가

송병기　중학교 때 알베르 카뮈의 『이방인』을 읽고 충격을 받았습니다. 주인공 뫼르소가 살인을 저지른 이유가 알제리의 반짝이는 태양 때문이었다는 겁니다. 도대체 어떤 태양이 내리쬐길래 그랬을까 한동안 상상하다가 날씨는 매우 중요하다는 결론을 내렸습니다. 저는 이틀 이상 날이 흐리거나 비가 오면 두통이 생겨서 조금 정신이 없거든요. 반면 날씨가 추우면 머릿속이 또렷하고 기분도 좋아져요.

김호성　저도 나이가 들며 점점 날씨에 따라 몸이 달라지고, 하루의 기분도 변하는 것을 경험하곤 합니다. 근데 비 오는 날에 유독 두통이 생기는 것은 외부 기온이나 기압에 따른 뇌혈관 변화와 관련이 있지 않을까요?

송병기　의학적으로야 그렇게 말할 수 있죠. 그런데 저는 다른 '해석'도 해보고 싶습니다. 개인적으로 궂은 날씨에 두통이 생기는 이유가 유년시절과 관련이 있지 않을까 싶습니다. 여름방학 때는 친구를 만나기가 어렵잖아요. 장마철에 밖에 나가 놀기도 어려우니 집에 있는 시간이 많았죠. 또 비가 많이 오는 날에 사건사고 소식을 자주 듣게 되는 것도 별로였어요. 누가 급류에 휩쓸려서 실종됐다, 물난리로 크게 다쳤다 등등의 나쁜 뉴스 말이에요. 제 두통 증상에는 날씨와 유년시절이 얽혀 있을지도 모르겠어요.

김호성　그런 해석도 있을 법하네요. 일부 호스피스 환자들도 어떤 상황에 따라 아팠던 기억이 되살아나며 힘들어하기도 합니다. 그분들의 경우 대개 실제적인 통증은 조절되고 있는데, '아픈 기억'으로 인해 편치 않은 것이죠. 더 나아가 불편함 정도를 넘어 정말 통증의 악화를 느끼기도 합니다. 심각한 통증을 느꼈던 상황이 환자의 기억 속에 묻혀 있다가 별안간 공황장애처럼 나타나기도 하는 것을 완화병동에서 경험하곤 합니다.

송병기　저희의 대화에서도 드러나듯이 '아프다'라는 말은 생각보다 다양하고 복잡한 의미를 품고 있습니다. 선생님, 먼저 의학은 '아픔'을 어떻게 파악하는지, 또 아픔이 나타나는 형태인 '증상'을 어떻게 이해하는지 설명해주시면 좋겠습니다.

김호성　병원에 오는 많은 분들이 흔히 '아프다'라고 말하지만, 사실 '아픔'은 의학적으로 아주 의미 있는 표현은 아닙니다. 그것은 일종의 감각으로, 실제 객관적인 질병이 있어서 아플 수도, 혹은 병은 없지만 그냥 아플 수도 있는 겁니다. 우리는 후자의 경우도 '아프다'라고 하기 때문에, 이 표현은 의학의 영역을 벗어나는 면이 있습니다. 전자, 즉 신체적 문제로 인해 아픔을 느끼는 것을 의학에서는 '통증'이라고 부릅니다.

통증은 보다 넓은 개념인 '증상symptom'의 하나인데요. 증상이란, 실제 질환자가 주관적으로 느끼고 인식하는 신체의 상태나 모양을 말합니다. 이 증상은 본인만이 느낄 수 있는 것이죠. 복통이 있다든가, 목 주변이 불룩한 것 같다든가, 어지럽다든가, 허벅지 안쪽이 간지럽다든가, 이런 식으로 환자 자신만 알고 다른 사람은 알지 못하는 것입니다. 이러한 증상은 의학적 진단에서 아주 중요한 기초입니다. 하지만 증상은 환자에 따라, 상태에 따라 표현 정도가 다를 수 있어서, 정확한 진단과 경과 파악에는 한계가 있습니다. 그래서 아울러 살펴봐야 할 것이 '징후sign'입니다.

징후란, 환자의 질병의 상태나 모양을 다른 이가 객관적으로 관찰할 수 있는 것을 뜻합니다. 황달이나 발진처럼 단순한 신체검사로 알 수 있는 것들부터, 저혈압이나 빈혈같이 좀더 특수한 검사를 통해 알 수 있는 것들도 있습니다. 이 징후는 MRI, CT 등 진단기기가 발달하면서 훨씬 더 그 양과 질이 늘어나고 다양해졌죠. 현대의학에서는 환자의 주관적 표현인 증상보다는 의학기기를 통해 객관적으로 확보한 징후의 중요성을 강조해왔습니다. 증상은 환자마다 호소하는 정도가 다르고 객관적인 측정이 어렵기 때문입니다.

송병기 증상과 징후라는 두 축이 의학 진단에서 중요하군요. 그리고 진단기기의 발달로 징후가 점점 더 중요하게 여겨지는 흐름이고요. 그렇다면 선생님, 증상의 하위 카테고리인 통증은 의학에서 중요성이 떨어지고 있다고 볼 수 있는 건가요?

김호성　예전에만 해도 의료진은 환자가 호소하는 통증의 증상을 진단 시에 참고만 할 뿐, 상대적으로 중요하게 여기지는 않았습니다. 더 나아가 통증을 없애는 것조차 조심스러워하는 흐름도 이전에는 있었어요. 괜히 진통제를 썼다가 환자의 증상과 징후들이 사라져버리면 향후 진단과 치료에 있어서 정확한 파악을 가로막을 수 있다고 생각했거든요.

　하지만 질병에 수반되는 통증 자체가 환자의 수명과 관계가 있다는 연구가 지속적으로 나오게 됩니다.[1] 또 영상기기가 점점 발달하면서 역설적으로 신체검진의 가치가 줄어들어, 오히려 환자가 겪는 진통을 적절하게 조절해야 한다고 생각이 바뀌게 됩니다. 그래서 최근에는 통증 증상을 바라보는 시선이 전혀 달라졌습니다. 어느 정도냐면, 현재 주류 의학에서는 통증을 증상이 아닌, 징후의 하나로 평가해야 한다고까지 합니다. 통증이 혈압, 맥박, 호흡, 체온과 더불어 제5의 징후라는 것이죠.

송병기　인류학에서 '아픔'은 연결됨의 산물입니다. 한 사람의 아픔은 기억, 날씨, 공간, 관계, 제도, 지식, 법규, 역사 등과 연결될 수 있습니다. '아픔은 병' 혹은 '병은 아픈 것'이라고 단순하게 말하기 어렵습니다. 이와 관련된 용어들을 살펴보죠. 먼저, 생의학적 체계로 파악되는 '질병disease'이 있습니다. 한국어로는 질병, 병, 질환으로 통용되죠. 여기서 질병은 몸의 어떤 부위 및 체계에 이상이 생긴 것으로서, 공간적으로 특정됩니다. 예컨대 관상동맥질환은 심장 근육에 산소와 혈액을 공급하는 관상동맥이란 혈관이 좁아지면서 발생하는 흉통입니다. 의사는 CT 검사 등을 통해서 좁아진 관상동맥이라는 '질병의 장소病所'를 눈으로 보고 또 손으로 가리킬 수 있습니다. 이를 두고 질병을 '객관적으로 파악'한다고 말할 수 있겠죠.

그러나 앞서 언급했듯이 아픔을 질병으로 요약할 수 없습니다. 환자가 몸으로 경험하는 '앓음illness'도 있습니다. 예를 들어 간병사와 요양보호사가 겪는 근골격계 질환을 생의학적 체계로만 파악할 수 없습니다. 그들의 앓음은 환자 및 보호자와의 관계, 혹독한 노동 조건, 돌봄에 대한 사회적 인식, 건강보험 및 노인장기요양보험 체계 등과 밀접한 관련이 있기 때문입니다. 그들의 앓음을 건염, 근막통증 증후군 등으로만 파악하는 게 어떤 의미가 있을까요? 요컨대 '아픔'에는 생물학적 질서와 사회적 질서가 교차합니다.[2] 생의학적으로 규정되는 질병과 몸으로 경험하는 앓음을 무 자르듯 분리할 수 없습니다. 오늘은 아플 때 나타나는 여러 가지 상태나 모양을 뜻하는 증상에 주목하고, 그를 통해 아픔이란 무엇인지 생각해보면 좋겠습니다.

최우선의 일, 통증 완화

김호성 환자들이 호스피스에 오는 일차적인 목적은 증상 조절입니다. 그중 제일 큰 것은 '통증'이죠. 모든 암 환자가 심한 통증이 있는 것은 아니지만, 호스피스에 올 만큼의 말기 암 환자들은 십중팔구 견디기 힘든 통증을 가지고 있습니다.[3] 오늘 입원한 환자도 제게 가장 먼저 한 이야기가 "아파서 못 살겠어요. 어젯밤에 거의 못 잤어요"였죠. 의료진은 이 통증을 빨리 조절해줘야 합니다. 그래야 호스피스의 다음 일이 시작될 수 있거든요. 통증 조절이 안 되면 환자들은 하나같이 "이렇게 살고 싶지 않다", "하루라도 빨리 죽고 싶다"라고 말합니다. 우선 환자의 통증이 조절되지 않으면, 호스피스 다학제팀의 접근조차 어렵습니다. 환자의 심리적 어려움, 삶의 실존적 의미, 가족 간의 관계 등이 모두 통증 앞에서는 부차적인 이야기가 되죠. 그래서 통증 조절은 다학제팀의 역할을 시작하는 데 있어 가장 중요한 전제입니다. 호스피스에서 통증 조절은 대개 의료진의 영역이지만, 의료진 '만'의 영역인 건 아닙니다.

송병기 르네 데카르트의 『인간론L'Homme』(1664)에 실린 삽화가 생각납니다(도판 4.1). 묘한 그림인데, 한 사람이 나체로 한쪽 무릎을 꿇고 있고, 한쪽 발은 불에 닿아 있으며, 몸 안에는 발과 머리를 연결한

도판 4.1

끈이 있습니다. 데카르트는 기본적으로 통증을 신체감각으로 봅니다. 이를테면 통증은 불이라는 신체 외부의 자극이 신체 '내부의 실'을 타고 뇌로 전달된 정보라는 겁니다.[4] 불이 나면 줄을 당겨 비상종을 울리듯이 말이죠. 이를 두고 뇌가 통증을 느낀다고 요약 정리를 할 수도 있겠습니다. 요즘 유행하는 뇌와 통증의 관계를 살펴보는 연구들이 그 토대 위에 있다고 해도 과언이 아닙니다. 하지만 제가 흥미를 느끼는 점은 데카르트가 통증을 단순히 부정적으로만 보지는 않았다는 겁니다. 통증을 겪으면서 기뻐할 때도 있듯이, 감각은 때로는 애매모호하고 기만적이라고 했거든요. 통증과 정서의 복잡한 관계를 알고 있었다는 거죠. 호스피스에서는 환자의 통증을 어떻게 측정하나요?

김호성　앞서 근래의 주류 의학이 통증을 다룰 때 증상을 넘어선 객관적인 징후로서 다룬다는 말씀을 드렸는데요. 일각에서는 영상 기기를 통해 통증을 느끼는 뇌 영역에 대한 평가를 시도하기도 합니다. 다만 호스피스에서는 현실적으로 통증 평가 기준이 엄밀하게 객관적으로 정량화되어 있진 않습니다. 상대적인 정량화 도구를 사용하죠. 환자에게 통증 정도를 숫자로 표현하게 하거나, 외부에서 환자의 얼굴 표정을 보고 측정을 하는 방식입니다. 더불어 의료진은 이전에 환자가 사용했던 진통제 종류나 양을 통해 간접적으로 통증을 평가하기도 합니다. 최첨단 영상기기에 비하면 언뜻 원시적으로 보일 수도 있지만, 이러한 통증 평가 도구가 환자-의료진 간의 면밀한 관찰과 의사소통을 전제로 한다는 점을 주목해야 합니다. 즉, 가장 기본적인 환자-의사 간의 관계에 기초를 두고 있는 것입니다.

구체적으로 평가는 다음과 같이 진행됩니다. 우선 환자에게 통증 평가 기준을 알려주고, 환자에게 스스로 판단하여 현재 통증 점수가 몇 점인지 표현하게 합니다. 해당 통증이 하루에 몇 번 일어나는지, 통증 정도는 어떻게 변하며 그 양상은 어떠한지, 일상생활이나 수면은 알맞게 하는지 물어봅니다. 또 통증이 악화하고 있다면 어떤 자극이 원인일지도 확인합니다. 식사와 연관이 있을까, 아니면 몸의 특정 움직임 때문일까. 이때 상대적인 평가인 까닭에 지속적인 의사소통이 필수적입니다. 그래야 보다 정확한 결과가 얻어지니까요. 똑같은 5점이라도 이 환자와 저 환자의 점수는 완전히 다른 이야기일 수 있습니다. 요컨대 호스피스에서 통증은 주관적인 증상과 객관적인 징후 사이의 중간에 위치해 있는 아주 특수한 지위입니다. 다만 기본은 간단합니다. 의사소통이죠. 통증을 평가하고 치료하는 데에 이 의사소통이 제일 중요합니다.

통증 평가는 호스피스 의료진의 가장 중요한 직업적 의무라 해도 과언이 아닙니다. 조절 안 된 통증은 완화를 가로막기 때문입니다. 예를 들면 집에서 통증 조절이 안 되는 환자들의 경우 '너무 아파서 죽는 것이 더 낫겠다'고 생각하여 자살 시도를 하는 사례가 있습니다. 또 의사조력자살을 희망하는 환자의 다수가 조절 불가능한 암성 통증을 가진 환자이기도 합니다. 요컨대 완화를 목적으로 하는 호스피스에서는 지속적이고 세밀한 통증 평가가 어떤 것보다 일의 우선순위에 있습니다. 이는 치료 목적의 급성기 병원과는 다소 차이가 있는 지점이죠.

송병기　'너무 아파서 죽고 싶다'라는 말이 목에 걸립니다. 얼마나 아프면 그렇게까지 생각할까요. 그 앞에서 누구든 가만히 있을 수는 없습니다. 그의 아픔을 덜어주기 위해서 내가, 우리가 할 수 있는 모든 것을 고민하고 실천해야 하지 않을까요.

선생님의 설명을 들으니, 시슬리 손더스Cicely Saunders가 왜 '토털 페인Total Pain'이란 말을 했는지 이제 조금 알겠습니다. 그에 따르면 '페인pain'은 신체적·사회적·정서적·영적, 즉 '총체적인 요인'들의 영향을 받습니다. 저는 책으로 그 개념을 접했을 때 '페인'이 무엇일까, 이것을 '통증'이라고 해도 될까 고민되더군요. 그 단어들을 협소한 신체적 증상으로만 이해했기 때문입니다. 예컨대 두통이 생기면 두통약을 먹고, 수술 후에는 무통 주사를 맞으면 되는 것 아닌가 정도로 여겼습니다. 기존의 생의학적 체계 속에서 그 단어들을 파악한 겁니다. 손더스가 강조한 '총체성'에 어울리는 단어는 '페인', 통증보다는 '서퍼링suffering', 고통에 가깝지 않을까 생각했습니다. 그러다 호스피스에 와서 보니 '페인', 통증이 환자의 아픔과 만나는 시작점이란 사실을 깨닫게 되었습니다.

'아픔'을 호스피스 언어로 바꾸면 '페인', 통증이 아닐까 싶습니다. 즉, 호스피스에서 통증은 단지 질병, 부상, 정서적·정신적 문제로 발생하는 국지적 고통이 아니라 '총체적인 삶'을 마주하는 일로 보입니다. 우리 삶이 단편적이지 않듯이 우리의 아픔 또한 단편적 진단으로 알기 어렵습니다. 그러니까 질문은 왜 영상기기나 피검사로 통증이 보이지 않느냐가 아니라, '어떻게 그 삶과 만날 것인가'로 바뀝니다. 그 삶과 만나기 위해서는 시간을 써야 합니다. 다시 말해, 내 삶의 일부를 그와 나눠야 합니다. 그것은 찬찬히, 그를 향해 몸을 기울이고, 얼굴을 마주하고, 손을 잡고, 말을 듣는 일입니다. 그리고 보

면 호스피스 의료진은 환자와 '함께' 통증을 찾고, 나누고, 완화하는
사람들인 셈입니다.

김호성　흥미로운 관점입니다. 다른 측면에서 통증에 대해 설명을
좀 더 해보겠습니다. 신체적 통증의 정도는 호스피스의 대상에도 영
향을 미칩니다. 왜 암 환자만 호스피스 완화의료의 혜택을 받을 수
있을까, 하는 의문이 있을 수 있잖아요. 하나의 답을 해보자면, 암은
다른 질병에 비해 확률적으로 말기에 통증을 겪을 가능성이 높기 때
문입니다. 비암성 질환과의 차이가 거기서 생기는 거죠. 연구 결과를
보면 말기 암 환자의 80~90퍼센트 이상이 심한 육체적 고통을 겪
는다고 합니다. 물론 암 환자 간에도 서로 어느 정도 통증의 차이는
있겠지만, 비암성 환자와 비교하면 그 정도나 횟수 면에서 상대적으
로 더 심하다고 의학적으로 간주되는 것이죠. 그런 이유로 이제까지
호스피스의 대상을 말기 암 환자로 국한시켜놓은 것입니다. 하지만
근래에는 말기 비암성 환자들의 통증도 무시하지 말아야 한다는 이
야기가 점점 많아지고 있습니다.[5]

송병기　그렇군요, 신체적 통증의 정도가 호스피스 이용 대상에
영향을 미친다고 볼 수도 있겠네요. 여기서 말하는 신체적 통증은
앞서 언급한 '총체적 통증'의 한 부분이겠지요. 한편, 암 환자의 통
증이 비암성 질환을 겪는 환자의 통증보다 무조건 심하다고 말할 수
있을까요? 특히 신체적 통증만 따로 분리해 환자군 간에 비교를 하
는 게 적절한지 의문이 듭니다. 다른 한편, 저는 암성 통증의 심각성
을 이해하지만, 그 이유로 한국 정부가 호스피스 이용 대상을 암 환

자에 국한시키는 것은 받아들이기 어렵습니다. 지난번에 살펴봤듯이, 말기 진단을 둘러싼 사회적 맥락을 고려하면 더욱 그렇습니다. 질환의 특성에 따라 정도의 차이는 두더라도, 기본적으로 호스피스 완화의료는 모든 말기 환자에게 열려 있어야 한다고 생각합니다.

김호성　공감합니다. 통증을 다각적으로 살펴보자는 취지에서 말씀드렸습니다. 암이라고 하는 질병은, 신체의 한 기관에서 발원해 장과 혈관과 신경 등을 '구조적'으로 압박하거나 염증을 일으킵니다. 이른바 만성질환, 예를 들면 장기가 늙어서 '기능'이 떨어지는 것과는 다르죠. 암의 특성이 통증을 유발한다고 생각하면 됩니다. 물론 암이 아니더라도, 비암성 질환 중에 신경계에 침범하는 질환을 가진 환자는 말기 암 환자만큼이나 통증을 겪기도 합니다. 거꾸로 말기 암 환자라고 하더라도 암세포가 신경이나 혈관이 크게 분포하지 않는 곳에 머물면 통증이 그리 심하지 않을 수 있습니다. 그래서 저는 암 환자에 국한하지 말고 말기 환자 전반에 대해 통증 평가를 해야 한다고 생각합니다. 즉 비암성 환자들의 말기 상황에서도 적절한 진통 조절이 필요하다는 입장입니다.

송병기　말기가 아니더라도 모든 환자에게 진통 조절은 필요하겠지요. 지방에서 만난 한 호스피스 간호사가 생각납니다. 어떤 계기로 호스피스에서 일하게 되었는지 물어봤는데, 대학시절 무의촌에서 의료봉사를 했던 경험이 컸다고 하더군요. 그 선생님이 90년대 초반, 의사가 없는 농촌 지역에서 암 환자들을 만난 거예요. 환자들은 암으로 인한 통증 때문에 너무 아파서 앉지도 눕지도 못하는데 자신이 해줄 수 있는 게 아무것도 없어서 너무 괴로웠다고 합니다. 어쩌다 환자들이 멀리 떨어진 병원에 가도 별 도움을 받지 못했고요. 그 간호사 선생님은 암 환자들이 고통스럽게 죽어가는 모습을 본 다음 호스피스에 관심을 가졌고, 환자의 편안함이 치료만큼 중요하다는 생각을 했다고 합니다. 90년대에는 암성 통증의 약물치료가 지금처럼 발달하지 않았을 테니 통증에 대한 인식도 사뭇 달랐을 것 같습니다.

김호성 한국에서 호스피스 완화의료가 시작된 1960~70년대에는 의료계에서 환자의 통증에 크게 관심이 없었습니다. 말기 암 환자들의 통증은 그들을 끝까지 돌보았던 종교인, 간호사들에게 먼저 평가되었죠.[6] 이후 국내 의료계에도 외국의 호스피스 완화의료가 소개되고 그것을 배우는 과정에서 마약성 진통제가 소개되었습니다. 지금은 흔한 마약성 진통제 주사제도 초창기에는 구하기가 어려워서, 입으로 약을 복용하기 힘든 환자가 통증이 심할 때에는 호스피스 의료진이 경구형 모르핀을 항문으로 투여했다는 이야기도 전해옵니다. 사실 그렇게 오래전 이야기도 아니죠. 이후 의료계에서 통증의 중요성이 커짐에 따라 제약회사들도 다양한 종류의 진통제를 개발하게 됩니다. 요즘에는 경구형 진통제만이 아니라, 몸에 붙이는 패치, 입에서 녹는 설하정 등 다양한 제제들이 나오고 있습니다. 연구에 의하면 암 환자들이 겪는 통증의 80~90퍼센트는 이러한 약물의 적절한 도움으로 조절이 가능하다고 알려져 있습니다.[7]

마약성 진통제를 쓴다는 것

송병기   통증과 약물의 역사에 흥미로운 지점들이 있습니다. 호스피스 역사와 진통제 개발의 역사는 밀접한 관련이 있는 것 같군요.

김호성   호스피스 역사와 진통제의 역사는 긴밀히 연관되어 있습니다. 호스피스에서 진통제를 그만큼 많이 쓰죠. 대표적인 것이 모르핀입니다. 그래서 호스피스라고 하면, 많은 사람들이 모르핀을 사용하는 곳으로 생각하기도 합니다. 실제로 그만큼 많이 씁니다. 저만 해도 마약성 진통제를 사용한 횟수로 전국 상위 0.1퍼센트 내의 의료진에 들어갈 정도이니까요. 모르핀은 인류가 사용한 지 수천 년 된, 역사가 깊은 약물입니다. 처음에는 양귀비에서 추출한 아편이었죠. 이후에 화학적 공정을 통해 정제된 모르핀을 만들어서 현대 사회에서 쓰고 있습니다.

송병기   현대 호스피스의 정초를 마련한 시슬리 손더스는 말기 환자에게 모르핀을 적극적으로 사용해 주목을 받았습니다. 기존 의료현장이 모르핀을 다루는 방식과 차이가 있었기 때문이겠죠. 선생님, 그 배경을 설명해주시면 좋겠습니다. 전통적으로 의료현장에서 모르핀은 어떻게 사용되는 약물이었는지, 또 호스피스는 모르핀을 어떻게 바라보는지 궁금합니다.

김호성   손더스 이전에도 의료현장에서 마약성 진통제를 사용하고 있었습니다. 다만 환자의 통증이 정말 극심할 때만 사용했죠. 중독 우려 때문이었습니다. 이런 가운데 손더스가 흐름을 바꾸는 연구를 이끌게 되죠. 말기 암 환자들에게 마약성 진통제를 사용했을 때 중독은 문제가 되지 않으며, 오히려 통증이 현격하게 줄어 삶의 질이 올라갔다는 내용이었습니다.[8] 그 후 마약성 진통제의 적절한 사용은 현대 호스피스 운동의 핵심 개념인 '총체적 고통'에 접근하게 하는 가장 중요한 전제가 됩니다. 하지만 아직까지도 이러한 마약성 진통제의 유용성을 잘 알지 못하고, 사회문제인 마약 중독과 혼동하는 분들도 꽤 있습니다.

송병기 이 주제에 대한 또 다른 생각은 마약과 의료용 마약성 진통제는 정부가 책임지고 관리해야 하는 영역이라는 점입니다. 한번씩 의료기관에서 의료용 마약이 도난, 분실되는 문제가 도마에 오릅니다. 마약성 진통제 처방이 남용되고 있다는 지적도 있고요. 대개 이러한 종류의 사건사고 뉴스는 마약 범죄를 떠올리게 합니다. 모두 정부의 마약류 관리 실패로 인한 문제인데, 현실에선 통증으로 고생하는 환자에게 마약성 진통제를 사용하는 데 제약이 올 수 있지 않을까 우려됩니다. 실제로 한국은 마약성 진통제 사용에 소극적인 국가에 속합니다. 선생님, 의사들은 마약성 진통제를 어떻게 인식하고 다루는지, 또 그와 관련한 의료현장의 쟁점에 대해서도 말씀해주실 수 있을까요?

김호성 근래 마약 문제가 사회적으로 불거지는 시점에, 의료계의 마약류 처방에 대한 적절한 감시의 필요성도 이야기되고 있는 상황입니다. 이러한 사회적 분위기에서 말기 돌봄 영역의 마약성 진통제 사용에 대한 현장의 변화가 있는지에 대한 연구도 이루어지고 있는 것으로 알고 있습니다. 물론 통증에 대한 인식이 변화하면서 의료진이 이전보다 마약성 진통제를 조금 더 용이하게 처방하게 된 점도 있습니다. 하지만 엄밀하게 이야기하면 현재 문제가 되는 지점은 비암성 근골격계 환자들에게 소수 의사들이 의학적 지침을 넘어 무분별하게 처방을 한 건들입니다. 오히려 말기 환자에게는 아직도 적절하고 충분한 진통 조절이 이루어지지 않는 것이 문제입니다. 특히 비암성 질환을 가진 말기 환자들은 모르핀의 도움을 적절하게 받지 못하는 상황이죠. 즉 사안별로 접근해야 한다는 것입니다.

송병기　　호스피스에서 환자와 보호자는 마약성 진통제를 어떻게 인식하나요? 또 현장에서는 어떤 용어를 쓰는지도 궁금합니다. 모르핀이라고 하나요, 아니면 강한 진통제를 쓰겠다고 하나요?

김호성　　오늘 본 환자 이야기를 해보죠. 그분은 일반 진통제를 썼는데도 통증 조절이 되지 않은 상황에서 호스피스에 입원했습니다. 그래서 저희는 우선 마약성 진통제를 쓸 계획을 세운 다음, 이에 대해 환자·보호자와 의사소통을 했죠. 이때 정확하게 '마약성 진통제'를 사용할 거라고 알려줬습니다. 에둘러서 '강한 진통제'니 '마지막에 쓰는 약'이니 표현하는 것은 환자·보호자가 가지고 있는 약에 대한 선입견을 괜히 악화시킬 수 있거든요. '마약성 진통제'를 사용할 거라고 정확하게 알려주되, 흔히들 걱정하는 중독은 거의 일어나지 않으며 부작용도 관리 가능한, 세상의 다양한 약 중의 '하나'라는 것을 강조했습니다.

예전에는 마약성 진통제를 환자의 병이 말미에 이르렀을 때, 이른바 '마지막'에 사용하는 약이라고 인식하는 경우가 많았지만, 요즘에는 그렇지 않습니다. 즉 환자의 '병의 경과'에 따라 쓰는 것이 아니라, '통증의 정도'에 따라 선택하는 약이라는 것을 강조합니다. 다행히 대형병원 의료진이 완화의료적인 생각을 많이들 하고 있어서, 호스피스에 오기 전에 미리 관련 교육을 해주고 있습니다. 그래서 호스피스 의료진이 마약성 진통제, 모르핀을 쓴다고 말하면 환자나 보호자도 큰 부담감 없이 받아들이곤 합니다.

송병기 예전만큼 거부감이 많지 않군요.

김호성 다만 오해를 하기도 합니다. 이를테면 환자가 마약성 진통제를 맞고 너무 잠만 잔다고 이야기하는 것이죠. 사실 호스피스에 입원하는 시점은 환자의 컨디션이 급격하게 떨어지며 변화하는 단계가 대부분입니다. 환자의 수면시간이 길어진 것은 대개 병의 진행 때문인데, 이를 오해하여 약물 때문이라고 잘못 귀인하는 것이죠. 물론 마약성 진통제에 진정효과가 있기 때문에 잠이 좀 늘어날 수는 있지만, 그로 인해 환자의 컨디션이 떨어지는 정도라면 의료진이 금방 확인할 수 있습니다. 그때는 의료진 간의 피드백과 팀 미팅을 통해 항상 용량을 적절하게 가감합니다. 통증이 없다 해도 환자가 하루 종일 자는 것은 누구도 원하지 않으니까요. 아울러 환자·보호자에게 늘 이야기합니다. 진통제를 쓰건 안 쓰건 말기 암 환자는 원래 잠을 많이 자게 되어 있다고, 오히려 잦은 각성은 통증을 뜻하는 것일 수도 있다고 말입니다. 통증이 조절되어야 환자는 자신의 체력에 걸맞게 잠을 편안하게 자게 되는 겁니다. 이런 소통을 항상 환자·보호자들과 나눕니다.

송병기　환자와 보호자의 반응을 어떻게 받아들여야 할지 난감할 것 같습니다. 환자, 보호자, 다학제팀의 입장 모두 이해가 됩니다. 쉽지 않은 상황이네요.

김호성　환자의 통증을 어느 정도 감내할지에 대한 역치는 사람마다 다릅니다. 환자마다 다르고, 보호자마다 다르지요. 어떤 환자·보호자들은 조금 아프더라도 깨어 있기를 원하지만, 다른 환자·보호자들은 조금도 아픈 것을 참거나 보기 어려워합니다. 그냥 자게 해달라고 하죠. 그래서 기본적으로 의사소통을 이렇게 합니다. "증상이 조절되면 환자가 이전보다 자는 시간이 늘어날 수 있어요. 만약 약물 부작용이 의심되면 보호자랑 이야기해서 용량을 최대한 적절하게 조절할 겁니다." 의료진 역시 환자가 안 아프고 의식이 명료한 것을 원한다는 걸 미리 알려드립니다. 보호자와 돌봄 계획에 관해 사전 논의를 할 때, 이 사항은 중요한 지점 중 하나입니다.

송병기　대개 종합병원에서 호스피스로 올 텐데, 통증 관리가 전혀 안 된 상태에서 오는 건가요?

김호성　'전혀 안 된다'고 단정하기는 어렵습니다. 당연히 상급병원 의료진도 통증 조절을 신경 쓰죠. 하지만 충분하지는 않습니다. 막 전원해온 환자 대부분은 통증으로 인해 밤에는 충분한 숙면을 못하고, 낮에는 보호자들과 일상적인 이야기를 하기 어려운 상황에 처해 있습니다. 일단 상급병원 의료진은 너무 바쁩니다. 환자의 통증을 적절하게 평가하고 약물을 세밀하게 조절할 수 있는 시간이 물리적으로 부족하죠. 말기 암 환자의 통증에 대해 숙련된 인력이 많지도 않고요. 특히 중요한 점은, 상급종합병원은 환자의 통증이 최우선시되는 공간이 아니라는 것입니다. 그보다는 환자의 종양 크기와 검사 수치가 중요한 장소입니다. 즉 공간의 목적이 다릅니다. 상급종합병원의 최우선 목표가 중환자 치료라면, 호스피스의 최우선 목표는 환자의 통증 완화입니다.

송병기   말씀하신 바를 이해합니다. 상급종합병원과 호스피스의 목표는 다릅니다. 대다수 시민들은 의료진이 매우 바쁘고 고생한다는 점을 알고 있습니다. 수가 체계에 문제가 있고, 의료전달 체계에 문제가 있다는 점도 알고 있습니다. 그러한 사실을 알고 있음에도 불구하고 시민들은 어느 병원에 가더라도 아프지 않기를 바랍니다. 동네의원이든, 대학병원이든, 호스피스든 마찬가지입니다.

『시사IN』의 장일호 기자는 한 서평에서 본인의 유방암 경험을 이야기합니다. 의사는 유방암을 '흔하고 쉬운 암'이라고 말했지만, 그는 그 질병을 둘러싼 모든 것에 대해 낯설고 불안하고 어렵게 느낄 수밖에 없었다고 고백합니다. "각종 검사 전 이름을 확인하기 위해 무성의하게, 동의 없이 몸에 붙여지는 식별 스티커를 볼 때면 마음 어딘가 작게 부서지는 느낌이 들었다. '나'는 사라지고 '환자'만 남았다"고 밝힙니다.[9] 환자의 '아픔'은 신체적으로 명료하게 나타날 수도 있고, 그렇지 않을 수도 있습니다. 오늘날 환자가 경험하는 병원이라는 공간이 어떤 면에서는 아픔을 심화하는 것은 아닐까 하는 생각이 듭니다. 저는 환자가 아픈 이유가 질병 때문만은 아니라고 생각합니다. 환자와 의료진의 '급한' 만남, 환자의 몸에 '쉽게' 손을 대는 행동, 환자의 이야기가 '초라하게' 취급되는 상황 등도 환자를 아프게 하는 요소가 아닐까요? 돌봄에는 시간이 필요합니다. 환자와 의료진이 이야기할 시간, 서로에 대해 알 수 있는 시간 말입니다.

김호성 많은 분들이 그렇게 생각하는 것 같습니다. 공감합니다. 다만, 상급종합병원의 의사들에게 제일 중요한 직업윤리란 환자들이 가지고 있는 질병의 진단과 원인 치료입니다. 이는 현대의학의 핵심이기도 합니다. 환자의 '아픔'을 총체적으로 파악하기란 현실적으로 쉽지가 않습니다. 특히나 한국의 병원처럼 바삐 움직이는 곳에서는 더욱 그렇죠. 물론 이런 경향은 점점 바뀌고 있는 과정에 있습니다. 노인 인구가 점점 많아지고 만성질환을 가진 환자들이 늘어남에 따라 통증 등의 증상 조절 자체가 중요하게 되었죠. 이전에 각광받지 못했던 마취과가 마취통증의학과로 이름을 바꾸게 될 만큼 의료계 내에서도 변화가 생기고 있습니다. 환자 통증 조절 자체가 목적인 병원들도 20년 전보다 훨씬 더 많이 생겼죠. 이처럼 의료는 사회 흐름과도 분리되지 않습니다. 환자의 '아픔'을 다각적으로 살필 수 있는 제도, 병원, 의료진이 늘어날 것이라고 믿습니다.

송병기 지적하신 것처럼 아픔은 사회적으로 승인되고 변화하는 관념이기도 합니다. 그런데 아픔은 여전히 생의학적 체계 속에서 협소하게 이해되는 것 같습니다. 이른바 고령화 시대에 만성질환을 앓는 노인 환자가 늘어나면서 '완치' 개념은 흐려지고 그 자리를 '신체 통증 관리'가 대체하고 있다는 생각도 듭니다.

몰려오는 의미의 폭풍

김호성　　호스피스에서 통증 조절은 끝이 아니라 시작입니다. 환자는 호스피스에 입원한 후 2~3일 내로 육체적인 통증이 어느 정도 조절되면, 호스피스라는 공간을 안전하다고 판단합니다. 공간이 내게 어떤 감정적인 반응을 불러일으키는지가 중요하거든요. 해당 공간이 감정적으로 안전하다고 판단되면 그 후에 다른 증상들이 나타납니다. 육체적인 통증 pain이 조절되면 그보다 복합적인 증상인 고통 suffering이 나타나고, 이에 대해 다학제팀이 접근하고 파악하게 됩니다.

송병기　　통증과 고통, 그 둘은 분리되기보다는 중첩되어 있다고 봐야겠죠.

김호성　　물론입니다. 제가 경험한 환자 이야기를 해보겠습니다. 상급종합병원에서 수술을 받고 항암치료를 했지만 말기 판정을 받고 저희 호스피스로 온 환자였습니다. 처음 인사를 드렸는데 저한테 화를 내며, 자기를 왜 여기에 가족들이 데려왔는지 모르겠다고 했습니다. 평가해보니 통증으로 잠을 충분히 못 잔 지 일주일이 넘었고, 낮에는 너무 힘들 때 진정제를 요청해 하루 종일 비몽사몽한 상태로 시간을 보내고 있었습니다. 그래서 호스피스에서는 환자의 통증 조절을 위해 최대한 노력했습니다. 이후 환자는 밤에 충분한 수면을 이루게 되었고, 진정제를 쓰지 않아 인지능력이 돌아오면서 자기표현이 나타나게 되었습니다. 환자의 개성도 다시 생기게 되었죠.

송병기 "통증이 조절되고, 인지능력이 돌아오니, 자기표현이 나타나고, 개성이 생긴다." 흥미로운 이야기입니다. 통증이 조절된 이후 그 환자는 어떻게 됐나요?

김호성 일반적으로 통증이 조절되면 환자가 가지고 있던 '고통'이 드러나게 됩니다. 육체적인 통증 밑에 숨겨져 있다가 심리적 문제와 실존적 삶의 모습이 나타나게 되는 것이죠. 그 환자 같은 경우에는 가족들과의 관계가 썩 좋지 않았습니다. 자녀들이 저한테 와서 그러더군요. "병원에서 알아서 해주세요"라고요.

송병기 그게 무슨 말이죠?

김호성 병원에서 전적으로 돌봐달라는 거예요. 말하자면 "우리는 돌보기 힘들다. 아버지는 어머니도 버리고 혼자 마음대로 살다가, 이제 와서 아프다고 우리에게 연락을 했다. 자식인 우리의 역할은 환자를 여기 호스피스까지 모셔오는 것까지다. 옆에서 지속적으로 간병을 하기는 어렵다"라는 거죠.

송병기 아….

김호성　　한편으로는 자녀들의 호소가 이해되었습니다. 실제로 환자도 아들딸하고 마주치기만 하면 다툼이 생겼고요. 육체적인 통증이 좀 줄어드니까 주변 상황이 눈에 보이고 화도 내게 되는 거죠. "왜 내 옆에서 간병을 안 하니? 내가 이걸 좀 하고 싶은데. 얘, 그것 좀 사다오. 참 먹고 싶단 말이야." 입맛이 까다로운 분이었어요. 물론 아들딸은 그런 환자를 질색했습니다. 다른 한편으로 환자는 나름대로의 실존적인 고통이 있었을 겁니다. 외롭고, 돌봐줄 사람도 없고, 그리고 앞으로 무엇을 위해 살아야 될지도 잘 모르겠고.

송병기　　참 난감하네요.

김호성　　환자가 실존적인 어려움을 가지고 있을 때면 저는 면담에서 "선생님이 여기서 원하는 게 무엇인가요?"라고 묻습니다. 그 환자가 원한 건 '무조건' 시설을 나가서 마음대로 사는 거였어요.

송병기　　호스피스에 온 이유를 잘 몰라서 했던 말일까요? 단지 희망사항을 말했던 걸까요?

김호성　　건강상태가 괜찮은 거라면 당연히 퇴원을 시켜야죠. 하지만 그런 상태는 아니었습니다. 그래서 그 환자에게 통증이 덜한 건 약물 처치 때문이고, 건강상태가 좋아진 것은 아니라고 말해주었습니다. 그리고 통증이 조절되는 이때 가족들하고 시간을 잘 보내는 게 무척 중요하다고 말했지요. 하지만 그 환자는 가족 간의 관계를 풀기는 꺼려하면서도 딸이 자기를 돌봐주기는 바라더군요. 안타까운 일이었습니다. 하지만 그것조차 그 환자의 삶이고, 실존의 모습이었습니다. 그것을 인정할 수밖에 없는 현실이 있었죠.

송병기　환자·보호자와의 대화가 정말 중요할 것 같습니다. 한편 그 대화가 무척 어려운 일처럼 느껴집니다. 체력적으로, 감정적으로도 말입니다.

김호성　대개 통증이 줄어들면 그간 숨겨져 있던 예전 삶의 고통이 등장하며, 곧 '의미'의 폭풍을 맞게 됩니다. 이제 삶이 얼마 남지 않았으니 남은 시간을 의미 있게 보내야 한다는 명제가 갑자기 대두되는 거죠. 하지만 문제는 많은 분들이 그런 시간을 어떻게 보내야 될지 잘 모른다는 겁니다. "그래, 의미 있게 남은 시간을 보내야지. 그런데 내가 뭘 해야 돼?"

송병기　내가 뭘 원하는지, 뭘 하고 싶은지 잘 모른다는 말씀인데요. 그건 단순히 욕구에 대한 이야기가 아니잖아요. 내가 누구인지, 또 내가 살고 있는 세계를 표현할 수 있는 '언어'에 대한 이야기라고 생각합니다. 이 언어는 평소에 갈고 닦아야 하는 것인데 갑자기 당신이 어떤 사람인지 말해보라고 하면 막막할 것 같습니다. 예컨대 오랫동안 '건강해야 한다'는 당위에 따라 살아왔다면 호스피스에서 어떤 말을 해야 할지 혼란스러울 것 같아요. 그런 측면에서 호스피스는 일종의 어학원이란 생각이 듭니다. 다학제팀은 환자와 보호자의 언어를 연구하고, 환자와 보호자는 또 다른 삶의 언어를 익히고요. 무엇보다 환자, 보호자, 다학제팀 서로 대화를 '연습'하는 게 중요하다고 생각합니다.

김호성 맞습니다. 어떻게 보면 그런 상황에 있는 환자에게 '의미 있게' 시간을 보내라는 말만큼 '의미 없는' 말도 없습니다. 그래서 다학제팀은 이에 대해 많은 고민을 하고 나름대로 계획을 세웁니다. 음악치료나 미술치료를 통해 자연스럽게 자기 이야기를 꺼내보도록 분위기를 조성해보기도 합니다. 또 가족 이벤트를 해서 얽힌 관계들을 풀어보려고도 하고요. 의미는 혼자서 찾는 게 아니라 관계 속에서 만들어지는 것이 아닐까 합니다.

송병기 환자와 보호자는 뭘 해야 할지 모르고, 복잡하게 얽힌 관계는 갈등을 유발하는 등 안타까운 상황인데요. 그 가운데 다학제팀은 미술이나 음악, 종교, 의례 등으로 의미 있는 서사를 이끌어내려 노력합니다. 서로의 언어를 탐구하고, 새로운 삶의 언어를 익히기도 하고요. 그런데 선생님, 호스피스에서는 왜 그런 노력들을 하는 걸까요? 어떤 환자는 의미고 뭐고 아무것도 안 하고 싶을 수 있잖아요.

건강한 거리 두기

김호성 제 생각에, 우리 삶이란 대개 하루하루 무미건조하고 큰 의미가 없습니다. 그저 일상을 살아갈 뿐인 날들이 대부분이죠. 통증이 조절되고 난 후 환자의 삶도 크게 다르지 않습니다. 다만 그 일상은 이전과는 다른 일상이라고 생각합니다. 삶의 유한성이 가까이 느껴지고, 본인 삶의 서사를 나름대로 끝맺어야 할 시점이니 말입니다. 그때는 생애 서사의 마지막을 위한 실존적 숙고existential deliberation와, 더 나아가 의례ritual가 필요하다고 생각합니다. 그 숙고와 의례란 환자가 살아온 과정을 스스로 돌아보고, 주변인들에게 본인의 그런 삶을 인정받는 무언가의 형식을 의미합니다. "내가 당신을 힘들게 고생시켰네. 당신이 내 곁에 있어줘서 지금까지 버텼어. 참 고마워." "그동안 훌륭하게 살아오셨어요." 이런 이야기를 나누고 들어야 할 시점이라는 것입니다.

송병기　그와 관련된 질문이 있습니다. 급성기 병원을 보면 치료목적 아래 공간이 디자인되고, 그에 따른 규범이 있는 것 같습니다. 그 규범은 의료진이 환자를 대하는 방식에 영향을 주기도 합니다. 혹시 호스피스에서도 환자 몸과 돌봄에 대한 규범이 있나요? 그런 규범이 현장에서 어떤 불협화음이나 딜레마를 만들지는 않는지 궁금합니다.

김호성　중요한 지적입니다. 앞서 말씀드린 것처럼 환자 삶의 서사를 종결하는 것, 더 나아가 삶의 성장을 호스피스의 궁극적인 목표와 이상이라고 생각할 수도 있습니다. 예컨대 환자는 가족들과 갈등을 말끔하게 다 풀고 삶을 끝내는 식의 이상향이죠. 물론 그럴 수 있다면 좋은 일이고, 이를 위해 의료진과 다학제팀도 많은 노력을 기울입니다.
　하지만 그런 이상을 만족시킬 수 없는, 수없이 다양한 죽음의 색채들이 현실적으로 존재합니다. 생각해보세요, 수십 년 동안 쌓여온

가족 문제를 어떻게 한 달도 안 되는 기간 만에, 그것도 불과 얼마 전까지 얼굴도 모르던 사람이 풀 수 있겠어요? 또 '나는 이제껏 남에게 피해를 주지 않고 살아왔는데, 왜 신은 이런 고통을 주셨을까?'라고 심연의 질문을 던지는 분에게 그 누구든 명쾌한 답을 해줄 수 있을까요?

저는 호스피스에서 환자 삶의 서사를 다루는 것은 맞지만, 분명 한계가 있다고 생각합니다. 이상만을 가지고 접근하면 자칫 그 수많은 평범한 삶, 지난하게 죽어가는 삶들을 안 보이게 조용히 덮어버릴지도 모릅니다. 혹은 돌봄 당사자가 생각하는 이상적인 말기 환자의 모습을 실제 환자에게 덧씌워 어떤 강요를 하거나 상담을 위험하게 이끌지도 모릅니다.

송병기　다학제팀의 시도가 의도와 달리 환자에게 좋지 않은 효과를 낼 수도 있겠네요.

김호성　건강한 거리를 유지하는 것이 중요합니다. 호스피스 완화의료의 한계를 나름대로 잘 설정해야 된다고 생각합니다. 저는 '완화'라는 단어가 길잡이가 될 수 있다고 봅니다. 이전보다 조금 더 나아지는 것, 조금 더 고통이 줄어드는 것, 조금 더 관계가 좋아지는 것. 거기에 초점을 맞추어야 합니다. 모든 갈등, 모든 문제를 없앨 수는 없습니다.

송병기　환자와 보호자의 얽힌 관계에 대한 이야기를 더 듣고 싶습니다. 그 관계가 호스피스에서 어떻게 나타나는지, 그것을 다학제팀은 어떻게 대하는지 궁금합니다.

김호성　이전에 일했던 호스피스에서 이런 케이스가 있었습니다. 환자의 통증은 적절한 약물로 줄여드린 상태였고, 보호자들도 환자의 심리적인 지지를 위해서 노력하고 있었죠. 가족 간의 관계도 괜찮은 것 같았고요. 그런데 환자가 항상 인상을 쓰고 있고, 밤에 잠을 잘 이루지도 못하고, 뭔가 편해 보이지 않는 겁니다. 그래서 사회복지사가 환자와 이야기를 해보니까, 젊은 시절에 안타깝게 잃은 딸 이야기를 했습니다. 환자는 자신이 애도의 과정을 제대로 겪지 않고 다른 배우자를 만나서 즐겁게 살았던 것에 죄책감이 있었던 것입니다. 결국 환자는 다학제팀과 동행하여 근처 가톨릭 성지에 다녀온 뒤 병자성사를 받았습니다. 그 이후 환자가 밤에 겪던 두려움과 불안이 많이 줄어들었지요.

송병기　의료기술이 한계에 부닥치면서 의례기술^{ritual technology}이 전면에 등장했군요. 의료와 종교의 협업이 돌봄의 경계를 확장한 사례라고 생각합니다. 보이지 않는 영적인 세계와 보이는 병실의 상호작용은 곧 과거의 딸과 현재의 어머니의 만남이며, 그 교차로는 죄책감, 고마움, 용서를 수반합니다. 그렇게 시간과 공간을 가로지르는 돌봄의 연결망 덕분에 어머니는 '현재를 갱신'할 수 있게 된 것이 아닐까요?

　이는 의학과 종교의 관계를 생각하게 합니다. 히포크라테스 선서가 보여주듯이 애초에 그 둘의 관계는 명확히 구분되지 않았습니다. 그럼 지금은 확실히 구분되어 있을까요? 대개 현대의학은 고통을 개인의 것으로 보고, 종교는 고통을 공동체적으로 바라봅니다. 전자가 경험적 사실의 영역이라면, 후자는 믿음의 영역이죠. 그런데 호스피스는 모순적으로 보이는 이 두 체계가 함께할 수 있음을 보여줍니다. 이것을 단순히 호스피스의 특수성이라고 하기는 어렵습니다. 인간은 이 두 영역을 모두 필요로 하는 존재이기 때문입니다. 고통에 응답하는 방식도 다양할 수 있다고 생각합니다.

김호성   그렇습니다. 환자의 신체적 고통뿐만 아니라, 심리적·실존적 고통을 포함한 총체적 고통이 줄어드는 것이 호스피스의 중요한 가치입니다. 다만 앞서 이야기한 것처럼 호스피스에서 그러한 목적을 너무 이상적으로 생각하는 것에 대해서는 경각심을 가져야 한다고 생각합니다. 대부분의 많은 사람들이 자신이 살아온 그대로 삶의 마지막을 살아가게 됩니다. 갑작스러운 회심과 행동의 변화는 쉬운 일이 아니며, 어떤 경우에는 기대를 해서는 안 될 수도 있습니다.
　물론 저는 호스피스에서 이상을 설정하는 것은 중요하다고 생각합니다. 하지만 현장에서 보다 기본적이고 중요한 것은, 환자의 피할 길 없는 필연적인 고통을 최대한 완화시키고 그 과정에서 우연과 찰나가 빚어내는 아름다움을 만드는 것이 아닐까 싶습니다. 간병인과 건조한 대화 토막을 주고받다가 우연히 나누게 된 즐거운 옛날이야기, 아무도 병원으로 찾아오지 않는 쓸쓸한 삶이지만 순간 그 사실을 잊게 하는 찰나의 그윽한 커피향 같은 것들 말입니다.

돌봄에도 다 계획이 있다

송병기　선생님, 돌봄 계획이란 무엇인지 다시 한번 정리해주시면 좋겠습니다. 보통 병원에서 치료 계획이란 말은 써도 돌봄 계획이란 표현은 잘 안 쓰지 않나요? 환자와 보호자에게도 생소한 용어로 다가올 것 같아요.

김호성　돌봄 계획은 일반 시민들에게는 낯선 용어일 것 같습니다. 이는 반드시 말기 환자가 아니더라도 체력이 떨어진 환자의 의학적 상태, 개인적인 바람, 가족 역학, 경제적 상황 등을 감안하여, 환자가 어디에서 어떤 돌봄을 받을지 의논하는 것을 말합니다. 이를 의논하는 주체는 가족일 수도 있고, 의료진일 수도 있습니다. 호스피스에서는 다학제팀이죠.

송병기　다양한 사람들이 모여서 돌봄에 대해 논의하는 자리가 있다는 게 새삼 놀랍습니다. 현실에서 돌봄이 이렇게 중요하게 다뤄지는 것을 보기가 쉽지 않으니까요. 돌봄을 '비전문가'들이 알아서 하는 일 정도로 치부하는 경우도 있죠. 환자가 호스피스로 오면 초기 상담을 하는데, 주로 무슨 이야기가 오가는지 궁금합니다. 호스피스 구성원 중에 누가 어떻게 환자와 보호자를 만나 어떤 이야기를 나누나요? 매뉴얼 같은 것도 있겠지만, 현장 이야기를 듣고 싶습니다.

김호성　초기 상담은 보통 입원 당일에 보호자를 대상으로 다학제팀에 의해 이루어집니다. 대개 의사와 간호사, 사회복지사가 배석하여 상담실에서 진행되죠. 이 자리에서 기초적인 방향성을 잘 잡고 환자·보호자와 공감대를 충분히 형성하는 것이 중요합니다. 초기 상담에 대해선 한국 호스피스 완화의료 학회에서 나온 표준 권고사항들이 있습니다만,[10] 병원마다 의사마다 조금씩 다른 면이 있습니다.

저희 호스피스의 예를 들어보죠. 우선 환자가 입원하면 의사나 간호사, 혹은 사회복지사가 병실에 가서 환자의 상태를 파악합니다. 그리고 보호자와 상담실에서 대화를 통해 입원 전 환자가 겪었던 통증 같은 신체적 어려움을 확인하고, 어떻게 약물을 사용하여 증상을 조절할지 알려줍니다. 아울러 환자의 연명의료 계획과 함께 보호자의 여러 인식 수준을 확인합니다. 현재 가지고 있는 병에 대한 인식부터, 말기 인식, 호스피스 인식까지 두루 확인하죠. 이러한 정보는 환자의 상태를 파악하는 데, 그리고 향후 다학제팀의 접근 경로를 설정하는 데 중요한 토대가 됩니다.

더불어 초기 상담에서 보호자에게 환자의 예후, 즉 앞으로 어떤 경과를 보일지에 대해서도 일반적인 정보를 제공합니다. 해당 환자의 경과를 예견한다기보다는, 그와 비슷한 상태의 많은 환자들이 평균적으로 어떤 경과를 보였는지를 참고 삼아 알려주죠. 그래야 보호자도 상황을 예측하고 준비할 수 있으니 말입니다. 이때 저희 병원에서 할 수 있는 것과 할 수 없는 것도 함께 정보를 공유합니다. 이를테면 수액·영양제, 피검사, 초음파검사, 흉수·복수 제거는 가능하지만 수혈 같은 것은 불가능하다는 정보를 드리죠. 이렇게 한계에 대해서도 알려드려야 향후 입원이 안정적으로 유지될 수 있습니다. 그리고 간호사나 사회복지사도 자신의 영역에서 기본적인 초기면담을 합니다. 간호에 필요한 세부사항이라든지, 가족 혹은 사회적 관계에 대한 파악이 이 자리에서 이루어집니다.

송병기 저는 호스피스마다 특색이 있다는 점에 주목합니다. 시설 수준이나 분위기 같은 것을 말하려는 게 아닙니다. 선생님의 설명처럼, 호스피스마다 의료적인 부분에서 할 수 있는 것과 할 수 없는 것이 조금씩 다릅니다. 뒤집어 말하면, 환자가 호스피스에 오고 싶어도, 환자에게 필요한 의료 개입과 호스피스의 조건이 맞지 않으면 전원이 어려울 수도 있습니다.[11] 예컨대 환자가 항암치료, 수혈 등을 하지 않겠다고 해도, 항생제에 내성이 있는 세균이 검출되어 특별한 관리가 필요한 경우 전원이 쉽지 않습니다.

그리고 제가 눈여겨보는 것은 다학제팀이 하는 일입니다. 굉장히 중요한데 한편 매우 지난한 일처럼 보이기도 하거든요. 다양한 직군, 입장, 배경, 생각을 가진 사람들이 모여 끊임없이 의견을 조율하는 모임이니까요. 도대체 이분들이 어떤 동기나 에너지로 그 일을 하는 것일까 호기심이 생깁니다.

김호성 다학제팀이란 것이 사실 거창한 제도가 아닙니다. 다양한 사람들이 한 사람을 위해 같이 고민하면 좋은 결과를 낼 수 있다는 것, 말하자면 '백지장도 맞들면 낫다'라는 연대의 가치가 구현된 것이죠. 그리고 이러한 다양성으로 인해 말기 돌봄 영역의 분위기를 다르게 이끌어갈 수 있다고 생각합니다.

송병기 돌봄 계획 관련하여 좀 더 살펴보면 좋겠습니다. 호스피스 평균 재원 일수가 3주 정도 되는 걸로 알고 있습니다. 그 시간에 따라 환자의 증상에도 변화가 생기는지, 돌봄의 형태는 또 어떻게 달라지는지 궁금합니다.

김호성　말씀하신 대로 한국의 호스피스 재원 기간은 평균 3주 정도입니다. 중위수는 보통 2주이고요. 즉 100명을 쭉 세워서 딱 중간에 있는 사람의 재원 일수가 2주 정도라는 거죠. 입원 후 한 달을 넘을 가능성이 25퍼센트를 넘지 않습니다. 평균 3주를 기준으로 하여, 시기를 안정기-불안정기-임종기로 구분해볼 수 있습니다. 1~2주 정도는 '안정기'입니다. 약물로 증상이 조절되어 환자 본인 스스로 몸이 좋아졌다고 느끼고 삶의 질이 향상되는 기간이죠. 그 후 '불안정기'가 도래합니다. 환자의 수면시간이 점점 늘어나거나, 혹은 섬망이 생겨서 의사소통이 잘 안 됩니다. 기간은 1주 정도로, 재원 기간의 3분의 1 정도를 차지합니다. 그다음이 하루 이틀 정도의 '임종기'입니다.

　다만 이러한 모든 경과는 입원 시 안정기를 겪는 환자에게만 해당됩니다. 호스피스에 입원할 때부터 의식이 떨어져 있거나 생체 징후가 흔들리는 불안정기 환자들은 다시 안정기로 돌아가는 경우가 그렇게 많지 않습니다. 불안정기를 보내다가 곧바로 임종기로 넘어가지요. 한국에서는 이러한 불안정기에 호스피스로 넘어오는 환자가 절반 가까이 됩니다. 이들은 재원 일수가 1~2주를 넘지 않기 때문에 사실 호스피스의 효용을 크게 느끼지 못할 가능성이 높습니다. 흔히 호스피스를 '죽으러 가는 장소'라고 오해하는데, 그 까닭 중의 하나가 바로 불안정기에 입원이 이루어지기 때문입니다.

송병기   현실은 녹록지 않지만, 그럼에도 불구하고 의사표현이 가능한 안정기 환자는 가족이나 지인과 속 깊은 이야기도 나누고, 다학제팀과 돌봄 계획에 대해서 상의도 하고, 작은 소망이 있으면 이뤄보는 등, 이른바 삶의 마무리를 조금씩 하면 좋을 것 같습니다. 선생님, 다학제팀 안에서 의사나 간호사, 사회복지사, 성직자 간에 이견이나 갈등이 있을 때는 어떻게 하나요?

김호성   다학제팀 논의에는 당연히 이견이 발생합니다. 직제마다 개인마다 가치관이나 경험이 다르니까요. 나이도 생각도 다르고요. 급성기 병원의 경우에는 의사결정을 할 때 의사의 의학적 판단이 제일 중요합니다. 하지만 호스피스는 조금 다른 모습입니다. 예컨대 환자가 컨디션이 떨어져 폐렴이 의심되는 상황이라고 해보죠. 우선 당연히 상황에 맞는 항생제 등의 적절한 약물 처치가 이루어집니다. 그런데 만약 이후 환자의 상태가 지속적으로 나빠지고 호전될 기미가 보이지 않는다면 어떡할까요? 호스피스에서는 약물 사용을 재평가하고 돌봄의 우선순위를 어떻게 할지 논의하기 시작합니다.

이러한 논의 테이블에서는 의료적인 처치가 가장 중요한 것은 아닙니다. 환자의 돌봄과 관련된 모든 구성원들이 '동등한' 무게의 목소리를 냅니다. 의사, 간호사, 사회복지사, 성직자가 각자의 시각으로 무엇이 중요한 돌봄인지 이야기하고, 그 우선순위를 정해나가는 거죠. 물론 다학제팀에서 의논을 해도 명확한 결론이 안 날 수 있습니다. 다만 그런 논의가 지속적으로 이루어지는 것이 중요합니다. 설사 결론이 나지 않더라도, 각자의 영역에서 환자를 어떤 시각으로 바라보는지 알게 되는 효과가 있기 때문입니다. 다른 직역 간에 의사소통이 이루어지는 것이죠. 이러한 다학제팀의 논의는 급성기 병원과는 다른 호스피스의 의사결정 구조를 잘 보여줍니다.

송병기 '환자의 돌봄과 관련된 모든 구성원들이 동등한 무게의 목소리를 낸다'는 표현이 매우 흥미롭습니다. 이를 재진술하면 '민주적 경험으로서의 돌봄'이 아닐까 싶습니다. 기계적 평등이나 다수결이 아니라, 돌봄이 필요한 사람의 목소리가 잘 들릴 수 있도록 돌봄을 제공하는 사람들이 힘을 모으는 과정 말입니다. 또 돌봄을 제공하는 이들의 삶이 취약해지지 않도록 그들을 돌보는 관계, 이를테면 제도의 중요성에 주목하게 됩니다.

김호성 기본적으로 누구의 의견이라도 100퍼센트 옳거나 그르진 않습니다. 가령 간호사의 판단이 의사보다 더 정확한 경우도 있는 것이죠. 중요한 건 이견이 드러나고 이를 고민하는 과정입니다. 현장의 구체적인 모습을 그려보면, 예컨대 어떤 환자에게 섬망이 생겼다고 해보죠. 이때 어떤 보호자들은 빨리 진정제를 놔달라고 간호사를 재촉합니다. 그간 환자를 많이 접촉해온 간호사는 의사에게 자신의 판단을 제시합니다. "환자가 고통스러워하는 걸 보호자들이 못 보니까 빨리 진정제를 처방했으면 좋겠어요." 이에 대해 의사도 의학적 견지에서 나름의 판단을 하게 됩니다.

만약 간호사의 의견에 의사도 동의한다면, 이번에는 수녀님이 이견을 제시할 수도 있습니다. "제가 저 환자의 영적인 고통을 헤아려서 이야기를 들어줘야 해요. 환자가 병자성사도 받아야 하고요. 진정제로 재워버리면 아무것도 못 해요." 수녀님은 아직 환자를 때로 인지능력이 있는 안정기로 생각하고 영성적 접근에 초점을 맞춘 것이고, 의료진은 섬망으로 의사소통이 안 되는 불안정기로 판단해 보호자 돌봄에 초점을 맞춘 것입니다. 의료진과 영성부 간에 돌출된 이견은 다시 고민과 합의의 과정을 거치며, 환자를 조금 더 다각적으로 판단하는 데 도움이 됩니다.

송병기　　의사, 간호사, 성직자의 갈등이 '긍정적'으로 느껴집니다. 어떻게 하면 환자를 더 잘 돌볼 수 있을지를 두고 갑론을박하고 있으니까요.

섬망에 관하여

김호성　　다학제팀 논의 중 환자의 섬망 증상만큼 여러 의견이 나오는 것이 없습니다. 섬망에 대한 이야기를 좀 해보겠습니다. 섬망 delirium 은 쉽게 말해 단기간에 인지능력에 변화가 생기는 걸 의미합니다. 예컨대 노인 환자들이 체력이 떨어졌을 때 환시를 보며 혼잣말을 하는 증상이 흔히 나타나는 섬망입니다. 주의력과 기억력이 떨어지며 시간과 장소, 사람을 알아보지 못하는 등 인지능력 저하가 생깁니다. 낮과 밤이 바뀌어 잠을 잘 못 자기도 하고, 의식이 깜빡했다 깨었다 하죠. 이 모든 증상이 꼭 한꺼번에 발현되는 건 아니고 시차가 있을 수도 있습니다. 의학적으로 섬망 증상은 가역적입니다. 이를테면 뼈가 부러진 노인 환자가 병원에서 수술 당일에 잠깐 섬망이 생겼다가, 집으로 돌아가면 섬망이 없어지는 식이지요.

송병기   그러니까, 가역적^{reversible} 섬망은 비가역적^{irreversible} 알츠하이머병과는 다르다는 말씀이죠?

김호성   그렇습니다. 알츠하이머병과 같은 치매는 장기간에 걸쳐 인지능력과 수행능력 저하가 생기지만, 섬망은 단기간에 의식 수준, 인지능력이 갑자기 변하게 됩니다. 어제 아침까지 멀쩡하던 환자가 밤에 갑자기 소리를 지르며 환각을 호소하고 보호자들을 못 알아보게 되는 것이죠. 그렇게 밤새 힘들어하다가 낮에는 다시 회복됩니다. 섬망 증상은 '있다, 없다'의 문제라기보다 얼마나 심한지 그 정도의 차이가 중요합니다. 호스피스에 올 정도인 말기 암 환자의 경우 섬망을 어느 정도씩은 지니고 있습니다. 최대한 원인을 찾아 회복시키려는 노력을 하기는 하지만, 조절하기 힘든 섬망이 곧잘 생깁니다.

섬망 환자는 보통 자아를 잃어버리는 모습을 보이는데요. 흔히 자아와 뇌를 연결 짓고 환자에게 뇌 손상이 왔다고 넘겨짚기도 합니다. 하지만 보통 뇌종양이나 뇌전이 환자 이외 호스피스 환자 대다수의 섬망은 뇌의 구조적 손상보다는 뇌의 '기능적' 문제입니다. 말하자면 틀은 이상 없는데 어떤 이유로 작동을 잘 못하는 거죠. 신체적 문제로 인해 뇌에 산소나 혈액이 잘 공급되지 않을 때, 뇌 속의 화학물질이나 전해질에 이상이 생겼을 때 그런 기능적 문제가 초래됩니다. 그러고 보면 자아라는 것이 반드시 뇌만의 문제는 아닙니다. 조금이라도 신체 상태가 변하면, 금방 자신의 이전 모습을 잃어버리게 되니까요.

송병기   환자와 보호자 모두 섬망 증상에 대한 올바른 이해가 필요하겠네요. 물론 섬망을 겪는 건 또 다른 일이겠지만요.

김호성　섬망이 심했던 한 여성 환자가 기억납니다. 다른 여성만 보면 소리를 지르며 침상에서 나가려고 하던 분이었어요. 알고 보니 이전에 남편의 외도 의심으로 극심한 스트레스를 받아 정신과 약물을 복용했던 병력이 있었더라고요. 당시 다학제팀에서 이를 어떻게 접근해야 할지 쉽지 않은 고민을 했습니다. 어느 정도 진정이 되었을 때 그분에게 배우자와 자녀가 항상 곁에 있음을 알려주는 한편, 왜곡된 과거의 기억을 최대한 음악요법이나 미술요법으로 누그러뜨리려 했습니다. 필요하다면 적절하게 진정제를 쓰기도 했고요. 하지만 보통은 그럼에도 다시 섬망이 발생하여 환자나 보호자의 일상을 힘들게 하는 것이 현실입니다.

송병기　참 난감한 일이네요. 다학제팀에겐 섬망 증상을 어떻게 완화할 것인지가 중요한 과제이겠습니다.

김호성　호스피스 환자의 섬망은 대개 지속적이거나, 심해지기 마련입니다. 근본 원인이 되는 의학적 문제가 해결되는 게 아니니까요. 그래서 섬망 증상을 대하는 호스피스 의료진의 기본 원칙은 치료보다는 완화입니다. '모든 섬망이 다 조절 대상은 아니다'가 대전제이지요. 가벼운 섬망은 일단 두고 봅니다. 환자의 체력이 떨어지면서 나타나는 자연스러운 증상일 수 있고, 일시적으로 나타났다가 없어질 수도 있거든요. 또 간혹 환자에게 의미 있는 섬망 증상이 있기도 하고요. 예를 들면 환자가 밤에 섬망을 겪으면서 '그간 보고 싶었던 돌아가신 부모님이나 친척을 보았다'는 이야기를 하는 경우가 있습니다. 이럴 땐 그냥 두고 보는 겁니다. 다만 섬망의 지속시간이나 정도가 심해지면 당연히 적절한 의학적 처치가 불가피합니다.

송병기 '두고 본다'는 말이 와닿습니다. 환자의 섬망을 치료 대상으로 생각하고 바로 약물 투여를 하는 것이 아니라, 시간을 갖고 환자에게 주의를 기울인다는 말이라고 생각합니다.

김호성 그렇습니다. 달리 말하자면, 우선은 비약물적인 방법을 사용한다는 겁니다. 예를 들면 회진할 때 환자에게 시간을 알려주거나, 바깥에서 햇볕을 쬐게 하죠. 섬망 환자한테 시간감각이 없어지기 쉬우니, 그런 식으로 외부 환경을 느끼도록 하는 거예요. 또 친근한 사람의 목소리를 들려주기도 하고, 예전에 살던 공간처럼 주변을 꾸미기도 합니다. 병원에서 섬망이 있다가도 집으로 돌아가면 섬망이 줄어들곤 하거든요. 거꾸로 말하면, 상급병원의 병실은 일상감각의 박탈로 인해 섬망이 생기기 쉬운 공간일 수도 있다는 것입니다.

송병기 햇볕과 시간에 대한 이야기를 들으니 새삼 일상에 애정을 느끼게 됩니다. 문득 사진가 친구와 산책을 했던 기억이 떠오릅니다. 공원 벤치에 앉아 있던 친구가 빛의 변화와 계절에 대한 이야기를 하는데 기분이 좋아지더군요. 내 일상의 마디마디를 감각할 수 있었고, 그 친구의 다정함도 좋았고요. 호스피스에서 듣는 그런 여유로운 말, 느껴지는 한가함 같은 게 좋습니다. 이곳의 정원이 새롭게 보이네요.

도판 4.2

김호성　　섬망 환자의 일상을 조금이라도 회복시키는 것이 다학제
팀의 중요한 일이지요. 한편, '섬망'은 앞서의 '통증'과 다학제팀의
돌봄 방향이 다릅니다. 특히 돌봄의 대상이 바뀌게 되지요. 아까 안
정기-불안정기-임종기를 나눈다고 말씀드렸는데요. 안정기 때는 돌
봄의 대상이 환자입니다. 환자의 통증을 조절해주고 삶의 질을 올리
려고 하죠. 하지만 섬망이 나타나는 불안정기 때는 상황이 많이 달
라집니다. 대개 섬망은 무의식적인 수준에서 일어나는데, 이것이 심
화되면 기억이 사라지고 자아마저 상실되기 때문에 환자 삶의 질을

올린다는 것이 큰 의미가 없어지는 순간이 오게 됩니다. 곁에 있던 보호자의 마음이 무너지기 쉬운 때이기도 하죠. 자연스레 돌봄의 대상이 환자에서 보호자로 옮겨가게 됩니다.

송병기　환자뿐만 아니라 보호자를 돌보는 이유, 요컨대 다학제팀에게 보호자란 무엇인가요?

김호성　환자에 대한 많은 정보가 보호자를 통해서 나옵니다. 이는 호스피스의 돌봄에 있어 아주 중요합니다. 보호자는 단순히 환자 옆에 있는 수동적 존재가 아니라, 환자 돌봄에 같이 참여하는 적극적인 존재인 거죠. 그래서 보호자를 '다학제팀의 마지막 구성원'이라고 부르기도 합니다. 다른 한편, 환자가 불안정기에 접어들거나 임종을 하게 되면, 이제 호스피스에서는 보호자 돌봄을 하게 됩니다. 환자를 잃어 절망하는 보호자를 위로하고 그의 애도를 돕지요. 즉 보호자는 호스피스에서 돌봄의 주체이자 돌봄의 대상입니다.
　다만 현실적으로 어려운 점도 있습니다. 통증과 비슷하게 섬망도 보호자의 역치가 다 다르기 때문인데요. 어떤 보호자는 환자의 섬망이 나타났을 때 "아, 이 정도는 괜찮아요"라고 하지만, 어떤 보호자는 "환자가 불편해하는 것 같은데 빨리 좀 재워주세요"라며 섬망 자체를 보기 힘들어 합니다. 다학제팀은 이런 보호자들의 특성을 판단하여 섬망 조절에 반영해야 합니다.

송병기　섬망에 대한 보호자의 판단이 저마다 다르군요. 아까 다학제팀 안에서도 섬망과 관련해 이견이 많다고 말씀하셨지요. 그만큼 해당 증상의 경계가 애매모호한 면이 있는 것으로 보입니다.

김호성   의사의 시각, 종교인의 시각, 간호사의 시각, 다 다르죠.
또 같은 직역이라도 어떤 팀원은 "너무 심한 섬망이에요"라고 하지
만 다른 팀원은 "문제되지 않는 섬망이에요"라고 합니다. 판단이 개
별적이고, 개인차가 있습니다. 서로의 정보를 바탕으로 깔끔하게 결
정이 되면 좋은데, 그게 잘 안 될 때는 참 난망한 일이죠. 그래서 다
학제팀 안에서 얼마나 커뮤니케이션이 잘 되는지가 곧 호스피스의
질¶이라고까지 말할 수 있습니다.

송병기   어려움이 있겠지만 다학제팀의 내부 논의는 조율해나갈
수 있는 것이라고 생각됩니다. 그런데 보호자와 의견이 다를 때가
문제인 것 같습니다.

김호성   환자가 평소에 무엇을 원했는지가 제일 중요합니다. 만약
환자 본인이 의식이 있었을 때 진정제 사용을 요청했다면 보호자들
과 큰 무리 없이 의사소통을 할 수 있습니다. 저희한테도 윤리적 갈
등이 크게 없고요. 하지만 환자가 사전에 섬망에 대해 의사 표현을
하는 경우는 거의 없습니다. 더불어 의료진이 사전에 그것을 환자와
의논하는 것도 다른 일들의 후순위로 밀려 쉽지 않고요. 거기서 현
실적인 어려움이 생깁니다.
　　환자의 섬망 증상이 심해 진정제를 처치하려고 하면 보호자는
심적으로 갈등되기 마련입니다. 환자가 편안해지는 것은 긍정적으
로 생각하지만, 무엇보다 환자와 의사소통을 못 하게 되니 걱정스러

운 것이지요. 끝까지 환자와의 소통을 바라는 마음은 당연하고 자연스럽습니다. 하지만 말기 암 환자들은 임종 일주일 전쯤 되면 거의 의사소통이 어렵습니다. 지속적으로 수면시간이 늘어나거나 또는 섬망이 생기니까요. 불가피하게 약물이 들어가야 할 시점에 보호자가 이를 망설이면 곤혹스럽습니다. 어떤 분들은 환자가 섬망 증상으로 힘들더라도 '끝까지' 환자와 의미 있는 소통을 하길 원합니다. 그게 환자를 편안하게 하는 것보다 낫다고 생각하는 겁니다. 사전에 환자의 돌봄 계획을 미처 면밀하게 이야기하지 못한 경우라면 더욱 그런 경향을 보일 수도 있습니다. 또 같은 환자를 두고 보호자들 내부에서도 제각기 의견이 다를 때가 있습니다. 환자 곁을 자주 지킨 보호자는 환자가 섬망으로 힘든 것을 알고 있어 약물로 진정을 시키길 원하지만, 사정상 그렇게 하지 못한 다른 보호자가 한번이라도 이야기를 나눠보고자 환자가 깨어 있기를 원하는 경우입니다. 의료진에게는 쉽지 않은 상황입니다.

송병기　그러한 보호자를 안심시키는 게 보통 일이 아닐 테죠. 환자의 편안함을 최우선 순위로 두는 게 맞지만, 그렇다고 보호자의 입장을 간과할 수는 없겠지요.

김호성　물론입니다. 보호자는 대개 환자를 위해 걱정을 합니다. 하지만 어떻게 보면 보호자 자신의 불안이 큰 것일 수도 있습니다. 가령 어떤 사람에게는 죄책감을 만회할 기회가 줄어든다는 뜻일 수 있는 거죠. 이전에 보호자가 사정이 있어 미처 환자에게 해주지 못했던 것을 지금이라도 해주고 싶은데, 환자가 잠들어버리면 아무것도 할 수 없게 되잖아요. 그래서 환자가 진정되는 것이 불안해지고, 결과적으로 환자를 더 힘들게 하는 거죠. 어떤 보호자는 본인에게 과도한 불안이 있어, 환자가 약물을 맞고 혹시 여명이 짧아지지 않을까 하는 생각을 증폭시키기도 합니다. 적절한 중재를 못하면 참 난감합니다. 물론 약물 교육을 하긴 하지만 한계가 있습니다. 그들의 불안은 호스피스에 오기 전부터 이미 갖고 있던 불안이기 때문입니다.

송병기 미국에도 '캘리포니아에서 온 딸 증후군Daughter from California Syndrome'이라는 표현이 있다고 합니다.[12] 평소 환자와 연락이 뜸하던 가족이 갑자기 나타나 의료진에게 이런저런 요구를 한다는 겁니다.

김호성 호스피스 현장은 사실 모든 사람들의 삶에서 가장 '극한'적인 현장입니다. 여기에 입원한 환자·보호자들은 일상적인 삶을 살아갈 때와는 다른 감정 상태가 됩니다. 이전 삶에서 쌓아왔던 스스로와 가족들에 대한 감사, 미움, 죄책감, 두려움 등이 한꺼번에 올라오며 시시각각 변하는 현장입니다. 그래서 수많은 일들이 일어나게 되죠. 그러한 상황에서 가장 두드러지는 감정은 두려움과 불안인 것 같습니다.

완화적 진정과 윤리

송병기 환자가 불안정기에 이르면 다학제팀 내부의 협의, 그리고 보호자와의 의사소통까지 부단한 숙고의 과정을 거치게 됩니다. 시

간이 갈수록 점점 환자의 증상도 심해질 텐데요. 이에 따라 진정의
수준도 가파르게 높아질 것 같습니다.

김호성　　그것을 완화적 진정^{palliative sedation}이라고 합니다. 호스피스
완화의료에서 필요하고 중요한 처치이지만, 고민되는 처치이기도
합니다. 우선 완화적 진정이란 어떤 노력을 해도 환자가 잘 조절되
지 않는 증상으로 고통이 심할 때, 진정제를 써서 환자의 수면을 유
도하여 안정시키는 것을 말합니다.[13] 이때 문제가 되는 증상에는 비
단 섬망만이 아니라 통증이나 호흡곤란, 구토 같은 것도 포함되죠.
　　보통 말기 환자에게 고민하는 완화적 진정은 '지속적으로 깊
은 진정'을 하는 것을 뜻합니다.[14] 어떤 의학적 처치로도 증상 조절
이 쉽지 않아 약물을 써서 높은 수준의 진정을 유도하는 겁니다. 보
통 임종 전까지 계속 유지되기 때문에 지침이 되는 의학적인 기준들
이 있습니다. 정말 그런 진정의 방법까지 쓸 수밖에 없는 상황인지
의학적으로 확인하는 것이죠. '환자가 정말 견디기 힘든 고통인가?',
'그런 고통이 어떤 의학적 노력을 해도 조절되지 않는 것인가?' 이
두 가지 기본적인 항목을 확인하게 됩니다. 그리고 마지막으로 환자
의 여명이 얼마 남지 않았다고 판단될 때에 하게 됩니다. 즉 임종이
수일에서 수주 내외로 여명이 예측될 때 완화적 진정을 하게 됩니
다. 진정을 위해 쓰는 약물은 수명에는 영향을 미치지 않는 것으로
보고되고 있죠.[15]

송병기　　보호자의 반응은 어떤가요?

김호성　　보통은 동의를 합니다. 환자들이 힘들어하는 것 자체를 보고 있기가 어렵거든요. 다만 본인들이 동의한 진정요법으로 환자의 의식이 떨어질 수도 있다는 것에 대해 죄책감을 느끼는 분들도 있습니다. 힘들어하는 환자가 안정되기를 바라지만, 다시 환자의 의식이 돌아왔으면 하는 생각이 있다는 것이지요. 자연스러운 반응이라고 생각합니다.

송병기　　음… 그렇군요.

김호성　　말기 섬망terminal delirium이 나타나면 보호자들은 환자를 보기 너무 힘들어합니다. 환자가 다른 사람 같기도 하고, 인격이 변하거든요. 생물학적인 과정이지만 그 정도가 너무 심해지면 의료진과 보호자들은 완화적 진정을 상담하고 이를 시행하게 됩니다. 이때 지속적이고 깊은 진정요법을 목적으로 하더라도, 약물을 올릴 땐 반드시 '단계적'으로 올리는 것이 원칙입니다. 환자가 편안함이라는 목적을 벗어나지 않도록 진정제 용량을 최소화하는 것이죠. 환자의 증상이 조절되고 있는지, 생체 징후는 어떠한지, 또 보호자들이 잘 감당하고 있는지 등을 종합적으로 판단하면서 용량을 조절합니다. 다만 불안정기인 환자는 진정요법과 별개로 병의 진행으로 인해 갑작스럽게 임종기로 악화될 가능성이 항상 있습니다. 그래서 면밀히 환자의 상태를 파악하고, 예후에 대해 보호자들과 지속적으로 소통해야 하죠.

송병기　　혼선을 피하기 위해 개념 정리를 간단히 하고 넘어가면 좋겠습니다. 먼저, 오늘날 의료현장에서 말하는 안락사euthanasia는 '다른 치료 방법이 없는 사람의 고통을 덜어주기 위해 인위적으로 죽음에 이르게 하는 행위'를 뜻합니다.[16] 제가 안락사로 통칭했지만, 안락사에는 의사가 직접 약물을 투여하는 '적극적 안락사'가 있고, 의사가 처방한 약을 환자가 직접 투약하는 '의사조력자살'이 있습니다. 최근 한국에서 논의되고 있는 '존엄사'나 '조력존엄사'는 정확한 용어가 아니며, '의사조력사망' 혹은 '의사조력자살'로 사용하는 것이 옳습니다. 이 점을 밝혀두고, 저희 대화에서는 편의상 안락사로 통칭하겠습니다.

안락사가 성립되기 위해서는 죽는 사람에게 이익이 있어야 하는데 그건 바로 '고통 덜기'입니다. 대개 안락사의 대상은 치료가 불가능한 질병으로 인해 고통을 겪는 환자입니다. 하지만 그가 꼭 말기 환자여야 하는 것은 아닙니다. 예컨대 루게릭병이나 잠금 증후군 locked-in syndrome 환자들은 사망이 임박하진 않았지만 전신마비로 심각한 고통을 겪고 있기에 안락사의 대상이 될 수 있죠. 물론 신체적이고 정신적인 고통을 없애는 해결책이 죽음이어야만 하는지, 다시 말해 죽음이 환자에게 최선의 이익인지는 논쟁의 소지가 있습니다. 요컨대 안락사는 연명의료결정이나 호스피스와는 차이가 있습니다.

한편, 호스피스에서 시행하는 완화적 진정의 목적은 말기 환자에게 참기 힘든 고통의 부담을 완화해주려는 것이죠. 한국의 호스피스 입원 대상은 말기 암 환자로 국한되어 있습니다. 완화적 진정은 완화의료 수단을 적극적으로 취하고 있음에도 환자에게서 고통스러운 임상적 증상이 나타날 때에 고려하게 됩니다. 의도적으로 환자의 죽음을 앞당기기 위해 사용하는 게 아니지요. 이는 앞서 말씀해주신 것처럼 완화적 진정이 환자의 여명을 단축시키지 않는다는 연구들에 근거해 있습니다.

　마지막으로, 이중 효과double effect의 원리를 짚을 필요가 있습니다. 이중 효과 원리는 설사 완화적 진정이 우발적으로 죽음을 앞당기게 되더라도 윤리적·법적 정당성을 인정할 수 있다는 겁니다.[17] 그 이유는 의사의 동기와 의도가 환자의 죽음이 아니라 환자의 통증을 경감하기 위한, 즉 질병 말기에서의 진정에 있기 때문입니다. 이렇게 개념을 정리하면 호스피스에서 다학제팀이 하는 일이 좀 더 선명하게 드러납니다. 그 바탕에서 현장의 특수성과 쟁점을 살펴보는 게 중요하다고 생각합니다.

김호성　　쟁점을 잘 짚어주셨습니다. 한국에서 완화적 진정의 정당성은 본격적으로 논의되지는 않았지만 학문적 영역에서 근거들이 지속적으로 쌓이고 있습니다. 완화적 진정은 앞서 말씀드린 것처럼 간단치 않습니다. 어떤 보호자들은 환자가 힘들어하면 무조건 안정시키길 원하지만, 어떤 보호자들은 조금만 환자의 의식이 떨어져도 불안해합니다. 그래서 완화적 진정은 '시점'이 제일 중요합니다. 환자가 힘들어하고, 동시에 보호자들도 그러한 환자를 보고 있기가 힘든 바로 그 시점 말이죠. 이는 완화적 진정을 결정하는 데에 환자만이 최우선시되는 것이 아니라, 보호자의 의사도 개입된다는 것을 뜻합니다.

　물론 가장 좋은 건 환자와 사전에 완화적 진정에 대한 이야기를 나누는 것입니다. 하지만 그게 말처럼 쉽지 않습니다. 호스피스에 병식이나 말기 인식도 없이 오는 경우도 상당히 많은데, 완화적 진정에 대해서 이야기하는 것은 후순위로 밀릴 수밖에 없죠. 저희 의료진이 아직 잘 못하는 지점이기도 합니다. 환자, 보호자, 의사가 함께 모인 자리에서 완화적 진정에 대해 어떻게 생각하는지 물으면, 환자들은 거의 대부분 그것을 하고 싶다고 동의합니다. 환자에게 제일 큰 두려움은 나중에 죽을 때 아프거나 힘든 것이기 때문이죠.

문제는 저희가 환자·보호자들이 다 같이 모인 자리에서 그렇게 세밀하게 면담을 하지 않는다는 겁니다. 주로 이러한 논의를 보호자들과 하게 되거나, 설사 환자와 논의한다고 하더라도 결과적으로 환자 따로 보호자 따로 논의하게 되는 구조적인 문제가 있습니다. 간혹 보호자들 중에는 환자와 면담할 때 완화적 진정 이야기를 하는 걸 싫어하는 사람도 있습니다. 왜 그런 얘기를 벌써 하냐는 거죠. 거부감이 있는 겁니다. 그런 상황에서 의료진은 보수적으로, 원칙적으로 말할 수밖에 없습니다. 그럼에도 불구하고 무엇이 옳은 것일까, 의사로서 윤리적인 고민이 많이 생깁니다.

송병기   호스피스에서 완화적 진정은 뜨거운 감자입니다. 선생님은 완화적 진정을 '제때' 해야 환자와 보호자 모두 편안하다고 했습니다. 그런데 완화적 진정에 대한 환자, 보호자, 의료진 간의 의사소통이 어렵다고 했습니다. 딜레마입니다. 출구를 모색하기 위해서 완화적 진정이란 무엇인지 다시 살펴보면 좋겠습니다.

호스피스 의료진에게 올바른 완화적 진정이란 약물을 '너무 적게 쓰지도 않고, 너무 많이 쓰지도 않는' 의료행위여야 합니다. 약물을 너무 적게 쓰면 다른 방법으로는 조절이 불가능한 환자의 증상을 경감하기 어려울 것이고, 약물을 너무 많이 쓰면 환자가 하루 종일 자기 때문입니다. 바꿔 말해, '약물의 적정한 비율'은 호스피스 완화의료에 관한 특정한 논리를 전제하고 있습니다.[18] 그건 바로 환자를 죽게 해서도 안 되지만, 환자를 죽게 내버려 두어서도 안 된다는 겁니다. 그 논리에 따르면 환자는 주기적으로 깨어 있어야 하고, 다학제팀은 환자와 함께 그 일시적 수면의 효과에 대해서 대화해야 합니다. 환자의 증상이 충분히 경감됐으면 더 이상 완화적 진정을 할 필요가 없을 테고, 그렇지 않으면 환자는 다시 잠을 요청할 수도 있을 겁니다. 그 과정에는 보호자와의 소통도 포함됩니다.

주목할 점은 완화적 진정의 목적이 환자의 증상을 경감하기 위한 것이지, 환자의 의사능력을 떨어뜨리는 것이 아니라는 겁니다. 즉 완화적 진정은 환자의 고통을 최소화하는 한편, 사람들의 돌봄을 충분히 받으면서 임종할 수 있도록 돕는 의료행위입니다. 그렇기에 '약물의 적정한 비율'은 '소통의 적정한 비율'과 분리될 수 없습니다. 이런 관점에서 선생님이 언급한 완화적 진정의 시기와 방법을 다시 생각합니다.

김호성　호스피스 현장에서는 완화적 진정을 '시행할 것인가, 시행하지 않을 것인가'보다는 '언제, 어떻게 시행할 것인가'가 중요합니다. 그러한 고민에 있어 제일 중요한 지점은, 환자·보호자와의 의사소통의 양과 질입니다. 그 의사소통에 따라 완화적 진정을 제공하는 의료진의 윤리적 고민은 달라집니다. 그런데 한국에는 완화적 진정에 대해 환자·보호자와 얼마나, 어떻게 의사소통을 해야 하는지에 대해 명확한 지침이 없습니다. 설사 지침이 있다고 해도 현실은 정말 복잡합니다.

송병기 그에 대해 심도 있는 논의가 필요하겠다는 생각이 듭니다. 사실 환자, 보호자, 다학제팀 간에 적정한 소통이 뒷받침되지 않으면, 완화적 진정은 '느린 안락사'처럼 보일 수도 있습니다. 물론 앞서 언급했듯이, 안락사와 완화적 진정의 목적은 분명히 다릅니다. 그럼에도 불구하고, 완화적 진정이 설령 환자의 죽음을 앞당기지는 않더라도, 환자를 마치 죽은 사람처럼 보이게 할 수는 있으니까요. 이런 맥락에서 환자, 보호자, 의료진의 불안과 고민을 짐작하게 됩니다. 현장의 특수성과 구조적인 문제가 있겠죠. 이에 대한 선생님의 고민과 어려움을 더 말씀해주시면 좋겠습니다.

김호성 다른 나라 이야기를 잠깐 해보겠습니다. 일본은 이러한 완화적 진정에 대한 의료계 내부의 자체 지침이 있습니다.[19] 한국보다는 의료계 내의 협의가 어느 정도 되어 있죠. 하지만 설사 지침이 있다고 하더라도 현실은 쉽지 않습니다. 예전에 일본의 한 호스피스 의사가 췌장암 말기 진단을 받고, 마지막 시간을 보내는 내용을 담은 다큐멘터리를 본 적이 있습니다.[20] 부인도 의사였는데, 그는 자신의 고통이 너무 심해지면 완화적 진정을 해달라고 아내에게 당부했습니다. '지속적으로 깊게' 잠들 수 있도록 부탁한 것이죠. 실제로 부인은 환자가 힘들어하는 시점에 지속적으로 깊은 진정을 시행합니다. 하지만, 이후에 다시 진정 수준을 조절합니다. 환자가 힘들더라도 남편이랑 이야기를 나누고 싶은 보호자로서의 마음이 있었던 것이죠. 이처럼 대부분의 보호자들은 환자를 진정시키고 나서 환자가 편안함을 되찾으면 다시 마음을 바꾸곤 합니다. 깊은 진정에서 얕은 진정으로 조절하는 거죠.

한편, 보호자가 부재 중인 환자의 경우는 어떻게 해야 할까요? 현재는 오롯이 다학제팀의 판단으로 진정 수준을 결정할 수밖에 없습니다. 예전에 다학제팀과 라포가 잘 형성된 젊은 환자가 있었습니다. 불안정기 어느 시점에서 완화적 진정을 결정하게 되었는데, 그 후 며칠이 지나 환자가 안정되자 고민이 생기더군요. 당시의 진정 수준과 지속성이 적당한지 말입니다. 환자의 나이가 젊은 탓에 좀 더 여러모로 신경이 쓰였습니다. 보호자가 있었으면 그분과 의사소통을 했겠지만 그렇지 못한 상황이었죠. 다학제팀에서 증상 조절과 환자의 의식 수준에 대한 평가를 지속적으로 하면서 완화적 진정의 깊이를 조절해야 하는 어려움이 있었습니다.

고통을 보는 세 관점

송병기　　완화적 진정을 둘러싼 환자, 보호자, 의료진의 다양한 생각이 있습니다. 선생님, 조절되지 않는 육체적 통증이 아니라, 심리적 또는 실존적인 고통 때문에 완화적 진정을 하는 경우도 있나요?

김호성　　그 이야기도 완화적 진정의 중요한 윤리적 고민 중 하나입니다. 보통 호스피스에서 완화적 진정의 고민 지점은 시행 자체보다는 그 방법과 시점에 있다고 앞서 말씀드렸는데요. 다만 실존적 고통의 경우에는 다릅니다. 즉, 정말 '시행'하는 것이 맞는지가 문제인 겁니다.

한 환자가 기억납니다. 통증이 심한 분은 아니었지만, 부인도 말기 암인 데다 자식들하고 관계도 안 좋았어요. 그 환자는 깨어 있는 시간을 너무 싫어했습니다. "의사 양반, 고통스러워. 나 좀 빨리 재워 줘." 심지어 안락사까지 얘기하시더군요. "왜 날 호스피스 같은 데 데려왔는지 모르겠어. 나 스위스 갈 거야. 한국은 왜 안락사를 안 시켜주지?" 환자에게 항우울제 같은 약물요법은 물론, 다학제적으로 최대한 접근하여 비약물적인 방법도 썼습니다. 하지만 전혀 소용이 없었죠. 이렇게 심리적으로 너무 힘들어하는 환자가 진정을 원하는 경우에 현장의 고민이 깊어집니다.

다른 나라의 지침을 봐도 이런 심리적·실존적 고통이 완화적 진정의 대상이 되는지 그네들도 많이 고민스러워한다는 것을 확인할 수 있습니다. 저는 현실적으로 상황에 맞게 적절하게 사용할 수 있다고 생각합니다. 물론 다학제팀의 면밀한 상황 파악과 환자·보호자들과의 충분한 의사소통이 전제되어야겠죠.

송병기 그 환자는 증상 조절이 되어 있는 상태이지만 선생님 말씀처럼 실존적인 고통으로 인해 안락사, 즉 의사조력자살을 원한 것처럼 보입니다. 한편, 조금 다른 관점에서, 제가 주목하는 것은 환자가 죽음을 원했다는 사실이 아니라, 환자 자신이 '도저히 못 받아들이는 고통'이 다학제팀에게 '승인'받았다는 사실입니다.

'수용할 수 없는 고통'이란 말은, 뒤집어 생각해보면, 세상엔 '수용할 만한 고통'도 있다는 뜻입니다. 예컨대 각종 매체에 '고통을 참고 견뎌야 원하는 걸 얻을 수 있다' 식의 말이 범람하고 있죠. '와신상담臥薪嘗膽'이란 사자성어도 쓰이고, '노 페인, 노 게인No pain, no gain'이란 표현도 통용됩니다. 즉 고통은 그리 단일하지도 고정적이지도 않다는 것이죠. 만약 고통의 여러 갈래와 정도가 있다면, 그것에 대한 측정과 평가가 필요합니다. 한편 내가 겪는 고통은 나의 것이지만, 그 고통을 덜기 위해 타인에게 도움을 요청한다면, 그 고통은 타인의 삶에도 영향을 미치게 됩니다. 다시 말해, 고통은 지극히 개인적이되 공동체의 관심사가 될 수밖에 없습니다. 고통이란 무엇인지 세 각도에서 살펴보면 좋겠습니다.

먼저 '고통의 사사화私事化, privatization'입니다. 국어사전은 고통을 '몸이나 마음의 괴로움과 아픔'으로 정의합니다. 그 몸과 마음은 한 개인의 것이죠. 대개 고통은 개별적 신체 단위에서 감각과 수량의 문제로 파악됩니다. 앞서 언급한 환자의 고통도 그렇습니다. 한 개인은 가족 간의 관계를 고통의 요인으로 '느끼고', 그로 인한 고통이 '상당하다'고 인식합니다. 여기서 고통은 피하거나 없애야 할 부정적인 상태를 의미하는데, 역사학자 린 헌트Lynn Hunt에 따르면 이러한 관념은 18세기 서구의 세속화 속에서 '발명'된 것입니다.[21] 전통적으로 고통은 한 사람의 몸을 통해서 공동체의 결속과 질서에 가치를 부여하는 역할을 했습니다. 예컨대 넓은 빈터에서 죄인이 고문을 당하거나, 통과의례에서 아이는 정신적·육체적 고통을 거쳐 성인으로 인정받았죠. 하지만 개인individual이 나눌 수 없는 존재indivisible being를 의미하듯이, 권리선언으로 대표되는 세속화를 거치면서 신체는 '양도할 수 없는' 개인의 것이 됩니다. 그렇게 점차 고통은 이성적이고 자율적인 개인을 억압하는 것으로 여겨집니다. 또, 한 사람의 고통은 다른 사람의 고통과 비교할 수 있게 되죠.

김호성   말씀하신 역사적 맥락에서, 오늘날 고통은 지극히 개인화되어 사람마다 인지하는 수준과 맥락이 다릅니다. 즉 어떤 것이 참기 힘든 고통인지에 대한 명확한 기준이 없다는 것입니다. 어떤 환자에게 고통인 것이 다른 환자에게는 그렇지 않을 수도 있죠. 더불어 어떤 환자는 참을 수 없는 증상이 생겼음에도 불구하고, 의료진의 도움을 원치 않는 경우도 있습니다. 그러한 증상이 생기는 것을 본인의 자연스러운 생의 마무리 과정이라고 생각하거나, 종교적 의미가 있을지도 모른다고 여기기 때문입니다. 고통이란 사람에 따라, 사회에 따라 그 맥락이 다를 수도 있습니다. 그래서 호스피스에서는 고통을 평가할 때 한 주체가 아닌, 여러 주체들이 다각적으로 평가하려 합니다.

송병기　흥미롭습니다. 호스피스는 고통의 사사화가 첨예하게 드러나는 장소입니다. 동시에 중세와는 사뭇 다른 결로, 고통이 다시 다학제팀을 중심으로 공동체적인 의미를 띠게 됩니다.

　계속 이야기를 이어가보면, 말기 환자의 극심한 고통이 사회적으로 인정받는다는 사실은 '고통의 의료화醫療化, medicalization'도 생각하게 합니다. 앞서 언급한 환자는 선생님에게 자신의 고통을 호소하며 어떤 행위를 요청했고, 선생님은 다학제팀의 숙의를 거쳐 환자의 고통에 응답했습니다. 바꿔 말해 여기서 고통은 호스피스라는 제도, 완화적 진정이라는 의료기술 속에서 사회적으로 명명되고 승인됐다고 할 수 있습니다. 그 이면에 있는 역사적 과정에 주목할 필요가 있습니다.

　1960년대에 시슬리 손더스가 이미 '토털 페인'이라는 개념으로 고통을 총체적으로 바라봤고, 환자의 증상을 완화하기 위해서 모르핀을 체계적으로 사용했습니다.[22] 그 후 1990년대에 와서 의료법 전문가 마거릿 소머빌Margaret Somerville은 고통 완화가 의료와 인권의 공동 목표라고 주장합니다.[23] 특히 말기 환자의 고통을 경감하는 것을 인권의 문제로 조명하죠. 이런 흐름에서 세계보건기구와 의료계는 호스피스 완화의료, 고통, 인권을 한데 묶은 선언문과 보고서를 내놓기에 이릅니다. 더불어 1990년대 말부터 실존적 고통을 겪는 환자에게 완화적 진정을 하는 것에 관한 논의와 연구가 본격적으로 이루어지기 시작합니다.[24] 즉, 호스피스는 '환자가 수용하기 어려워하는 고통'을 환자와 의료진 모두 나름대로 수용해나가도록 체계화된 장소라고 할 수 있습니다.

김호성　호스피스가 각기 다른 환자의 고통을 현대의 의료체계 안으로 가져오는 과정은 때로 경외감을 느끼게 합니다. 또한 그것이 여전히 현재의 치열한 문제라는 사실도 절감합니다. 가령 환자가 수용하기 어려워하는 고통이 무엇인지 어떻게 정의할 수 있을까요? 또 의료진이 최선을 다했지만 어떠한 노력도 도움이 안 될 때 완화적 진정을 한다지만, 그 '최선'이라는 것을 어떤 기준으로 판단할까요? 다학제팀마다, 병원마다 판단이 다 다릅니다. 하지만 중요한 것은 개인이 수용하기 어려운 고통을 종교기관이 아닌 의료 시스템 안에서 평가하고 완화시키려는 시도와 노력인 것 같습니다.

송병기　그렇게 보면 고통이란 말은 유동적으로 쓰이고 있는 셈입니다. 내가 느끼는 고통과 남이 보는 나의 고통이 꼭 일치하는 것은 아닙니다. 그래서 저는 시슬리 손더스의 1960년대와 마거릿 소머빌의 1990년대 사이의 시간에도 주목합니다. 그 사이에 개별화된 고통을 의학적 언어로 전환하는 '고통의 제도화institutionalization'가 이루어졌습니다.[25] 예컨대 1970년대 베트남 전쟁에서 패배한 미국의 참전군인 상당수는 고통을 호소하며 자신들을 피해자로 규정하고자 합니다. 그들은 정부로부터 보상금과 구직 지원 등을 얻고자 했고, 그러기 위해선 고통이 전쟁으로 인한 것으로 파악되어 사회적으로 인정받아야 했습니다. 이때 중요한 역할을 한 개념이 '외상 후 스트레스 장애PTSD, Post Traumatic Stress Disorder'입니다.

이러한 흐름은 1960년대부터 본격화된 페미니즘 운동과도 연결됩니다. 가령 성폭력을 당한 피해자들의 고통은 개별적 문제가 아닌 구조적 성차별에 희생된 사건으로 조명받았고, 그 고통은 어떤 점에서 나치 수용소 생존자의 고통에 비유되기도 했습니다. 피해자의 고통을 정치적 문제로 전환하는 과정에서 PTSD와 같은 과학적 언어는 유용했습니다. 의료계 또한 그러한 사회적 요구에 부응하고자 했고, 1980년 DSM-III(미국 정신의학회에서 발간하는 정신장애의 진단 및 통계 편람)에 정식으로 PTSD가 등재됩니다.

즉, 1960년대와 1990년대 사이에 개인의 고통에 대한 사회적 정당성을 입증하기 위한 움직임이 있었습니다. 그것은 사람들이 자신의 고통을 인정받기 위해 고통에 대한 표준 지침이자 도덕적 질서를 따른 것이었으며, 이를 자신의 역사성을 상실하는 과정이었다고 이해할 수도 있습니다. 요컨대 앞서 언급한 역사적 맥락들 속에서 저는 호스피스 완화의료도 말기 환자의 고통을 새롭게 바라보고, 그 의미를 천착해오지 않았을까 생각합니다.

김호성　선생님 말씀을 정리해보면, 말기 환자의 인내 불가능한 고통, 그래서 차라리 죽고 싶은 마음마저 드는 그 고통이 사회적으로 인정받게 된 배경에는 고통의 사사화, 의료화, 제도화라는 것이 자리해 있다는 것인데요. 다각적인 분석에 고개를 끄덕이게 됩니다.

더불어 한 가지 짚고 싶은 점이 있습니다. 그러한 극심한 고통을 이야기할 때 자연스레 완화적 진정에 대해 함께 논의하게 됩니다. 그런데 이것의 초점이 환자의 안위 측면에 맞춰지기도 하지만, 다른 한편 안락사의 대안으로 주목하는 측면도 있는 것 같습니다. 한국에서 완화적 진정에 대한 논의는 호스피스의 맥락만이 아니라, 안락사 안티테제의 맥락에서도 이루어질 가능성이 높다고 생각합니다.

고통에서 연대로

송병기　안락사와 완화적 진정의 경계가 모호하다는 지적이 있는 게 사실입니다. 안락사에서 말하는 고통과 완화적 진정에서 말하는 고통을 명확하게 구분할 수 있는지도 의문입니다. 예컨대 안락사를 허용한 국가들은 대개 호스피스 완화의료 제도를 잘 갖추고 있습니다. 안락사를 고려하는 환자에게도 호스피스 완화의료를 제공합니다. 안락사와 호스피스 완화의료를 서로 배타적인 대상이 아니라, 환자 생의 끝자락을 함께하기 위한 의료적 선택지로 보는 것이죠.

한편 안락사는 허용하지 않았지만, 호스피스 완화의료의 본래 취지에 맞게 완화적 진정의 적용 대상을 암성 환자뿐만 아니라 비암성 환자도 포함하고 있는 국가도 있습니다. 여기서 예후 파악이 쉽지 않은 노인 환자나 지속식물상태persistent vegetative state에 있는 환자의 완화적 진정은 논쟁적인 사안입니다.

예컨대 프랑스 법은 안락사를 허용하지 않지만, 고통받는 말기 환자가 죽음에 이를 때까지 완화적 진정을 받을 수 있도록 허용합니다.[26] 그럼 호스피스에서 환자와 의료진은 완화적 진정을 의사조력자살로 여기지 않을까요? 즉, 완화적 진정은 안락사라는 도덕적·종교적 논란을 피하면서 환자를 죽음에 이를 때까지 '재우는' 자기기만적인 방법이 아니냐는 논쟁이 있습니다. 완화적 진정의 본래 취지를 중시하는 호스피스 종사자에게도, 환자의 '죽을 권리'를 지지하는 안락사 찬성자에게도 모두 비판을 받고 있죠. 또 환자를 주기적으로 깨워 완화적 진정을 더 할지 말지를 묻는 과정이 환자, 보호자, 다학제팀에게 감정적으로 상당한 영향을 끼치고, 그 의료를 포기하게 되는 경우도 있습니다.

더불어 앞서 언급한 이중 효과 원칙도 의사 개인의 의도에 따라서 정당화된 행위로도, 정당화되지 않는 행위로도 볼 수 있습니다. 그 개인의 의도는 환자, 보호자, 다학제팀 간의 관계 속에서 형성되기에 언제나 고정된 것이라고 보기 어렵습니다.

참 복잡한 이야기입니다. 한국도 머지않아 직면할 문제라고 생각합니다. 의료현장에서 돌봄의 가치가 강조되면서 호스피스 완화의료 이용 대상도 점차 확대되겠지요. 그럼 요양시설에 입원한 노인 환자나 지속식물상태에 있는 환자도 호스피스 완화의료 서비스를 받게 될 겁니다. 즉, 호스피스 다학제팀은 여명을 예측하기 어렵지만 심각한 육체적·정신적 고통에 시달리는 환자를 만나게 될 텐데, 이에 대한 선생님 생각은 어떤지 궁금합니다.

김호성　완화적 진정과 안락사 간의 간극과 이를 둘러싼 논쟁은 복잡다단하여 다루기 어렵습니다. 하지만 호스피스 현장에서 환자의 현실적인 여러 어려움을 보는 상황에서, 완화적 진정 요법은 굉장히 중요합니다. 그리고 완화적 진정이 안락사와 비슷하다고 생각할 수 있으나, 자세히 살펴보면 철학과 그 과정이 근본적으로 다릅니다. 안락사의 경우 근대적인 주체 개념 아래, 환자의 자기결정권과 그에 따른 실존적 판단을 최우선시합니다.

하지만 완화적 진정은 환자가 의존적일 수밖에 없는 존재이며, 설사 환자가 인격적인 모습을 잃어버린다고 해도 우리가 돌봐야 할 대상이라고 전제합니다. 또한 결정 과정 역시 안락사는 윤리적 고민의 방향이 개인에 집중되어 있어 상대적으로 단순한 반면, 완화적 진정은 보호자, 의료진의 고민이 개입되어 있는 만큼 복잡하고 때론 지난합니다. 개인적으로는 그러한 과정 속에서 이루어지는 환자, 가족, 의료진 간의 의사소통, 돌봄의 자세와 방향 등이 지금 사회에 좀 더 의미 있는 가치를 던져준다고 생각합니다. 더욱이 아직까지 호스피스가 정착되어 있지 않은 한국의 상황에서, 안락사 이야기는 자살과 같은 다른 사회문제와 연계될 수밖에 없다고 생각합니다.

송병기　2012년 칸영화제 황금종려상 수상작인 〈아무르〉(감독 미카엘 하네케)가 생각납니다. 그 영화와 수상이 노인 돌봄과 고통의 관계에 대한 사람들의 불안을 드러냈다고 생각해요. 영화를 거칠게 요약하면 이렇습니다. 파리에서 노부부가 평화롭게 사는데, 어느 날 할머니가 뇌졸중 증상을 보입니다. 마치 얼어붙은 자세로 앉아 할아버지가 불러도 대답을 하지 못하죠. 할아버지는 할머니를 병원에 데려가고 싶어하지만 실패합니다. 할머니가 병원이나 요양원에 가는 걸 매우 싫어하기 때문입니다. 그러다 혼자서 물도 못 마실 정도로 상태가 심각해진 할머니는 경동맥 협착증 수술을 받습니다. 하지만 수술이 잘되지 않아 할머니의 몸은 조금씩 마비됩니다. 할머니는 신체적·정신적으로 고통스러워하고, 하루 종일 그를 돌보는 할아버지도 실존적 고통을 겪게 됩니다. 그럼에도 할아버지는 할머니의 바람대로 병원이나 요양원 입원을 고려하지 않습니다. 집에 간병인과 간호사를 불러 할머니를 돌봅니다. 하지만 그 일상은 지속되지 못합니다. 할머니는 질병으로 인해 완전히 다른 사람이 되어가고, 할아버지는 장기간의 돌봄으로 심신이 피폐해집니다. 결국 할아버지는 그 모든 고통을 멈추기 위한 '외로운 결단'을 내립니다. 선생님, 한국에서도 어렵지 않게 접할 수 있는 이야기 아닌가요?

김호성 저는 그런 해결에 대해 쉽게 비판할 수가 없더라고요. 실존적인 문제가 깊이 얽혀 있으니까요. 개개인의 죽음의 선택은 존중받아야 한다고 생각합니다. 고령화가 진행되면서 근래 한국에서도 의사조력자살 이슈가 회자되고 있습니다. 한 실존의 결단을 개인적으로 판단하는 것을 넘어, 관련 제도를 만드는 것에 대한 논의지요. 다만, 다른 나라와 달리 한국에서는 의사조력자살 논의의 시발점이 개인의 자기결정권보다는 열악한 돌봄 시스템이라는 것을 주목해야 합니다.

　노인 자살율이 OECD 1위인 나라에서, 또 말기 환자의 대부분이 노인인 상황에서, 그들에게 실존적 선택을 하게 열어주는 '제도'를 마련하는 것이 과연 시급한가 하는 회의가 있습니다. 그보다는 이른바 '고통'을 세분화하여 면밀하게 접근하는 것이 더 필요하지 않을까요? 육체적 고통, 심리적 고통, 실존적 고통, 사회적 고통을 나누고, 그에 맞추어 전문가가 적절히 개입하는 사회적인 인프라 말입니다. 더 나아가, 그러한 세분화된 고통을 총체적으로 바라보는 호스피스의 전인적 돌봄이라는 가치가 중요하게 여겨지는 사회가 되어야지 싶습니다.

송병기   어쩌면, 안락사라는 말을 통해 우리가 얻고 있는 것은 생의 끝자락에 관한 '활발한 토론'과 '섬세한 감각'이 아닐까요? 안락사라는 단어를 쓰는 순간 사람들은 예민해집니다. 그래서 질문을 던집니다. 우리에게 죽음이란 무엇인가, 죽음이란 무엇이어야 하는가? 그렇게 돌봄과 의료에 대한 대화도 이어서 하게 됩니다. 예컨대 안락사를 희망하는 환자에게 의료진은 이렇게 말할 수도 있지 않을까요? "안락사라는 선택지도 있겠지만, 현재 당신에게 호스피스도 큰 도움이 될 수 있고, 재택의료도 좋은 대안이 될 수 있다. 그러니 뭔가 시도를 해본 뒤에 다시 대화를 해보자"고 말입니다. 고통에 대한 관심과 논의가 더 풍부해지고, 호스피스 완화의료와 재택의료 같은 것을 경험한 사람들도 대폭 늘었으면 좋겠습니다.
　아울러, '간병 살인'이 일어나는 사회에서 안락사를 논하는 게 어떤 함의를 지니고 있는지에 대해서도 활발한 토론이 필요합니다. 자기결정권은 매우 중요한 권리이고 이를 꼭 돌봄과 묶어서 생각해야 하느냐는 반론도 있을 수 있습니다. 그런데 현실이 심상치 않습니다. 돌봄을 받지 못해서 삶이 취약해지고, 돌봄을 하면서도 삶이 취약해지는 현실에서 의사조력자살이 인기를 얻고 있는 현상이 존재하니까요. 일시적인 간병비 지원 같은 정책이나 상상력으로 다룰 수 있는 사안이 아닙니다. 정부와 국회가 시민들과 함께 돌봄에 관한 숙의의 장을 열어야 합니다.

한편, 가족에 대한 이야기도 짚었으면 좋겠습니다. 이제 한국에서 이른바 정상가족은 4인가구가 아니라 1인가구라고 해도 과언이 아닙니다. 결혼한 이성부부 중심의 가족을 넘어선 돌봄의 관계성에 대한 상상력과 제도 개선이 필요합니다. 호스피스도 이런 사회적 흐름 속에 있을 겁니다. 그에 대한 이야기, 예컨대 호스피스에서 보호자가 없는 환자가 불안정기에 접어들었을 때는 어떤 상황이 펼쳐지는지 궁금합니다.

김호성　예전에 동료 의사들과도 잠깐 이야기를 해봤지만, 보호자가 없는 환자들을 돌봐줄 사람이 없으면 섬망이 더 악화되는 것을 경험합니다. 이러한 상황에서 의료진은 완화적 진정을 조금 더 일찍 시작해야 할 수도 있고요. 즉 저희의 의학적 처치도 사회적 관계 안에 들어가 있는 셈입니다. 말씀해주신 것처럼 1인가구, 더 나아가 보호자가 없는 가구의 수가 늘어나는 현실에서 말기 환자들의 돌봄은 현장의 큰 고민입니다. 덧붙여, 한국의 의료 시스템 내에 처음으로 간병 지원을 국가 제도화한 곳이 바로 호스피스입니다. 다만 이런 좋은 제도가 있음에도, 현실적인 보상이 충분하지 않아 전체 호스피스 기관의 절반 정도만 해당 제도, 즉 '호스피스활동보조인력 제도'를 이용하고 있죠. 보호자가 상주를 하지 않으면 호스피스 입원을 할 수 없는 기관들도 있다는 뜻입니다.

송병기　중요한 지적을 해주셨습니다. 선생님 말씀처럼 호스피스에서도 무연고자는 연고자와 다른 영역으로 편입됩니다. 설령 보호자가 있어도 생업으로 바쁘거나 환자와 사이가 좋지 않아 그 곁에 함께하기 어려운 경우, 환자 돌봄에 대한 다학제팀의 고민은 깊어집니다. 이처럼 통증 혹은 고통은 심리적·의학적인 문제로만 다룰 수도 없고, 그렇게 다뤄서도 안 된다고 생각합니다. 인류학에는 '사회적 고통social suffering'이란 개념이 있습니다.[27] 고통을 겪는 사람과 고통이란 경험을 매개하는 사회적 구조를 함께 봐야 한다는 겁니다. 한 사람의 고통은 그 삶의 조건, 이를테면 그가 관계 맺고 있는 사람, 또 특정한 지식, 언어, 제도, 상징 등으로 구성된 현실에서 경험되기 때문입니다.

　더욱이 고통은 여러 갈래로 나뉘어 사회적 불평등을 강화하기도 합니다. 예컨대 퇴행성 신경질환으로 요양병원에 입원한 노인 환자가 의사에게 호스피스 환자처럼 고통을 호소하면 어떻게 될까요? 요양병원에 대한 가치판단을 차치하고, 그곳에서 노인 환자의 고통을 병명이 아니라 총체적으로 살펴볼 수 있는 틀거지가 있을까요? 호스피스 내부도 이야기할 필요가 있습니다. 연명의료결정법에 따르면 후천성면역결핍증AIDS 환자는 호스피스 대상자이지만 현재 기관 입원이 불가능하고, 자문 및 가정 호스피스도 매우 부족한 상황입니다. 에이즈 환자는 질병 그 자체뿐만 아니라 감염을 둘러싼 혐오, 배제, 격리의 사회적 질서로 인해서도 고통을 겪고 있습니다.[28] 현재 호스피스에서 에이즈 환자의 고통은 잘 들리지 않고, 그 고통에 대한 응답도 부족해 보입니다. 어떤 것은 의료의 영역으로 들어오고, 또 어떤 것은 의료가 필요함에도 그 영역 밖으로 밀려나는 현실이란 무엇일까요? 이런 맥락에서, 고통이란 무엇인지 다시 생각합니다.

김호성 동의합니다. 고통의 차원에서 이야기를 하다 보면, 개인의 심리적·육체적 고통뿐만 아니라 사회적 관계, 제도적 문제와 연관된 고통이 전부 결부되어 있다는 생각이 듭니다. 보호자의 부재 문제, 비암성 환자 등과 관련된 말기 돌봄의 문제는 어느 한 개인이 아닌 사회적으로 다같이 해결을 모색해야 합니다. 그처럼 환자의 문제는 거대하고, 호스피스 다학제팀이 할 수 있는 것은 작습니다. 현실에서는 그 거대한 짐의 무게에 눌리고, 어떨 때에는 휩쓸리기도 합니다. 다만 어느 순간 이런 생각이 들더군요. '아, 환자가 가지고 있는 어려움의 짐을 우리 호스피스 다학제팀이 서로 나누어서 지고 있는 것이구나.' 고통을 함께 짊어질 수 있는 공동체의 돌봄을 말하는 겁니다. 의사, 간호사, 사회복지사, 종교인, 자원봉사자, 보호자 모두가 환자의 고통을 같이 나눠 짊어집니다. '누워 있는 환자가 무엇을 원할까', '어떻게 의미 있는 시간을 보낼까', '책을 읽어주면 좋을까', '목욕을 해주면 좋을까', '어떻게 환자가 좋아하는 음식을 먹게 해줄까'… 호스피스에서는 이런 고민들을 환자와 함께 합니다. 말기 환자의 고통은 혼자 해결해야만 하는 것이 아닙니다. 그 고통을 최대한 서로 나누어서 질 수 있습니다. 이런 호스피스의 가치를 많은 사람들과 공유하면 좋겠습니다.

송병기 고통을 함께 나눈다는 말이 와닿습니다. 호스피스 완화의료의 핵심은 고통을 없애는 게 아니라, 고통을 마주하며 함께 나누는 것com/passion이라고 생각합니다. 대개 개인이 느끼는 고통은 피하거나 없애야 할 부정적인 것으로 간주되지만, 역설적으로 개인이 고통을 덜기 위해서는 자신의 취약함을 타인에게 알리고 또 나눠야 합니다. 타인이 그 고통에 응답해야 한다면, 그 삶에 관심을 갖고 조심스러운 개입을 할 수밖에 없습니다. 고통을 통해서 우리는 서로 연결될 수 있다고 생각합니다. 그러고 보면 고통은 현실을 다르게 보고 재구성할 수 있는 가능성이기도 합니다.

죽음을 다시 만들기

5장 돌봄

돌봄이 없는 일상은 없다

송병기 돌봄이란 말을 들으면 집 안팎에서 장보고, 밥하고, 청소하고, 간병하고, 아이와 노인을 보호하는 여성이 먼저 떠오릅니다. 대중매체뿐만 아니라 우리 주변에서도 돌봄의 내용과 돌봄을 하는 사람이 정해져 있다는 생각이 들어요. 그중 임금을 받는 사람은 돌봄 서비스 종사자, 육아 도우미, 가사 도우미, 간병인, 요양보호사 등으로 명명됩니다. 일종의 '돌봄 시장'에 속한 셈입니다. 물론 상당수는 임금을 받지 않고도 돌봄을 하고 있습니다. 이때 돌봄은 임금노동으로 인정되지 않는 혹은 그럴 필요가 없는 '자연스러운 행동'으로 간주되죠. 돌봄은 경계가 분명한 일이기도 하고, 경계를 나누기 어려운 애매모호한 일이라고도 할 수 있습니다. '돌봄이 없는 곳은 없다'고 할 수도 있겠죠.

김호성 돌봄은 정말 '보이지 않는 손'인 것 같아요. 하지만 '힘들지 않은 손'인 것 같지는 않아요. 저도 아내와 함께 아이를 키우면서 몸으로 많이 느꼈던 것 같습니다. 밖에서는 당연하게 보이는 일도 부부의 손길이 가야 겨우 유지가 되더군요. 연로한 부모님을 집에서 돌보시는 분들에게 이야기를 들어보면, "해도 해도 표가 나지 않고, 하지 않으면 금방 문제가 생긴다"고 곧잘 어려움을 토로하시더군요.

송병기 임금노동으로 인정받을 수 있는지 여부를 차치하더라도, 돌봄은 잔일처럼 취급되는 경향이 있습니다. 전문성이 딱히 필요하지도 않고, 시간만 있으면 누구나 할 수 있는 일처럼 여겨집니다. 돌봄이란 무엇일까요? 한 가지 분명한 사실은 돌봄 없이는 우리의 일상을 상상하기가 어렵다는 겁니다.

김호성 돌봄을 생각할 때, 저는 거꾸로 돌봄이 필요하지 않은 상황을 상정해봅니다. 성인이 되었을 때, 신체의 건강이 유지될 때, 스스로 자율적 판단을 할 수 있을 때 등등이 있을 것 같아요. 그런데 이 말은 그런 상황 외에는 돌봄이 필요한 상황이라는 뜻이기도 합니다. 즉 돌봄이 필요하지 않은 시기가 특수한 상황이며, 그 외 삶의 대부분은 누군가의 돌봄이 필요하다는 겁니다.

송병기 어쩌면 그 '온전한 자율의 시간'도 허상이 아닐까요? 일상은 진공 상태가 아니기 때문입니다. 우리는 가족, 애인, 친구, 동료, 버스 기사, 식당 종업원, 반려동물 등과 관계를 맺으면서 살아갑니다. 또 물, 전기, 도로 등을 이용하면서 살아갑니다. 누군가는 수도관을 연결하고, 전선을 설치하고, 도로를 깔아야 하죠. 그렇게 범위를 조금씩 넓히면, '자율적 인간'이 얼마나 많은 인간들과 비인간들에게 돌봄을 받고 있는지 깨닫게 됩니다.

더욱이 저희의 대화에서 반복적으로 나타나듯이 자율성, 즉 목적의식적 의사결정을 할 수 있는 역량이라는 것도 몸, 공간, 사람, 제도, 관습 등에 영향을 받습니다. 환자, 보호자, 의료진 모두 마찬가지입니다. 이른바 '이성 능력을 갖춘 성숙한' 사람도 진공 상태에서 의사결정을 하지는 않습니다. 또 예컨대 사람들이 공공장소에서 규칙이나 질서를 지키는 것처럼, 자율성은 공존 가능한 범위에서 조율될 수 있습니다. 요컨대 현실에서 '자율'과 '의존'은 중첩되어 있습니다.

김호성　그럼에도 중첩보다는 배제의 관점이 작동하는 것 같아 안타깝습니다. 의존과 돌봄은 삶에서 배제할 수 있는 것이 아닌데 말입니다.

송병기　우리 일상이 그러하듯이 호스피스에서도 돌봄은 필수적이고 중요한 가치를 지닌다고 생각합니다. 먼저 정의에 관한 이야기를 나누고 싶습니다. 대개 사람들은 호스피스와 완화의료$^{palliative\ care}$를 묶어서 이야기합니다. '한국호스피스 완화의료학회'처럼 말이죠. 제가 주목하는 것은 영어 '팰리어티브 케어$^{palliative\ care}$'가 완화돌봄이 아니라 완화의료로 번역된다는 사실입니다. 아시다시피 번역은 언어의 의미와 맥락을 옮기는 작업입니다. 생각과 행동의 준거틀을 만드는 일이기도 하고요. 돌봄과 의료가 다른 뜻으로 통용되고 있는 한국에서 그러한 번역을 어떻게 봐야 할까요? 제겐 돌봄과 의료의 경계는 없다는 선언처럼 보이기도 하고, 돌봄을 의료라는 전문성을 띤 단어로 대체한 것처럼 보이기도 합니다.

김호성　한국의 현실에서 의료와 돌봄은 분리되어왔고, 또 그렇게 유지되고 있습니다. 이런 분리의 목적은 학문적 개념 정리의 필요성도 있지만, 저는 이것이 기본적으로는 사회의 자원 분배에 관련된 문제라고 생각합니다. 의료보험의 적용 대상이 될 수 있는가, 라는 질문에 대한 대답이겠지요. 한국에서는 기본적으로 수술이나 약물 처방 같은 '의료'의 영역이, 이를테면 병자 부축이나 목욕, 기저귀 교체 같은 '돌봄'의 영역과는 질적으로 다르다는 인식이 있어왔습니다. 다시 말해 의료가 돌봄보다 더 중요하고, 공적인 재원이 더 투여되어야 마땅하다는 사회적 합의가 있어온 것이죠. 그래서 의료는 공적으로 담당한 반면, 돌봄은 사적으로 해결해온 겁니다. 그런 분위기에서 '케어care'를 돌봄으로 번역했을 때에 생기는 뉘앙스, 그 사회적 함의에 대한 고민이 있었을 것으로 추정합니다.

송병기　한편, 돌봄은 젠더 및 계급 문제와 분리할 수 없는 관계에 있다고 생각합니다. 예컨대 현재 병원이나 요양시설에서 환자 돌봄을 담당하고 있는 요양보호사와 간병사의 대부분은 중년 여성입니다. 대개 이들은 최저임금 수준의 급여를 받거나 비정규직으로 일하고 있습니다. 이를 우연으로 보기는 어렵죠. 그런데 이들은 '환자만' 돌보는 게 아니라, 환자, 가족, 의료진 사이의 간극을 좁히는 역할도 맡습니다. 돌봄은 환자와 질병 간의 관계, 또 환자를 둘러싼 복잡한 인간 관계를 고려하는 일이기 때문입니다. 대개 집에서도 환자 돌봄은 여성이 맡습니다. 보호자와 간병인 역할도 수행하죠. 돌봄은 '모든 인간의 삶에서 선결적이며 필수불가결한 실천이자 가치'[1]이지만, 현실은 여성이 취약한 존재를 돌보면서 본인의 삶도 함께 취약해지고 있다고 말할 수 있습니다. 이런 관점에서 보면 돌봄은 자원 분배의 문제일 뿐 아니라 책임을 분배하는 문제이기도 합니다.

돌봄을 특정한 개인의 문제, 특히 의무니, 사랑이니, 헌신이니 하는 개인 윤리의 문제로 만드는 사회적 구조란 무엇일까요? 또 의료와 돌봄의 구분을 당연시하는 사회적 상상이란 무엇일까요? 오늘 대화를 통해 찬찬히 생각해보려 합니다.

본격적인 논의에 앞서, 호스피스와 완화의료의 관계에 대해 좀 더 살펴보면 좋겠습니다. 더불어 의료와 의학의 차이점에 대해서도 이야기해보죠.

김호성　서양의 중세시대에 지친 순례자들을 돌보며 환대한 것에서부터 시작한 호스피스는 시간이 갈수록 죽음의 이미지와 가까이 맺어져 사회 구성원들이 꺼려했습니다. 20세기 초 영국의 시슬리 손더스가 현대 호스피스 운동을 시작한 이후에도 대중에게 비치는 호스피스의 이미지는 크게 변하지 않았죠. 그래서 호스피스의 부정적 이미지를 조금이나마 희석시키기 위해 캐나다에서 완화palliative라는 단어를 쓰기 시작했습니다.[2] 이러한 완화의료는 호스피스보다 조금 더 넓은 의미라고 생각하시면 됩니다. 예를 들면 암 환자가 말기로 진단을 받고 여명이 얼마 남지 않았을 때에는 호스피스를 이용하게 됩니다. 하지만 반드시 환자가 말기가 아니더라도, 병의 경과 중에 통증이나 불안과 같은 삶의 질을 해치는 증상들이 있을 수 있습니다. 이때에는 해당 증상을 관리하고 조절하는 데에 완화의료의 도움이 필요합니다.

송병기   저는 각 사회마다 호스피스 완화의료가 발전한 배경과 경로가 다양하다는 점을 짚고 싶습니다. 시슬리 손더스가 1967년에 세운 영국의 '성 크리스토퍼 호스피스St Christopher's Hospice'는 자기 건물을 갖고 독자적으로 운영하는 이른바 독립형 호스피스로 발전했죠. 제가 느끼기에 동백 성루카병원은 성 크리스토퍼 호스피스와 닮은 점이 많습니다.

한편, 성 크리스토퍼 호스피스를 참관한 예일대 간호학과 교수 플로렌스 월드Florence Wald는 1974년에 미국 최초의 호스피스를 설립합니다. 그러나 이 '코네티컷 호스피스Connecticut Hospice'는 주로 가정 방문 서비스를 제공하며 발전했습니다.

그 비슷한 시기, 시슬리 손더스에게 호스피스 완화의료를 배운 캐나다 의사 발푸르 마운트Balfour Mount는 맥길대학교McGill University와 연계된 로열 빅토리아 병원The Royal Victoria Hospital 안에 완화돌봄 서비스Palliative Care Service를 만듭니다. 참고로, 저는 '팰리어티브 케어palliative care'를 완화돌봄으로 번역했습니다. 영어 '케어care'는 치료/완치를 의미하는 '큐어cure'나 의료/의학을 의미하는 '메디신medicine'과 다른 의미로 쓰이니까요. 즉, 캐나다의 호스피스 완화의료는 1975년 퀘벡주(프랑스계 주민이 많고 프랑스어가 공용어로 쓰인다) 몬트리올의 한 대학병원 내에서 '완화돌봄 서비스'라는 이름으로 시작했습니다. 그 이유는 20세기 초만 해도 프랑스에서 호스피스hospice(불어 발음은 '오스피스'이고 철자는 영어와 같다)라고 불리는 장소는 '의탁할 곳 없는 노인'과 '부랑하는 빈민'을 위한 구호소를 의미했기 때문이죠.

지금도 불어권 사람들은 호스피스라는 단어를 잘 쓰지 않습니다. 호스피스는 정치적으로 올바르지 않은 단어로 여겨집니다. 만약 불어 '오스피스hospice'를 영어로 번역한다면 '암즈하우스almshouse', 즉 빈민 구호소라고 해야 합니다. 불어권에서는 호스피스 대신 완화돌봄(영어로는 '팰리어티브 케어', 불어로는 '스왱 팔리아티프soins palliatifs')이라는 용어를 사용합니다. '팰리어티브'의 어원은 '감추다'를 의미하는 라틴어 '팔리아레palliare'에서 유래했지만, 이 단어는 세월이 흐르면서 '무엇의 질을 향상시키다'라는 뜻을 갖게 되죠. 더욱이 혁명의 역사를 가진 프랑스는 '세속주의laïcité'가 강하게 작동하는 사회입니다. 예컨대 프랑스 공화국 헌법 제1조는 '프랑스는 불가분적, 비종교적laïque, 민주적, 사회적 공화국이다'라고 시작하죠.[3] 즉, 프랑스는 종교적 색채를 띤 호스피스라는 단어 대신에 말기 환자의 삶의 질을 향상시키는 완화돌봄이라는 개념을 채택했다고도 볼 수 있습니다.

다른 한편, 프랑스가 '호스피스 완화의료'를 수용한 배경에는 1980년에 설립된 '존엄하게 죽을 권리를 위한 협회Association pour le Droit de Mourir dans la Dignité(프랑스에서는 흔히 ADMD로 불린다)'의 활동을 간과할 수 없습니다. 이 시민단체는 사람은 생의 마무리에 관해 저마다의 실존적 판단이 있기 때문에, 그에 대한 개인의 자유와 존엄을 존중해야 한다는 입장을 견지합니다. 그 자유와 존엄을 저해하는 의료 행위를 중단할 권리가 모두에게 있다고 보고, 적극적 안락사와 의사조력자살을 입법화하기 위한 시민운동을 하죠. 이러한 사회적 흐름에 프랑스 정부는 호스피스 완화의료(프랑스에서는 '스왱 팔리아티프soins palliatifs'라고 명명)로 응답했습니다.[4] 그렇게 1987년에서야 한 대학병원 내에 완화돌봄 병동Unité de Soins Palliatifs이 생기죠. 그리고 1989년에 완화돌봄 방문

팀Équipe Mobile de Soins Palliatifs이 만들어집니다. 이 팀은 일종의 별동대라고 할 수 있습니다. 현재도 프랑스는 별도의 완화돌봄팀이 전국의 병원, 요양시설, 집에 방문해 말기 돌봄을 제공하는 체계를 갖고 있습니다. 이 말기 돌봄에는 완화적 진정도 포함되어 있습니다.

그럼 한국은 어떨까요? 한국의 호스피스 완화의료는 오스트레일리아에서 온 '마리아의 작은 자매회' 수녀들이 1965년 강릉에 '갈바리 의원'을 설립하면서 시작되었다고 볼 수 있죠. 1990년대까지 천주교, 개신교, 원불교의 의료, 종교, 교육 활동 등과 연계되어 발전했고요. 그러다 2000년 들어와 호스피스 완화의료는 정부의 '암 정복 계획'과 맞물립니다. 국민 사망원인 1위인 암을 관리하기 위한 정부 주도의 사업으로 흡수되죠. 2003년 암 관리법 제정과 말기 암 환자를 위한 호스피스 시범사업이 시작됩니다.

앞서 선생님의 말씀처럼, 저는 한국의 경우는 국가가 호스피스를 '말기 환자의 고통에 대한 응답' 혹은 '말기 돌봄'으로 본 게 아니라 자원 분배의 문제로 파악한 것은 아닐까 생각합니다. 즉, 여명이 얼마 남지 않은 말기 암 환자가 불필요하게 의료 자원을 사용하는 것을 막는 데 호스피스라는 제도, 그리고 완화'의료'라는 전문성이 '동원'된 것이 아닐까 하는 의구심이 듭니다. 그렇게 시간이 흘러 2016년 호스피스 완화의료는 연명의료결정법에 정착합니다. 그러한 국가주의적 접근의 다른 한편으로, 말기 돌봄 현장에서 환자들의 곁을 지킨 수많은 의사, 간호사, 사회복지사, 종교인, 자원봉사자의 헌신과 노고가 있었습니다. 즉, 민간에서도 말기 돌봄의 가치와 실천을 제도화하려는 움직임이 활발했던 것이죠. 이처럼 각 사회마다 호스피스 완화의료를 수용한 배경 및 경로가 다양합니다.

김호성 선생님 말씀을 들으니 호스피스 완화의료가 사회의 역사적·사회적 맥락에 따라 발전했다는 사실을 다시 생각하게 됩니다.

조금 전에 의료와 의학의 관계에 대한 질문을 해주셨는데요. 의료가 의학보다 조금 더 넓은 개념이라 생각하시면 될 것 같습니다. 의학이 학문적으로 인간 신체나 병리를 이해하고 그 치료 방법을 고민하는 영역이라면, 의료는 의학을 넘어 의료제도와 보험, 윤리 같은 사회적인 부분까지 아우르는 영역입니다. 즉 의료는 그 시대 사회 구성원들의 생각을 반영하게 됩니다. 앞서 말한 완화가 호스피스를 포괄하는 더 큰 개념이듯, 의료도 의학을 포괄하는 더 넓은 개념인 셈이죠.

송병기 한번 더 강조하고 싶은 말은, 의료와 돌봄은 명확히 구분되는 개념이 아니라는 겁니다. 예컨대 한자로 '의료醫療'의 '료'와 '요양원療養院'의 '요'는 같은 글자입니다. '요療'는 영어로 '케어care'에 해당하죠. 우리 모두 경험적으로 알고 있듯이 병원에서도 돌봄은 필요하고, 요양원에서도 의료는 필수입니다. 이런 관점에서 '의료는 의학이라는 수단을 통해 돌보고 실천하는 행위'라고 할 수 있습니다.[5] 하지만 저희가 여러 차례 지적했듯이 한국에서 의료는 대개 치료로 인식되고, 의료공간도 치료를 중심으로 디자인되어 있습니다. 의료는 전문가가 하는 영역이고, 돌봄은 아무나 해도 되는 일처럼 치부됩니다. 의료에 대한 그러한 이분법적 인식과 구조는 생의 말기와 죽음의 과정에 긍정적 영향을 미친다고 보기 어렵습니다. 우리가 마주한 현실을 다시 상상하고 구성하기 위해 필요한 조건과 방식은 무엇일까요? 호스피스 현장에서의 돌봄을 살펴보면서 그 실마리를 찾을 수 있으면 좋겠습니다.

김호성 말기 돌봄 영역에 있는 호스피스 의료진이 고민하는 핵심이 바로 그것입니다. 더불어 '의료는 돌봄을 포함하는 것인가'라는 질문은 비단 호스피스 현장만이 아니라, 고령화 문제에 심각하게 당면한 노인 돌봄 영역에서도 현실적인 고민인 것 같습니다. 이를테면 한국에서 의료는 의료보험으로, 돌봄은 장기요양보험으로 체계를 달리하고 있지만 반드시 그렇게 분리되어야 하는가, 라는 질문이 관련 학계에서 제기되고 있단 말이죠. 다른 사람에게 의존하게 되는 소아청소년기나 노년기에는 의료와 돌봄이 밀접한 관계를 가지게 됩니다. 이는 호스피스 완화병동 현장에서 바로 느낄 수 있죠. 예전에 말기 돌봄 현장에서 일하는 한 의료진과 나눈 이야기가 기억납니다. 만약 말기 환자가 삶을 포기하겠다며 모든 검사를 거부할 때 의사는 어떻게 대처해야 하는지 서로 의견을 나누었는데요. '환자의 거부를 무릅쓰고 환자에게 필요한 검사를 해야 하는가', '그렇다면 어떤 검사를 해야 하는가'와 같은 의학적·윤리적 논쟁도 있었지만, 특히 저는 이 이야기가 더 인상 깊었습니다. 바로 '말기 환자가 따뜻한 물에 목욕을 해본 적이 있는가'라는 질문이 중요하다는 지적이었죠.

목욕, 돌봄의 정점

송병기 흥미롭군요. 안 그래도 제가 동백 성루카병원에 와서 새삼 주목한 게 환자의 목욕입니다. 그간 의료와 목욕을 함께 생각하지 못했던 제 자신을 돌아보게 되었습니다. 우리 모두 알고 있듯이 목욕은 단순히 위생의 문제로 요약할 수 없습니다. 몸을 씻으며 기분전환도 하고, 누군가를 만날 준비도 합니다. 가족이나 지인과 함께 찜질방이나 온천에 가서 즐거운 시간을 보내기도 하죠. 영화나 드라마에서 주인공이 중요한 결심을 할 때 샤워 장면이 나오는 것도 우연이 아닙니다. 목욕은 매일의 삶을 갱신하게 하고, 나와 타인을 이어주는 의례라고 할 수 있습니다. 환자에게도 마찬가지일 테죠.

김호성　　네, 환자는 목욕을 통해 힘든 투병 과정에서 무뎌진 감각을 깨웁니다. 환자에게 무엇보다 씻는 것, 그 자체가 의미 있는 상황입니다. 급성기 병원에서 환자들은 치료에 중점을 두다 보니까 제대로 씻지 못하고, 몸에 꽂혀 있는 배액관, 상처 탓에 냄새가 많이 나거든요. 말기 암 환자의 컨디션이면 누가 도와줘야만 씻을 수 있습니다. 하지만 세계 몇 위라는 암 치료 성적을 자랑하는 한국의 대형 상급병원에서 환자의 목욕은 우선순위에 있지 않습니다. 철저히 치료에 목적을 둔 장소인 거죠.

송병기　　병원과 목욕은 안 어울린다고 생각하기 쉬운데, 그러한 인식이 의료와 돌봄의 분리를 강화한다고 생각해요. 환자는 아픈 몸 그 자체가 아닙니다. 입원 전이나 후에도 일상을 사는 존재입니다. 정현종 시인의 표현처럼 사람이 온다는 건 그의 과거, 현재, 미래가 함께 오는 어마어마한 일이죠.[6] 다시 목욕 이야기로 돌아오자면, 동백 성루카병원에서는 자원봉사자가 환자의 목욕을 담당하고 있는 거죠?

김호성 그렇습니다. 환자가 입원한 후에 힘든 증상이 조절되면, 자원봉사자들이 목욕을 도와줍니다. 보통 목욕봉사를 오래 해왔던 분들이에요. 말기 환자를 목욕시키는 것이 절대 쉽지 않습니다. 병자를 씻기는 건 완전히 다른 영역이에요. 환자들은 장기 손상이 있어 다양한 배액관을 꽂고 있고, 더 나아가 뼈 전이가 있는 분들은 목욕하다가 통증이 생길 수도 있습니다. 그래서 오랫동안 목욕봉사를 하면서 노하우를 습득한 분들이 맡아서 하고 있죠. 힘든 일이지만 즐겁고 행복하게 봉사하시는 모습을 보면 참 존경스럽습니다. 자원봉사자들은 젊은 분들도 가끔씩 계시지만 대부분 중년 분들이시고, 여성과 남성이 각각 비슷한 비율로 열정적으로 참여해주십니다.

송병기 저는 중년의 여성 봉사자가 압도적으로 많은 줄 알았습니다. 남녀 성비가 비슷하군요. 저의 편견입니다만, 중년 남성은 좀 의외인데요.

김호성 음, 종교가 계기가 되었을 수도 있지만 꼭 그 이유만은 아닌 것 같습니다. 얼마든지 자기 자신의 삶만을 풍요롭게 보내려 노력할 수도 있는데, 군이 호스피스까지 와서 힘든 봉사를 하는 것이 쉽지 않죠. 제 생각에 실질적으로 다른 사람을 도움으로써 본인의 자기 효용감과 의미를 찾는 것이 큰 것 같습니다. 오랫동안 힘들게 투병한 환자들의 얼굴이 목욕 후 깨끗하게 변하고, 머리카락도 기름기가 없어져 산뜻해집니다. 회진할 때 보면 환자가 보송보송하죠. 어떤 환자는 약간 노곤해져서 잠들어 있기도 하고요. 환자들이 호스피스에서 환대받는다는 느낌은 아마 목욕을 하고 나서 가장 많이 받을 겁니다. 봉사자들은 그러한 환자들의 모습을 보며 기뻐하죠. 우리는 나로 인해 다른 사람이 기뻐하는 모습을 보며 삶의 의미와 희열을 느끼는 존재이기도 하니까요.

송병기　어린 시절 종종 아버지, 할아버지와 목욕탕을 갔던 게 좋은 기억으로 남아 있습니다. 아버지와 할아버지의 등을 밀 때 잠시나마 어른이 된 듯한 기분이 들더군요. 평소 저를 돌보는 사람을 돌보는 시간이었죠. 제 팔은 아팠지만 아버지와 할아버지가 좋아하는 모습을 보니 오히려 신이 나더군요. 때를 밀면서 다른 사람의 의견과 반응에 집중하고 거기에 응답하는 경험을 한 거죠. 그 과정에서 유대감, 즉 '서로 밀접하게 연결되어 있는 공통된 느낌'이 들었습니다. 타자의 몸을 보살피면서 다양한 존재들과 함께 살고 있음을 실감하고, 또 어떻게 살아갈지 상상할 수 있었던 것 같아요. 문학평론가 신형철은 돌보는 사람은 "상대방의 미래를 내가 먼저 한번 살고 그것을 당신과 함께 한번 더 사는 일"이라고 말합니다.[7] 돌봄이란 상대가 미래에 겪게 될 불편함을 미리 살피는 동시에 현재 그와 함께 시간을 보내는 일이라는 겁니다.

김호성　남을 돌보는 행위의 의미를 잘 표현해주셨습니다. 말기 돌봄에서 돌보는 사람과 돌봄을 받는 사람 사이의 신체적 접촉이 중요합니다. 오감의 회복 중에서 제일 중요한 감각은 촉각이라고 생각해요. 그래서 진찰을 할 때도 신체검진을 열심히 하려고 합니다. 호스피스 의사들이 다들 중요하게 생각하는 것이죠. 청진을 하고 배를 만져라. 환자의 통증 부위를 손을 대고 확인해라. 그게 의학적인 정보를 얻기 위한 행동이기도 하지만 무엇보다 환자가 안정감을 느낍니다. 사실 요즘에는 의사들이 신체검진을 많이 안 하거든요. 영상검사와 혈액검사에 비해 신체검진은 정확도가 떨어지니까요. 그러나 환자와 의사의 직접적인 접촉으로 이루어지는 신체검진은 객관적인 검사로 알 수 없는 환자의 전반적인 상태를 파악하게 해주고, 더불어 의사와 환자 간의 라포를 쌓기 위한 가장 기본적인 도구라고 생각합니다. 그 연장선상에서 저는 환자와 첫인사를 할 때 꼭 손을 맞잡고 악수를 합니다. 목욕, 신체검진, 악수, 자원봉사자들의 아로마 마사지, 그런 것들이 환자의 오감을 깨우는 역할을 하죠.

송병기　코로나19 사태를 겪으면서 비대면이란 단어가 익숙해졌는데, 다시 대면과 접촉의 중요성을 깨닫게 됩니다. 환자의 목욕 과정을 좀 더 자세히 이야기해주시면 좋겠습니다. 자원봉사자는 사전에 어떤 교육을 받는지, 또 목욕 장소에 대해서도 궁금합니다.

김호성　병동마다 일주일에 몇 번 목욕하는 날이 정해져 있습니다. 목욕 봉사자들이 오는 날이지요. 이분들은 말기 환자들의 몸을 어떻게 씻기는지, 어떤 것을 조심하고 신경 써야 하는지에 대해 교육을 받았고 경험도 많습니다. 남자와 여자, 그러니까 성별마다 목욕 날짜가 다릅니다. 봉사자들이 오는 날은 병동이 부산합니다. 간호부에서는 당일 목욕하는 환자의 리스트를 만들고, 목욕하기 전에 진통제가 필요한 분들에게는 주사를 놓습니다. 또 배액관같이 의학적으로 신경 써야 할 부위가 있으면 물이 닿지 않게 사전 처치를 하죠. 그리고 환자에게 설명을 하고 봉사자들의 도움을 받아 목욕실로 이

동합니다. 병실 침대에서 목욕실 전용 침대로 환자의 몸을 봉사자들이 옮기게 됩니다. 많은 손들이 필요한 순간이죠. 수온이 따뜻한지 다시 확인하고 목욕을 하게 됩니다. 그 뒤는 환자가 봉사자들에게 자신의 몸을 맡기는 겁니다.

사실 타인에게 자기의 몸을 온전히 맡기는 것도 큰 용기이지요. 그런데 그런 용기를 너무 고민하지 않고 낼 만큼, 환자는 대개 오랫동안 씻지 못해 괴로운 상태입니다. 그래서 목욕실은 망설임과 불안, 용기, 그리고 환대가 뒤섞여 있는 공간입니다. 평소에는 어찌 보면 휑하니 비워져 있지만, 그때에는 사람과 사람의 온기로 가득한 공간이 됩니다. 목욕 시설, 용품들이 환자의 완화적 처치에 있어 중요한 '약'이 되는 셈이지요. 그리고 목욕은 입원 후 환자가 어느 정도 안정이 되어야 진행할 수 있습니다. 우선 통증을 조절하고 여기가 안전한 곳이라는 것을 환자가 인지해야 합니다. 그래야 비로소 몸을 맡겨보자는 생각이 들죠. 입원 후 바로 목욕을 하는 분도 있지만 일반적으로는 그렇습니다. 저는 호스피스에서 목욕이 어떤 의사가 처방해주는 약보다 훨씬 효용이 크고 의미 있다고 생각합니다. 타인의 환대 속에서 이루어지는 목욕은 말기 돌봄의 정점이라고 해도 과언이 아닙니다.

도판 5.1

송병기　정말이지 목욕은 굉장한 일입니다. 환자, 보호자, 다학제 팀, 공간과 사물이 긴밀히 연결되고 활성화되는 일이라고 생각합니다. 환자가 이 공간이 안전하다고 느끼기 위해서는 다학제팀과의 신뢰관계가 형성되어야 합니다. 그 관계의 요소 중 하나가 통증이겠죠. '편안한 죽음'에는 촘촘한 말기 돌봄 계획이 동반되어야 함을 깨닫게 됩니다. 즉, 그 죽음으로 가는 과정에 다양한 배경의 사람들과 사물들이 참여하게 된다는 점을 생각합니다.

　사실 대학병원에서도 환자는 목욕을 합니다. 일반화할 수는 없지만, 이를테면 대학병원에서는 병동이 한가한 늦은 밤에 환자가 목욕을 '당할' 수가 있습니다. 목욕을 치료의 틀 속에서 바라보고, 또 매뉴얼대로, 위생의 문제로 접근하면서 환자 일상의 리듬과 프라이버시 등이 주변화되기 쉽죠. 한 대학병원 간호사에게 직접 들은 이야기가 생각납니다. 평생 시골에서 살아온 할머니가 수술 때문에 서울의 한 대학병원에 입원했습니다. 할머니는 매일 샤워하는 분이 아니었고, 날을 잡고 지인들과 목욕탕을 이용하는 분이었죠. 그런데 어느 늦은 밤, 자고 있는데 간호사와 간병인이 나타나 느닷없이 목욕을 해야 한다고 말했답니다. 할머니는 목욕실에 억지로 끌려가다시피 했고, 난생처음 보는 사람이 "내 몸에 물을 막 찌끄렸다"고 표현했다고 합니다.

　그 이야기를 듣는데 병원에서의 목욕이 아찔하게 느껴지더군요. 그 일화는 돌봄이 관계의 문제임을 시사합니다. 환자에게 목욕을 '시켜주는 것'이 그저 좋은 행위, 돌봄이 아니라는 점입니다. 돌봄에 있어 의학적으로 환자의 몸 상태를 아는 것도 중요하지만, 환자가 누구인지에 대한 '앎'이 핵심이라는 것이죠. 환자의 목욕은 어떤 관계 속에선 공포가 되고, 또 어떤 관계 속에선 평화가 되기도 합니다.

한편, 호스피스에서 자원봉사자가 다학제팀의 일원으로서 말기 돌봄을 실천한다는 게 낯설게 느껴지기도 합니다. 자원봉사라는 도덕적 단어를 치우고 보면 꽤 묘한 상황이거든요. 한 사람이, 누군지도 모르는 다른 사람의 몸을, 더군다나 생의 끝자락을 보내고 있는 이를 씻긴다? 반대로도 마찬가지죠. 환자가 누군지도 모르는 사람에게 자신의 몸을 온전히 맡긴다? 호스피스에서의 목욕을 매개로 일면식도 없던 사람들이 서로 가까워지는 것이거든요. 왜 이런 일이 벌어지는 걸까, 호스피스는 뭐고 또 돌봄은 뭘까, 질문이 많아집니다.

사람으로 대우하다

김호성　　어떤 환자는 호스피스에 와서 어색해하기도 합니다. 본인이 생각하는 '치료'를 하는 곳도 아니고, 죽으러 왔다고 생각하는 공간에서 이른바 환대를 하니 낯선 것이죠. 저희는 그저 환자에게 인사하고, 평상시대로 대하는 것일 뿐인데 말입니다. 사실 현대 사회에서 다른 사람을 '도와준다'는 것은 이상한 일입니다. 사람은 기본적으로 본인의 생존욕구와 이익을 도모하는 존재로 상정되죠. 타인을 돕는다는 것은 친족이나 지인, 혹은 장단기적으로 상호이익이 있는 관계를 전제로 해야 성립되는 실정입니다.

그런데 돌봄의 핵심은 도움이 아니라 '환대'입니다. 이 환대에는 어느 조건이 있지 않습니다. 당신이 연약한 인간이고 지금 취약한 상황이니 그에 맞는 안전한 장소와 따뜻한 돌봄을 한다, 이게 전부입니다. 제가 호스피스 기관을 몇 군데 경험한 바로는, 모든 기관들이 항상 동일한 수준은 아니지만 환자를 돌보는 일을 의료적 처치만큼 중요하게 생각하며, 그 돌보는 일의 핵심에는 환대가 자리하고 있었습니다. 환자와 보호자의 입장에선 '나를 사람으로 대우한다'고 느낄 테죠. '사람으로 대우한다.' 어쩌면 고루하게 들릴 수 있겠지만, 이것은 호스피스 기관의 가장 중요한 명제입니다.

송병기   그러고 보면 돌봄은 사람이 어떻게 대우받아야 하는가에 대한 문제라고 할 수 있습니다. 그에 관해 생각해보죠. 먼저, 정치철학자 김희강은 돌봄을 "취약한 인간에 응답하는, 모든 인간의 삶에서 선결적이며 필수불가결한 실천이자 가치"로 규정합니다.[8] 취약한 인간은 따로 정해져 있는 게 아니라는 겁니다. 우리 모두 경험적으로 알고 있듯이 인간은 태어나서, 또 죽기 전 일정 기간 타인에게 의존하게 됩니다. 생의 초와 끝자락만이 아니라 삶의 모든 과정에서 돌봄은 필수입니다. 미국의 정치학자 조안 트론토Joan Tronto는 민주주의의 본질은 돌봄 책임을 분배하는 것이라고 힘주어 말합니다. 현재 민주주의는 돌봄을 하거나 받는 시민들을 시민으로서 동등하게 대우하지 않고 있다고 주장합니다. '돌봄에 연루된' 사람들은 경제 활동을 하기도 어렵고, 정치에 관심을 갖기도 어렵고, 공적인 목소리를 내기가 어려운 상황 속에 있기 때문이죠. 한편, 특정한 사람들이 돌봄을 떠맡으면서 또 다른 일부 사람들은 돌봄 활동에 동참하는 것에서 벗어나는, 이른바 돌봄의 무임승차 문제도 지적합니다.[9]
영국의 '더 케어 콜렉티브The Care Collective'라는 단체는 가장 가까운 관계부터 가장 먼 관계에 이르기까지 돌봄의 관계를 재정립하며 증식해가자고 주장합니다. 가족에서부터 공동체, 시장, 국가, 땅, 물, 우주적인 규모에 이르기까지 돌봄을 확장적인 방법으로 실천하자는 겁니다.[10]

한편, 저는 인간^{human being}이라는 개념과 다소 차이가 있는 '사람^{person}'이란 말에 대해서 생각합니다. 영어 '퍼슨^{person}'의 어원은 가면, 역할, 지위 등을 의미하는 라틴어 '페르소나^{persona}'에서 유래했습니다. 페르소나는 극장 언어였습니다. 배우의 연기를 떠올려보면 이해가 쉽습니다. 가면은 그것이 사물이든 역할이든, 한 얼굴을 가리는 동시에 다른 얼굴을 드러냅니다. 또 가면을 썼더라도 목소리는 울립니다. 정치이론가 한나 아렌트는 '목소리가 울려나오는 가면^{per sonare}'이라는 은유가 고대 로마에서 법률 용어로 이전되었다고 말합니다.[11] 페르소나는 권리와 의무를 지닌 시민, 즉 법적 인격을 가리키게 됩니다. 참고로 저는 사람과 시민은 다른 개념이라고 생각하며, 사람이 시민보다 더 근본적이고 보편적인 말이라고 생각합니다. 요컨대 사람^{person}은 공동체라는 무대에 선 배우처럼 어떤 역할을 맡으며 목소리를 내는 존재입니다. 여기서 핵심은 타인이, 또 공동체가 그 목소리를 듣는 것입니다. 한 사람의 목소리가 타인에게 들리지 않거나 공동체에 울려 퍼지지 않는다면, 그는 더 이상 '사람'이 아니게 됩니다.

그럼 대우란 무엇일까요? 국어사전은 대우(待遇)를 크게 두 가지 의미로 정의합니다. 하나는 '어떤 사회적 관계나 태도로 대하다'이고, 또 하나는 '직위나 근로 조건 등을 나타내는 말'입니다. 다시 말해, 대우는 자신과의 관계, 예컨대 말투나 몸가짐 같은 자기 변형을 야기합니다. 더불어 타자와의 관계, 이를테면 외부의 반응과 조건에도 영향을 받습니다. 그러니까 대우는 그 둘 사이를 오가는 일입니다. 그 왕복운동을 통해서 개인은 사회라는 관계적 공간을 구성하는 동시에 그 안에서 살아간다고 볼 수 있습니다.

정리하면 이렇습니다. 사람으로 대우한다는 말은 나, 우리가 그의 목소리를 듣는 일입니다. 만약 그의 목소리가 잘 들리지 않는다면, 그를 대신해 나, 우리가 목소리를 내는 일입니다. 또 '그'의 자리에 언제든 내가 들어갈 수 있음을 깨닫는 일입니다. 따라서 돌봄은 나와 가깝거나 먼 '관계' 모두를 목소리를 가진 존재로 대우하는 일입니다. 그 관계는 인간과 비인간, 그를 둘러싼 모든 생명체로도 확장될 수 있습니다.

김호성　　우리는 보통 부모-자식 관계에서 돌봄의 순환을 경험합니다. 어릴 때 자라면서 부모의 돌봄을 받다가, 시간이 흘러 나이 든 부모를 자식이 돌보는 것이지요. 하지만 방금 말씀해주신 것처럼 조금 더 넓게 보면 세계에서 일어나고 있는 일들이 기본적으로 돌봄의 순환입니다. 다만 그 모습이 파편적이고 숨겨져 있어서 우리가 미처 잘 모르고 있는 것뿐이지요. 보이지 않던 돌봄의 순환이 응축적으로 보이는 곳이 호스피스입니다.

송병기　　호스피스는 돌봄을 통해서 사람을 사람으로 대우하는 곳이라고 할 수 있습니다. 제가 동백 성루카병원의 돌봄에 관심을 갖는 이유는 이 주제에 대해 연구하는 사람이기 때문만이 아닙니다. 누구든 호스피스에 와서 어느 정도 시간을 보내면 돌봄에 마음이 끌릴 겁니다. 환자 한 명을 돌보기 위해 호스피스라는 세계 전체가 움직이는 모습을 목격하게 되니까요. 호스피스는 돌봄을 생각하고 실천하기 좋은 곳입니다. 그렇게 자신이 변하고, 타자와 관계를 맺기 좋은 장소입니다.

가령 극장이 영화를 통해 현재를 이전과 다른 방식으로 상상하고 수선하게 한다면, 호스피스는 돌봄에 대한 감각을 예민하게 합니다. '치료 기계로서의 병원'에 의문을 제기하고 전도시킵니다. 호스피스를 경험한 이들이 많아지는 건 기존의 세계를 다르게 보고 대하는 사람들이 늘어나는 일입니다. 그러고 보면 호스피스에서의 돌봄은 우리가 마주한 생의 끝자락을 다시 상상하고 바꾸는 '움직임 movement'이기도 한 셈입니다.

김호성　처음에 호스피스를 어색해하던 환자가 며칠 후 생각이 달라져 있는 것을 경험하곤 합니다. 물론 모든 환자가 그렇게 긍정적으로 변하지는 않습니다만, 다학제팀이 시간을 두고 고민하면 어쨌든 환자 삶의 질이 올라갑니다. 이때 '환대'가 핵심이라고 생각합니다. 돌봄의 수용자가 스스로 돌봄을 받을 자격이 있다고 여기는 것, 그리고 돌봄의 제공자가 그것을 인정하는 것이 무척 중요합니다. 그 사람이 과거에 어떤 방식으로 살아왔건, 어떤 삶의 과정을 거쳐왔건 환대하는 것입니다. 호스피스에서 제공하는 여러 서비스들에 그런 태도가 스며 있다고 생각합니다.

송병기　앞서 환자의 목욕에서도 살펴봤듯이 돌봄을 주고받는 주체, 행위, 차례, 흐름, 구성이 있다는 생각이 들어요. 이를 '돌봄 시퀀스care sequence'로 개념화하면 어떨까요? 영화의 시퀀스와 편집을 떠올리면 이해가 쉬울 것 같습니다. 환자와 인사하기는 환자의 목욕보다 앞서 배치되는 돌봄 시퀀스로 볼 수 있겠죠. 가령 호스피스가 전체 이야기라면, 돌봄 시퀀스는 전체 이야기를 이루는 개별 이야기라고 할 수 있습니다. 환자와 보호자가 경험하는 호스피스는 돌봄 시퀀스가 어떻게 배치되는지에 따라서 달라질 수 있다고 생각합니다. 여러 돌봄 시퀀스들에 관심을 기울이는 한편, 그 시퀀스들이 어떤 방식과 맥락으로 서로 연결되거나 연결되지 못하는지도 살펴보면 좋겠습니다. '환자와 인사하기'에 대해서 더 알고 싶습니다.

김호성   호스피스에 오는 환자들은 대부분 심리적으로 불안하고, 체력적으로 많이 지친 상황에서 오게 됩니다. 그래서 첫 인사가 중요합니다. "안녕하세요, 오시느라 고생 많으셨습니다"라고 하면서 악수를 청하죠. 의식이 없는 환자만 빼고 거의 대부분의 환자에게 악수를 청합니다. 그리고 "지금 혹시 불편하신 데는 없으세요?"라고 묻는데, 이는 되도록 빨리 불편한 점들을 없애주기 위해서입니다. 통증이 얼마나 있는지 확인하고 나서 필요시에 바로 적절한 처치를 하죠. 응급실보다 훨씬 빨리 진통제를 드립니다.

송병기   그냥 인사만 하는 게 아니군요. 한편, 의사가 악수를 청하면 환자가 조금 놀랄 수도 있을 것 같은데요

김호성   저도 호스피스를 하는 선배 의사 분들께 배운 거예요. 환자와 처음 대면하는 순간 그렇게 하는 게 맞다는 생각이 들었습니다. 힘들어하는 환자에게 인사를 하면 일단 환자의 눈빛이 변합니다.

호스피스에 처음 오면, 환자나 보호자들이 많이 두려워하거든요. 저도 호스피스에 대해 모르면 그럴 것 같아요. 흔히들 '죽으러 가는 곳'이라고 생각하잖아요.

인사는 환자와 관계를 맺기에 좋은 시작입니다. 더불어 환자들의 심리적인 두려움이 많이 줄어들거든요. 다만 환대의 시작을 인사부터 하더라도, 이후 여러 약물 처치를 비롯한 돌봄을 빠르게 진행합니다. 2~3일 정도 이내에 입원한 곳이 안전한 공간이라고 환자가 생각하지 않으면 그 후에 지속적인 관계 맺기가 힘들기 때문입니다. 통증으로 얼음장처럼 있는 환자들을 떠올려보세요. 그걸 반드시 일정 기간 내에 녹이지 않으면 이후 과정이 정말 쉽지 않습니다.

송병기 선생님 말씀을 들으며 새삼 인사의 중요성을 깨닫습니다. 최근 어느 대학병원의 진료실 복도를 지나가다가 우연히 본 장면이 아직도 기억에 남습니다. 한 의사가 진료실 문을 활짝 열어놓고 환자를 진료하더군요. 그런데 환자가 진료실에 들어가자마자 의사가 야단을 치듯 말을 하는 겁니다. 피검사 결과가 안 좋다, 살을 빼야 한다, 고기를 먹으면 안 된다 등등 말입니다. 중년으로 보이는 환자는 마치 죄 지은 사람처럼 가만히 있었습니다. 의사의 말은 의학적으로 옳았을 겁니다. 의사는 환자를 위해 애정 어린 충고를 했을 겁니다. 그럼에도 불구하고, 의사는 진료실 문을 열어놓은 상태에서 그런 이야기를 해야만 했을까요? 게다가 의사는 환자와 그런 종류의 말을 통해서 관계를 맺을 수밖에 없었을까요? 많은 의문이 들었습니다.

저는 인사하기가 환자와 의사의 관계, 그 핵심을 드러낸다고 생각합니다. 악수는 한 개인과 한 개인이 만나서 관계를 시작함을 의미합니다. 즉, 누가 누구를 위해서 무언가를 해주고 받는 관계가 아니라, 두 사람은 상호작용 속에 존재함을 뜻합니다. 특히 의사가 악수를 하며 자기소개를 하는 것이 중요합니다. 보통 의료진은 환자의 정보를 꿰고 있는 반면, 환자는 의료진에 대해 모릅니다. 환자 입장에서는 낯선 사람이, 그가 유니폼을 입은 의료진일지라도, 자신의 몸을 만지고 가타부타 말을 하는 것에 대해 수치심을 느낄 수 있습니다. 의사가 악수를 하며 자기소개를 하는 것은 환자를 한 사람으로 만난다는 의미가 있습니다. 환자는 의사가 누구이며, 그가 왜 내 몸에 대해 말하고 만지는지에 대해 이해하게 되죠. 사소해 보이지만, 인사하기를 통해서 환자는 의사를 신뢰하게 되고, 의사도 환자의 이야기를 들으며 그가 겪고 있는 어려움에 대한 이해가 깊어집니다.

김호성 그렇습니다. 아울러 인사를 건네며 환자의 반응을 보는 것도 필요합니다. 환자의 의학적 평가가 같이 이루어지는 것이죠. 예컨대 환자가 인사를 건넬 수 있는 인지능력을 가지고 있는지, 통증으로 인사조차 못하는 상황인지 등을 평가합니다. 그 과정을 통해서 신속히 돌봄 계획을 구상하는 것도 호스피스에서 이루어지는 환대 중 하나입니다.

사실 상급병원에서는 말기 환자들의 감각이 마비되어 있습니다. 통증이 크면 다른 감각들이 거의 무뎌지거든요. 급성기 병원에서는 병의 치료 자체가 중요하기 때문에 치료 과정 속에서 생기는 감각의 마비를 그리 대단하게 보지 않습니다. 하지만 호스피스는 전혀 다른 맥락을 가진 공간이고, 최대한 환자의 감각을 회복시키려 합니다. 원상복구까지는 아니더라도 오감이 충분히 느껴져야 삶의 질이 높아지고 일상적인 생활이 가능해지니까요.

송병기　앞서 돌봄 시퀀스를 언급했는데, '환자와 인사하기'에도 다양한 논의, 흐름, 구성이 있군요. 그 안에 약물도 포함되고요.

김호성　호스피스에선 약물을 포함해 환자가 이 장소를 편안하게 느낄 수 있도록 총체적 접근을 합니다. '여기 오니 신체적인 것들이 편해졌다, 이 사람들은 나를 해하지 않는 사람들이다' 그런 느낌을 환자가 가져야 합니다. 이를 위해 다학제팀이 지속적인 의료적 평가, 처치, 돌봄을 수행합니다. 그런 실천들이 합쳐져 환대가 되는 거죠. 그러고 보면 환대는 다른 이에게 실질적인 힘을 주는 것이기도 합니다. 환자에게 친절하되, 환자의 아픔을 더는 것도 중요합니다. 호스피스 사람들이 계속 태도를 언급하는 것은 그런 이유에서입니다.

송병기　그러한 태도가 바로 '사람으로 대우하는 일'이겠지요. 환자의 목욕과 환자와의 인사가 얼마나 중요한 일인지 깨닫게 됩니다.

환자의 편안한 기분을 위하여

송병기　이제 각도를 조금 돌려서, 다학제팀이 어떻게 돌봄 시퀀스를 만들고 배치하는지, 또 그 과정에 어떤 고민과 어려움이 있는지 이야기를 듣고 싶습니다. 예컨대 다학제팀이 잘 움직이기 위해서 회의를 할 텐데요. 그 회의에 누가 참여하고, 어떤 이야기를 하는지 궁금합니다.

김호성   동백 성루카병원에선 일주일에 세 번 정도 다학제팀 회의를 합니다. 의사, 간호사, 사회복지사, 신부님, 수녀님과 함께 한 환자가 가지고 있는 '총체적인 고통'을 놓고 의논을 합니다. 물론 항상 특별한 이벤트 같은 것을 계획하는 것은 아니고요. 그날 환자의 전반적인 의학상태를 기본으로 심리적 상황, 실존적 어려움, 가족 역학관계 등을 살피고 서로서로 의견을 주고받죠. 기본적으로 이야기하는 주제는 그날 환자의 의학적 상태, 그리고 환자의 기분입니다. 여기서 말하는 '기분'이란 반드시 의학적인 평가는 아니고, 환자가 전반적으로 편안하게 지내는지에 대한 다학제팀의 감각적 판단을 의미합니다.

송병기   그렇게 다학제팀 회의가 진행되는군요. 그런데 왜 환자의 상태와 기분에 대해서 많이 이야기하나요?

김호성   음, 말기 환자에 대한 정확한 파악과 평가가 쉽지 않다는 것이 전제가 되어야 할 것 같습니다. 말기 환자는 시시각각 신체적 증상뿐 아니라 심리적·실존적 어려움이 변합니다. 저도 회진을 하루에 두세 번 정도 보는 것에 불과하고, 간호사도 3교대를 하다 보니 모든 것을 파악할 수는 없습니다. 더불어 사회복지사가 보는 면은 또 다를 테고요. 구성원들마다 자기가 접한 환자의 상태와 기분이 다르죠. 전반적으로 일치하는 경우도 있지만 그렇지 않은 경우도 많습니다.

예컨대 제가 회진을 갔을 때 환자가 계속 자고 있어서 '컨디션이 안 좋으시나 보다'고 생각하고 있었는데, 간호사가 다학제팀 회의에서 "밥 잘 드시던데요. TV도 잘 보시고요."라고 하는 거죠. 또 간호사는 어떤 환자가 잠도 잘 자고 큰 문제가 없다고 생각하고 있는데, 간병을 하는 요양보호사께서 다학제팀 회의에 참여해서 다른 의견을 내기도 합니다. 이렇게 다양한 출처의 정보가 취합되면 아무래도 환자를 더 세심하게 돌볼 가능성이 높아집니다. 즉 환자가 편안한 상태, 기분이라는 정보는 전반적인 평가에 있어서 중요한 가치를 갖게 됩니다. 여기에서 편안함이란 '고통이 없다'는 의미보다는 '힘들지만 하루의 일상생활이 지낼 만하다'는 전반적인 느낌의 표현입니다.

송병기   선생님의 설명을 들으니, '환자의 편안한 기분'이란 것이 돌봄 시퀀스를 이루는 요소 중 하나라는 생각이 듭니다. 환자의 상태가 의료진의 시선으로 판단된 결과라면, 환자의 기분은 그가 무엇을 먹고, 듣고, 보고, 맡고, 말하는지, 즉 그의 일상을 살피는 과정이라고 할 수 있겠네요. 한편, 호스피스에서 '환자의 치료'에 대한 무게가 줄어드는 현상은 흥미롭습니다.

김호성   상급종합병원이라면 기본적으로 의료적인 정보의 가치가 제일 중요하겠지요. 하지만 호스피스에서 의료정보의 가치는 다른 종류의 정보보다 특별하게 더 우월하지 않습니다. 물론 완화의료도 그 기반에 의학이 있기는 하지만, 보다 종합적인 정보를 가지고 환자를 어떻게 대해야 할지 판단합니다.
　가령 환자가 암의 진행으로 인한 장폐색으로 구토가 심해 많이 힘들어하는 상황이라고 해보죠. 의사 입장에서는 당연히 콧줄을 넣어 장에 고인 체액을 배액해야겠다고 생각하겠지요. 그런데 사회복지사가 그날 오후에 환자가 친구들과 면회가 있는데 콧줄 낀 모습을 친구들에게 보여주기를 꺼려한다는 이야기를 의사에게 꺼냅니다. 그러면 의사는 의료적인 처치의 내용과 타이밍을 달리하는 겁니다. 의료적인 것만큼이나 관계를 이어가는 것도 중요하니까요. 이런 식으로 다학제팀에서 오롯이 한 사람을 두고 여러 사람의 계획들이 계속 이야기되다 보면 환자에게 가장 좋은 방향이 무엇인지 해법이 나타나기도 합니다.

송병기　　그 해법이 향하고 있는 궁극의 지점이 뭔가요?

김호성　　앞서 말한 환자의 편안함입니다. 이는 신체적 통증만이 아닌 총체적 고통의 맥락에 닿아 있는 문제이지요. 물론 총체적 고통 자체를 없애는 것은 불가능합니다. 하지만 다학제적 접근을 통해 당면한 고통이 '줄어들게' 되면 편안함을 느끼게 됩니다. 비록 그것이 지속적이지 않을 수 있더라도, 의미가 있습니다. 거대한 질병으로 인한 비정한 필연의 흐름 속에서, 소중한 찰나적 우연의 의미는 생각보다 크고 단단합니다.

송병기　　중요한 지적을 해주셨습니다. 환자의 편안함을 치료의 결과로 보는 관점에서 벗어날 필요를 깨닫게 됩니다.

김호성　　대개 환자들은 치료라는 영역을 수술과 항암, 방사선 치료와 동일시합니다. 그래서 호스피스에 입원할 때 "모든 치료를 포기했다", "모든 치료를 끝마쳤다"라고 얘기합니다. 치료가 끝났으니 자연스럽게 이제 고통만 남았다고 생각을 하게 되죠. 하지만 가만히 생각해보면 병의 원인을 파악하여 '근본적'으로 치료하는 것은 어느 시대에나 한계가 있었습니다. 그런 치료는 환자의 상태에 따라 위험성도 있고요.

저는 완화의료의 관점에서 치료라는 것의 의미가 확장되어야 한다고 생각합니다. 말기가 되어 병이 깊더라도 아프지 않고 편안하게 있는 것, 환자가 의료의 영역에서 소외되지 않고 한 사회의 구성원으로서 끝까지 대우받는 것, 그것들 역시 치료라고 말이죠. 치료의 협소한 정의를 환자 스스로 재해석하며, 육체적·심리적·사회적으로 편안함을 느끼는 것이 완화의료의 중요한 목적입니다.

송병기 두 가지 생각이 듭니다. 먼저, '환자들만' 치료를 그렇게 본다고 생각하는 것은 곤란합니다. 환자들이 치료를 그렇게 여기게 된 다양한 맥락이 있고, 또 의료진의 생각은 어떻게 다른지도 살펴봐야 합니다. 저희 대화에서 반복적으로 드러나듯이, 의료는 환자 혼자 하는 독주가 아니라 의료진과 함께 하는 오케스트라입니다. 환자와 의료진을 둘러싼 제도와 환경도 중요하고요. '치료라는 것의 의미 확장'이라는 거대한 숙제를 환자에게 떠맡길 수는 없습니다. 환자와 의사, 또 그를 둘러싼 사회 구성원 모두가 함께 해야 합니다.

한편, 편안함과 더불어 환자가 삶의 의미를 찾아가는 모습도 호스피스의 중요한 존재 이유라고 생각됩니다. 하지만 삶의 의미는 환자마다 다를 수 있죠. 어떤 환자에게는 다학제팀의 '뜨거운 개입'이 부담스럽지는 않을까요?

김호성　당연히 그러한 우려가 다학제팀 내에 있습니다. 생각나는 한 환자가 있습니다. 체력이 떨어지는 속도가 완만해서 본인도 잘 준비하고 있었던 분입니다. 그분은 본인이 혼자서 무엇을 하는 것을 중요하게 생각했죠. 핸드폰 게임도 그중 하나로, 오랜 시간 붙잡고 있었습니다. 외부의 어떤 사람이 그걸 본다면 다학제팀에게 건의할지도 모릅니다. 환자가 핸드폰 게임보다는 삶의 마무리에 걸맞은, 좀 더 의미 있는 활동을 찾도록 도와야 하지 않겠냐고요. 하지만 저희끼리는 서로 이런 말을 합니다. "쓸데없는 동정은 하지 말자. 그 사람 잘 있다." 그런 선을 잘 지키며 균형감 있게 조율하는 것이 중요합니다. 돌봄을 받을 권리도 있지만, 본인이 원하지 않는 돌봄을 받지 않을 권리도 있는 것이죠.[12]

송병기　돌봄을 받을 권리와 돌봄을 받지 않을 권리를 언급하셨는데요. 저는 선생님께서 환자의 개별성에 응답하는 돌봄, 환자의 말을 중시하는 돌봄을 강조했다고 생각합니다.

　　그래도 말이 나왔으니 돌봄과 권리에 대해서 잠깐 짚고 넘어가면 좋겠습니다. 저는 돌봄을 권리와 결부시키는 것에 대해 다소 비판적인 입장입니다. 권리는 행사되어야 하는 것이죠. 주체인 내가 객체인 누군가에게 권리를 행사하기 위해서는 그 권리를 뒷받침하고 보호하는 법과 공권력이 전제되어야 합니다. 즉, 권리라는 관점으로 보면 돌봄은 주체와 객체의 문제로 구분되고, 그 관계는 법 규범에 기대게 됩니다. 또 어떤 상황과 조건에서는 법 규범에 의해 누군가의 권리가 제한될 수도 있습니다. 돌봄에 이러저러한 조건이 붙게 될 수 있습니다. 권리 행사는 마음대로 할 수 있는 게 아니기 때문이죠.

앞서 환자의 자기결정권과 사전연명의료의향서에 대한 부분에서 언급했듯이, 권리 행사에 주목하다 보면 실질적으로 권리를 행사하기 힘든 사람들의 삶의 조건을 간과할 수도 있습니다. 더욱이 권리는 가치중립적인 성격을 띠기도 합니다. 누군가 돌봄을 받을 권리와 돌봄을 받지 않을 권리를 말한다면, 또 다른 누군가는 돌봄을 하지 않을 권리도 말할 수 있습니다. 물론 현대 사회에서 권리는 매우 중요합니다. 하지만 돌봄을 주로 권리의 문제로 접근하는 것에 대해서는 신중할 필요가 있다고 생각합니다.

선생님, 다학제팀 팀원들이 함께 일하기 위해서는 이른바 조율이 필요하겠지요. 그 조율을 어떻게 하는지 궁금합니다.

김호성 다학제팀 팀원들이 각자 환자를 보고 나서 자기가 평가하고 판단한 이야기를 하는 것이 조율의 시작입니다. 조율이라고 해서 어떤 합의나 결론이 있는 것은 아닙니다. 시각이 다를 수 있고 직역마다 접근방법이 다른 것은 자연스러운 일이지요. 갈등이나 의견차도 있을 수 있고요. 다만 그러한 의견을 나누는 사이에, 다른 직역의 고민을 알게 되는 것이 핵심입니다. 그로 인해 본인의 생각이 바뀔 수도 있고, 아니면 참고만 할 수도 있죠. 결론이 나지 않아도 의사소통 자체가 의미 있는 겁니다.

송병기 조율이란 단어가 마음에 와닿습니다. 조율은 서로의 입장을 살피고, 목소리를 듣고, 차이를 감촉하는 일입니다. 돌봄과 어울리는 말입니다. 다학제팀이 환자를 돌보기 위해 고민하고 토론하는 모습에서 돌봄과 조율의 어울림을 느낄 수 있었습니다. 또 그 과정에서 다학제팀 팀원들도 환자에게 영향을 받는 존재임을 알 수 있었고요.

그런데 누군가는 이런 의문을 제기할 수도 있을 것 같습니다. 호스피스 돌봄이란 것이 고작 인사하기, 목욕시켜주기, 손주 만나게 하기, 게임하게 내버려두기 같은 것인가? 병원씩이나 되면 그런 사소한 수발 같은 것 말고, 개인 차원에서 접근할 수 없는 뭔가 특별한 조치를 취해줘야 하는 것 아닌가? 돌봄은 어쨌든 간에 가족이 알아서 할 수 있지 않나?

김호성 길을 지나가다 보면 요양원과 요양병원의 광고 문구에 '내 부모님을 돌보는 마음으로 돌봐드립니다'라는 문구가 눈에 띕니다. 좋은 의미로 하는 이야기이지만, 많은 사람들이 가진 돌봄에 대한 인식의 한계를 드러내는 문구라고 생각합니다. 과연 돌봄이란 가족들이 해야 하고, 더불어 '마음'을 들이면 누구나 할 수 있는 것일까요? 그러한 돌봄 개념은 돌봄의 가치를 떨어뜨리고, 사유화하며, 공적인 담론으로 옮겨가는 것을 가로막는다고 생각합니다. 돌봄은 훈련되고 전문화된 인력들이 공적인 영역에서 정당한 대우를 받고 해야 하는 중요한 사회적 재화이기도 합니다. 그에 걸맞은 시스템을 갖추어 수행해야 합니다. 그렇지 않으면 말뿐인 허울 속에 우리 사회의 돌봄은 사실상 방치되고 말 것입니다.

송병기 현실이 엄혹합니다. 간병비 때문에 살림이 휘청이고, 간병을 둘러싸고 가정불화를 겪기도 합니다. 가족 중 누군가가 간병을 전담하면서 그 삶 또한 취약해집니다. 심지어 장기간 '독박 간병'으로 살인사건이 일어나기도 합니다. 즉 환자를 가족처럼 돌본다는 말은 돌봄을 둘러싼 구체적인 관계성을 은폐합니다. 또 사회 성원 모두가 책임을 나눠야 할 돌봄을 특정 개인의 책임으로 전가하는 데 기여합니다. 이런 맥락에서 돌봄을 다시 생각할 필요가 있습니다.

감각과 마음의 공간을 넓히다

송병기　　호스피스에서는 다른 병원에서 보기 힘든 직군에 의해서도 돌봄이 이루어집니다. 먼저, 전문치료사들에 주목해보고 싶습니다. 음악치료, 미술치료 등을 하는 선생님들 말입니다. 동백 성루카 병원에서는 사회복지사가 전문치료사들의 참여를 조율한다고 들었습니다. 호스피스에서 하는 전문치료란 무엇인가요? 또 언제, 어떻게 전문치료사들이 환자 돌봄에 참여하는지, 그 과정에서 사회복지사는 어떤 역할을 하는지 알고 싶습니다.

김호성　　말씀해주신 것처럼 전문치료사들은 사회복지사의 조율을 통해서 연계가 됩니다. 환자의 통증이 조절되면 무뎌진 감각을 회복하거나 혹은 심리적·실존적 의미를 찾아 나서게 됩니다. 이때 음악요법이나 미술요법이 요긴하게 사용되지요. 감각 중에 가장 원초적이고 또 손쉽게 접근할 수 있는 것이 청각이잖아요. 음악요법을 통해서 청각을 최대한 일상으로 돌려드리려 합니다. 그리고 미술요법은 여러 예술활동을 통해 환자와 보호자들에게 의미 있는 시간을 만들어줍니다. 그림을 그릴 수도 있고, 조형물을 만들기도 하지요. 어떤 환자는 자신의 배우자와 꼭 잡은 손을 석고로 뜬 작품을 만든 적이 있습니다. 아침에 회진을 돌 때 그 병실 문을 열면 창문에 햇볕이 드리우는데, 손을 맞잡은 석고상이 하얗게 빛나며 감동을 주곤 했죠.

송병기　　요법 시행도 환자에 따라서 달라질 것 같습니다. 어떤 분은 재원 기간 중에 음악치료를 한 번만 받을 수도 있고, 또 어떤 분은 건강상태와 본인 의지에 따라 다양한 요법을 여러 차례 받을 것 같기도 합니다. 돌봄 시퀀스로 생각하면, 재원 기간 중 요법은 어떻게, 어디쯤 배치되는 시퀀스로 볼 수 있을까요?

김호성　　만약 환자가 안정기에 해당하면, 첫 일주일 안에 인사하기, 통증 조절, 목욕 등이 이어지고, 그 후 요법 시행을 고려하게 됩니다. 이런 시퀀스는 환자에 따라 서로 순서가 바뀔 수도 있고, 생략될 수도 있습니다. 요법도 마찬가지여서 환자의 상태가 좋지 않거나, 원하지 않으면 시행하지 않죠. 다만 되도록 많은 분들에게 요법을 통해 도움을 주려고 노력합니다. 얼마 전에 입원한 환자의 이야기를 해보겠습니다. 환자는 집에서 머물다가 불안이 심해지고 돌봄 여건이 안 좋아져 입원하게 되었죠. 처음 며칠은 불안이 줄어들도록 약물 처치를 비롯한 돌봄이 이루어졌습니다. 이후 목욕을 하고 환자가 조금 더 편안해했죠. 이즈음 사회복지사가 전문치료사들을 연계해주었습니다. 환자는 본인의 우울과 분노를 그림으로 표현하는 한편, 본인이 부르고 싶은 노래를 부르며 시름을 잠시나마 잊을 수 있었습니다. 어느 날은 환자가 저희에게 집보다 더 편안하게 지내고 있다고 말씀하시더군요.

반드시 통증이 심하지 않은 환자들도 불안한 미래, 마주하기 힘든 죽음 앞에서 오감이 마비되기도 합니다. 이때 감각을 일깨우고 살리는 미술, 음악, 원예 치료가 도움이 됩니다. 환자만이 아니라, 돌봄에 소진된 보호자들에게도 도움이 되죠. 이렇게 일상의 감각을 회복시키고 지지하는 것 역시 호스피스에서 이루어지는 환대의 중요한 요소입니다.

도판 5.2

송병기　한편, 호스피스 내 성직자의 존재가 흥미로우면서도 묘하게 느껴집니다. 종교인의 역할이란 게 낯설기도 하고요. 대개 병원에서는 당장 환자 치료에 어떤 도움이 되는지 따지게 되니까요.

김호성　치료를 넘어 돌봄이, 환자의 편안함이 호스피스의 중요한 가치입니다. 영적인 것은 이를 위해 결코 빠뜨릴 수 없는 핵심 부분이죠. 예전에 호스피스 완화의료 학회에서 영적 접근에 대한 한국의 지침을 마련해보자는 얘기가 나왔어요. 환자가 호스피스에 와서 등록을 할 때 영성적인 것도 체크해놓자는 제안이었습니다.

　물론 모든 환자들의 실존적·영적 요구가 꼭 종교적 요구와 일치하지는 않습니다. 제도적인 종교 형식 안에서 의미를 찾는 분들도 있지만 그렇지 않은 분들도 있다는 것이죠. 즉 종교적이지만 영적이지 않은 환자도 있고, 종교적이지는 않지만 영적인 것을 추구하는 환자도 있다는 겁니다. 환자의 실존적인 요구를 반드시 종교인만이 채워줄 수 있는 것은 아닙니다. 그래서 오늘날 영성의 영역을 특정 직업인이 맡기보다는 다학제팀 모두가 총체적으로 접근하자는 학계의 주장도 있습니다.

　하지만 현실적으로 어려움이 있죠. 한 환자가 "삶에 의미를 못 느끼겠어요. 빨리 죽고 싶습니다"라고 했을 때, 과연 누가 "당신 삶의 의미는 이것입니다"라고 단언할 수 있을까요? 다른 사람의 인생이잖아요. 단서가 될 만한 것들을 찾아서 약간 도움을 줄 수는 있겠지만, 결국 환자 본인이 생각하고 판단할 수밖에 없습니다. 다학제팀은 환자 곁에 있는 사람들이죠. '어디까지 도와줄 것인가', 혹은 환자 입장에서 말하자면 '어디까지 의존해야 할 것인가', 그 경계가 항상 고민스럽습니다. 저희의 한계이기도 하고요. 그래서 영적인 것은 신부님과 수녀님에게 의지하고 도움을 구하게 됩니다.

영성에 대한 학문적 접근은 크게 세 가지로 나눌 수 있습니다. 초월적인 것, 관계적인 것, 그리고 실존적인 것이죠.[13] 하나씩 살펴보면, '초월적인 것'은 사후에도 변하지 않고 존재하는 그 무엇에 대한 믿음입니다. 꼭 신적인 것을 가리키지는 않고, 가령 어떤 가치가 불멸할 거라고 생각하는 것도 일종의 초월성이죠. '관계적인 것'은 자신 자신과의 관계일 수도 있고, 자신과 세계, 혹은 자신과 신 사이의 관계일 수도 있습니다. 종교가 있는 환자들은 이 관계적인 부분에서 종교의 도움을 많이 받지요. 하지만 어떤 경우에는 '왜 신은 내게 이런 시련을 주시는가'라며 신과의 관계에서 더 혼란스러워하기도 합니다. 마지막으로, '실존적인 것'은 사람이 하루를 살아도 의미 있는 순간을 만들고 싶어하는 마음을 가리킵니다. 이러한 영적인 측면에서 환자가 편안해할 수 있도록 호스피스의 많은 분들이 다각도로 노력하고 있습니다.

송병기　일반 시민들이 가장 궁금해할 부분 중 하나가 다음 질문이 아닐까요. '병원에서 종교인이 무슨 일을 할까?' 어쩌면, 그 반대로 사람들이 전혀 궁금해하지 않을지도 모르죠. 병원에서 종교인의 역할은 부수적으로 여겨지니까요. 가령 '환자에게 조금이나마 심리적인 위안을 주겠지' 같은 반응을 보일 수도 있죠. 요컨대 호스피스에서 성직자는 무엇을 하는 걸까요?

제가 여러 호스피스에서 관찰한 것을 토대로 말씀드리면, 성직자들은 환자들과 함께 시간을 보내는 사람들이었습니다. 그들이 환자들과 시간을 보내는 방식들이 인상 깊었습니다. 예컨대 환자들과 산책을 하면서 날씨, 풍경, 기억, 일상에 대해 소소하게 이야기를 나누고, 또 환자들과 소풍을 가서 함께 밥도 먹죠. 어떨 때는 환자들이 좋아하는 영화를 같이 보고, 화분을 같이 가꾸고, 음식을 같이 만들기도 하고요. 환자들의 생일을 정성껏 준비하고 진심으로 축하합니다. 환자들과 사진을 많이 찍고, 사진을 보면서 많은 이야기를 나누죠. 그러한 시간 속에서 성직자들은 환자들의 이야기를 귀 기울여 들었습니다. 유년시절, 가족, 고향, 취향, 직업, 걱정, 기쁨 등 한 사람에 관한 거의 모든 이야기를 말입니다. 환자들은 성직자들이 웬만한 이야기에는 흔들리지 않을 마음이 단단한 사람들이라고 생각했습니다. 환자들의 '답답함', '불안', '삶의 의미' 같은 물음에 성직자들은 어떤 해결책을 제시하기보단 그 물음에 대해 어느 누구보다 자세히 들었습니다.

선생님의 말씀처럼, 호스피스의 중요한 가치는 환자의 편안함이라고 할 수 있습니다. 그런데 이 '편안함'이란 게 무엇일까요? 대답하기가 쉽지 않습니다. 신체적인 돌봄, 처치, 약물 등은 매우 중요한 요소이지만, 저희가 살펴봤듯이 환자의 편안함이 신체적 편안함만을 가리키는 것은 아닙니다. 추상적인 표현이지만, 저는 호스피스에서 성직자들은 환자 마음의 공간을 넓히는 일을 하는 게 아닐까 생각합니다. 마음에 창을 내어 통풍이 잘 되게 하는 일. 환자의 마음에 산뜻한 실바람이 불고, 햇살이 따스하게 내리비치고, 사람들도 여유롭게 오갈 수 있도록 하는 일 말입니다. 그렇게 환자는 '안심'하고, 결국은 스스로 풀어야 하는 인생의 질문들과 마주하게 되는 것 아닐까요?

호스피스 간호사의 일

송병기　호스피스에서 이루어지는 돌봄을 이야기할 때 간호사를 빼놓을 수 없을 것입니다. 간호사 이야기를 한번 해보고 싶습니다. 동백 성루카병원 간호부장님은 저와의 인터뷰에서 간호부장의 가장 중요한 업무 중 하나가 '소방수' 역할을 하는 것이라고 하더군요. 특히 다음의 이 말이 묵직하게 다가왔습니다. "모든 관계는 명암이 있다. 즉 환자와의 관계에서 힘을 받지만, 동시에 관계 때문에 힘들어한다." 환자 돌봄에서 간호사의 손길이 미치지 않는 곳이 없고, 또 그만큼 간호사는 수많은 관계들을 고려하며 일을 합니다. 선생님도 거기서 발생하는 각종 갈등이나 고민을 가지고 계실 것 같습니다. 그 이야기를 크게 세 가지로 나눠서 살펴보면 좋겠습니다.

먼저, 간호사들의 업무 방식에 대한 부분입니다. 간호부장님의 얘기에 따르면, 예컨대 A간호사는 대학병원에서 차트 업무를 하듯 일 처리 속도가 빠른 반면, B간호사는 차트를 마치 소설을 쓰듯 길게 쓴다고 합니다. B간호사는 환자의 상태, 감정, 그를 둘러싼 에피소드까지 세세하게 기록하며 환자를 총체적으로 파악하려고 하지만 일 처리 속도는 느린 거죠. 간호사들도 호스피스에 오는 경로가 다양하지 않습니까? 가령 급성기 병원이나 요양병원에서 근무하다 호스피스에 온 간호사가 어떻게 적응하는지 궁금하고요. 또 처음부터 호스피스에서 경력을 쌓은 간호사가 갖는 강점과 개선하면 좋을 점은 무엇인지도 알고 싶습니다.

김호성　호스피스마다 간호사들의 역량 차이가 있고, 이는 말기 돌봄의 질과 관계가 깊습니다. 아무래도 호스피스 경력이 많을수록, 또 나이가 많을수록 환자와 적절한 의사소통을 자연스럽게 하지요. 이런저런 통과의례를 병원은 물론 사회에서 오랜 기간 거쳤기 때문일 텐데요. 더 나아가, 말씀해주신 것처럼 각기 거쳐온 경력에 따라 환자 돌봄이나 업무 방식에서 의견차가 있을 수 있습니다. 급성기 병원에서 온 간호사는 증상보다는 원인을 해결하려는 목적으로 약물 처치를 하려고 할 수도 있고, 요양병원에서 온 간호사는 적극적인 완화적 치료 및 돌봄에 익숙하지 않기도 하죠. 더불어 간호사 경력의 시작이 호스피스인 경우도 있습니다. 이는 도움이 될 수도 있지만, 그렇지 않은 경우도 있습니다. 왜냐하면 호스피스 간호 업무는 말기 암에 특화된 영역도 있지만, 기본적으로는 다른 비암성 질환에 대한 지식과 처치 능력도 필요로 하기 때문입니다. 이는 비단 간호사 직역만이 아니라 의사 직역에서도 마찬가지죠.

하지만 그런 차이는 시간이 지나며 교육이나 경험에 의해 차이가 줄어듭니다. 어느 의료현장에서나 마찬가지이지만, 결국은 사람 문제로 돌아오게 됩니다. 급성기 경력이 있건 없건, 호스피스 경력이 많건 적건, 말기 돌봄을 하는 사람의 태도, 가치관, 목적 등이 중요합니다. 물론 유의할 점은, 이러한 사람됨을 강조하는 것이 직업적인 면의 희생을 강요하는 것이 아니란 것입니다. 호스피스 현장에서 철저한 종교적 신념 아래 일하는 사람도 있습니다만, 대개의 많은 사람들은 현실적인 생업으로서 이 일을 하고 있습니다. 호스피스 완화의료에 대한 호기심, 관심과 더불어, 개인의 생계수단이기도 하다는 것이죠. 방금 제가 말기 돌봄에 적합한 사람됨을 짚었던 것은 일의 완성도 관점에서 말한 것이지, 당위적으로 강요하는 것이 아닙니다.

오히려 힘들고 어려운 필수 업무일수록 그 종사자들에게 신념과 헌신이 아닌, 적절한 임금을 제도적으로 뒷받침하는 것이 필요하지요.

송병기   말씀에 공감합니다. 영국의 돌봄 문제를 조명한 책 『사랑의 노동』을 최근에 읽었습니다.[14] 마거릿 대처가 일으킨 신자유주의 광풍으로 영국이 자랑하는 NHS 시스템이 휘청이는 상황, 특히 돌봄에 대한 수요는 이전보다 더 커진 한편, 시장이 선호하는 효율성, 생산성, 경쟁력 등을 기준으로 돌봄의 가격과 인력 배치가 결정되면서 생긴 문제를 자세히 알게 되었습니다. 남의 일 같지 않았습니다. 검사기기 사용이나 수술 등을 하지 않는 호스피스에서 종사하는 돌봄 제공자들에게 효율성과 생산성이라는 기준이 적용되지는 않는지 걱정도 되었고요.

돌봄이란 게 공장에서 자동차나 과자 만드는 것처럼 정량화하고 예측하고 반복할 수 있는 일이 아니잖아요. 돌봄이 언뜻 단순해 보일지 몰라도 그 관계 맺음에 얼마나 많은 변수와 복잡한 과정을 필요로 합니까? 한편, 시장에서 돌봄의 가치가 낮게 매겨지는 것도 문제지만, 제가 특히 우려하는 것은 돌봄에 종사하는 당사자마저 자신의 일을 비하하는 현상입니다. 제가 요양원과 요양병원에서 만난 몇몇 요양보호사와 간호사는 자신이 "남들이 아무도 하지 않는 밑바닥 일"을 하고 있다고 표현했습니다.

김호성   정말 안타깝습니다. 호스피스 완화의료 영역도 보조인력에 대한 저수가 문제가 현실적으로 계속되고 있습니다. 낮은 임금은 자부심보다는 자괴감을 불러일으키죠. 왜 한국 사회는 돌봄의 가치를 적절하게 인정해주지 못하는 걸까요? 앞서 말씀드렸듯 기본적으로 돌봄이 사적 영역에 속한다는 인식이 크게 작용하는 것 같습니다. 또 사람의 노동을 평가절하하는 사회 구조도 원인이라고 생각합니다. 예컨대 의사가 환자의 상태와 돌봄 계획에 대해 면밀한 상담을 하는 것보다, 영상검사나 혈액검사의 값을 훨씬 높게 매기는 체계 말입니다.

송병기　　이제 두 번째 이야기를 해보죠. 어떤 사안에 대해 간호사와 의사의 의료적 판단이 다를 때입니다. 예컨대 의사는 A라는 의료결정이 환자에게 최선이라고 판단한 반면, 간호사는 그 의료결정이 지금 시점의 환자에게 적절한 것일까 고민할 수도 있다는 겁니다.

김호성　　민감하고 중요한 문제라고 생각합니다. 의료기관마다 상황이 조금씩 다른데, 대부분 호스피스 기관에서는 간호사의 역량과 자질을 최대한 존중하려고 노력합니다. 급성기 의료기관에서는 잘 볼 수 없는 면이죠. 물론 호스피스에 따라 각기 색깔이 다릅니다. 의료적인 처치와 돌봄 사이에서 어떤 부분에 어느 정도 주안점을 둘것인지에 대한 의견이 호스피스 기관에 따라 사뭇 다를 수 있다는 겁니다. 하지만 말기 돌봄에서 제일 중요한 것은 다학제팀이고, 그렇다면 협업과 의사소통이 가장 중요한 가치입니다. 말기 돌봄 영역에서 '명의'는 없습니다. 어떤 분야에서 통하는 리더십이 다른 분야에서는 전혀 작동되지 않을 수 있습니다. 수술실에서는 수술실 의료진의 역할과 역량이 있고, 호스피스 병동에서는 호스피스 병동 의료진의 역할과 역량이 따로 있는 거죠.

송병기   적어두고 싶은 문장입니다. "말기 돌봄 영역에서 '명의'는 없다." 말기 돌봄과 명의, 다양한 느낌을 불러일으키는 조합입니다. 명의를 찾는 사회 현상과 그 이면에 대해서도 생각하게 되고요. 의료에 있어 협업과 의사소통이 왜 이리 낯설게 느껴지는 것일까요?

김호성   여러 원인이 있겠지만, 개인적으로는 제도적 문제가 가장 큰 이유라고 생각합니다. 한국의 의료가 급속하게 변화되는 과정에서 의료진과 환자, 의료진과 의료진 간의 협업과 의사소통에 대해 적절한 금전적 가치를 매기지 않았기 때문이죠.

송병기   돌봄이란 중요한 가치는 그 가치를 쉽게 매길 수 없어 가치절하가 되는 아이러니한 상황입니다. 한편, 호스피스에서 의료적 판단을 둘러싼 의사와 간호사의 갈등이나 이견이 어떠한 상황에 있는지 궁금합니다.

김호성   통증에 대해서는 의사와 간호사의 평가가 비슷합니다. 하지만 섬망에 대해서는 때로 판단이 다를 수 있습니다. 예를 들어 의사는 섬망이 생기면 의학적 원인을 먼저 교정하려고 합니다. 병세가 깊더라도 혹시나 원인을 찾아 해결할 수 있는 섬망이 있기도 하니까요. 하지만 간호사는 그 과정에서 환자가 힘들어할 수 있기 때문에 진정을 조금 더 빨리 원하는 경우도 생기곤 합니다. 이럴 때 의사와 간호사 간에 지속적으로 의사소통이 필요한 상황이 됩니다.

송병기   이제 세 번째 이야기를 해보죠. 그건 돌봄에 대한 간호사들의 고민입니다. 호스피스에서 돌봄은 일종의 오케스트라입니다. 매뉴얼을 정해서 모든 환자에게 일괄적으로 적용할 수 있는 일이 아니죠. 환자마다 다른 돌봄 계획을 세워야 하고, 환자를 둘러싼 모든 관계를 살피면서 적절한 개입도 해야 합니다. 물론 환자를 돌보면서 말로 표현하기 힘든 보람과 에너지를 느끼지만, 동시에 몸과 마음이 소진되기도 합니다. 돌봄이란 무엇인지 끊임없이 묻고 생각할 수밖에 없습니다.

김호성　　항상 고민하는 문제입니다. 돌봄이란 참 어렵습니다. 다만 경험이 쌓이면 관통하는 것이 보이게 됩니다. 개별 상황은 다르지만 핵심을 짚어서 적절하게 대처할 수 있게 되는 거죠. 노련하면 노련할수록, 그리고 애정이 있으면 애정이 있을수록 상황에 잘 대처가 될 거라고 생각합니다. 사실 막연한 대답이지만, 치열한 시간 속에서 많은 경험을 하는 것밖에는 달리 지름길이 없습니다. 돌봄에 대한 고민은 돌봄을 통해서만 해소될 수 있습니다. 그 과정에서 나타날 수 있는 몸과 마음의 소진 역시 환자 돌봄, 동료 간의 돌봄을 경유하여 접근해야 하지 싶습니다.

한 가지 꼭 하고 싶은 이야기가 있습니다. 다학제팀의 다른 직제들처럼, 말기 돌봄 영역에서 간호사의 역할도 중요하고 의미가 깊다는 것입니다. 말기 암 환자를 있는 그대로 받아들인다는 건 참 어려운 일입니다. 악성 상처가 있는 환자들이 꽤 많은데요. 예를 들면 어떤 유방암 환자 같은 경우에는 가슴 전체가 다 암입니다. 어떤 환자는 다리 전체가 암으로 뒤덮여 있기도 하고요. 의사는 처방만 내릴 뿐이지만, 간호사들은 매일 한 시간 정도를 들여서 온갖 것을 다 떼고, 씻겨주고, 소독약 바르고, 약 바르고, 다시 거즈랑 붕대 감고 그러거든요. 붕대를 감을 때는 환자가 몸을 움직여야 하니까 옆에서 간병인들이 든 상태에서 간호사가 작업을 합니다. 한 시간 정도 그렇게 돌보다 보니까 그 과정에서 간호사들은 환자랑 이런저런 이야기들을 하게 됩니다. 개인사나 속상했던 일, 혹은 지금 기분. 그러한 이야기들 속에서 느껴지는 어떤 것들이 있습니다. 호스피스 간호사들만 가질 수 있는 환자와의 '특별한 관계'인 거죠.

송병기　　고통이 연결을 만들어내는 거군요.

김호성　　사실 일반인은 잘 모릅니다. 악성 상처를 마지막까지 드레싱하는 사람들이 있다는 걸. 그들의 노고를 조금 알아줬으면 하는 바람입니다. 그리고 악성 상처가 아니더라도 시간이 지나면서 점점 환자들의 모습이 안 좋아집니다. 병실 침상 옆에 보면 대개 예전에 건강할 때 찍은 사진들이 있는데, 완전히 다른 사람이죠. 어떻게 보면 그전에 몰랐던 사람이기 때문에 지금 이 사람을 그대로 받아들이기에 좀 더 편한 면도 있습니다. 환자의 외양을 최대한 있는 그대로 받아들이면서 관계를 맺는 것 역시 중요한 돌봄이라고 생각합니다.

송병기　　호스피스에서는 질병보다는 고통이라는 단어가 중요하고, 고통을 통해서 환자를 총체적으로 돌보는 모습을 보게 됩니다. 고통이 치료의 대상이 아니라 오히려 환자의 돌봄으로 들어서는 문턱으로 느껴집니다. 이는 일반 병원을 떠올렸을 때 상상할 수 있는 풍경은 아닙니다.

그렇게 돌봄은 작아져간다

송병기   선생님 말씀을 들으니 피카소^{Pablo Picasso}의 1897년 작 〈과학과 박애^{Science and Charity}〉가 생각납니다(도판 5.3). 피카소가 10대 때 완성한 이 작품은 마치 사진처럼 정밀합니다. 그림을 보면 주제, 인물, 배경을 어렵지 않게 파악할 수 있습니다. 캔버스 중앙에는 창백한 얼굴의 사람이 침대 위에 누워 있습니다. 흰 옷을 입고 이불까지 덮은 모습이 환자 같습니다. 그 오른쪽에는 정장을 입은 한 신사가 앉아 있습니다. 엄숙한 표정으로 회중시계를 보며, 다른 한 손으로는 환자의 손목을 잡고 있습니다. 환자의 맥박을 확인하는 의사 같습니다. 그리고 환자 왼쪽에는 수녀 복장을 한 인물이 서 있습니다. 한 손으로 아이를 안고, 다른 손으로는 환자에게 마실 것을 권합니다. 배경은 환자의 집 안 같습니다. 암막 창이 닫혀 있어 밖은 보이지 않고, 이렇다 할 가구나 실내 장식도 찾아보기 어렵습니다.

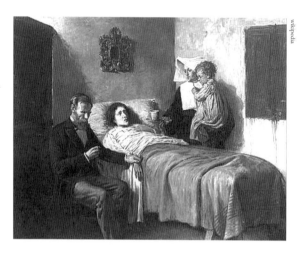

도판 5.3

제가 이 작품을 주목하는 이유는 의료가 '양손잡이'로 등장하기 때문입니다.[15] 그림의 구도가 보여주듯이, 중앙에 위치한 환자는 오른쪽 의사와 왼쪽 수녀의 돌봄을 함께 받고 있습니다. 이를 단순히 의사는 과학이나 합리성을 상징하고, 수녀는 종교나 사랑을 상징한다고 구분하면 곤란합니다. 여기서 의료는 양쪽 모두의 가치와 실천으로 구성됩니다. 그림은 이런 생각을 하게 합니다. 의사는 환자의 집으로 찾아와 그의 상태와 상황을 알고 공감합니다. 그의 몸을 살피며 치료법을 찾습니다. 손으로 맥박도 느끼고 회중시계라는 사물도 이용하면서요. 의사는 환자와 그 가족도 보고, 나아가 수녀와도 대화를 나눕니다. 동시에 수녀도 환자를 돌보기 위한 방법을 찾습니다. 정서적 지지, 교회 지원 모색, 나아가 환자의 집과 아이를 보살피는 일도 할 수 있을 겁니다. 이때의 수녀는 마치 사회복지사 같습니다.

의사와 수녀는 같은 역할을 수행한다고 볼 수도 있습니다. 바로 환자와 그 가족을 안심시키는 겁니다. 임종의 순간, 단말마를 스페인어로 '아고니아^{agonia}'라고 하는데 그 어원은 '불안'에 있습니다. 몸과 마음이 편안하지 않은 상태죠. 19세기 말 유럽의 사회상을 반영한 이 작품을 오늘날 호스피스 풍경과 비교해보면 어떨까요? 크게 어색하지 않습니다. 다시 말해, 호스피스는 새로운 의료 개념이나 제도가 아닙니다. 오히려 의료의 오래된 가치와 실천을 품고 있는 영역이라고 할 수 있습니다.

김호성　　말씀해주신 '양손잡이'의 개념은 의료에서 아주 중요합니다. 치료와 돌봄의 가치 중 어느 것도 중요하지 않은 것이 없죠. 하지만 오늘날 거의 대부분의 사람들, 특히 의료진부터 치료라는 한쪽 손만을 중요하게 생각합니다. 돌봄이라는 다른 한쪽의 손은 보조적이고 부가적이라는 그릇된 통념이 팽배하죠. 이에 따라 의료기관의 디자인도 분절된 형태로 만들어지게 되었습니다. 예전에는 전통적인 커뮤니티 안에서 지속적·일상적 돌봄이 총체적으로 일어났다면, 지금은 각기의 목적을 가진 공간들이 다 분할되어 있지요. 인간의 고통은 육체적·심리적·영적인 측면으로 총체적인데, 그것을 계속 분절적인 치료공간 안에서 해결하려고 하는 형국입니다. 호스피스 공간은 예전 지역공동체나 종교공동체에서 했던 돌봄의 형식을 녹여내 양손잡이 의료를 회복하려는 시도라고도 볼 수 있습니다.

송병기　어쩌다가 호스피스는 낯설고 신기한 의료가 되었을까요? 질문을 조금 바꿔서, 호스피스를 특별하고 예외적인 의료 영역으로 보이게 하는 현실이란 무엇일까요? 이 질문에 답을 하려면 의료와 자본의 관계를 조명해야 합니다.

김호성　돌봄이 부차적인 것으로 생각되는 이유들이 몇 가지 있습니다. 우선 의료기술의 발달 때문일 테고요. 그리고 말씀해주신 대로 의료와 자본의 관계도 대단히 중요한 이유로 작용하고 있습니다. 기본적으로는 그 나라의 의료 소비자, 공급자, 정부가 어떤 관계를 맺고 있는지에 대한 것이지요. 이는 시민들이 의료를 경험하며 생기는 '문화'적 측면과 관계가 있습니다.

송병기　방대하고 복잡한 주제이기에 여기선 몇 가지만 짚으면 좋겠습니다. 크게 보면 한국에서 의료는 민간병원과 건강보험 행위별

수가제fee-for-service 16를 중심으로 움직입니다. 행위별수가제는 말 그대로, 의사의 서비스 행위마다 정부에서 보수를 정해 대가를 지급하는 제도를 뜻합니다.

김호성　역사적으로 한국 정부는 단기간에 많은 사람들에게 의료혜택을 주기 위해 행위별수가제를 채택했습니다. 국가의 재정이 충분하지 않을 때 국민의 의료혜택을 민간에 위임하는 형태로 시작한 것입니다. 즉 민간병원이 대부분인 현실에서 의료진에게 적절한 보상을 주어, 누구나 병원에 쉽게 갈 수 있도록 하기 위한 선택이었지요. 기본적으로 진찰료나 상담료처럼 사람에 의해 행해지는 의료행위는 단가가 싸게 매겨지고, 영상검사나 혈액검사처럼 의료기기에 의해 이루어지는 행위는 상대적으로 단가가 높게 매겨졌습니다.

　　이런 수가제도는 의료의 장기적 지속성을 담보하기는 어렵지만, 의료 소비자는 싸게 의료를 이용할 수 있고, 의료 공급자는 행위의 양을 늘리거나 비급여 부분을 만들어내는 식으로 어느 정도 고소득을 확보할 수 있었습니다. 물론 정부는 건강보험심사평가원을 만들어 무분별한 수요와 공급을 통제하려고 했지요. 수십 년간 이러한 제도의 장점도 분명히 있었지만, 돌봄보다는 치료에 중점을 둔 문화가 자연스럽게 형성되는 데 일조하기도 했습니다. 기본적으로 누구나 원하면 치료와 검사가 쉽게 이루어지니까요.

송병기　문제는 의료기관의 대부분이 민간병원이고, 말씀해주신 것처럼 환자 진찰이나 수술에 대한 건강보험 수가는 낮게 책정되어 있는 반면 혈액검사나 영상검사에 대한 수가는 높게 책정되어 있다는 겁니다. 민간병원이 살아남기 위해서는 수익성을 고려하지 않을 수 없고, 보통 회사처럼 비용은 최소화하고 생산은 최대한 늘리는 일을 하게 됩니다. 병원이 '합리적'으로 선택하는 방법은 노동 강도를 강화하고, 임금을 낮게 유지하고, 이윤이 많이 남는 서비스에 집중하는 것입니다. 예컨대 한국의 의료시스템은 병원이 진료 시간은 짧게, 환자는 많이 보는 방식으로 진료량을 늘리고, 각종 검사를 실시하고, 건강보험 범위 안에 없는 비급여 진료를 확대하는 데 동기를 제공합니다. 병원은 불필요한 의료 서비스를 과다 제공할 가능성이 커지고, 의료자원도 낭비되기 쉽습니다.

주목할 점은 병원의 이윤극대화 추구와 환자의 첨단기술 선호가 맞물린다는 겁니다. 대중매체에서 쉽게 확인할 수 있듯이 환자들에게 인기 있는 병원은 진단과 치료를 잘하는 '명의'와 최첨단 의료장비를 갖춘 곳입니다. 이런 현실에서 호스피스가 환자들에게 인기가 없는 것은 놀라운 일이 아닙니다. 돌봄은 의료의 변두리를 맴돌고 있습니다. 상품성이 떨어지는 일, 효과를 측정하기 어려운 일, 부차적인 일, 개인이 알아서 하는 일로 치부됩니다. 이에 따라, 병원이 많은 대도시와 특정한 의료 영역에는 자원이 쏠리는 한편, 농어촌 지역과 필수의료 및 완화의료 영역은 주변화되고 있습니다.

김호성　　그렇습니다. 이런 검사와 치료 중심의 의료문화에서 호스피스 완화의료는 평가절하됩니다. 왜냐하면 호스피스 완화의료는 치료보다는 다학제팀의 돌봄과 의사소통이 중요하기 때문입니다. 즉 '많은 사람들의 노동력'이 들어가는 곳이지요. 호스피스는 다른 의료기관들처럼 낮은 수가를 비급여 진료나 고가의 검사기기 운용으로 보전할 수도 없습니다. 항상 재정적인 부담을 안고 있는 것이 현실입니다. 이런 문제 때문에 '정액형' 수가제라고 해서, 환자 한 명이 입원하면 그에 상응하는 비용을 보전해주는 식으로 입원형 호스피스에 보험 급여가 시작되었습니다만, 그것조차 그리 여의치 않습니다.

돈은 없고 돌만 가득한 외딴섬

송병기   선생님은 최첨단 기술을 다루는 핵의학 전공의로 일하셨고, 현재는 호스피스 의사로 일하고 있습니다. 비유를 하자면, 의료의 이쪽 끝에서 저쪽 끝으로 간 셈입니다. 그 경험의 과정이 궁금합니다.

김호성   핵의학이라는 분야는 자본 집약적인 최첨단 영상기기들을 다루는 곳이죠. 이러한 영상기기는 병의 진단에서 중추적인 역할을 합니다. 앞서 본 것처럼 상급종합병원의 수익에서 지대한 역할을 하고 있기도 하지만, 어쨌든 기본은 병의 진단을 탁월하게 해낸다는 점입니다. 저는 의학영상을 다루는 전공을 했기 때문에 최첨단 검사, 치료적 약물의 발달의 중요성에 대해 충분히 알고 있었습니다.
    그런데 어느 순간, 한 사람의 질병의 경과에서 그러한 첨단 검사와 치료, 그리고 환자 삶의 질 사이에는 거대한 빈 공간이 있음을 느끼게 되었습니다. 첨단 치료와 검사가 모두에게 항상 기대한 가치를 가지지 않는다는 자각이었죠. 가령 PET-CT 검사는 진행기 암 환자에게는 필요하지만 말기 환자에게는 무용합니다. 항암이 종료된 말기에는 검사가 중요한 것이 아니라, 적절한 진통 조절과 편안한 장소가 중요한 겁니다. 당시 저는 첨단 의료기기만큼이나 완화의료와 돌봄도 그에 상응하는 중요성이 있다고 생각했습니다. 하지만 이른바 빅5라고 불리는 병원, 그 의료기술 자본의 구조 안에서 돌봄의 가치를 생각하는 것은 우물에서 숭늉 찾는 격이었죠. 그래서 저는 새로운 시작을 하기로 마음먹었습니다.

송병기 선생님의 성찰적 태도와 실천이 제 마음에 와닿습니다. 한편, 선생님 삶의 여정이 인상적이고 또 외롭게도 느껴집니다. 그것은 어떻게 보면 호스피스 자체를 떠올리게도 합니다. 현실에서 호스피스는 외딴섬처럼 보입니다. 긍정적으로 말하면 여유가 있다고 할 수 있죠. 환자를 총체적으로 돌보는 곳이니까요. 반대로 말하면 지속 가능성에 의문이 든다고 할 수 있습니다. 도무지 돈이 안 되는 일을 하는 곳이니까요. 호스피스가 이상적으로 보이는 한편, 이상한 곳으로 보이기도 합니다. 그러다 보니 호스피스에서 일을 하는 사람들은 도대체 누구인가라는 근본적 물음도 생깁니다.

김호성 선생님 말씀처럼 대부분 호스피스 기관들의 재정 상태가 여의치 않습니다. 대개 종교단체나 상급병원에 소속되어 어떻게든 적자를 보전하며 운영하고 있죠. 한계에 부닥친 호스피스 기관들은 폐업을 하고 있는 실정입니다. 다학제팀 운영은 많은 인력이 연관되어 있는 데다, 간병인 고용을 지원하는 국가 제도도 튼튼하지 못해 인건비가 만만치 않습니다. 하지만 한국의 다른 모든 분야가 그렇듯, 의료 분야에서도 인력에 대한 수가가 원가에 못 미칩니다. 이러한 상황에서 다학제팀, 돌봄 인력을 적절히 운영하려면 호스피스 기관의 재정에 손해가 날 수밖에 없는 구조입니다. 장기적 생존이 어려운 것이죠. 지금 호스피스의 돌봄이나 환대라고 하는 것들이 전부 구성원들의 신념, 아니 그것을 넘어 구성원들의 희생에 의해 유지되고 있다고 생각합니다. 심각한 상황이죠.

송병기　호스피스의 재정이나 운영과 관련해 궁금증이 생기는데요. 종합병원 안에 있는 병동형 호스피스의 경우는 어떤가요?

김호성　종합병원에 부속된 호스피스는 병원 소속의 병동 형식으로 되어 있습니다. 인력이 운용되는 방식이 좀 다릅니다. 최대한 효율적이게 설계되어 있죠. 예를 들면 상급종합병원에서는 호스피스 완화병동의 당직을 수련의나 전공의가 맡는 경우가 많습니다. 하지만 요즘에는 그것도 수련의, 전공의의 노동시간 문제로 운영 안정성이 떨어지고 있죠. 상급종합병원의 병동형 호스피스 역시 나름대로 어려움을 겪고 있습니다.

송병기　동백 성루카병원 같은 독립형 호스피스의 상황은 혹시 어떤가요?

김호성　독립형 호스피스는 오직 호스피스 병동만의 수익으로 기관의 재정 운영을 하는 곳을 의미합니다. 별도의 수익성 있는 비급여 항목을 만들 수 없기 때문에, 후원금 같은 걸 받지 않으면 유지될 수가 없죠. 적자 구조를 대표적으로 보여주는 것이 간병인 관련 제도(호스피스 보조활동인력 제도)[17]입니다. 나라에서 보조금을 지급해 간병인 고용을 지원해주고 있는데요. 입원 병동 중에서 유일하게 호스피스에만 지원을 해줄 만큼 전향적인 제도이지만, 정작 호스피스 기관의 절반 정도만 이 제도를 이용하고 있죠. 왜 그럴까요? 1인가구도 많고, 가족이 있다 해도 생업에 바쁜 분들이 많으니, 이 제도를 잘 활용하면 환자 유치에 도움이 될 텐데 말이죠.

그 이유는, 이 제도를 이용하면 역설적으로 기관에 이익이 아닌 손해가 나게끔 되어 있기 때문입니다. 원가 보장이 충분하지 않은 것이죠. 사실 현재의 낮은 수가제도 아래에서 한국의 모든 의료기관이 원가 보장 문제를 겪고 있긴 하지만, 대부분은 그런 손해를 비급여 항목 같은 다른 방법으로 보전하고 있습니다. 하지만 호스피스 기관은 그런 방식의 해결이 불가능하죠. 결과적으로 독립형 호스피스 기관들의 재정 상황이 악화되고 있습니다. 이는 호스피스 돌봄의 질을 떨어뜨리고, 이것이 다시 사람들의 호스피스 이용률을 감소시키는 악순환을 만듭니다.

송병기 국가가 비현실적으로 의료기관의 비용을 통제하고 있다는 생각이 듭니다. 급성기 병원이든 호스피스든 차이가 없습니다. 또 민간이든 국공립병원이든 차이가 없고요. 결국 이런 구조에선 이른바 필수의료를 중시한다는 국공립병원도, 완화의료를 하는 호스피스도 '이윤 극대화 게임'에 참여할 수밖에 없지 않을까요? 하지만 필수의료와 완화의료는 그 특성상 이윤을 남기기 어려운 영역입니다.

기이한 상황입니다. 여기서 눈여겨볼 점은 국가의 제도 및 규제가 의료와 자본을 긴밀히 연결시키고 있다는 겁니다. 흔히 말하길, 맹목적인 자본은 인간의 안녕 따위는 고려하지 않고 증식하기 때문에 국가의 개입이 요청된다고 합니다. 즉 의료는 시장 논리로만 접근할 수 없고 국가가 개입해야 한다는 겁니다. 그런데 현실은 어떤가요? 국가가 운영하는 건강보험이 사실상 의료시장과 결부되어 있는 형국입니다.

김호성 저는 국가의 재정적인 측면만을 보더라도, 정부에서 호스피스 완화의료를 적극적으로 추진하고 실행해야 한다고 생각합니다. 왜냐하면 현 급성기 중심의 의료체계에서 말기 질환에 무의미하게 낭비되는 의료자원이 상당합니다. 호스피스 완화의료는 그러한 낭비를 줄이는 면도 있습니다. 건강보험을 운용하는 공단 입장에서 적절한 호스피스 완화의료의 확산은 장기적으로 보험의 재정적 안정성을 증가시켜줄 것입니다.

하지만 안타깝게도 정책의 일관성과 지속성, 그리고 추진력이 떨어집니다. 일단 공무원들이 호스피스 완화의료 현장에 대해 잘 모르는 데다, 치료적 접근이 제일이라는 도그마에서 벗어나지 못하거든요. 물론 여러모로 노력하고 있는 공무원도 있겠지만 현실의 벽은 상당히 견고합니다. 한 번은 담당 공무원에게 호스피스의 어려운 현실을 토로해본 적이 있습니다. 그때 담당자가 아주 당연하다는 듯이 "돌봄은 의료의 영역이 아니다"라고 하더군요. 절망적이었지요.

송병기 안타까운 일이고 심각한 문제입니다. 호스피스가 적자를 내면서 생존하는, 말 그대로 적자생존을 하고 있는 상황으로 보입니다. 공무원의 인식과 발언 그 자체보다는, 그런 말을 당연하게 할 수 있는 현재의 상황이 심히 우려됩니다. 호스피스에서 일하는 사람들이 느끼는 소외와 불안이 당연시되고 있다는 생각이 듭니다. 그러고 보면 호스피스는 평화로운 외딴섬이 아니라 하늘에서 돌이 비처럼 쏟아지는 험지인 셈입니다.

나이 듦이 민폐가 되는 나라

김호성   조금 다른 이야기이지만, 어떤 공무원들은 이런 제안을 하기도 합니다. "시민들한테 직접적인 호스피스 이야기가 별로 인기가 없는데, 웰다잉이나 의사조력자살 같은 이야기를 해보는 것은 어떨까요?" 말하자면 자극적인 소재로 호스피스 이야기를 풀어보자는 것이죠. 물론 시민들의 호스피스 인식이 낮으니 홍보 아이디어를 낸 것일 테지만 씁쓸하더군요. 의사조력자살 같은 민감한 문제를 화두로 꺼내는 것이 얼마나 적절한지에 대해 회의감이 들었습니다. 그런 무리한 홍보를 제안하기보다는 호스피스 기관들의 애로사항, 실질적 대안 같은 것들을 함께 논의하는 것이 더 나았을 텐데 말이죠.

송병기   매우 중요한 지적입니다. 한편 이런 생각도 듭니다. 보편적 돌봄을 위해 정부와 국회의 역할, 공공의 역할은 매우 중요합니다. 그러나 이 말은 국가가 모든 걸 해야 하고, 할 수 있다는 뜻이 아닙니다. 예컨대 국가의 역할은 말기 돌봄에 관련된 기관들, 지역사회, 주민, 환자 등이 긴밀하게 논의를 할 수 있는 장을 마련하고 지원하는 것입니다. 국가를 비롯한 다양한 행위자들이 네트워크를 구축하여 문제를 해결하는 이른바 민주적 거버넌스를 생각할 필요가 있지 않을까요?[18] 돌봄에 관한 제도의 도입, 개선, 평가 등을 공무원에게만 맡겨둬서는 곤란할 것 같습니다. 공무원을 못 믿는 게 아니라, 그 일이 너무나 방대하고 또 근본적이기 때문입니다.

시민들이 돌봄에 대한 다양한 목소리를 낼 필요가 있습니다. 예컨대 프랑스는 2019년 '시민의회'를 만들어 대의제를 보완하려는 노력을 기울이고 있습니다.[19] 영국, 독일, 아일랜드도 그러한 모델을 시행하고 있고요. 대의제의 취약점이 투표 말고는 국회에 주권자의 목소리를 전달하기가 어렵다는 것이잖아요. 시민의회 같은 모델이 정착되면 정부와 국회에도 좋은 일입니다. 시민들의 의사 결정을 존중하면서 그에 관련된 정책 및 사안에 대한 정치적 부담도 덜 수 있기 때문입니다. 시민들의 토론이 일종의 정책 시뮬레이션 기능을 수행하는 효과도 있죠. 물론 그러한 시도가 정치인들의 책임 회피 수단으로 변질되지 않도록 해야겠죠. 앞으로 정부는 다수가 이러한 숙의의 장에 참여할 수 있도록 전폭적인 지원을 해야 합니다. 한국도 지난 2017년에 신고리 원전 건설과 관련해 '숙의민주주의'를 실험해본 적이 있습니다. 그때 얻은 교훈, 시행착오를 검토해 더 보완된 숙의의 장을 열어낼 필요가 있다고 생각합니다. 그것은 돌봄을 '민주주의 경험'으로 상상하고 실천하는 일이기도 합니다.

김호성　　말기 돌봄의 이른바 컨트롤 타워가 있습니다. 국립암센터에 있는 중앙 호스피스 센터가 그 역할을 하죠. 원칙적으로 말하자면, 각 호스피스 현장의 목소리가 지역에 있는 권역 호스피스 센터를 거쳐 중앙 호스피스 센터로 전달되어야 합니다. 그리고 이렇게 수합된 현장의 어려움들을 중앙 차원에서 분석하고 개선점을 창안하여, 정부와 상의 후 다시 현장의 어려움을 해결해야 하죠. 하지만 이는 현실에서 쉽지 않습니다. 한국의 관료제 문화 안에서 한계를 보이는 것이죠. 더불어 파편화된 사업들은 많지만 어떤 문제를 해결할 지속적인 정책이 추진되는 것이 쉽지 않습니다. 일단 호스피스 완화의료 정책을 담당하는 공무원들이 곧잘 바뀌는 데다, 한 정책에 대해서도 각기 다른 부서가 나누어 담당하여 정책의 방향이 흐트러지는 경우도 있습니다. 즉 지속적인 정책 안정성이 쉽게 형성되기 어려운 환경입니다.

이러한 거버넌스 구조는 근본적으로 행정부를 움직이는 정치인의 관심과 역량으로 작동하고, 이 정치인들은 시민들의 눈치를 제일 많이 살피는 사람들입니다. 결국은 시민들의 관심이 필요합니다. 시민들이 호스피스 완화의료에 대해 목소리를 내고 정치적인 요구를 한다면, 공무원들도 보다 신경을 쓰게 되고, 결국 정책적 변화가 이루어져 현장이 바뀔 수 있을 것입니다.

송병기 근본적 질문을 던지게 됩니다. 국가는 의료를 무엇으로 보는 걸까요? 국가가 의료를 보는 시선과 인식은 무엇일까요? 먼저, 국가와 의료의 관계를 사회보장으로 이해할 수 있습니다. 한국의 법은 사회보장을 출산, 질병, 빈곤, 사망 등의 사회적 위험에서 국민을 보호하는 것이라고 말합니다.[20] 예컨대 건강보험과 산재보험도 사회보장 중 일부입니다. 전자는 의료보장을, 후자는 소득보장을 위해 고안된 제도이지요. 요컨대 사회보장은 우리가 흔히 말하는 복지제도의 바탕이라고 할 수 있습니다.

김호성   보통 국민들이 이해하고 있는 방식인 것 같습니다. 국가는 국민들을 보호할 책임이 있고, 그런 맥락에서 여러 사회보장을 한다고 말이죠. 의료보장도 그중 하나고요.

송병기   주목할 점은 애초 사회보장은 임금노동자가 오랜 기간 일할 수 있도록, 바꿔 말해 노동 재생산을 지속할 수 있도록 그와 그 가족을 국가가 보호하는 체계로 등장했다는 것입니다.[21] 20세기 초반, 그 질서 안에서 건강한 성인 남성은 집밖에서 임금노동을 하는 부양자가 되고, 여성은 집안에서 무임금 돌봄을 하는 피부양자가 됩니다. 예컨대 연금보험은 그가 은퇴 이후에 빈곤에 빠지지 않도록 돕습니다. 아내는 집안일, 양육, 간병을 맡습니다. 자녀는 자라서 또 다른 임금노동자가 되거나 집안일을 하게 됩니다. 우리에게도 익숙한 풍경이죠. 산업화 시기에 등장한 건강보험은 민간병원이 낮은 수가로 최대한 많은 환자를 진료하게끔 설계한 제도입니다. 노동자가 아프면 치료를 값싸게 받고 신속히 일터로 복귀할 수 있도록 했죠. 그러나 건강보험은 돌봄, 의료진의 처우, 지역과 도시의 의료 격차와 같은 주제에 대해 침묵했습니다.[22]

김호성   흥미롭습니다. 지극히 휴머니즘적으로 들리는 사회보장이라는 것을 한 겹 들어가보니, 완전히 다른 자본주의적인 계산이 드러나니 말입니다.

송병기   여전히 사회보장은 임금노동자를 중심으로 작동하고 있고 돌봄은 가치가 낮은 일로 취급됩니다. 이런 사회적 맥락에서 국가와 의료의 관계를 다시 생각하게 됩니다. 의료는 임금노동자의 노동력 유지 및 재생산, 그리고 자본 축적에 기여하는 방식으로 발전해왔다는 것을 알 수 있습니다.

사회는 마치 독립적이고 생산적인 개인들로 가득 찬 장소처럼 보입니다. 그곳에서 독립과 의존은 서로 대립되는 개념으로 통용됩니다. 의존적인 사람은 사회적 역할을 제대로 하지 못하는 '비사회적 존재'로 취급됩니다. 누군가의 돌봄을 받는 게 미성숙이나 민폐로 인식됩니다. 최근 한 노인복지관에서 어르신들을 대상으로 강의를 했습니다. 생애 말기를 고통스럽게 만드는 현실을 함께 살펴봤습니다. 강의 후반에 이 현실을 어떻게 타개할 것인지 논의를 하는데, 대부분의 어르신들이 "그러니까 가급적 오래오래 건강하게 살면서 자식에게 폐 끼치지 말아야 하고", "내 스스로 못 먹거나, 움직이지 못할 정도가 되면 빨리 가야 한다"라고 말하더군요. 어르신들은 의존과 돌봄이 어떤 의미인지 경험적으로 알고 있었습니다.

김호성   얼마 전 〈플랜 75〉(감독 하야카와 치에)라는 일본 영화를 봤습니다. 노인들이 75세를 넘어 죽음을 약속하면 국가에서 돈을 지급하며, 안락사와 화장까지 시켜준다는 줄거리입니다. 영화를 보는 내내 한국의 말기 돌봄 현실이 생각나서 마음이 복잡했죠. 더불어 제가 놀랐던 것은 영화의 감독이 각본을 쓰면서 일본 노인 열다섯 명을 만나 인터뷰하면서 들었던 이야기였습니다.[23] 예상 외로 많은 노인들이 "그런 제도가 있었으면 좋겠다", "실제로 있으면 안심이 될

것 같다"고 답해서 감독이 놀랐다고 합니다. 늙는다는 것은 비참한
일이며, 가족에게, 사회에 폐를 끼치는 것이라고 노인들은 인식하고
있었던 것입니다. 제가 경험한 우리나라 노인들도 크게 다르지 않을
것 같습니다.

송병기   돌봄에 별다른 가치를 부여하지 않는 사회에서는 호스
피스도 잘될 리 없습니다. 호스피스의 활성화는 돌봄에 대한 새로
운 상상력과 분리될 수 없습니다. 호스피스에서 이뤄지는 돌봄을 가
급적 많은 시민들에게 알려야 합니다. 호스피스는 생애 말기 돌봄의
중요성을 생각하는 데 참고가 될 수 있다고 생각합니다.

무엇이 돌봄을 가능하게 하는가

송병기   끝으로 호스피스에서 돌봄이란 가치의 원동력에 대해 살
펴보면 좋겠습니다. 다학제팀이 환자에게 갖는 기본적인 태도나 마
음이 있는 것 같습니다. 예컨대 환자의 고통을 마주하며 함께 나누려
한다든지, 환자의 관계와 서사에 관심을 기울입니다. 그런데 외부자
인 제가 보기에 그 돌봄의 실천은 굉장한 에너지를 요하는 일입니다.
체력적으로도 그렇고, 정신적·감정적으로도 쉬운 일이 아닙니다.
    저는 다학제팀이 어떻게 소진되지 않고 그러한 돌봄을 할 수 있
는지 무척 궁금합니다. 직업적 사명감, 말기 환자에 대한 연민 같은
것으로는 그러한 돌봄을 지속하기 힘들다고 생각합니다. 그렇다고
경제적 보상이 큰 것도 아니고, 제도적으로 특별한 지원을 받고 있

는 것도 아닙니다. 그럼에도 불구하고 호스피스에서는 돌봄이란 가치가 끊이지 않고 생산되고 유통됩니다. 그 원동력은 무엇일까요?

김호성　　호스피스에서 오랫동안 일을 하는 사람들끼리 회식 자리에서 이런 이야기를 하곤 합니다. "왜 도망치지 않고 여기에서 지금도 일하고 있어요?" "그러게요. 저도 잘 모르겠어요." 저는 물론이고 호스피스에서 일하는 사람들이 직업윤리에는 충실해야 되겠지만, 반드시 윤리적인 사람이 되어야 이 일을 할 수 있다고 생각하지 않습니다. 오히려 그렇게 생각하는 사람은 빨리 그만두게 됩니다. 기대가 큰 만큼 실망도 큰 법이니까요. 여기는 의료계 내에서도 쉽지 않은 현장입니다. 우선 실질적인 노동 강도가 상당합니다. 더불어 온갖 사람들의 고통과 슬픔을 비롯해, 다양한 모습들을 보게 되어 정신적으로 힘든 지점들이 있거든요. 그래서 실질적으로 의료진의 소진에 대한 이슈가 중요합니다.

송병기　　윤리나 사명감만으로는 한계가 있다고 봅니다. 제 주변 다른 의사 선생님들도 공통적으로 하는 말입니다. 어떤 일이든 특정한 목표나 의미만을 추구하며 지속하기는 어렵죠. 돌봄을 하면서 오히려 자기 삶이 취약해지는 경우가 많습니다. 타인을 돌보는 사람들이 저임금, 위험, 모욕의 대상이 되기도 합니다. 돌봄을 주고받는 관계도 중요하지만, 동시에 그 관계를 돌보는 것에 대해서도 활발한 논의가 필요합니다.

김호성　　직업적인 소진이 있음에도, 왜 수많은 의료인들이 이 일을 계속하는가. 제 생각에, 사람은 자기의 유익을 추구하는 본성도 있지만, 그와 함께 다른 사람을 이롭게 하면서 내적 기쁨을 얻는 면도 있기 때문인 것 같습니다. 타인을 위한 헌신이라기보다, 타인에게 유익이 있을 때 내가 기쁘다는 거죠. 이런 맥락에서 저의 경우에도, 죽음의 두려움을 앞두고 있는 환자와 보호자들을 돌보는 일은 힘들긴 해도 큰 보람을 줍니다. 존재의 기쁨이라고 할까요.

또한 환자의 임종 후에 보호자와의 만남에서 돌봄이 순환되는 것임을 느낍니다. 그건 보호자가 의료진을 돌보는 순간이거든요. 그러고 보면 환자, 보호자, 다학제팀 서로가 서로를 돌보고 있는 거죠.

송병기 다학제팀의 돌봄은 이를테면 '우리는 어떻게 함께 살아갈 것인가'를 질문하고 실천하는 과정 같습니다. 삶의 형식을 모색한다는 차원에서 '실험적'입니다. 특히 선생님이 묘사한 돌봄의 순환은 나와 우리가 사는 세계를 조금씩 변화시키는 일입니다. 이는 돌봄을 단순히 누군가를 돕는 일이나, 욕구를 채워주는 행위 등으로 보는 관점과 차이가 있습니다.

김호성 물론 모든 환자가 다 경과가 좋지는 않고, 늘 감사의 표현이 있는 것도 아닙니다. 하지만 오랫동안 고통받던 환자가 많이 나아졌을 때, 이를테면 "오늘 너무 잘 잤어요", "가족하고 시간을 참 잘 보냈어요"라고 할 때, 저희 마음은 환해집니다. 간호사들과 이야기해보면 그러한 부분을 뜻 깊게 생각하는 분들이 많아요. 아주 순수한 기쁨이지요.

다른 의료현장에 비해 호스피스의 독특한 조건이 그걸 가능하게 하는 것 같습니다. 말기 암 환자들은 고통이 매우 심한 상황을 많이 겪습니다. 이때 호스피스 구성원들이 개입을 하면 눈에 띄게 고통이 줄어들게 되는데, 이런 즉각적이고 긍정적인 피드백은 자기 효능감과 보람을 불러일으킵니다. 이는 다시 다른 환자를 돌볼 수 있는 원동력이 되지요. 더 나아가, 이후에 보호자들이 다시 병원을 찾아와서 자원봉사를 하게 되거나, 주변에 힘든 말기 암 환자에게 호스피스를 적극적으로 알린다는 이야기를 들으면 그것 역시 큰 힘이 됩니다.

송병기　그렇게 돌봄이란 가치가 만들어지고 순환되는군요.

김호성　필수의료 분야의 의사가 환자를 살렸을 때 느끼는 보람이 있습니다. 그것이 그 쉽지 않은 현장을 버티게 하는 원동력이겠죠. 그것과 마찬가지로 저희도 환자 삶의 질이 드라마틱하게 좋아졌을 때, 환자가 평온한 마지막을 맞이했을 때, 보람을 느끼고 계속할 원동력을 얻습니다. 필수의료와 완화의료의 영역은 다르지만 '타인의 고통을 줄였다'라는 공통점이 있는 것입니다. 이 일을 계속하는 사람들을 보면, 다들 기억에 남는 자기만의 환자들이 있습니다. 마지막 삶을 의미 있게 보낸 환자, 즐거운 대화를 함께 나눈 환자, 그런 마음속의 환자들 말입니다.

송병기　환자의 죽음 이후에 유가족에게서 피드백을 받으면 또 기쁘다는 말씀을 하셨습니다. 보호자들이 다시 호스피스를 찾아온다는 사실은 의미심장합니다. 호스피스에서의 기억이 좋았고, 다학제 팀에게 고마움을 전하고 싶은 마음이 생겼다는 말이니까요. 한편, 이는 보호자가 다학제팀을 돌보는 시간처럼 느껴집니다. 다학제팀이 또 다른 환자를 돌볼 수 있도록 활력을 불어넣는 것 같습니다. 그렇게 호스피스는 선생님이 말씀하신 '존재의 기쁨'을 만끽하고 나누는 공간으로 변모합니다. 그러고 보면 돌봄을 단순히 각자의 이익을 위해서 벌이는 협력으로 보기는 어렵습니다. 쌍무적 계약 관계로 설명하는 것도 적절하지 않습니다.

예컨대 A가 B를 돌봤다고 반드시 B가 A를 돌보는 게 아닙니다. A의 돌봄을 받은 B의 지인 C가 추후 A를 돌볼 수도 있고 D를 돌볼 수도 있습니다. 부모가 아이를 돌보고, 아이가 자라 다른 이를 돌보고, 또 다른 이가 내 아이와 부모를 돌보는 일이 가능합니다. 그렇게 돌봄은 순환되고 교환되며 증식됩니다. 그 돌봄의 장場에서 인간은 취약하고 의존적인 동시에 자율적이고 독립적인, 즉 '이중적 인간homo duplex'이 됩니다. 서로 돌보는 인간은 개별적이되 집합적이고, 본능적이되 윤리적이며, 세속적이되 종교적이기도 합니다. 추후 대화에서 더 이야기하겠지만 이 돌봄의 관계는 산 자와 죽은 자의 관계로도 확장됩니다.

김호성 돌봄의 선순환 현장에 있다는 것을 호스피스에서 많이 느낍니다. 환자가 임종한 후에 그 죽음을 돌봤던 의료진에게 보호자들이 찾아오는 의료현장은 그렇게 많지 않을 겁니다. 서로 인사하고, 경황을 묻고, 다독거리고, 때로는 뭉클한 포옹도 있습니다.

송병기 내가 '괜찮은 일'을 하며 살고 있구나, 그런 느낌이 들 것 같아요. 그렇게 돌봄이란 가치가 샘솟고 퍼질 것 같습니다. 다만 이런 이야기가 자칫 호스피스를 신파 드라마처럼 보이게 하지는 않을까 걱정됩니다. 환기를 해야겠습니다. 호스피스는 자선단체가 아니라 완화의료를 제공하는 병원입니다. 호스피스가 여타 병원보다 '인간적'이라고 단순하게 생각해서는 곤란합니다.

저희가 여러 차례 지적했듯이 상급병원의 의료진이 전문성을 갖추고 급성기 환자를 보는 것처럼, 호스피스 다학제팀은 전문성을 갖추고 말기 환자를 봅니다. '공간의 디자인'이 다른 것이죠. 응급한 환자를 살리기 위해 응급의료가 필요한 것처럼, 말기 환자를 위한 완화의료도 필요합니다. 요컨대 호스피스 의사와 간호사를 마치 오지에서 의술을 펼치는 인도주의 활동가처럼 바라봐선 안 된다고 생각합니다. 다만 호스피스를 통해 오늘날 의료가 간과하고 있는 돌봄의 가치를 조명할 필요가 있습니다. 이는 사람들이 말하는 '좋은 죽음', '존엄한 죽음', '편안한 죽음' 등과 밀접한 관련이 있기 때문입니다.

김호성　　그렇습니다. 호스피스에서 저희가 하는 일이 특수한 일이 아니라는 사실이 중요합니다. 그저 저희 일을 하는 것일 뿐이지요. 그 담백한 태도가 유지될 때 오래도록 돌봄이 재발견되고, 순환되고, 청량하게 퍼질 수 있을 거라 생각합니다.

송병기　　공감합니다. 더불어, 돌봄이란 가치를 개인의 노력, 개인적 차원으로만 만들고 유지할 수 없다고 생각합니다. 특히, 돌보는 사람에 대한 관심만큼 돌보는 사람을 돌보는 일에도 큰 관심을 가질 필요가 있습니다. 돌봄이 수혜자와 제공자만의 일, 혹은 닫힌 관계가 될 때 삶은 요동칩니다. 돌봄이 되레 삶을 취약하게 만듭니다. 생업 때문에 보호자가 환자를 돌보기 어려운 것처럼, 부실한 제도 때문에 다학제팀이 환자를 계속 돌보기 어려울 수 있습니다.

김호성　얼마 전에 오랫동안 호스피스 영역에서 중요한 역할을 해온 기관들이 재정 문제 등의 사정으로 폐쇄되었습니다. 해당 기관에서 일해오던 말기 돌봄 전문가들이 순식간에 현장을 떠나게 되었지요. 단순한 의료기관의 폐쇄를 넘어, 말기 돌봄 영역에 종사하는 사람들의 마음을 심란하게 하고 근로 동력을 떨어뜨린 사건이었습니다. 안 그래도 육체적·심리적 소진을 겪는 호스피스 종사자들에게 현실적 여건들이 썩 좋지 않은 방향으로 흘러간다면 더욱 힘들어질 것 같습니다. 적자를 구조적으로 만들어내는 현 제도를 보완하고 호스피스 인력에게 적정 급여를 지급하도록 수가의 구조를 개선해야 합니다. 그래야 말기 돌봄에 적절한 장소를 지속적으로 유지할 수 있고, 그래야 생애 말기의 고통을 덜어낼 수 있습니다.

송병기　많은 사람들이 병원에서 무의미한 연명의료를 받지 않고 '나답게 죽고 싶다', '폐를 끼치지 않고 죽고 싶다', '깔끔하게 죽고 싶다' 같은 희망을 말하며 해결책을 찾고 있습니다. 생애 말기의 경로가 그만큼 고통스럽다는 방증이죠. 하지만 그 답을 찾기 위해서는 우선 우리가 마주한 현실이 무엇인지 살펴봐야 합니다. 특히 돌봄이란 무엇인지 차근차근 질문하고 논의해야 합니다. 지름길은 없습니다. 그 과정을 통해서 우리만의 답을 찾을 수 있다고, 죽음을 다시 만들어갈 수 있다고 생각합니다. 죽음은 '현실'에 따라 변화하고 새로 만들어지기도 하는 현상이기 때문입니다.

6장 애도

어떤 삶의 마지막 풍경

송병기　삶과 죽음은 서로 대립되는 개념일까요? 인류학적으로 보면 죽음의 반대말은 삶이 아니라 탄생입니다.[1] 죽음과 탄생이 상극이라는 것이 아닙니다. 둘은 정반대의 위치에서 서로의 준거로 작용합니다. 모두 알고 있는 예를 들어보죠. 임신에서 출산까지 약 9개월의 시간이 필요합니다. 대개 임신부는 반려자를 비롯한 가족과 지인, 나아가 의료진의 돌봄을 받습니다. 정부의 임신·출산 지원 정책 대상자도 됩니다. 한편 아이가 태어나면 부모는 출생신고를 해야 합니다. 신생아는 이름을 갖게 되고, 가족관계등록부에 등록됩니다. 대한민국이란 사회의 성원이 되고, 권리능력도 인정받습니다. 이처럼 출생은 상당한 상징, 자원, 사물, 제도, 관계를 동반하는 일입니다. 사람이 세상을 살아가는 데 필요한 기초 요소들을 '구성'하는 시기입니다.

　　이런 관점에서 탄생의 정반대에 위치한 죽음을 생각해볼 수 있습니다. 죽음은 숨이 멎는 단발적 사건이 아니라, 인생이란 복잡한 관계망을 '해체'하는 과정을 동반합니다. 생의 끝자락, 즉 죽음을 맞이하기 위한 이행 과정이 있다는 말입니다. 여기에는 죽음 이후에 행해지는 애도도 포함됩니다. 사람들이 그 과정을 어떻게 경험하느냐에 대한 문제는 중요합니다. 이는 죽음뿐 아니라 삶에 대한 인식에도 영향을 주기 때문입니다.

김호성 선생님 말씀을 들으니, 문득 한 장면이 생각납니다. 근래 어느 환자가 임종실에서 마지막 시간을 보내고 있는데, 어린 손녀가 해맑게 웃으며 환자의 손을 잡는 장면입니다. 사실 호스피스에 입원해 증상을 조절하고, 가족들과 시간을 보내며, 임종을 맞고, 애도하는 그 모든 것들은 하나의 '사건'이 아니라 시간의 흐름에 따른 '과정'입니다. 이 과정에는 '처치'가 아니라 주변 사람들의 마음이 담긴 '의례'가 필요합니다. 호스피스는 그러한 의례를 담당해주지요. 죽음의 과정에서도 이러한 의례를 통해 한 사람이 다른 사람들과 관계를 맺는 방식에 변화가 일어납니다. 이는 생의 끝자락에서 간과할 수 없는 중요한 대목입니다.

송병기 많은 매체가 '웰다잉'을 언급하지만, 죽음이 어떻게 진행되는지에 대해서는 구체적으로 말하지 않습니다. 환자가 말기라는 사실을 알게 된 순간과 죽음 사이, 그리고 죽음 이후는 생략됩니다. 오늘 대화 주제가 작별과 애도입니다. 호스피스를 통해서 죽음 전후로 이루어지는 과정과 실천, 또 사람들의 관계 변화에 대해 살펴보면 좋겠습니다.

3부 죽음을 다시 만들기

김호성   한 사람, 한 존재의 소멸은 완전한 하나의 세계가 소멸하는 것과 같습니다. 세상의 유일무이한 한 세계가 없어지는 것이죠. 환자와의 작별은 남아 있는 사람에게 기가 막히고 어찌해야 할지 모르는 원초적 감정을 남기게 됩니다. 그 감정은 시간이 지나면서 변화되며, 남아 있는 자들의 기억 안에서 재구성되죠. 하지만 어떻게 구성되는가에 따라 그 감정의 소용돌이가 다시 몰아치기도, 더 심해지는 경우도 있습니다. 살아남은 자들의 고통을 다시 유발하는 것이죠. 한 존재와의 작별 과정을 어떻게 겪는지가 중요한 까닭입니다.

작별과 애도에 대해 본격적으로 대화하기 전에 전제하고 싶은 점이 있습니다. 모든 사람의 마지막 모습이 제가 말하는 모습과 항상 일치하지는 않을 수 있다는 것입니다. 우리 삶의 마지막 모습은 여러 형태가 있습니다(도판 6.1).[2] 어떤 사람은 교통사고나 심근경색 같이 갑작스러운 죽음을 당하며, 어떤 이는 질병의 경과가 들쑥날쑥하여 몇 번의 고비를 넘기며 임종을 맞이합니다. 또 치매 같은 인지 능력 저하가 있는 질병을 가진 사람들은 서서히 소멸해가며 그것을 자각하지 못하는 경우도 있죠. 제 이야기는 그러한 다양한 삶의 마지막 모습들 가운데, 암 환자처럼 잘 견디다가 말기에 급속하게 체력이 떨어지는 경우를 염두에 두었다는 점을 밝힙니다.

송병기   대화의 전제를 짚어주셨습니다. 물론입니다. 저희는 지금 호스피스에 있습니다. 여기의 맥락에서 작별과 애도에 대해 말할 겁니다. 그럼에도 저희의 대화는 특수한 사례가 아니라 보편성을 지닌 이야기로서 많은 이들에게 가닿을 수 있다고 생각합니다. 우리 모두는 타자의 삶을 상상하며 내 삶을 성찰하는 능력이 있으니까요.

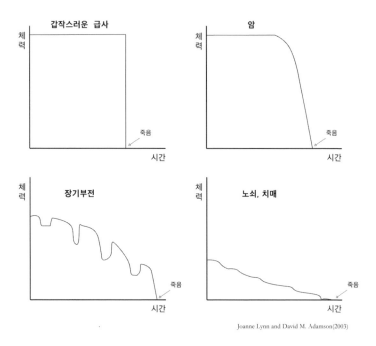

도판 6.1 질병 종류에 따른 말기 경과

Joanne Lynn and David M. Adamson(2003)

김호성　호스피스에서 임종은 대부분 예측이 됩니다. 물론 갑작스러운 상태 변화도 드물게 있지만, 대부분의 환자들은 예견된 과정을 보이게 되죠. 의료진은 보호자가 인지적·심리적으로 환자의 죽음에 대해 준비할 수 있도록 병의 예후를 미리 예측해서 알려줍니다. 물론 한 사람의 죽음을 예견하고 준비한다고 해서 슬픔이 사라지는 것은 아닙니다만, 그래도 그것은 환자·보호자들에게 중요합니다. 상황이 예측되면 받아들일 건 받아들이고, 할 수 있는 건 하게 되기 때문입니다.

임종실에서 보호자들은 마냥 슬픔에 잠겨 있는 것이 아니라, 남은 시간을 환자 곁에서 의미 있게 보내려고 합니다. 환자가 평소 좋아하던 음악을 틀어주거나, 책을 읽어주거나, 그냥 옆에서 서로 담소를 나누거나 하죠. 같이 일하는 간호사 한 분은 그런 모습을 볼 때 호스피스 일에 보람을 느낀다고 하더군요. 환자는 여명이 얼마 남지 않아 의식이 없지만 보호자들이 침상을 둘러싸고 서로 웃으며 환자와 겪었던 여러 삶의 이야기를 나누는 모습 말입니다. 간호사 말이, 그럴 때면 환자는 정말 편안하게 가족모임 가운데 주무시는 것 같다는 겁니다. 한 젊은 환자도 기억나네요. 그분은 평소 바람대로 임종기 때 퀸의 〈보헤미안 랩소디〉를 크게 들으며 마지막을 맞았습니다.

송병기　대학시절에 만난 한 친구는 가끔 본인의 장례식에서 어떤 음악을 틀지 고민했습니다. 한번은 영국의 록 밴드 오아시스의 〈돈 룩 백 인 앵거Don't Look Back In Anger〉 같은 노래들로 선곡하면 어떨지 제게 묻길래 장례식장을 축구장으로 만들 작정이냐고 답했던 기억이 납니다. 그렇게 내 장례식에 누굴 초대할지, 내 마지막은 어디에서 누구와 함께 보낼지 같은 이야기를 나눴습니다. 그때 슬픈 감정에 빠지기보단 내 일상과 관계들에 대해 명료하게 생각하게 되더군요. 향과 맛이 좋은 커피는 죽어도 포기할 수 없다며 확고한 취향도 확인하게 되고요.

　　선생님이 말씀하신 호스피스 임종실의 풍경을 상상하게 됩니다. 인류학자 캐슬린 스튜어트Kathleen Stewart의 표현처럼 "진부하고 평범한 일상의 보이지 않는 틈새에서 흐르고 비상하고 표류하는 들썩이는 어떤 힘"으로 가득한 장면이 떠오릅니다.[3] 그 일상적 정동ordinary affect은 사람들의 몸을 관통하며 서로 공명시킵니다. 개별적이고 공통적인 감각과 경험을 생성합니다. 환자의 몸에는 보호자의 열기가 퍼지고, 보호자의 몸에는 환자의 정이 흐르지 않을까 싶어요.

한편 임종실 안의 그 흐름은 환자의 마음, 환자와 보호자 사이, 또 삶의 조건에 따라 달라질 수 있습니다. 환자가 노래를 듣기 싫어할 수 있고, 설사 본인이 원하는 노래를 들어도 무료하고, 피곤하고, 절망적이고, 소외감을 느낄 수도 있습니다. 또 호스피스 임종실 내부는 그 외부, 이를테면 연명의료결정법 및 호스피스라는 제도, 정부의 호스피스 정책, 호스피스를 후원하는 개인 및 단체 등과 불가분의 관계에 있습니다. 그러고 보면 임종실은 격리된 장소가 아니라 세계의 일부인 셈입니다.

김호성　　그렇습니다. 임종실의 모습은 한 개인의 바람이 투영된 것을 넘어, 사회를 종합적으로 보여주는 결정체essence라 생각합니다. 아무리 개인이 희망하는 바가 있어도 그것을 실행하려면 가족자원, 돌봄 여건, 호스피스 시설·의료진·정책 등이 있어야 하니 말입니다. 하지만 그런 외부적인 문제와는 별개로, 일반 시민들은 평소에 임종의 모습에 크게 관심이 없습니다. 그저 '존엄한 죽음을 맞이하고 싶다'는 막연한 생각 정도를 가지고 있죠.

환자의 몸을 따라간다는 것

송병기　　대개 사람들은 존엄한 죽음을 희망하지만, 임종이 실제로 어떻게 이루어지는지는 모르거나 관심이 없는 것 같습니다. 이를 단순히 '웰다잉' 교육 부족이나 '유교문화' 같은 말로 파악하기는 어렵습니다. 과거에 '집안일'이었던 죽음이 현재는 병원의 일이 되었습니다. 죽음만 그런 건 아니죠. 과거에는 질병이나 질환으로 여겨지지 않았던 탈모, 과잉행동, 발기부전 등도 지금은 의학적 문제로 정의되고 치료의 대상이 되었습니다.[4] 1990년대만 하더라도 듣기 어려웠던 남성 갱년기, ADHD, 항노화 같은 용어들이 이제는 익숙합니다. 그러한 의료화 속에서 죽음이라고 특별한 지위를 차지하는 것은 아닙니다.

하지만 죽음이 의료 전문가의 일이 되었기 때문에 사람들이 죽음에 대해 잘 모르게 됐다고 말하기도 어렵습니다. 오히려 죽음에 대한 의학지식은 기하급수적으로 증가하고 있고, 사람들은 각종 매체를 통해서 어렵지 않게 그 지식에 접근하고 있습니다. 문제는 죽음에 대한 지식의 양과 접근성이 아니라 그 내용과 형태입니다. 오늘날 죽음에 대한 담론은 죽음에 대항하는 담론으로 통용되고 있습니다. 예컨대 죽음을 '앞당기는' 생활방식, 증상, 질환 등에 대한 의학적 지식은 죽음을 '지연시키는' 데 활용됩니다. 그러한 앎의 방식이 나쁘다는 게 아닙니다. 다만 그 특정한 앎의 방식이 역설적으로 죽음에 대한 이해의 폭을 좁힐 수 있음을 지적하는 것입니다.

김호성   현대 사회는 죽음을 부정하고 회피하려 합니다. 이는 오늘날, 또 한국만의 현상은 아닙니다. 1970년대 엘리자베스 퀴블러로스의 『죽음과 죽어감』이 많은 각광을 받았던 것은 역설적으로 과거 서양 역시 그러한 부정과 회피가 팽배했음을 방증합니다. 환자나 보호자들은 대개 호스피스에 와서도 죽음에서 눈을 돌리려 합니다. 그래서 호스피스 의료진은 환자의 자연스러운 임종 과정과 그에 맞는 돌봄 방법을 보호자에게 알려주고 교육합니다.

송병기　중요한 지적을 해주셨습니다. 제가 한국의 의료현장에서 만난 의사들에게 여러 차례 했던 말이 있습니다. 죽음을 부정하고 회피하려는 현상을 '삶에 집착하는 한국의 유교문화'나 '의료에 집착하는 한국의 소비주의 문화' 같은 것으로 납작하게 보면 곤란하다는 내용이었습니다. 인류학을 연구하는 사람으로서, 저는 문화라는 단어가 자신이 모르는 어떤 현상을 쉽게 설명하는 만능 열쇠가 되어서는 안 된다고 생각합니다. 문화라는 말은 자칫 그 현상 안의 관계성, 역사성, 쟁점 등을 가리는 '독특한 포장지'가 될 수 있습니다.

김호성　임종 과정은 대개 수면시간의 증가로 시작됩니다. 임종에 가까워질수록 점점 잠이 늘어나지요. 자다 깨고, 다시 자다 깨고, 또 자고. 이게 말기 암 환자의 체력에서는 자연스러운 일입니다. 그렇게 수면시간이 늘어나면서 자연스럽게 임종으로 넘어가는 경우, 보호자에게 환자가 이른바 '쉬운 경과'에 있다고 알려줍니다. 이에 비해 '어려운 경과'는 심한 통증이나 섬망까지 겹치는 것을 말합니다. 수면이 늘어나는 상황에서 섬망마저 겪게 되니, 의사소통의 시간은 더욱더 줄어들게 됩니다.

그때쯤, 임종이 예측되는 증상들이 하나둘 나타나게 됩니다. 일단 환자들의 소변량이 줄어듭니다. 신부전이 진행되는 것이죠. 사람의 몸은 위중한 상황이 가까워지면 뇌와 심장 같은 기관으로 피가 많이 가고 상대적으로 신장으로는 피가 덜 가게 되어 소변량이 줄어듭니다. 그리고 숨소리가 거칠어지거나 뭔가 그르렁거리는 소리가 들리기도 해요. 또 호흡이 불규칙해지는데, 심지어 숨을 20∼30초 동안 안 쉬기도 합니다. 그 밖에 항문 괄약근이 풀려서 대변이 나오기도 하고, 혹은 몸이 차가워지기도 합니다.

다학제팀은 보호자를 안심시키면서, 환자에게 나타나는 증상들이 자연스러운 것이며, 이를 호스피스에서 최대한 적절하게 완화시킬 수 있다고 말해줍니다. 그리고 환자가 의식이 없는 것 같아도 아직 귀로 들을 수 있으니 옆에서 이야기를 많이 해주라고 조언도 합니다. 환자의 손을 많이 잡아주고, 많이 안아주고, 목소리를 들려주라고 말입니다.

송병기 임종기에 보호자는 경황이 없습니다. 마음의 여유가 없는 상태에서 다학제팀의 말과 손길은 큰 위로와 도움이 되겠지요. 그럼에도 보호자는 그 시간이 불안하고, 무섭고, 슬프고, 어렵게 느껴질 것 같습니다.

김호성 어떤 보호자는 답답하고 불안한 나머지, 환자를 깨우는 분도 있습니다. 자연스러운 반응이죠. 왜냐하면 환자가 수 주 전까지, 아니 며칠 전에도 의사소통이 가능했으니 말입니다. 하지만 말기 암 환자들의 체력이 떨어지는 속도는 보호자들이 예측하는 수준보다 훨씬 빠릅니다. 보호자의 반응이 너무 과도하여 지속적으로 환자를 깨워 힘들게 하면 저희가 개입을 합니다. 그때 중점적으로 이야기하는 것은, '우리가 환자의 몸을 따라가고 있다'고 알려드리는 겁니다. 환자가 우리의 계획에 따라오는 것이 아니라고 말이죠.

송병기 '환자의 몸을 따라간다'는 선생님의 말씀을 음미하게 됩니다. 왜냐면 일반적으로 환자의 의사는 말이나 글로 표현된다고 여겨지기 때문입니다. 의료윤리가 강조되는 요즘, 환자의 의사를 존중해야 한다는 소리는 상식이 됐습니다. 병원에 가면 환자의 권리와 의무를 담은 게시물도 쉽게 볼 수 있죠. 이때 환자는 올바른 의료정보를 숙지하고, 의료진을 존중하며, 정해진 절차에 따라 의료결정에 참여할 역량을 갖춘, 자율적이고 독립적인 사람으로 상상됩니다. 즉 환자의 의사를 존중하기 위한 일종의 문화적 각본이 있는 셈입니다. 그런데 임종기에 접어든 환자에게 그 각본을 적용할 수 있을까요? 환자가 말과 글로 의사를 표현할 수 있는 건강상태도 아닐뿐더러, 그 각본이 임종기에 적절한지도 의문스럽습니다. '환자의 몸을 따라간다'는 표현은 오늘날 의료윤리가 상정하는 환자상이 무엇인지, 또 임종기 돌봄의 핵심이 무엇인지를 성찰하게 합니다.

김호성 현대 사회에서 한 개인의 존재는 '언어'로 상징되며 표현되는 것 같습니다. 그래서 사람들은 자신만의 언어를 사용하려 하죠. 그러한 서로의 언어를 존중하는 것이 이른바 다양성 존중의 원칙이고요. 하지만 임종기 환자처럼 언어 사용 자체가 불가능할 때에는 어떻게 그 존재를 한 사회의 구성원으로 인정할 수 있을까요? 전혀 다른 시선, 이른바 '몸의 윤리'가 필요하다고 생각됩니다. 이 몸의 윤리는 현대 사회의 기초를 이루는 이성의 윤리와는 방향이 사뭇 다릅니다. 물론 우리는 '언어'을 사용하기에 인간이지만, 그 이전에 심장이 뛰고 땀이 나는 '몸'을 가진 생명이지요. 몸은 말보다 깊고 넓습니다. 이는 말기 환자만이 아니라 의사소통이 불가능한 장애인, 더 나아가 비인간 생명들까지 넉넉히 품을 수 있는 철학적 시선이라고 생각합니다.

돌보는 사람을 돌보는

송병기 동백 성루카병원의 입원동의서 서류를 살펴봤는데요. 첫 번째 항목에 호스피스 완화의료의 목표를 명시하고 있습니다.

"질병의 말기 단계에서 임종을 삶의 한 과정으로 자연스럽게 받아들인다. 마지막 순간까지 인간으로서의 품위를 지키고 평화로운 임종을 맞이할 수 있도록 돕는 것이 목표다."

뒤이어 색상으로 강조된 문장이 나옵니다.

"호스피스 정신에 입각해서 생명을 연장 또는 단축시키는 행위는 지양하고 무의미한 항암치료와 정상 임종 과정을 방해하는 생명 연장을 거부한다."

호스피스 관계자가 아니더라도 많은 사람들이 이 목표에 공감할 것 같습니다. 오늘날 '정답'처럼 여겨지는 죽음의 모습을 요약하고 있기 때문입니다. 그런데 저는 선언적 윤리 자체보다는 그것이 일상적 실천과 어떤 관계를 맺고 있는지, 다시 말해 평소 환자 돌봄에서 선언적 윤리가 어떻게 통용되는지에 주목하고 싶습니다. 환자의 임종이 임박했을 때 환자, 보호자, 다학제팀이 어떤 상호작용을 해나가는지 궁금합니다.

김호성　　임종이 가까워오면 환자의 편안함에 가장 우선적으로 초점을 맞추고 그에 맞는 의료적 처치와 돌봄을 하게 됩니다. 더불어 보호자에게는 임종기가 올 가능성과 함께, 향후 어떤 증상들이 생기고 어떻게 돌봐줄 것인지를 설명합니다. 호스피스 제도에 이러한 임종 돌봄에 관한 의료수가가 책정되어 있습니다. 이 과정에서 다학제팀은 보호자와 적극적으로 의사소통을 합니다. 간호사와 사회복지사는 보호자들과 돌봄의 방향에 대해 상의하고, 장례 준비도 하며, 가족·지인들에 대한 연락도 중재합니다.

송병기　　임종 돌봄에 관한 수가가 따로 책정되어 있다는 게 인상적입니다. 의료수가를 단순히 이윤의 문제로 보기 어렵다는 생각이 들어요. 다학제팀의 임종 돌봄 계획과 실천을 촉진하니까요. 그런데 임종기에 접어든 환자와 의사소통이 쉽지 않기에 그 의사를 대리하는 보호자의 역할이 중요해집니다. 환자 임종 이후에도 해야 할 일들이 있으니까요. 그럼 다학제팀의 신경이 보호자에게 쏠리면서 환자가 소외되는 일이 발생하는 경우도 있지 않을까요?

김호성　　그런 우려도 생길 수 있을 것 같습니다. 다만 일반 의료현장과 호스피스 현장의 임종기 모습은 '사뭇 다르다'란 것을 말씀드려야 할 것 같습니다. 일반 의료현장에서는 임종기 때에 죽음을 피하거나 늦추기 위해 약물이나 의료적 처치들이 더 집중적으로 일어나게 됩니다. 즉 의료진의 노동력이 더 필요한 상황이라는 것이죠. 하지만 호스피스의 임종기는 그렇지 않습니다. 환자의 이전 힘든 증상들은 불안정기를 지나면서 적절히 조절되어 있어, 오히려 수액이나 필요 없는 약물이 정리됩니다. 물론 섬망이나 분비물 등으로 인해 때로 약물이 추가되기도 하지만, 기본적으로는 최대한 줄이는 방향입니다. 의료적 처치에 노동력을 덜 투여하고, 그 남은 노동력을 보호자 돌봄이나 사후 계획에 쓰게 되는 것입니다.

몇 가지 핵심적인 임종 돌봄 면담사항들이 있는데, 하나는 임종기 상황을 감당할 준비가 되었는지 여부입니다. 일단 환자의 임종 준비를 책임지고 장례까지 맡을 사람이 있어야 하잖아요. 보통은 성인 직계가족이 그 역할을 하지만, 상황이 여의치 않으면 다른 사람을 찾아야 합니다. 다학제팀의 사회복지사가 그 일을 하죠. 가족들한테 연락한다든지, 아니면 무연고자일 경우 대리인을 확인한다든지 합니다.

하지만 보호자가 확보되어 호스피스에 온다고 해서 준비가 끝난 게 아닙니다. 머리로는 알아도 감정적으로 받아들이지 못하는 경우가 워낙 많거든요. 그에 관련된 면담을 또 하게 되죠. 더욱이 환자가 급격하게 악화되는 경우에는 보호자 호출을 비롯해서 이러저러한 과정들을 빨리 해야 합니다. 드물지만 그런 갑작스러운 상황이 생기죠. 가급적 모든 임종기를 가장 준비된 상황에서 맞게끔 하는 것이 다학제팀의 목표이자 숙제입니다.

송병기　보호자의 상황, 또 그가 환자와 맺고 있는 관계에 따라 임종기 형태가 달라질 것 같습니다. 예컨대 평소 사이가 썩 좋지 않았던 자녀와 부모가 보호자와 환자로 만나는 경우, 환자에 대한 애착이 강한 보호자의 경우, 환자를 둘러싸고 보호자 간의 갈등이 있는 경우, 보호자가 생업으로 바빠서 다학제팀의 호출에 응하지 못하는 경우, 또 1인가구로 살아온 환자에게 보호자가 될 사람이 없는 경우도 있겠습니다.

한편, 급성기 병원과 호스피스의 차이에 대해 생각하게 됩니다. 즉 의료의 한쪽은 무엇을 더 하는 방식, 다른 한쪽은 무엇을 덜어내는 방식인데요. 그 차이는 어디서 기인할까요? 물론 두 기관의 구조, 목적, 시설, 인력, 환자 등등이 다릅니다. 그럼에도 어떤 근본적인 차이가 있는 것은 아닐까요?

김호성　제 생각에는, 죽음에 대한 태도의 차이인 것 같습니다. 급성기 병원에게 죽음이란 삶의 반대말로서 피하고 늦추어야 할 대상이라면, 호스피스에게 죽음이란 삶의 일부로서 자연스럽게 받아들여야 할 현상입니다. 그래서 한쪽은 최선을 다해 의학적 처치를 하는 것이고, 다른 한쪽은 병을 어느 정도 인정하면서 최대한 환자의 편안함을 확보하는 것이죠.

엄밀히 말하면 환자 입장에선 임종기 때 급성기 병원에 있든, 호스피스 기관에 있든 비슷합니다. 의식이 거의 없기 때문입니다. 기관의 차이를 느끼는 건 보호자입니다. 급성기 병원에서 보호자는 돌봄 대상에서 제외되어 있는 반면, 호스피스에서는 다학제팀이 보호자들을 돌보며 임종 준비를 도와주고 이후의 계획까지 함께 세우죠.

이러한 임종 돌봄은 앞서 말씀드린 것처럼 다학제팀의 상당한 에너지를 요구합니다. 만약 환자가 오자마자 며칠 내에 사망하게 되면 구성원들에게 소진을 일으키게 됩니다.

왜 호스피스행은 그토록 어려울까

송병기　환자 전원傳院, patient transfer에 대한 이야기도 해보죠. 이론적으로 말하면, 상급병원에서 '적절한' 시기에 의사가 환자·보호자에게 말기 고지를 하고, 호스피스 전원에 대해 함께 논의를 하는 게 중요합니다. 하지만 현실은 복잡다단합니다. 호스피스로 와서 말기 돌봄을 찬찬히 받으면 좋은 점이 있지만, 그렇다고 그 선택이 쉬운 것은 아닙니다. 환자마다 가치관도, 기대치도, 건강상태도, 가족 간의 관계도 다르기 때문입니다.

　환자의 호스피스 전원 시기와 다학제팀 구성원들이 겪는 소진의 관계가 궁금합니다. 제가 진행한 인터뷰에서, 다학제팀 의료진과 사회복지사는 단순히 업무가 많아서 소진이 되는 게 아니라, 환자를 '제대로' 돌보지 못했을 때 소진이 일어난다고 표현을 했거든요. 다학제팀은 호스피스에 너무 늦게 온, 즉 죽음이 임박한 환자를 제대로 돌보지 못할 때 소진되나요?

김호성　호스피스 전원 시점은 환자 삶의 질에 가장 중요한 요소입니다. 여러 번 언급했지만, 말기 암 환자의 체력 저하는 거의 대부분 급격하게 일어납니다. 그래서 환자가 불안정기 후반이나 임종기에 전원을 하게 되면 호스피스에서 삶의 질 향상을 거의 느낄 수 없게 됩니다. 그저 초점이 보호자 돌봄에 집중될 뿐이죠. 가끔 상급병원에서 환자를 너무 늦게 보내는 상황이 반복될 때가 있습니다. 그건 정말 호스피스를 이른바 '임종을 맞는 장소'로 생각하는 것과 다름없어요. 환자·보호자만이 아니라 다학제팀에게도 도움이 되지 않습니다. 아직 임종 준비가 채 되지 않은 보호자들을 돌보느라 다학제팀의 소진이 지속적으로 일어나기 때문입니다. 그것이 환자를 제대로 돌보지 못한다는 것의 의미죠. 즉 호스피스에 온다는 것 자체만으로 온전한 호스피스의 돌봄이 보장되지는 않습니다.

송병기 다학제팀의 소진을 다양한 각도에서 생각할 필요가 있겠군요. 그럼 환자가 상급병원에서 호스피스로 좀 더 일찍 가지 못하는 이유는 무엇일까요?

김호성 상급병원에서 호스피스 쪽으로 좀 더 빨리 환자를 못 보내는 이유는 제각각입니다. 특히 그중 상당 부분 작용하는 것은 상급병원 주치의의 직업윤리랄까요. 그러니까 그동안 치료를 목적으로 환자를 이끌고 왔는데 이제 와서 호스피스에 보내는 것이 미안하다는 것이죠. 이는 중요한 부분이라고 생각합니다. 상급병원 의료진의 전원 지연과 호스피스 의료진의 완화적 돌봄 재촉이 서로 다른 방향을 가리키고 있는 것처럼 보이지만, 사실은 둘 다 의료진으로서 환자에게 도움을 주고 싶어하는 '윤리'에 기반하고 있는 겁니다. 이러한 직업윤리의 방향과 층위를 자세히 파헤쳐봐야 합니다. 환자의 말기 판정과 마찬가지로 복잡하게 얽혀 있는 문제이지요.

제일 중요한 것은 의사와 환자 사이의 솔직한 의사소통이 아닌 가 싶습니다. 예컨대 상급병원 의사가 환자나 보호자의 기대를 잘못 넘겨짚고 전원이 늦어지는 경우가 있습니다. 의사는 '당연히 환자가 본인의 의견을 이야기하는 것이겠지' 하고 넘겨짚고, 보호자는 '당연히 의사가 잘 알아서 판단해주겠지' 하는 거죠. 서로서로 짐작하고 있는 겁니다.

송병기 각자 서로의 마음을 넘겨짚고 있다는 거죠?

김호성 의사소통이 면밀하게 되면 그런 동상이몽이 일어나지 않게 됩니다. 그러면 환자에게 적절한 장소를 빨리 찾게 되겠죠. 현실적으로 상급병원에서 호스피스로 환자를 보내는 것은 예상보다 훨씬 더 어렵습니다. 의학기술이 발달되어 있는 상황에서, 또 한국의 문화에서 환자와 보호자들은 무언가를 좀 더 시도해 효용을 얻었던 경험이 항상 있습니다. 이런 가운데 주치의가 "호스피스에 가야 합니다"라고 직접적으로 말을 하는 것이 구조적으로 쉽지 않다는 것입니다.

그런 어려움을 줄이고, 적절한 호스피스 입원 의뢰를 위해 상급종합병원에서는 '자문형 호스피스'를 운영하고 있습니다. 즉 지속적으로 치료적 접근을 했던 주치의와는 별도로, 환자의 증상을 조절하고 적절한 시점에 호스피스로 환자의 돌봄 방향을 바꾸는 역할을 하는 완화의료 전공 의료진을 따로 두는 것이죠. 원인치료와 호스피스 사이에 다리를 놓는 시스템인 셈입니다.

송병기　대개 상급종합병원에서 호스피스로의 전원 논의는 구조적으로 주치의와 환자 간의 관계, 그리고 자문형 호스피스 팀의 역할에 달려 있습니다. 문제는 그들이 서로의 생각을 조율하면서 전원을 결정하는 일이 정말 어렵다는 것이죠. 왜 그렇게 어려울까, 그 맥락에 대해 다각도로 생각해볼 필요가 있습니다. 서울의 한 대학병원에서 말기 환자의 이동 경로를 연구한 인류학자 강지연은 그 이유로 크게 세 가지를 지적합니다.[5]

첫째, 환자와 가족들의 감정적 저항입니다. "할 수 있는 것은 다 해보기 위해 서울의 큰 병원으로 온" 환자와 가족들에게 호스피스로의 전원은 "많이 섭섭해할" 일이자, 치료 불가능과 죽음의 임박에 대한 선언으로 다가옵니다. 상급종합병원의 핵심 기능은 마치 컨베이어벨트처럼 환자를 치료하고 최대한 빨리 다른 병원이나 집으로 이동시키는 것입니다. 더 이상 치료에 반응하지 않고 몇 달 내 사망이 예견되는 말기 환자가 병동에 계속 머물기는 어렵습니다.

둘째, 환자와 가족들이 호스피스를 수용한다고 무조건 호스피스로 갈 수 있는 것은 아닙니다. 환자가 항암치료를 중단해도 그 몸의 상태에 맞는 의료 개입은 필요합니다. 그 의료 개입의 종류, 정도에 대한 생각이 환자, 가족, 의료진, 심지어 호스피스 기관의 의료진마다 다를 수 있다는 겁니다. 예컨대 심각한 출혈을 겪는 환자가 호스피스를 희망하는 경우, 대학병원 교수는 환자가 호스피스에 전원을 가는 것이 현실적이지 않다고 생각할 수 있습니다. 더불어 내성균이 검출되어 특별한 관리가 필요한 환자의 경우에는 호스피스로의 전원이 쉽지 않을 수도 있습니다. 또 환자의 임종이 아주 임박한 시기에는 전원 시에 문제가 생길 가능성이 있어 호스피스 입원이 어렵기도 합니다.

셋째, 환자, 보호자, 의료진이 충분히 상의해서 전원을 결정했고, 환자의 컨디션도 호스피스로 가기에 적합해도, 한국 내 호스피스 수가 너무 부족합니다. 환자가 호스피스에 자리가 날 때까지 대기하다가 결국 대학병원에서 사망하는 경우가 있습니다.

김호성　　말씀해주신 내용을 모두 현장에서 경험하고 있습니다. 환자나 보호자가 전원을 원하지 않는 경우도 있고, 전원을 원해도 환자의 의학적 상황이 여의치 않을 수 있으며, 어떤 경우에는 호스피스 병상이 충분하지 않은 경우도 있죠. 이러한 다양한 측면에 대해 각기 다르게 접근해서 바라봐야 한다고 생각합니다. 즉 각 사항마다 해결방법이 다를 수 있다는 것이죠.

송병기　　관련해서 더 생각해볼 점이 있습니다. 혹시 사람들은 호스피스 완화의료가 무엇인지 잘 모르기 때문에 그것을 선택하는 데 어려움을 겪는 건 아닐까요? 2016년에 연명의료결정법이 제정되었고, 2018년부터 연명의료결정제도가 시행되고 있습니다. 그 법은 의학적으로 무의미한 연명의료에 대한 문제의식과 호스피스 완화의료의 필요성에 대한 사회적 공감대 속에서 등장한 것입니다. 그런데 그간 연명의료에 대한 문제의식을 가진 사람들은 크게 늘어난 한편, 호스피스 완화의료를 경험한 사람들은 그다지 늘어나지 않은 것 같습니다.

김호성　　잘 모르니 경험할 기회가 없고, 경험할 기회가 없으니 잘

사전연명의료의향서

※ 색상이 어두운 부분은 작성하지 않으며, [ ]에는 해당되는 곳에 √표를 합니다. (앞쪽)

작성자	등록번호	※ 등록번호는 등록기관에서 부여합니다.	
	성 명		주민등록번호
	주 소		
	전화번호		

	호스피스 이용	[ ] 이용 의향이 있음	[ ] 이용 의향이 없음

사전연명 의료 의향서	설명	1. 연명의료의 시행방법 및 연명의료중단등결정에 대한 사항 2. 호스피스의 선택 및 이용에 관한 사항 3. 사전연명의료의향서의 효력 및 효력 상실에 관한 사항

도판 6.2 사전연명의료의향서 서식 일부. (* 둥근 상자는 저자 강조)

모르는 굴레에 있는 것 같습니다. 한편 사전연명의료의향서에 호스피스 의료를 받을 의향이 있는지 묻는 항목이 있긴 하지만(도판 6.2), 정작 호스피스 혜택을 받을 수 있는 병은 제한되어 있는 데다, 그러한 사실을 제대로 설명해주는 기관도 거의 없습니다.

송병기 연명의료결정법에 명시되어 있는 말기 환자(암, 후천성면역결핍증, 만성 폐쇄성 호흡기질환, 만성 간경화 환자)라고 해도, 이용할 수 있는 호스피스가 턱없이 부족한 실정입니다. 2021년 통계를 보면, 호스피스의 대상이 되는 질환의 사망자 수는 8만 9,000명인데, 그중 약 1만 9,000명만이 호스피스를 이용했습니다. 이용률이 21퍼센트 정도밖에 안 되는 겁니다. 그것도 이용자의 대다수는 말기 암 환자이고, 비암성 환자는 이용자 가운데 10퍼센트에도 채 못 미칩니다. 이를 단순히 환자의 선택으로 볼 수 있을까요?

2021년 한 해에 호스피스 입원 대기 중에 사망한 환자 수가 100

명이 넘었습니다.[6] 더욱이 2022년 7월 기준, 전국 호스피스 병동의 수는 총 88개소인데, 그중 35개가 수도권에 몰려 있는 반면 울산광역시와 제주도에 1개소, 세종시에는 단 한 곳도 없는 실정입니다. 이런 현실에서 사람들이 왜 호스피스로 안 가는지 혹은 그곳에 가길 꺼리는지에 대해 말하는 게 부조리 연극처럼 느껴집니다. 우리 주변에 호스피스 완화의료를 경험한 사람 자체가 드물고, 그에 따른 정보의 부족은 사람들의 선택에 영향을 줄 수밖에 없습니다. 그런데 아이러니하게도 사전연명의료의향서는 가정 먼저 호스피스 이용 의향을 묻습니다. 국회와 정부가 연명의료결정제도, 특히 호스피스 완화의료 기반 조성에 적극적으로 나서야 합니다.

한편, 대개 급성기 병원에서 일하는 의사들은 호스피스 완화의료에 대해 별 관심이 없거나 잘 모릅니다. 의대에서 그것을 체계적으로 배운 적이 없고, 그 후로도 호스피스 현장을 경험하지 못하기 때문입니다. 연명의료결정제도의 정착을 위해서 의료계의 협조와 노력도 필요합니다.

김호성 여러 문제점들을 잘 짚어주셨습니다. 저는 비암성 질환 환자의 호스피스 완화의료에 대해 주목해보고 싶습니다. 현재 법적으로 호스피스의 대상이 되는 비암성 질환자는 극히 일부입니다. 한국에서 호스피스라고 하면 대개 말기 암 환자 대상이지요. 비암성 질환자를 위한 '입원형' 호스피스 기관도 없고, '가정형' 또는 '자문형' 호스피스 제도들은 비암성 환자들 사이에서는 거의 활용되지 지요. 그래도 희망적인 것은, 비암성 질환자들을 위한 호스피스 완화의료를 어떤 방식으로 구현해나갈지 학회나 정부의 관련 전문가들이 지속적으로 논의하고 있다는 겁니다. 요양원, 요양병원, 가정으로 분절하여 각 장소에서의 말기 돌봄 계획을 모색하고 있죠. 각 장소마다, 환자군마다 그에 적절한 호스피스의 방식이 있을 겁니다. 더나아가 개별 말기 돌봄의 영역들이 서로 연계되어 종합적으로 다루어지는 것이 중요하다고 생각합니다.

죽음 이후에 일어나는 일들

송병기   여기가 임종실이군요. 병동 복도 끝에 있어서 다른 병실보다 더 조용합니다. 임종실 안에는 보호자가 편히 쉴 수 있는 공간이 따로 마련되어 있고요. 창밖으로 보이는 산의 풍경은 안정감을줍니다. 다른 호스피스 병실과 마찬가지로 바이탈 체크 모니터 같은기기도 없고요. 묵상하기 좋은 곳 같습니다.

김호성   원래 1인실에 머물던 환자들은 그곳에서 임종을 맞고, 2인실에 있던 환자들이 이곳 임종실로 옮기게 됩니다. 기본적으로 임종실은 널찍한 1인실이어서, 보다 많은 가족들이 환자의 마지막을함께 지킬 수 있죠. 또한 저희 병원의 임종실에서는 심전도나 혈압을 모니터링하는 기기를 놓지 않습니다. 그런 기계들이 있으면 알람이 자꾸 울려서 보호자가 환자에게 집중하지 못하게 되거든요. 주기적으로 환자의 여러 생체 징후들을 측정하기는 하지만, 대부분의 것들에 대해선 자연스럽게 일어나는 과정이라고 보호자에게 설명해주는 선에서 그칩니다.

환자의 임종 징후, 그러니까 의식이 떨어지고, 가래가 끓고, 소변이 줄고, 호흡 변화가 생기면 보호자들과 면밀히 의사소통을 해야 됩니다. 그래야 환자의 마지막 곁을 지키는 소중한 분들이 적절한 시기에 올 수 있습니다. 더불어 보호자에게 환자의 임종 증상과 돌봄 방법에 대해 교육을 하는 것도 중요합니다. 곁에서 마지막을 함께하다가 이를테면 환자의 호흡 간격이 벌어지고 숨이 멈추게 되면 의료진에게 알려달라고 하는 것입니다. 그 후 간호사가 확인을 하고 나서, 의사가 최종적으로 사망 선언을 하게 되는 순서입니다.

송병기 '임종 돌봄 기록지'라고 명명된 문서를 살펴봤습니다. 기록지에는 임종 과정에 대한 환자와 보호자의 인식 정도를 확인하게 되어 있더군요. 임종 시 나타나는 증상과 대처법, 임종 시 가족의 역할에 대해서도 설명되어 있고요. 또 임종 전 준비사항을 확인하는 항목도 있더군요. 예컨대 영정사진, 옷, 상조회, 장례식장, 이동차량 등등 말입니다. 그런 과정을 통해 환자, 보호자, 다학제팀이 차근차근 작별을 준비할 것 같습니다. 임종에 관해, 환자와 보호자에게 언제, 어떻게 교육을 하는지, 또 그들의 반응은 어떤지 궁금합니다.

김호성 임종 돌봄 기록지에 있는 지침은 보통 불안정기에 보호자와 상담을 하기 위한 것입니다. 그러니까 임종기로 넘어갈 가능성이 높을 때죠. 딱 임종기에 그런 걸 논의하면 늦을 수도 있으니 말입니다. 그 상담 자리에서 보호자들은 임종기가 되면 어떤 일이 일어날지 많이 궁금해합니다. 떨어진 의식이 명료해지는지, 통증이 더 심해지는지 등등을 물어보지요. 의료진은 그러한 보호자들의 궁금증을 풀어주는 한편, 더 나아가 중요한 건 임종 선언이 아니라 보호자가 임종 과정을 함께하는 것이라고 말씀드립니다. 말하자면 '사건'으로서의 죽음보다, 함께 참여하는 '과정'으로서의 죽음이 중요하다고 강조하는 겁니다. 임종 시에도 간병인이 계속 도움을 주긴 하지만, 저희 병원은 모든 임종 돌봄에 가족들이 참여하는 걸 원칙으로 합니다. 그것이 호스피스의 가치와 목표에 맞다고 생각하기 때문입니다.

그러나 항상 상황이 뜻대로 되진 않습니다. 다들 생업으로 바쁘고, 곁을 지킨다고 하더라도 돌봄에 서툴거든요. "내가 왜 이걸 해야 되는지 모르겠다"라고 하는 사람도 있습니다. 심지어 "호스피스에서 다 해준다고 해놓고 왜 나한테 시키냐"라고 목소리를 높이는 사람도 있지요. 가족이라고 해서 다 애틋해하진 않습니다. "아버지이기는 하지만 내가 이것까지 해야 되나요?", "어머니랑 교류도 그다지 없었어요. 그냥 안 좋다고 해서 왔을 뿐이에요." 우리의 얼굴만큼이나 가족의 모습은 다양합니다.

송병기　　선생님 말씀이 의미심장하게 들립니다. 누군가에게 가족이란 상처나 멍에로 다가올 수도 있습니다. 한편, 우리가 말하는 가족은 여전히 이성애로 결합한 부모와 자녀로 구성된, 즉 '정상가족'이란 프레임 속에서 이해되고 있는 건 아닌지 묻게 됩니다. 그 특정한 가족의 형태와 가족의 모습을 전제로 말기 돌봄에 관한 '문화적 각본'을 구상하고 있는 건 아닐까요?

최근 김희경 작가의 『에이징 솔로』를 흥미롭게 읽었습니다.[7] "청년은 미혼, 중년은 이혼, 노년은 사별"로 요약되는 국내의 1인가구 정책과 담론을 다시 생각하게 하는 책이었습니다. 비혼 중년이 경험하는 생애 주기와 나이 듦에 대한 이야기를 따라가면서 다양한 삶의 형태를 알게 되었고, 또 가족이란 형태는 끊임없이 바뀐다는 역사적 사실도 확인하게 되었습니다.

제 주변에 30~40대 솔로 여성들의 친목 모임이 있습니다. 누가 아프면 돌아가며 돌보고, 조만간 본인들만의 상조회도 만든다고 해요. 그 모임에는 반려동물도 중요한 성원입니다. 저는 다양한 가족의 형태에서 이전에 생각하지 못했던 돌봄의 실천이 등장할 거라고 봅니다. 요컨대 돌봄의 기준을 가족에 두는 것에 대해서 활발히 토론해야 하고, 가족에 대한 사회 규범도 갱신해야 합니다.

김호성 예전에는 호스피스에서 가족 돌봄의 중요성을 그렇게까지 강조하지 않았습니다. 굳이 이야기를 할 필요가 없었거든요. 하지만 근래에는 점점 더 가족의 역할이 현실적 한계에 부딪치는 것을 자주 경험합니다. 관련하여 반드시 전통적 가족의 구성원을 고집해야 하는가, 하는 고민을 근래에 하게 되었습니다. 한 환자에게 자주 찾아오던 친구가 있었습니다. 환자를 제일 잘 알고, 환자와 오랫동안 교류해온 친구였죠. 사실 환자의 마지막을 지킬 사람으로 그 친구 분이 적절해 보였지만, 저희 다학제팀은 그분과 소통하기보다는 드물게 오는 직계가족과 연락을 취하려 많은 노력을 기울였습니다. 전통적인 사회규범과 더불어 향후 행정절차의 부담 때문이었죠. 그 친구 분하고는 의미 있는 임종 돌봄을 할 수 없었습니다. 최근 혈연이나 결혼으로 얽힌 관계가 아니더라도 두 사람이 상호합의에 따라 서로 돌보고 부양하는 '생활 동반자 관계'를 법적으로 인정하자는 움직임이 있는데요.[8] 이는 말기 돌봄의 현실과도 맞닿아 있습니다.

얼마 전에 노숙자처럼 혼자 떠돌다 입원한 환자가 있었습니다. 보호자도 잘 찾아오지 않는 환자였죠. 어느 날은 섬망이 너무 심해서 완화적 진정을 시켜놓은 적이 있었습니다. 그런데 저희 팀 사회복지사가 가만히 그분에게 다가가더니 말을 거는 거예요. 어디 아픈데는 없는지 묻기도 하고요. 타인도 알아주지 않고, 심지어 환자 스스로도 의식이 없는 상황에서 그 환자를 마음으로 염려하고 살펴주었습니다. 저는 그때 돌본다는 것의 의미를 말을 넘어 가슴으로 느꼈던 것 같습니다.

송병기　　이제부터 죽음 이후에 대한 이야기를 나눠보면 좋겠습니다. 혹자는 "사람이 살아 있으니까 의미가 있는 것이지, 죽으면 다 끝이다"라고 합니다. 정말 죽으면 다 끝일까요? 그런 말을 두고 사람들이 삶에 집착한다고 이해해야 할까요? 그런 반응은 죽음 이후에 대한 논의의 부재에서 기인한 측면은 없을까요? 환자가 사망하면 그를 둘러싼 돌봄도 끝이 날까요?

김호성　　인류학자 김현경이 책 『사람, 장소, 환대』에서 이야기한 것처럼, 사회 공동체 구성원으로서의 사람은 환대받는 공간을 가집니다.[9] 이는 죽은 이도 마찬가지입니다. 그러나 '모든 것은 죽으면 끝난다'라는 생의학적 철학에 입각한 현대 사회의 문화에서, 죽은 이는 더 이상 사회 구성원이 아닙니다. 그래서 처치실이나 중환자실의 침대에서 임종을 하면, 바로 하얀 천으로 얼굴과 몸을 덮은 후 안치실로 옮겨지게 되죠. 거기에 환대란 없습니다.

하지만 호스피스에서는 사망한 환자를 장례식장으로 곧장 옮기지 않습니다. 우선 간호사와 수녀님이 수시收屍를 하게 됩니다. 수시란, 임종한 환자의 몸을 정렬하고 깨끗이 닦는 것을 의미합니다. 임종 후 시간이 지나 몸이 굳기 전에 수시를 진행하지요. 우선 의학적으로 처치한 관들을 다 제거하고 깨끗이 닦아줍니다. 그 후에 보호자가 가져온 옷으로 갈아입힙니다. 이런 일련의 과정을 마친 후에, 보통 보호자가 환자를 다시 보게 되고, 서로 마지막 인사를 나누게 됩니다. 일종의 의례이지요. 더불어 만약 종교가 있고 보호자가 희망한다면 수녀님이 와서 연도煉禱 의례를 하게 됩니다. 고인을 위해 바치는 위령기도라고 알고 있습니다.

송병기　　수시를 할 때 왜 환자에게 옷을 갈아입히나요? 환자가 평소에 좋아했던 옷이나, 보호자가 고른 옷으로 말입니다. 예컨대 상급병원에서 환자가 사망하면 환자복을 그대로 입고 있잖아요.

김호성　　'죽으면 끝'이라는 관점에서 보면, 환자에게 옷을 갈아 입히는 데에 굳이 에너지를 들일 필요가 없겠죠. 그런데 굳이 사복을 입힌다는 것에는 특별한 '의미'가 있습니다. 환자가 생전에 제일 좋아했던 옷이나 자신에게 뜻 깊은 옷을 입고 장례식장에 가는 겁니다. 그것을 죽음 너머의 세상을 상정하는 종교적인 것으로 볼 수도 있고, 혹은 그 환자의 개성을 존중하는 것으로 볼 수도 있지요. 어쨌거나 환자 삶의 마지막을 끝까지 지켜주고 싶은 마음이 발현되는 것이라고 봅니다. 그리고 중요한 건, 그렇게 옷을 입히는 것이 보호자한테도 의미가 있습니다.

송병기   보호자요?

김호성   가끔 정말 주무시듯 임종하는 환자들이 있는데, 그런 분들에게 옷을 갈아 입히면 정말 주무시는 것 같아요. 원래 입던 옷을 입으니 그냥 침대에서 잠을 자고 있다는 느낌이 듭니다. 그러면 보호자들이 환자에 대한 마지막 인상을 단지 상실로서 받아들이지 않을 수 있죠. '아직까지 나한테는 살아 있다', '이게 끝이 아니다' 하는 겁니다. 그리고 이는 향후 애도에 영향을 미칩니다. 그 사람의 마지막 모습을 평소 입던 대로의 모습으로 기억하게 되니까요. 우리가 누군가를 애도하는 건, 비록 그 사람은 현재 살아 있지 않지만 기억 속에 그가 남아 있기 때문이잖아요. 환자에게 옷을 입히는 것을 그런 맥락에서 생각하면 어떨까 싶습니다. 외국의 어느 불교 기반 호스피스에서는 임종한 환자가 병원에서 이송되어 나가기 직전에 자원봉사자들이 꽃을 던지는 의식을 진행한다고 들었습니다. 그렇게 다같이 고인을 애도하는 것이지요.

송병기   동백 성루카병원 영성부의 한 수녀님은 저와의 인터뷰에서 "처음에 병원에 와서 수시를 하는데 여러모로 쉽지 않았다"라고 하셨습니다. 저는 그 말을 듣고 조금 당황했는데 왜냐면 수녀님은 성직자니까 죽음에 대해 어떤 어려움도 없을 거라고 믿고 있었던 거죠. 수녀님은 그전에는 한 급성기 병원에서 원목활동을 했었는데, 당시 환자와 보호자에게 가장 많이 했던 말이 "2주 뒤에 또 봐요. 힘내서 치료 열심히 해봅시다!"였답니다. 그 말을 듣고 저도 모르게 웃음이 나왔습니다. 급성기 병원에 계셨던 수녀님이 호스피스에 와서 돌봄을 생각하고 배우고 실천하는 과정을 거쳤던 거죠. 그렇게 지금까지 500명이 넘는 환자의 임종을 지켜보고, 수시에도 참여했다고 합니다.

수녀님과 대화를 마치고, 망자에게 옷을 입히는 의례에 대해서 생각했습니다. 그 행위는 망자를 '사람'으로 대우하는 일입니다. 이전 대화에서 언급했듯이, 사람^{person}은 '공동체라는 무대에서 가면을 쓰고 목소리를 내는 자'입니다. 저는 옷도 일종의 가면이라고 생각합니다. 예컨대 영단어 '베스트^{vest}'는 속옷이나 조끼만을 의미하지 않습니다. 동사로서 법적 권리 등을 부여한다는 의미를 지니고 있습니다. 예나 지금이나 사람들은 소속, 역할, 지위 등을 옷으로 드러냅니다. 병원에서 의사가 하얀 가운을 입고, 법정에서 판사가 법복을, 경기장에서 선수가 유니폼을, 학교에서 학생이 교복을 입듯이 말입니다. 즉, 호스피스에서 망자에게 옷을 입히는 의례는 죽음 이후에도 공동체에 그가 속해 있는 한편, 그의 목소리를 듣는 사람이 있을 것이라는 공식적인 표명이라고 생각합니다.

도판 6.3
임종실

김호성　수녀님뿐 아니라, 저를 포함한 다른 다학제팀 팀원들 모두가 처음에는 환자의 임종 모습이 당황스럽고 어려웠을 것입니다. 의사나 간호사들도 환자의 죽음과 보호자의 슬픔을 처음 마주하는 것은 쉽지 않습니다. 하지만 생각나는 것은, 주변에 경험이 많은 수녀님, 사회복지사, 간호사, 의사들이 이미 앞서 이 일을 하고 있었다는 것입니다. 낯설지만 그들이 했던 대로 따라 했던 것이죠. 결국 이러한 임종 돌봄도 전통, 문화, 관계 안에서 학습되고 적응된 것입니다. 일종의 문화적 자산인 것입니다. 이전에 근무하던 사람들이 환자를 어떻게 돌보았는지, 그리고 뒤에 온 사람들이 그것을 어떻게 유지하고 발전시켜나갔는지 하는 것들이 한 호스피스 시설의 돌봄 수준을 판가름한다고 봅니다.

무엇이 진정 좋은 죽음인가

김호성　제게 개인적인 고민이 하나 있습니다. 호스피스는 어떤 이상향 같은 가치를 표방하고 있죠. 이를테면 '좋은 죽음'이랄까. 저희도 당연히 그것을 위해 노력하고 있고, 하는 일도 다 거기에 초점이 맞춰져 있죠. 그런데 환자나 보호자들이 그리는 모습과는 조금 차이가 있는 것 같아요. 제가 상상하는 죽음의 모습이라고 하는 건 너무 이상적이지도 않고, 너무 절망적이지도 않습니다. 어쩌면 '좋은 죽음'이라기보다는 '편안한 죽음' 정도의 표현이 알맞을 것 같습니다. 좋음의 측면을 강조했을 때, 물론 그런 이상적인 목표나 가치가 있어야 더 노력이 되는 부분도 있겠지만, 다른 한편으로 현실적인 것들이 희석되거나 절하될 수도 있거든요.

송병기　'좋은 죽음'과 '편안한 죽음'에 대해 말씀해주셨습니다. 저도 선생님과 비슷한 생각을 합니다. 좋은 죽음은 가치 판단이 강하게 들어간 말입니다. 모든 일이 끝나고 난 뒤, 평가를 할 때나 쓸 수 있는 표현이 아닐까 싶습니다. 예를 들면, A는 평소 어디가 아팠지만 투병도 잘 하고, 가족의 사랑도 있었고, 간병인도 친절했고, 의료진도 유능했다, 그래서 그는 편안하게 눈을 감았다, 좋은 죽음이었다, 이런 식으로 평가할 때 쓰기 좋은 말이죠. 혹은 남들이 보기에 '좋은 죽음'도 있습니다. 예컨대 내 주변을 보니, 혹은 TV를 보니 이러저러하게 죽는 게 좋은 죽음인 것 같다고 판단하는 것이죠.
　하지만 제일 중요한 것은 나의 죽음, 또 내가 사랑하는 사람의 죽음입니다. 각자의 삶이 다 다르듯이, 생의 끝자락도 다양할 수밖에 없습니다. 저는 '편안한 죽음'은 죽어가는 과정에 가치를 둔 표현이라고 생각합니다. 왜냐하면 어떻게 환자가 편안함을 느끼는지, 또 환자가 편안함을 느낀다는 게 무엇인지 계속 질문해야 하기 때문이죠. 환자의 편안함을 생각하면 자연스레 환자의 일상, 역사, 관계에 주목할 수밖에 없습니다.

김호성　너무 많은 기대를 하고 오는 분들이 간혹 있습니다. 호스피스에 오면 하나도 안 아프고, 무슨 요법을 받아 마음이 끝까지 편안해진다는 등의 기대 말이죠. 하지만 아무리 노력해도 안 되는 것도 있습니다. 그래서 가끔 "저희한테 너무 많은 기대를 하지 마세요"라고 말씀드립니다. 우리의 목표는 고통을 없애는 게 아니라 고통을 줄이는 데 있습니다. 현실적인 목표는 환자가 통증을 두 번 겪을 것을 한 번으로 줄이고, 밤에 한 시간밖에 자지 못한다고 하면 두세 시간으로 늘리는 것입니다. 환자가 편안함을 느끼는 게 중요합니다. '좋다'는 것에 대해선 가치판단이 저마다 다를 수 있고, 또 너무 이상적인 것들을 바라게 되면 오히려 문제가 생길 수 있습니다.

올리버 색스Oliver Sacks라고 미국의 유명한 의사이자 작가가 있는데, 안구의 암이 장기에 퍼져서 작고했습니다. 그분은 생의 마무리를 참 아름답게 잘했다고 해서 회자가 많이 되곤 하죠. 이른바 '좋은 죽음'이라고들 합니다. 반면 어떤 환자들은 삶의 투지를 끝까지 놓지 않기도 합니다. '내가 왜 죽어야 되는지 모르겠고, 나는 억울하고, 나는 끝까지 살고 싶다.' 이런 생각을 표현하며 마지막까지 화가 차올라 있죠.[10] 자, 그러면 그런 환자들의 경우 '나쁜 죽음'일까요? 저는 알 수 없다고 봐요. 그런 것들을 판별하는 건 어려운 일이고 심지어 위험할 수도 있다고 봅니다. 이른바 '좋은 죽음'이란 환자의 입장이 아니라, 돌보는 입장에서 권고하고, 더 나아가 요구하는 또 하나의 강요일 수도 있는 거지요. 물론 임종기 때에 호스피스가 지향하는 목표는 있지만, 그렇게 저희가 좋다고 판단하는 가치들이 모든 사람들에게 항상 일어나야 하는지에 대해서는 의문입니다. 지향으로서의 가치는 있되, 현실적인 죽음의 이야기가 저는 더 중요하다고 생각합니다.

송병기　　선생님께서 단지 죽음의 표현을 지적하신 게 아니라고 생각합니다. 그보단 "호스피스라면 응당 환자가 겪는 삶의 갈등을 풀어야지", "호스피스에서 환자는 고통 없이 평화롭게 죽음을 맞이해야지" 같은 이상적인 규범에 질문을 던졌다고 봅니다. 현대 호스피스 완화의료는 영미권에서 체계를 이루었고, 그 문화권 사람들이 가진 '좋은 죽음'에 대한 관념이 배어 있습니다. 이를테면 '환자의 자율성이 중요한 가치이고, 환자와 의료진 간의 논의가 합리적으로 이뤄지며, 마침내 환자는 평화로운 죽음을 맞이하여 빛을 향해 나아간다' 같은 문화적 각본 말입니다. 그에 대한 가치판단을 하는 게 큰 의미는 없다고 생각합니다. 어느 사회건 저마다 성원들이 생각하는 이상적 삶과 죽음에 대한 상이 있으니까요. 예컨대 제가 한국 의료현장에서 귀가 따갑게 들은 말은 "한국은 유교문화 때문에 사람들이 삶에 매우 집착한다", "죽을 때가 되면 가급적 집에서 가족들 품에서 평온하게 가는 게 좋다"였습니다. 물론 이는 이상^{理想}이자 허상^{虛像}입니다. OECD 국가들 가운데서 압도적으로 높은 한국의 자살률과 병원 사망률을 잠깐만 떠올려봐도 알 수 있습니다. 또 유교문화만이 생명, 집, 가족에 특별한 가치를 부여하는지도 의문입니다.

다시 돌아와, 호스피스와 좋은 죽음을 둘러싼 특정한 상상과 규범이 말기 돌봄 현장의 특수성과 당사자 간의 관계성을 간과할 수도 있습니다. 돌봄은 고통을 없애는 일이 아니라, 고통에 관심을 기울이는 일입니다. 저희가 여러 차례 살펴봤듯이 고통은 삶의 조건과 서사와 밀접한 관련이 있고요. 요컨대 지금, 여기, 호스피스 완화의료란 무엇인지, 우리가 바라는 죽음이란 무엇인지 끈덕지게 질문하고, 우리만의 답을 찾는 게 중요하다고 생각합니다.

김호성 저는 그러한 의미에서, 고통이라는 '필연'을 삶의 아름다운 '우연'으로 채워가는 게 호스피스 완화의료라고 생각합니다. 병의 진행으로 인해 필연적으로 생기는 고통의 과정을 호스피스의 노력을 통해 삶의 의미, 아름다움, 환희 같은 우연적인 순간들로 만들어가는 거죠. 고통으로 단절된 삶의 서사를 그런 우연의 순간들로 이어 붙이는 겁니다. 무릇 공동체는 개개인의 고통을 해석하고 나름대로의 대처 방법을 찾으려 합니다. 호스피스 전문기관도 그중 하나이겠지요. 그러나 그 대처는 중환자실에서도, 일반 병실에서도, 집에서도 할 수 있다고 생각합니다.

송병기　　한 지인이 들려준 이야기입니다. 암 투병으로 고생하던 친구가 대학병원 중환자실에서 사망했다고 해요. 친구가 말기 단계에 접어들었을 때 컨디션이 떨어지니까, 주변에서 호스피스에서 지내는 게 어떻겠냐는 권유를 받았다고 합니다. 그래도 그는 계속 대학병원을 오가는 생활을 했습니다. 어린 아이가 있었는데, 엄마가 호스피스에 가는 게 아이에게 삶을 포기하는 모습으로 비춰지지 않을까 생각했다고 해요. 본인의 체력이 따라주지 않았을 텐데도 아이 공부, 학교생활, 식사 등을 꼼꼼히 챙겼다고 합니다. 남편은 집과 회사가 이삼십 분 거리밖에 안 되긴 했지만 업무 자체가 많아서 마음과 달리 현실적으로 아내를 돌보기가 쉽지 않았다고 하고요. 친구의 컨디션은 점점 나빠졌지만 "끝까지 해보겠다"며 대학병원에 입원했고, 결국 중환자실에서 사망했다고 합니다.

김호성　　안타까운 사연입니다.

송병기　　더 안타까운 건, 고인의 지인들이 장례식장에 와서 한 말입니다. "요즘에 약이 얼마나 좋아졌는데 이러저러하게 했어야지", "미리미리 검진해서 발견했으면 살 확률이 더 높았을 텐데", "평소에 관리를 좀 못한 거 아닌가", "어휴, 치료도 좀 쉬어가면서 했어야지", "그래서 내가 시골에 좀 가 있으라고 했는데, 말 안 듣고 끝까지 애나 챙기고" 등등. 장례식장에 온 사람들이 그런 말을 고인의 아이가 듣는데 계속 하더라는 거죠. 제게 이 사연을 들려준 지인이 그러더군요. 좋은 죽음과 나쁜 죽음은 이런 말들에서 결정되는 게 아니냐고 말입니다. 사람들이 내뱉는 상투적인 걱정, 평가, 조언…. 환자를 위해서라지만, 결국 그 말 때문에 친구의 죽음이 납작해져버렸다고요. 더군다나 그 말을 애가 다 듣고 있는데, 그곳에 인간의 존엄이 어디에 있을까 싶었다는 겁니다. 지인의 이야기가 한동안 머릿속을 맴돌았습니다. 마음이 아팠습니다. 좋은 죽음, 존엄이란 무엇인지에 대해 다시 생각하게 되더군요.

김호성 그래서 좋은 죽음이라는 정의가 규범적일 수 있고 폭력적일 수 있다는 생각이 듭니다. 삶의 경과는 다양하고, 행복의 모습도 다양하고, 실존의 풍경도 다양하잖아요. 제 생각에, 본인 스스로 편안하고 다른 사람도 편안한 순간들을 잘라낸다고 했을 때, 그 삶의 절단면들을 최대한 많이 이어 붙여 적분 값이 크다고 하면, 그게 바로 좋은 죽음인 것 같습니다. 물론 어디서 임종을 맞았는지 장소도 중요하지만, 설사 중환자실에서 홀로 마지막 순간을 맞이한다고 해도 최선을 다해 자기 가치를 지키다가 그렇게 된 거라고 하면 누구도 그걸 평가절하할 수 없다고 봅니다. 극심한 통증에도 불구하고 자기 아이들의 공부를 가르치면서 책임감 있게 돌보려 했던 그분처럼 말이죠. 설령 호스피스에 와서 있다고 해도 시간을 잘 못 보내는 경우도 많거든요.

송병기　호스피스에 온다고 해서 무조건 편안하게 죽는다고 말하기는 어렵다는 거죠? 그럼 호스피스에서 편안하게 죽기 위한 조건이란 무엇일까요?

김호성　제일 중요한 것은 본인이 본인의 몸을 아는 것이라고 생각합니다. 더불어 호스피스 완화의료에 대한 이해가 있어야 합니다. 그래서 호스피스에 입원한 다음 만약 저희 돌봄 방향에 동의가 안 되거나 생각이 다르면 빨리 다른 곳으로 환자를 보내드리려 합니다. 증상 조절이 된다 해도 이후의 시간을 잘 못 보내는 분도 많습니다. 삶은 결과가 아니라 과정이고, 그 과정은 순간순간들로 이루어져 있잖아요. 이때 순간을 채우는 건 개인의 행복감도 있겠지만, 다른 사람에 대한 책임감과 윤리, 도덕감도 중요한 것 같습니다. 이런 감정의 총합이 삶에서 얼마나 되는지가 관건입니다.

송병기　한편, 호스피스 기관을 평가하는 기준에 '환자가 임종기를 어떻게 보냈는가'에 대한 것도 포함되어 있다고 알고 있습니다. 즉 호스피스 종사자들이 사명감, 소명의식, 사랑 같은 마음 상태로만 환자와 보호자를 돌보는 게 아니라는 점을 환기할 필요가 있다고 봅니다. 호스피스 기관의 질을 평가하는 기준 및 방법이 다학제팀의 운영, 태도, 일하는 방식 등에 영향을 미치는 측면은 없을까요?

김호성 세계적으로 호스피스 기관의 질을 평가하는 기준들이 몇 개 있습니다. 미국 호스피스 완화의료의 기준들이 이때 유용합니다.[11] 이 기준에는 인력운용, 조직관리 등이 적절한지 보고, 호스피스 환자의 육체적·정신적·심리적·영적 상태가 어땠는지, 그리고 법적인 면은 물론 문화적인 면과 윤리적인 면은 어땠는지 평가하는 항목들이 있습니다. 그리고 환자의 마지막 임종기 때 모습도 하나의 평가항목이죠.

임종기가 다른 시기와 다르게 평가항목에 따로 설정되어 있다는 것은 중요합니다. 이는 환자의 사후 남은 보호자들의 '기억'과 관련되어 있다고 생각합니다. 지난 대화에서 우리의 자아는 '경험하는 자아'와 '기억하는 자아'로 나눌 수 있다는 심리학 이론을 말씀드렸습니다. 이것을 애도의 경우에도 적용해볼 수 있을 것 같아요. 보호자는 환자의 '가장 힘든 모습'과 '가장 마지막 모습'을 기억할 가능성이 높습니다. 그러니 호스피스의 질을 평가할 때 임종기를 체크하는 것이겠죠.

다만 동백 성루카병원 같은 경우에는 그런 학문적 결론과 별개로, 경험하는 자아 자체도 중요하다고 여깁니다. 순간순간에 대한 절단면의 총합이 곧 삶이라는 관점이죠. 그래서 기억에는 어떻게 남을지 모르지만 매 순간 최선을 다하려 합니다.

삶과 죽음을 잇는 돌봄의 순환

송병기 수시가 끝난 후 절차도 궁금합니다. 환자와 보호자는 장례식장으로 가나요?

김호성   네, 의사는 보호자에게 사망진단서를 발급하고, 보호자는 예정된 장례식장에 연락을 하게 됩니다. 그사이에도 보호자들은 환자와 임종실에서 애도의 시간을 갖습니다.

송병기   병원비 정산은 어떻게 하나요?

김호성   거의 모든 호스피스가 마찬가지겠지만, 환자의 퇴원은 임종으로 이루어집니다. 그런데 환자의 퇴원은 언제일지 알 수가 없습니다. 임종 예측을 정확히 하는 것은 쉽지 않기 때문입니다. 갑자기 환자가 새벽에 임종하면 보호자들은 경황이 없습니다. 그래서 임종을 한 날에 보호자들에게 정산을 의무화하지 않습니다. 이후 장례를 치르고 보호자는 정산을 하러 다시 찾아오게 됩니다. 그때 병동에도 올라와서 환자를 돌봐주었던 분들과 인사도 나누고요. 의료진이나 다학제팀 구성원들은 그때 일의 보람을 느끼곤 하죠. 저희가 중요하게 생각하는 순간들입니다.

송병기   혹시 보호자가 병원비를 내러 오지 않는 경우는 없나요?

김호성   그런 경우는 거의 없습니다. 장례 후에 다시 병원으로 찾아오는 것은 수납의 목적도 있지만, 많은 분들이 의료진의 노고에 감사 인사를 하기 위해 옵니다.

송병기　보통 병원비 때문에 발생한 문제만 접해서 그런지 호스피스 이야기가 생경하게 들립니다. 돈이 곧 예의인 시대에, 돈 문제를 차치하고, 죽은 자와 남겨진 자에 대한 예의를 지킨다는 점에서 교훈적이고 도덕적이라고 해야 할까요? 혹시 그 '자본의 일시적 공백'은 말기 돌봄이 단지 시장에서 거래되는 상품이 아니라 환자-보호자-다학제팀 공통의 세계였음을 자각하도록 하는 건 아닐까요? 그렇게 환자의 죽음은 '끝'이 아니라, 죽은 자의 자리를 마련하고 남겨진 자를 돌보는 시간으로 전환되는 건 아닐까요? 다시 말해, 그 자본의 일시적 공백은 돌봄을 완전하게 상품화하기는 어렵다는 점을 드러내고, 돌봄을 삶과 죽음의 연쇄로 수용할 수 있게 합니다. 보호자가 장례식을 마치고 호스피스로 돌아오면 병원비만 내는 게 아닐 테지요. 관계를 맺었던 다학제팀, 이웃 환자·보호자에게 감사를 표하고 또 그들로부터 위로도 받을 겁니다. 그리고 그때부터 '사별가족 돌봄'이 시작되지 않습니까?

김호성　중요한 말씀을 해주신 것 같습니다. 모든 것을 돈으로 살 수 있는 자본주의 사회에서는 이미 돌봄도 구입할 수 있는 재화 중의 하나입니다. 그리고 마치 여느 시장의 물건과 마찬가지로, 의료서비스에 대해서도 평가가 이루어지지요. 당연히 저는 의료를 성역화하는 것은 아니고, 이런 서비스 평가가 기본적으로 매우 중요하다고 생각합니다. 다만 말기 돌봄 영역에선 이러한 평가만으로 모든 것을 '다' 알기는 어렵다는 점을 이야기하고 싶습니다. 환자는 작고 했기에 평가의 주체는 보호자가 되는데요. 보호자들은 평가를 넘어 호스피스에 일종의 마음의 빚을 지고 있다고 스스로 생각합니다. 그래서 환자가 임종했던 장소를 다시 찾아오기도 하고, 거기에서 함께 시간을 보냈던 호스피스 의료진과 재회하기도 하죠. 이러한 부채의 식은 결국엔 다른 이들에게로 향합니다. 돌봄의 순환이라는 바퀴가 굴러가는 겁니다. 이것은 자본주의적 관계로는 파악되지 않는 영역입니다.

한편, 보호자 돌봄은 환자의 임종 후에 사별가족 돌봄으로 이어집니다. 사별가족 또한 호스피스 돌봄의 대상이기 때문에 일상생활을 잘하는지 주기적으로 연락해서 살펴보죠. 모임을 하기도 하고, 어떤 경우에는 같이 여행을 가기도 합니다. 때로는 고위험군 보호자들도 돌보게 됩니다. 사별 이후에 병적으로 애도 반응이 생겨, 극단적인 경우 우울증으로 삶을 스스로 마치는 보호자들도 있거든요. 환자가 안정기-불안정기-임종기를 거칠 때, 보호자를 잘 관찰하여 고위험군인지 아닌지 사전에 미리 파악하려 노력합니다. 임종을 받아들일 때의 태도나 지지체계 같은 것을 종합하여 고위험군 정보를 사별가족팀에게 알려주고, 이를 토대로 나중에 보호자가 잘 지내는지 확인합니다. 사별가족 돌봄은 부수적인 것이 아니라, 호스피스의 중요한 축입니다.

송병기 호스피스에 애장품을 기증한 사별가족도 있다고 들었습니다.

김호성 사진과 그림을 기부한 보호자가 있었습니다. 어머니를 떠나 보낸 아들이었는데요. 환자한테 의미가 있었던 사진, 혹은 보호자 아들이 그린 그림들이었죠. 그것들을 임종실이나 병실에 알맞게 걸어두었습니다. 나중에 한 번씩 그분이 병원에 와서 그림을 보면서 어머니를 애도하곤 했습니다. 또 얼마 전에는 한 환자가 사진전을 하고 나서 그 사진들을 저희 병원 로비에 걸어두기도 했습니다. 그런 작품들을 다른 사람들이 보면서 저마다 각자의 해석을 할 거란 말이죠. 그것이 말기 돌봄 현장의 중요한 레거시legacy, 즉 유산일 것입니다. 물질적인 유산이기도 하지만, 정신적으로 문화적으로 면면하게 흐르는 유산이라고 할까요. 그런 것들이 쌓여 호스피스의 힘이 될 거라고 생각합니다.

도판 6.4

송병기　　사진과 죽음은 밀접한 관계가 있습니다. 예컨대 장례식장에 가면 고인의 영정사진이 조문객들을 맞이합니다. 조문객들은 영정사진을 바라보며 고인의 삶을 떠올리고 애도합니다. 영정사진은 고인이 여기 사람들과 함께 살았음을 증언합니다. 죽은 자는 사진을 통해 묘지, 봉안당, 집에서도 산 자와 관계를 이어갑니다. 산 자는 사진을 통해서 언제든 죽은 자를 다시 볼 수 있습니다. 여기서 사진은 표정, 옷차림, 배경 등을 통해 고인이 누구인지, 그가 어떤 삶을 살았는지를 드러냅니다. 단지 재현이 아니라 죽은 자와 산 자의 만남으로 생각하게 합니다.

　　호스피스 건물 복도에 걸린 환자 사진들을 다시 보게 됩니다. 제가 처음 그 사진들을 봤을 때는 환자가 여기서 편안하게 지내다 떠났다는 생각만 들었습니다. 그런데 대담을 마무리 짓는 지금, 그 사진들이 조금 다르게 느껴집니다. 사진 속 장면에만 시선이 머무는 게 아니라, 그 사진을 가능하게 한 프레임 밖의 나-너-우리라는 세계를 실감합니다. 저 같은 '외부인'도 볼 수 있는 복도 사진을 통해서 고인은 '덜 고통스럽게 죽은 사람'으로 기억되는 것에 그치지 않고, 우리와 함께 삶을 산 사회 성원으로 다시 자리매김하는 건 아닐까요? 역사적으로 사진의 발명이 애도의 방식에 영향을 미쳤다면, 그건 저 세상의 고인을 기억하며 이 세상에 고인의 자리를 다시 마련하는 re-membering 데 있다고 봅니다. 이런 맥락에서 보호자가 기증한 그림이 병실에 걸린 것, 또 돌아가신 환자의 이름이 작은 나무 팻말에 적혀 1층 성전 옆 벽에 걸려 있는 것도 생각해볼 수 있지 않을까요?

　　호스피스 공간의 시작과 끝이 기억으로 연결되어 있다는 느낌이 듭니다. 호스피스라는 의료시설에서 죽은 자를 기억하는 의례가 있다는 게 의미심장한데요. 가령 대대수 사람들은 병원에서 사망하지만, 대개 병원은 죽음을 극복하기 위한 곳으로 여겨지죠.[12] 또 보통 죽은 자를 추모하는 곳은 도시 밖에 있는 묘지나 봉안당으로 정해져 있고요.[13] 그런데 호스피스에서 사람들은 죽음을 삶과 대립하는 개념으로 보지 않는 것 같습니다.

김호성   저희 병원 성전 앞에서 추모를 할 때 고인의 이름이 앞에 적혀 있는 것과 아무것도 없는 것 사이에는 차이가 있는 것 같아요. 종교적인 의미와는 별개로, 뭔가 더 현존하게 된달까요. 산 자와 죽은 자의 경계가 좀 더 흐려지는 것 같습니다.

송병기   수녀님에게 듣기로, 사별가족이 가끔 찾아와서 그 이름들 앞에서 묵상을 한다고 합니다. 이름은 소망이자 존재의 표식입니다. 예컨대 부모는 아이의 이름에 소망을 담습니다. 저는 부모가 아이의 이름을 지어 부르는 것이 마치 기도문을 외우는 것 같다는 생각을 합니다. 또 아이의 성은 그가 특정 친족 관계 속에 있음을 말해줍니다. 그리고 행정 서류에 기입된 이름은 그의 사회적 자리를 드러냅니다. 즉 사람이 이름을 가진다는 것, 사람의 이름을 부른다는 것은 굉장한 일입니다.

　인류학자 마르셀 모스^Marcel Mauss^는 이름을 짓고, 부여하고, 물려주는 행위가 인격과 밀접한 관련이 있다고 말합니다.[14] 이름은 한 개인의 고유성을 드러내는 일이자, 그가 맺고 있는 사회적 관계, 이를테면 가족, 친족, 권리, 의무, 물품, 특권, 계급, 역할을 나타내는 표식이라는 것이죠. 예컨대 북서부 아메리카의 콰키우틀족은 인생의 각 순간을 새로운 이름으로 명명하고 인격화합니다. 삶의 단계마다, 가령 아이, 청소년, 성인은 각기 다른 이름을 가집니다. 은퇴 후의 이름도 있고, 전투에 참가하는 전사의 이름도 있고, 의식을 거행할 때의 이름도 있죠. 즉, 삶의 순간에 맞는 인격을 이름으로 드러낸다고 볼 수 있습니다. 또 이들은 카누, 접시, 포크 등에도 문장紋章을 장식합니다. 그 명명으로 인해 사물에도 생명력이 깃들고, 사물이 소유자의 인격과 관계를 맺는다고 보죠.

동백 성루카병원 1층 입구 앞에 성전이 있고, 성전 옆 벽에 죽은 이들의 이름이 붙어 있습니다. 사람들은 호스피스에 들어오고 나가면서 죽은 이들의 이름과 만납니다. 그렇게 죽은 이들의 이름을 보며, 이들이 단지 '말기 환자'가 아니라 개성을 지닌 존재였음을 깨닫지 않을까요? 요컨대 그러한 사물, 의례, 기억, 상상의 얽힘은 죽음을 개인적 사건이나 개인의 내밀한 경험으로 내버려두는 게 아니라, 죽어가는 자와 돌보는 자, 죽은 자와 산 자, 그 모두가 참여하는 사회적 관계로 보도록 요청합니다.

김호성　저희의 대화 시작을 이 공간에서 했고, 다시 여기로 돌아오게 되었습니다. 선생님께서 저와 호스피스에 대해 여러 이야기를 하는 동안 공간을 바라보는 시각이 달라지지 않으셨나 싶습니다. 환자와 보호자들도 마찬가지입니다. 입원 전 호스피스라는 공간이 주는 낯섦과 두려움이 시간이 지나고 바뀌게 됩니다. 환자의 임종 후 남은 보호자들의 슬픔과 애도는 또 다른 형태의 연대와 약속으로 변하며 다시 삶의 자리로 돌아가게 되는 것이겠지요.

더 나아가 사별가족, 혹은 고인과 가까웠던 분들 중에 호스피스를 경험하고 나서 자원봉사를 하기 시작한 분들이 있습니다. 삶의 방식이 바뀐 거죠. 바쁠 텐데도 불구하고 저희 병원까지 와서 봉사를 하죠. 감사한 마음과 더불어 저희가 그러한 공간을 만들었구나 하는 뿌듯함이 있습니다. 앞서 말씀드린 '돌봄의 순환'이 일어나는 겁니다. 봉사라는 것은 행동이잖아요. 생각만 하는 것과 행동까지 하는 것은 완전히 다른 차원입니다. 그만큼 호스피스가 본인한테 큰 의미가 있었다고 짐작됩니다. 그렇다고 해서 그분들이 '돌봄이라는 가치가 제일 중요하다!' 이런 요란스러운 기운으로 오는 것이 아니고, 그저 봉사하러 조용히 왔다가 조용히 가십니다.

　이러한 돌봄의 선순환은 한 사람의 평온한 죽음과 관계가 깊다고 생각합니다. 호스피스에 와서 다른 자원봉사자들의 도움을 받아 편안하게 있을 수 있었으니 말입니다. 최대한 환자를 편안하게 해주면서 말기 돌봄을 하고, 보호자들을 그 돌보는 과정에 참여하게 하는 것. 그렇게 평온한 죽음에 이르게 되면 보호자들은 담담히 그를 기억하고 또 살아갈 수 있게 되겠지요.

송병기　앞서 선생님은 "우리가 환자의 몸을 따라가고 있다"고 하셨습니다. 다시 곱씹을 만한 말입니다. 왜냐면 환자의 죽음 이후, 그러니까 환자의 몸이 없는데도 다학제팀, 사별가족 및 지인이 환자의 몸을 따라가고 있는 것처럼 보이기 때문입니다. 환자의 죽음 이전에는 '보이는 몸'을 따라갔다면, 환자의 죽음 이후에는 '보이지 않는 몸'을 따라가고 있는 것 같습니다. 예컨대 고인을 추모하는 사물, 모임, 의례를 언급할 수 있습니다. 사별가족 모임에서 함께 시를 낭독하고, 노래를 부르고, 밥을 먹고, 여행을 떠나기도 합니다.

제가 예전에 참관했던 한 호스피스 내 사별가족 모임의 이름은 '별 가족 모임'이었습니다. 고인을 '하늘의 별', '내 마음의 별'이라고 하더군요. 또 동백 성루카병원의 사례처럼 환자의 죽음 이후, 다시 호스피스에 찾아와 자원봉사를 하는 경우도 있습니다. 봉사자들은 호스피스에서 고인과 함께 보냈던 시간이 좋았고, 많은 이들의 돌봄에 감사함을 느꼈고, '삶의 방식이 변했다'고 합니다. 다시 말해, 환자의 죽음 이후에 펼쳐지는 그러한 장면들은 말기 돌봄을 단순히 신체활동을 보조하는 서비스나, 죽어가는 사람을 위한 도덕적 응답으로 이해하는 것에서 벗어나게 해줍니다.

말기 돌봄의 핵심은 선생님께서도 말씀하셨듯이 '돌봄의 순환'에 있다고 생각합니다. 말기 돌봄은 환자-보호자-다학제팀의 몸을 관통하며 서로 공명시키고, 그들의 일상을 특수한 상황이 아니라 세계의 일부로 마름질합니다. '몸'을 매개로 환자-보호자-다학제팀이 공통의 세계를 구축하는 일이며, 그 세계의 안과 밖을 통풍하는 일입니다. 그 돌봄의 순환 과정에서 애도는 죽은 자를 타자화하거나 산 자의 몸속으로 흡수하는 게 아니라, 죽은 자의 자리를 마련하고 환대하는 일이 됩니다. 죽은 자는 별, 넋, 얼, 정신, 기억 등으로 '다시 태어나고', 그렇게 산 자는 죽은 자와 관계를 맺게 됩니다. 산 자들은 죽은 자들을 추모도 하지만, 죽은 자들을 매개로 서로를 위로하고 돕기도 합니다. 이처럼 삶과 죽음은 서로 대립되는 개념이 아닙니다. 오히려 죽음의 반대말은 '탄생'입니다. 오늘날 의학이 죽음을 규정한다지만, 호스피스라는 의료기관에서 죽음은 의학적으로 쉽게 분류할 수 없는 다양한 요소 간의 상호작용 속에 존재합니다. 호스피스는 돌봄과 의료, 삶과 죽음을 다시 생각하게 합니다.

호스피스, 죽음에 대한 새로운 상상력

송병기　　최근 최진영 작가의 「홈 스위트 홈」과 문미순 작가의 『우리가 겨울을 지나온 방식』을 흥미롭게 읽었습니다. 먼저, 이런 질문이 떠올랐습니다. 한국에서 말기 환자가 별 어려움 없이 호스피스 완화의료를 접할 수 있었다면 두 소설은 어떻게 달라졌을까? 두 작품은 집과 죽음에 관한 이야기를 합니다. 혹자는 그 이야기들을 오늘날 우리가 처해 있는 다음과 같은 곤궁을 지시하는 것으로 읽을 수도 있습니다. 죽음의 장소를 병원에서 집으로 바꾸면 '존엄하게 죽을 수 있지' 않을까? 그런데 '존엄하게 살 수 없는' 사람들에게 집은 이미 죽음의 장소가 아닐까?

　　그런데 제 생각에 두 소설가는 죽음이라는 '문제', 그 문제의 핵심을 '집 그 자체'로 보지 않습니다. 「홈 스위트 홈」에서 집은 "살고 싶다는 생각이 아닌 살아 있다는 감각에 충실"할 수 있는 공간입니다.[15] 여기서 집은 생명 연장과 치료 가능성이 규범인 곳의 반대편, 즉 '세계의 밖'을 상상하게 합니다. 한편, 『우리가 겨울을 지나온 방식』에서 집은 "교통사고처럼 예기치 않게 엄마가 아버지가 쓰러지고 돌봄은 남겨진 누군가의 몫"이 되었음을 알려주는 곳입니다.[16] 여기서 집은 그러한 규범조차 따를 수 없는 사람들이 숨어 있는 곳, 이를테면 '사회의 밖'을 생각하게 합니다. 즉 두 작품에서 집은, 몸을 치료하고 돌보는 일이 오히려 삶의 고통을 유발하는 현실을 성찰하는 공간이자 다른 가능성을 모색하는 공간입니다. 선생님, 만약 호스피스 완화의료가 확대되어 어떤 말기 환자라도 병원이나 집에서 말기 돌봄을 받을 수 있다면, 우리의 삶과 죽음은 어떻게 달라질까요?

김호성　선생님께서 권해주셔서 「홈 스위트 홈」을 읽었습니다. 저는 우선 '홈'이라는 단어에 주목이 되더군요. 호스피스를 가리켜 흔히 '마지막 집'이라고 하는데, 이때 '집'은 물리적인 '하우스^house'가 아니잖아요. 사람과 사람의 관계, 그리고 기억과 기억이 퍼져 있는 '홈^home'입니다. 그리고 그 소설에서 하나의 표현이 유달리 기억에 남았습니다. "시간을 발산한다."[17] '발산'이라는 단어는 뭔가 앞을 향해 흩뿌려지는 이미지가 연상되잖아요. 그러한 공간이 말기 환자에게 필요한 공간인 것 같습니다. '시간을 발산하는 공간' 말입니다. 기억이 녹아 있는 공간이지만 마냥 과거 지향적인 것은 아니고, 다시 삶을 새롭게 영위할 수 있는 재창조의 공간이랄까요. 과거-현재-미래가 다 섞여 있는 공간이며, '말기 환자'로서의 지위가 아니라 '하루를 살아가는 삶의 주인'으로서의 공간이죠. 호스피스가 환자·보호자에게 그런 느낌을 주는 집 같은 공간이 되었으면 합니다.

「홈 스위트 홈」에서 주인공이 말기 암 환자이고 집에서 마지막을 보내겠다고 결심하잖아요. 물론 본인의 의지도 중요하지만, 현실적으로는 가정에서 말기 돌봄을 받을 수 있는 환경이 필요합니다. 환자를 돌볼 수 있는 보호자도 있어야 하고, 의료진이라는 자원도 뒷받침되어야 하죠. 소설에서는 충남 보령으로 주인공이 가는 설정이지만, 사실 보령 같은 지방은 자기가 살던 집에서 말기 돌봄을 받을 수 있는 여건이 충족되기가 아직은 어려운 것이 현실입니다.

환자나 보호자 개인 차원의 고민만으로는 한계가 있고, 환자의 상태를 판단하여 가장 적절한 장소를 찾아줄 호스피스 다학제팀이 있어야 합니다. 앞으로 노인 인구의 지속적인 증가로 인해 갈수록 호스피스 완화의료가 사회적으로 더욱 필요해질 텐데요. 반드시 입원형 호스피스일 필요는 없고 가정형 호스피스도 상당히 도움이 될 겁니다. 더 나아가, 가정형 호스피스뿐만 아니라 지역사회 개원의들이 호스피스처럼 다학제팀을 꾸려서 방문진료를 하는 방식도 아주 중요하다고 생각합니다. 현재 실시되고 있는 재택의료센터 시범사업도 그러한 시대적 흐름에 들어가 있습니다.

송병기   가정형 호스피스에 대한 설명을 좀 더 해주실 수 있을까요? 가정형 호스피스가 확대되면 집에서 임종하는 분들이 늘어날까요? 호스피스 완화의료 교육을 받고 자격을 갖춘 의료진이 방문진료를 하는 것도 가능할까요? 한편, 그럼에도 불구하고 입원형 호스피스가 필요한 이유가 있는지도 말씀해주시면 좋겠습니다.

김호성   현재 가정형 호스피스의 대상은 말기 암, 말기 에이즈, 말기 간, 폐질환 환자들입니다. 다만 현실적으로 대부분은 말기 암 환자를 대상으로 하고 있지요. 그리고 입원형 호스피스가 있는 의료기관에서만 운영하고 있습니다. 왜냐하면 가정형 호스피스의 대상인 말기 암 환자들은 입원이 부득이하게 필요한 증상이 생기기 때문이에요. 하지만 모든 말기 환자들이 동백 성루카병원 같은 호스피스 전문의료기관의 가정형 호스피스 서비스를 받을 필요는 없습니다. 말기 암 환자가 아닌 일반적인 노쇠나 치매 환자들은 일반 개원의들의 방문진료로도 충분히 말기를 보내는 게 가능하거든요. 일반 개원의의 경우 민간 자원이고, 공공 영역인 보건소에서도 방문진료를 하여 지역사회 말기 돌봄을 할 수도 있습니다. 다만 현재 보건소는 여러 분야 일을 많이 하는 상황이라 말기 돌봄까지 할 여력이 없죠.

송병기　저는 국회와 정부가 재택의료, 호스피스, 보건소에 관심을 갖고 제대로 지원해야 한다고 생각합니다. 선생님 지적처럼 저도 현실을 알고 있습니다만, 그럼에도 저는 보건소의 역할을 기대합니다. 도시와 지역에 있는 보건소를 적극 활용하는 정책, 아이디어, 인력, 자원이 있으면 좋겠습니다. 기존 보건소의 역할과 체계를 갱신할 때가 되지 않았나 싶어요. 보건소는 전국에 있고, 진료실과 방문진료를 운영하는 공공의료기관입니다. 민간병원이 득세하는 한국에서 그간 보건소는 주변부에 머물렀습니다. 하지만 보건소는 소중하고 유용한 공공재입니다. 새로운 제도를 만드는 것도 필요하지만, 기존의 제도를 새롭게 고치고 활용하는 것도 중요합니다. 만약 보건소가 재택의료와 완화의료를 제공할 수 있는 역량을 갖춘다면 죽음의 현실이 조금 달라지지 않을까요? 물론 다양한 논의가 필요하고, 단계를 차근차근 밟으면서 진행할 일이겠지요.

김호성　저도 말기 돌봄 영역에서 공공의료원, 보건소 같은 공공의 영역이 확대되는 것이 올바른 방향이라고 생각합니다. 다만 한국의 의료 시스템 70퍼센트 이상이 민간 영역의 주도로 이루어져 있다는 현실을 염두에 둬야 합니다. 더불어 보건소의 역할이 어디까지인지에 대한 논의가 계속되고 있고, 인력과 재원도 충분하지 않죠. 그래서 저는 보건소에서 민간의 방문진료 의사들에게 적절한 환자 발굴을 돕는 것과 같은 협업을 먼저 시행하는 것이 좋을 것 같습니다. 이전부터 보건소에서 지속적으로 해오던 '재가 암 사업' 같은 것을 통해서 말이죠. 더불어 지방자치제도 아래서 관청과의 협업도 굉장히 중요한 일이라고 생각합니다. 현재 전국 행정복지센터에 2,000여명의 간호인력이 지역사회 내에서 활동하고 있습니다.[18] 이들과 지역사회에서 환자 발굴 등의 사업을 충분히 할 수 있죠. 즉 민간 주도로 말기 돌봄을 하되, 지역사회의 공공의료기관이나 지자체와 협업 시스템을 만드는 것이 필요하다고 생각합니다.

송병기 '존엄한 죽음'에 대한 열망이 커지고 있는 만큼, 환자와 의료진의 관계, 돌봄, 평온한 죽음에 관한 이야기가 사회 곳곳에서 쏟아져 나왔으면 좋겠습니다. 그 과정에서 호스피스 완화의료가 참고가 되기를 바랍니다.

최근 중환자의학계에서도 완화의료에 대한 활발한 논의가 있는 것으로 알고 있습니다. 중환자실의 의료진도 경험하고 있다고 봅니다. 환자의 회복도 중요한 가치이지만, 임종을 앞둔 환자의 '편안함'도 중요한 가치임을 말입니다. 치료와 돌봄이라는 두 가치가 분리되지 않는다는 것을 말이죠. 그런 흐름을 보면서 저는 대학병원의 중환자실이란 공간도 다르게 '디자인'될 수 있다고 생각합니다.

김호성 호스피스 완화의료는 누군가에겐 낭비 그 자체처럼 보일지도 모릅니다. 곧 임종을 맞이할 말기 환자의 삶의 질, 그리고 보호자의 평안이 얼마나 경제적 효과가 크냐는 겁니다. 그런데 달리 생각해보면, 호스피스 완화의료는 상급병원에서 말기 환자에게 과도하게 투여되는 재원을 적절하게 조절해줍니다. 장기적으로는 사별 가족들의 신체적·정신적 건강에도 긍정적인 영향을 미치고요. 이는 곧 사회경제적으로 의료자원의 낭비를 덜어주게 됩니다.

비단 경제적 가치만이 아니라 사회적 가치도 상당합니다. 말기 환자도 우리 사회의 구성원이며, 끝까지 환대받을 자격이 있는 존재임을 알려주는 것이죠. 이는 말기 환자뿐 아니라 다른 사회적 약자에 대한 관심 및 돌봄의 선순환이 일어나게 하는 원동력이 될 수 있습니다.

이러한 호스피스 완화의료의 가치를 정확하게, 그리고 지속적으로 이야기해야 합니다. 어떤 유용함이 있는지 적극적으로 알려야 합니다. 호스피스 현장에 있는 사람들의 목소리가 시민들에게 가닿을 때 여론이 움직이게 되고, 이는 다시 정치나 정책 담당자에게 영향을 미쳐 우리의 현실을 바꿀 것입니다. 아직까지는 한국에 기회가 있다고 생각합니다. 하지만 지금 준비하지 않으면 정말 큰 위기가 올 것 같습니다. 세계에서 보기 드문 고령화의 파고를, 각종 질환과 말기 환자의 밀려드는 물결을 면밀한 준비 없이 직격으로 맞을 때, 유례없는 고통이 한국 사회에 넘실댈 것입니다. 호스피스 완화의료의 가치를 이해하고 현실을 정비해야 합니다. 이런 이야기를 하는 분들이 점점 많아지면 좋겠습니다.

죽게 하지도, 죽게 내버려두지도 않겠다는 응답

_송병기

1907년 한 논문에서 인류학자 로베르 에르츠Robert Hertz는 '이중 장례식'이란 개념으로 죽음을 설명한다. 그에 따르면, 보르네오섬 다약족은 시체를 특정한 장소에 임시로 매장하는 일차 장례식을 치른다. 그리고 시체가 완전히 부패해 뼈만 남을 정도의 시간이 흐른 후, 유해를 최종 매장지로 옮기는 이차 장례식을 거행한다. 이러한 이중 장례식은 죽은 자를 '썩는 살'에서 '썩지 않는 뼈'로, 나아가 '썩지 않는 뼈'에서 '다른 형태의 탄생'으로 이끈다. 즉, 유한한 존재에서 영속적인 상태로 전환하는 것이다.[1] 최종 장례식이 끝나면 상喪을 당한 유족은 일상으로 복귀한다. 한편 죽은 자는 조상처럼 산 자의 대우를 받고, 산 자를 돕는 이로운 존재가 된다. 이중 장례식은 죽음의 핵심이 '삶의 끝'이 아니라 '영속적 삶으로의 이행'에 있음을, 그렇게 사회는 계속된다는 점을 알려준다. '죽은 자를 어떻게 대우할 것인가'라는 질문은 죽음이 개인적 사건일 뿐만 아니라 사회라는 총체적인 질서와 맺는 관계임을 지시한다. 에르츠의 통찰은 오늘날의 우리에게도 시사하는 바가 크다. 다만 거기에 보충할 점이 있다.

호스피스에서 나는 '죽어가는 자'와 '이중 돌봄'에 대해 생각했다. 말기 환자가 호스피스로 가는 것은 단순한 장소 변경이 아니라 그의 상태에 중대한 변화를 일으키는 일이다. 환자는 돌봄을 받으며 각종 검사 수치로 추상화된, 또 아픈 사람이란 명칭으로 탈정치화된 삶의 형태에서 빠져나온다. 이를 일차 돌봄이라고 할 수 있다. 또한 환자가 돌봄 제공자들 덕분에 목소리를 되찾고 삶의 서사를 재건하는 한편, 사회로 대표되는 제도는 그 돌봄 제공자들을 지지한다. 이를 이차 돌봄이라고 명명할 수 있다. 이 '이중 돌봄'은 돌봄을 주고받는 모든 관계를 대우하는 일이다. 그러한 구조와 실천의 체계 속에서, 환자 삶의 역사성은 존중되고, 보호자와 다학제팀은 도구적 관계성 속에 갇히지 않는다. 또 죽은 자는 잊히기보다는 산 자를 돌보는 자리로 초대된다. 말하자면, 호스피스는 돌봄을 받는 이와 돌보는 이의 목소리가 모두 들리고, 들리게 하는 곳이다. 사람을 죽게 하지도, 죽게 내버려두지도 않겠다는 공동체의 선언이자 실천이다.

*

이 책에서 나는 김호성과 함께 "깔끔하게 죽고 싶다"는 바람에 응답하고자 했다. 그 소망, 마음, 경향이 사람을 사람으로 대우하는 일과 밀접한 관계가 있음을 절감했다. 어쩌면 이 책은 생애 말기 돌봄을 통해 사람을 사람으로 대우하는 이야기로 읽힐 수도 있겠다. 본문에서 이와 관련한 현장 상황, 실천 사례, 의학적 쟁점, 사회문화적 맥락, 정치적 의미를 살펴봤다. 여기서 그 내용들을 구태여 요약하고 싶지는 않다. 그 대신 집필을 하는 동안 마음속에서 굴려온 두 단어를 꺼내놓으려 한다. 하나는 신뢰이고, 또 하나는 사회이다.

한국이 '저신뢰 사회'라는 사실을 새삼 깨달았다. 국어사전에 신뢰는 '굳게 믿고 의지함'이라 풀이돼 있다. 각자 살고 죽을 방법을 도모해야 하는 시대, 신뢰는 금융 회사 광고 속에서나 각광받는 말이다. 하지만 이러한 경향이 강화될수록 깔끔하게 죽고 싶다는 바람은 더 많은 사람들 사이에 퍼질 것이다. 사람을 사람으로 대우하는 일은 신뢰를 바탕으로 이뤄지기 때문이다.

생의 끝자락은 나의 '취약함'을 또렷이 감각하며 살아가는 시기이다. 이때 내가 '사람답게' 살기 위해서는 돌봄이 필요하다. 즉, 나의 취약함에 관심을 갖고 응답을 하는 관계들이 있어야 한다. 문제는 이 돌봄이 오가는 신뢰라는 통로가 비좁고 단조롭다는 점이다. 생애 말기에 사람들은 의사의 말을, 요양 시설의 서비스를, 병원의 시스템을 '굳게 믿고 의지'하기가 어렵다고 한다. 한편 의료진도 환자와 보호자의 말을, 정부의 정책을, 의료 제도를 '굳게 믿기' 어려워한다. 이 신뢰의 문제는 생애 말기에 영향을 미친다. 생애 말기의 취약함은 삶의 형식을 새롭게 하는 기회가 되지 못하고 일상을 뒤흔드는 변수로 작용한다.

믿고 의지할 데가 없다는 것은 사회 없이 산다는 말과 같다. 사회란 기업의 서버로 운영되는 SNS(소셜 네트워크 서비스)가 아니라 누구나 일상에서 '감지할 수 있는 신뢰망'이다. 집에 불이 나면 소방차가 올 것이라는 믿음, 길가에 쓰러진 사람을 내버려두면 안 된다는 믿음, 교통신호를 지키면 사고가 나지 않으리라는 믿음, 계약서를 작성하면 법적 효력이 발생한다는 믿음, 교육을 받으면 성숙한 인간이 될 수 있다는 믿음. 남이 만든 음식을 먹어도 안전하다는 믿음. 이러한 신뢰가 얽히고설킨 곳이 사회이다.

오늘날 죽음의 과정이 당혹스럽고 고통스럽다는 말은 의미심장하다. 생애 말기가 사회적 배제로 이어지는 것은 아닌지 우려된다. 생애 말기에 가치를 부여하지 않는 사회란 나의 '취약함'이 치명적 약점이 되는 곳이다. 아픔은 개인의 운명으로 쪼그라들고, 치료의 대상이 되고, 알아서 해결해야 하는 일로 취급되기 일쑤다. 뒤집어 말하면, 이런 사회는 '더 빨리, 더 높이, 더 강하게'라는 규범을 공유하는 사람들이 모인 배타적 집단으로 전락하기 쉽다. 그 같은 사회에서 비인간적인 일들이 얼마나 많이 벌어졌는지 우리는 역사를 통해서 알고 있지 않은가. 생의 끝자락에 관심을 가져야 하는 근본적 이유가 여기에 있다.

일상을 생애 말기 돌봄과 죽음이란 관점으로 다르게 보고 상상하는 일은 사회에 대한 새로운 이해와 변화의 가능성을 제시한다. 돌봄 노동자의 숫자, 의료 서비스의 범위, 노인요양 서비스의 품질, 사전연명의료의향서 작성률 등의 이야기도 중요하지만, 그보다 더 근본적인 논의와 시도가 필요하다. 이를테면 우리가 바라는 의료, 돌봄, 죽음이란 무엇인지 충분한 시간을 갖고 말하기. 돌봄 당사자, 돌봄 제공자, 의료진, 지역사회 이해관계자들이 함께 나눈 이야기를 바탕으로 돌봄과 의료를 다시 디자인하기 같은 일 말이다. 정부의 역할은 다수가 이 대화의 장에 참여할 수 있도록 지원하는 것이다. 그

논의가 제도로 실현될 수 있도록 뒷받침해야 한다. 그렇게 '신뢰'는
구축되고, '사회'는 새로워진다.

후기

필연의 소멸 속에서도
우연의 기쁨이

_김호성

호스피스에서 일을 한다고 하면 가장 기억에 남는 환자가 누구인지 질문을 받곤 합니다. 많은 환자들과의 기억이 떠오르지만 그중에서도 특별하게 떠오르는 한 환자가 있습니다.

그는 멀리 연변에서 한국에 돈을 벌기 위해 온 젊은 환자였습니다. 10대 때부터 생업을 위해 안 해본 일이 없고, 한국에 와서는 고된 건설현장 일을 했습니다. 처음 건설현장 일을 배울 때에는 힘들었지만 이내 익숙해지고, 시간이 지나며 경제적인 여유도 어느 정도 생겼습니다. 하지만 갑작스런 하혈로 진료를 한 병원에서, 전이가 된 4기 암이라는 진단을 받았습니다. 청천벽력 같은 진단을 받은 후 치료에 최대한 집중했으나 암은 쉽사리 줄어들지 않고 더 진행되었습니다. 끝까지 상급종합병원의 항암치료에 집중했지만 의사로부터 이제는 호스피스 병동으로 가는 일만 남았다는 이야기를 듣게 되었습니다.

그는 그렇게 패배감과 분노가 가득한 상황에서 호스피스 병원에 입원했습니다. 처음 만났을 때 환자는 병세가 깊고 우울감이 가득했습니다. 입원 후 통증은 조절되었지만, 하루 종일 갑갑한 병실에서 천장만을 바라보며 침울한 시간을 보내고 있었습니다. 그런 그에게 안부 인사말을 건네는 것조차 어색하고 미안하게 느껴졌습니다. 시간이 갈수록 지켜보는 다학제팀의 고민도 커져갔습니다. 그러던 중 팀원 한 분이 봄날인데 환자가 꽃을 보고 싶어 하지 않을까 운을 뗐습니다. 그 말이 실마리가 되어 나들이를 계획했습니다. 환자를 휠체어에 태워 근처 벚꽃나무 거리에 다녀오기로 했습니다. 사전에 우리는 환자가 휠체어를 탈 수 있을 정도로 진통을 조절하고, 환자에게 마음의 준비를 시켰습니다.

그렇게 어느 봄날, 환자는 휠체어에 올랐습니다. 청명한 하늘 아래로 하얀 벚꽃이 흐드러지고, 사방으로 벚꽃 잎이 흩날리는 날이었습니다. 가는 길이 울퉁불퉁하여 편하지만은 않았지만, 우리는 환자와 휠체어의 속도와 방향, 통증에 대해 서로 묻고 답하며 앞으로 나아갔습니다. 어느 아름드리 벚나무 그늘 아래에 자리를 잡은 우리는 날씨 이야기, 주변의 사람들에 대한 이야기 같은 소소한 삶의 이야기를 나누었습니다. 환자의 아픈 과거도, 현재 상태에 대한 염려도, 앞으로의 불안도 아닌 오로지 그 순간 따뜻한 봄날의 기운과 관련된 이야기였지요. 그는 젊어서 말기 암에 걸린 '안타까운' 환자가 아니라 씩씩하게 자신의 삶을 살아온 멋진 청년이었습니다. 그렇게 짧은 나들이를 마치고 돌아오는 길, 그와 우리는 이전보다 '편안한' 관계가 되어 있었습니다. 그로부터 며칠 후, 환자는 본인이 즐겨 듣던 불경 소리가 조용히 울려 퍼지는 방에서 평온하게 임종을 맞았습니다.

*

호스피스에 오는 말기 환자들 대부분은 말로 어찌 표현하지 못할 만큼 병세가 깊습니다. 그 깊은 필연은 어찌할 도리가 없습니다. 환자들의 육체적 어려움과 심리적 불안, 두려움 그리고 실존적인 낙심과 무의미는 거센 파도와 같습니다. 그 파도를 맞으며, 사회적 관계는 끊어지고 자아는 바스러집니다. 생물학적 죽음 이전에 심리적 죽음이 찾아오고, 그전에 사회적 죽음이 찾아옵니다. 많은 이들은 이러한 과정 속에서 깊은 고통을 겪습니다. 몸이 아픈 것도 아픈 것이지만 스스로를 고립시키는 경우를 포함한 사회적 소외를 경험합니다. 이러한 고통스런 소멸의 경과에서 우리 한 개인 개인의 능력은 작고 어떻게 보면 보잘것없습니다. 종교가 있는 사람은 종교가 있는 대로, 종교가 없는 사람들은 종교가 없는 대로 실존적 위기를 겪습니다.

하지만 거스를 수 없는 필멸의 운명을 타고났다 해도 우리는 죽기 전까지 '순간을', '더불어' 사는 존재들입니다. 70년 전 영국의 시슬리 손더스 여사가 현대 호스피스 운동을 시작하며 이야기했던 것은 총체적인 고통에 대한 새로운 정의라기보다, 그러한 총체적인 고통을 다루는 말기 돌봄 영역에서 사회 구성원들에게 '할 일'이 있다는 것이었습니다. 많은 사람들이 말기 환자에게 관심을 가지고 그들을 돌본다면, 고통스러운 필연의 소멸 과정에서도 우연적인 환희의 순간들을 만들 수 있습니다. 그러한 우연적인 삶의 순간들이 쌓이면 환자는 자신이 다시 사회의 한 구성원이라는 느낌을 받게 되고, '힘들어도 삶은 살 만한 것'이라는 소박한 생각을 문득 품게 됩니다. 사실 호스피스 완화의료가 추구하는 것은 그리 대단한 일이 아닙니다. 그 '소박한 생각과 느낌'에 대한 것이죠.

말기 환자가 이러한 '소박한 생각과 느낌'을 유지할 수 있도록 헌신한 많은 사람들이 있습니다. '호스피스'라는 용어조차 생소했던 때부터, 고통스럽게 죽어가는 이들의 곁을 끝까지 지키고 돌보며 고민했던 선배 의사, 간호사, 사회복지사, 종교인들입니다. 치료 중심적인 한국의 의료 시스템 속에서도, 호스피스 영역이 건강보험 급여화가 되고 제도권으로 들어오게 된 것은 그분들의 헌신적인 노력과 열정 덕분입니다. 환자들의 신체적·심리적 고통이 줄어들도록, 여명이 얼마 남지 않은 때에도 존엄한 인간으로 생을 마무리할 수 있도록, 그분들은 자신의 삶을 오롯이 바쳤습니다. 제가 호스피스에 대한 막연한 생각만을 가지고 무작정 말기 돌봄 영역에 뛰어들었을 때, 그분들로부터 참으로 많은 것들을 보고 배웠습니다.

더불어 한국의 어려운 현실에서도 오늘도 호스피스 완화의료 센터를 열고 그 가치를 이어가는 많은 분들이 있습니다. 기회가 닿아 그분들을 만날 때면 호스피스 현장의 이야기를 시민들에게 알리고 싶은 생각이 들곤 했습니다. 그럴 즈음 의료인류학자 송병기 선생님을 만나게 되었습니다. 말기 돌봄 영역은 의료뿐 아니라 사회의 많은 직업, 문화, 정책들이 영향을 주고받는 복잡한 현장입니다. 송병기 선생님은 말기 돌봄 현장에 대한 인류학적 견해를 소개해주었고, 저는 한국의 호스피스 현장과 제가 근무하고 있는 독립형 호스피스에 대한 이야기를 나누었습니다. 그 뒤 송병기 선생님이 동백 성루카병원이란 '현장'을 살펴보면서, 한국이 처한 말기 돌봄의 현실과 그 대안으로서의 호스피스 완화의료를 다룬 이 책이 탄생하게 되었습니다.

제가 이 책에서 줄곧 강조하고 싶었던 것은 말기 돌봄 영역의 정교한 디자인에 대한 것입니다. 이는 동백 성루카병원이라는 단일 시설의 건축학적 디자인에 대한 이야기가 아닙니다. 개별 완화의료 센터를 넘어 더 중요한 것은, 호스피스 완화의료의 공급 확충과 질 향상, 그리고 지역사회 내의 말기 돌봄 시스템 정비 및 확대 등과 같은 제도적 디자인이라고 생각합니다. 더 나아가 시민 사회의 많은 사람들이 말기 돌봄 계획과 호스피스에 대해 가지고 있는 인식과 관련한, 이른바 문화적 디자인에 대한 고민도 필요합니다. 이런 제도적·문화적 디자인이 잘 이루어져야, 말기 환자들이 더욱 적절한 장소에 가서 적절한 돌봄을 받아 고통을 최소화할 수 있을 것입니다.

누구나 언젠가는 말기 환자가 됩니다. 그래서 더 많은 시민들이 말기 돌봄에 관심을 가지고 참여하여 우리 삶의 마지막 모습을 디자인했으면 좋겠습니다. 우리, 아니 당신의 마지막 시간을 지금과 같이 충실히 살아내기 위한 디자인을 함께 만들어가는 것입니다. 따뜻한 봄볕과 벚꽃은, 누구나 언제라도 누릴 수 있어야 하기 때문입니다.

감사의 말

_송병기, 김호성

이 책은 많은 분들의 애정과 관심 덕분에 세상에 나올 수 있었다. 감사한 분들을 열거하는 것은 당연하고 영예로운 일이다. 먼저, 동백성루카병원의 구성원들께 고마움을 전하고 싶다. 병원 설립을 위해서 헌신한 윤동출 신부님과 후원을 해준 천주교 수원교구 분들께 감사드린다. 이번 책을 쓰면서 종교가 정치의 빈틈을 어떻게 메우고 있는지 새롭게 깨닫게 되었다. 그리고 정극규 진료원장님께 감사드린다. 환자의 삶을 최우선에 두는 그의 모습은 많은 의사들에게 귀감이 된다. 더불어 이정애 진료과장님께도 감사를 표한다. 고단한 현장에서 묵묵히 환자의 곁을 지키는 그에게서 사람의 존엄을 존중하는 일이 무엇인지 배운다. 정극규 진료원장님과 이정애 진료과장님은 이 책의 초고를 꼼꼼히 읽고 귀중한 조언을 주었다. 다시 한번 고마움을 전한다.

안토니오 영성지도 신부님, 마르티나 수녀님과 도리스 수녀님, 자원봉사팀을 이끌며 호스피스에 활기를 불어넣어주는 마르타 수녀님, 그리고 수년 동안 같이 동고동락했던 다니엘라 수녀님께도 존경의 마음을 표하고 싶다. 그분들은 환자가 호스피스에 들어와 임종할 때까지 늘 환자와 함께하는 분들이다. 보이지 않는 곳에서 분주히 움직이며 일하는 그들에게 깊은 감사를 드린다.

간호부 선생님들께도 고마움을 전한다. 윤수진 간호부장님, 권유리 간호팀장님, 김해경 간호팀장님을 비롯하여 병동의 간호부 선생님들이 보여주는 환자에 대한 애정과 헌신은 모든 이에게 울림을 준다. 호스피스에서 환자들이 낮에 웃고, 밤에 편히 잠들 수 있는 것은 선생님들의 노고 덕분이라고 해도 과언이 아니다.

더불어 환자들의 심리적·사회적 고통을 살피는 모진영, 박현진, 강윤미, 오효래, 최선경 사회복지사 선생님, 조선영 사별가족팀장님께도 고마움을 전한다. 전통적인 가족의 형태가 점점 사라지는 현실에서 선생님들의 돌봄은 환자들에게 큰 힘이 된다.

더운 날이나, 추운 날에도 가정 호스피스 간호사로 지역사회에 있는 말기 암 환자들을 위해 방문 진료를 하는 최현미, 장현순 선생님에게도 감사의 인사를 드린다. 두 분은 삶의 마지막을 익숙한 집에서 보내고 싶어하는 환자들의 소망이 실현될 수 있도록 노력하고 있다. 앞으로 지역사회 내에 이런 역할을 하는 가정 호스피스 간호사 선생님들이 많아지길 기대한다.

환자와 보호자 또한 호스피스를 구성하는 성원이다. 여기서 이름을 밝힐 수는 없지만, 동백 성루카병원을 거쳐간 수많은 환자와 보호자의 일상, 말, 행위, 다학제팀과의 관계 맺음이 모두 소중한 기억으로 남아 있다. 그 기억이 호스피스를 계속 움직이게 하는 핵심 동력이다. 이 자리를 빌려 모든 환자와 보호자에게 감사함을 전한다.

가톨릭대학교 은평성모병원 완화의학과의 박진노 선생님께도 감사의 마음을 전한다. 이 책을 쓰는 데 선생님께서 몸소 보여주셨던 호스피스 의사의 자세와 조언이 큰 도움이 되었다. 더불어 과거 보바스 기념병원 완화병동에서 근무한 정선형, 서윤희, 홍재은, 양아름, 이충원, 이복희 선생님, 그리고 사단법인 호스피스 코리아의 최순주 이사장님께도 고마움을 전한다. 또 저자들이 한국 내 말기 돌봄 제도에 대해 다양하고 구체적인 관점을 가질 수 있도록 도움을 준 가톨릭대학교 인천성모병원 호스피스 완화의료센터의 김대균, 박중철 선생님께도 감사한 마음을 표한다.

특히 이 책이 한국 내 생애 말기 돌봄에 대한 폭넓은 논의를 담을 수 있었던 것은 리뷰어들의 세심한 관심 덕분이다. 먼저, 서울대학교병원 혈액종양내과의 김범석 선생님은 초고를 꼼꼼히 읽고 피드백을 주었다. 호스피스 완화의료의 발전을 위한 고민과 상급종합병원 내 환자 돌봄의 중요성을 공유해주었다. 다음으로, 순천향대학교 간호학과의 김형숙 선생님의 코멘트와 토론은 저자들이 돌봄에 대한 이해를 확장하는 데 큰 도움을 주었다. 선생님과의 대화에서 '환자에 대한 앎'이란 화두를 떠올리게 되었다. 그리고, 경북대학교 의과대학 의료인문·의학교육학 교실의 최은경, 강지연 선생님의 친절한 조언에 감사드린다. 최은경 선생님은 의료윤리학의 관점에서 다양한 의학적 쟁점을 검토해주었다. 강지연 선생님은 의료인류학의 관점에서 생애 말기 돌봄의 사회문화적 맥락을 살펴봐주었다.

이화여자대학교 법학전문대학원의 김현철 선생님께도 깊은 감사의 뜻을 표한다. 선생님 덕분에 연명의료결정법에 대해 다각도로 생각해볼 수 있었다. 선생님의 애정 어린 조언과 선생님이 소개해준 다양한 법학적·생명윤리학적 연구는 이 책을 쓰는 데 큰 도움이 되었다. 더불어 일본 스기야마 조가쿠엔 대학교 정보사회학부의 가부모토 치즈루 선생님께도 고마움을 전한다. 한국과 일본을 오가며 호스피스 완화의료와 지역사회 돌봄에 대해 연구하는 선생님의 코멘트와 토론 덕분에 이 책을 잘 마무리할 수 있었다. 서울대학교 인류학과의 이현정 선생님께도 진심으로 감사드린다. 선생님께서는 저자들이 돌봄과 애도에 대한 이해의 폭을 확장하는 데 귀중한 피드백을 주었다. 마지막으로, EBS 다큐프라임 3부작 '내 마지막 집은 어디인가' 취재 작가인 김서윤 선생님께 고마운 마음을 전한다. 선생님의 꼼꼼한 피드백 덕분에 이 책이 좀 더 친절한 모습으로 독자들을 만날 수 있게 되었다고 생각한다. 바쁜 가운데 섬세한 조언, 풍부한 아이디어, 유익한 논평을 준 모든 리뷰어들께 진심으로 감사드린다.

이 책이 많은 독자들을 만날 수 있도록 추천의 글을 써준 장일호 기자님과 최진영 작가님에게 깊은 감사의 뜻을 표한다. 저자들이 장일호 기자님과 인연을 맺은 것은 2020년 『시사IN』에서 '죽음의 미래'를 기획할 때이다. 당시 기자님과 나누었던 한국 내 생애 말기 돌봄에 대한 이야기가 씨앗이 되어 이 책의 탄생으로 이어졌다고 생각한다. 사람과 세상에 대한 진한 애정을 가진 기자님이 곁에 있어 기쁘다. 평소 저자들이 좋아하고 존경하던 최진영 작가님과 인연을 맺게 되어 무척 반갑다. 이번 책을 쓰면서 작가님의 소설에서 에너지와 영감을 받았다. 생애 말기 돌봄의 현실을 어떻게 다시 만들어 갈 것인지에 대한 고민을 작가님과 나눌 수 있어 행운이었다. 귀한 글을 써준 두 분께 다시 한번 고마움을 전한다.

저자가 글을 쓴다면, 편집자는 책을 만든다. 저자들의 생각과 말과 글이 책이라는 '꼴'로 나올 수 있게 된 것은 편집자와 출판사 덕분이다. 출판사 프시케의숲의 대표이자 편집자인 성기승 님의 노고에 심심한 경의를 표한다. 그는 저자들과 함께 호스피스 현장을 다니며 다소 생소했을 생애 말기 돌봄에 대한 이야기를 경청하고, 이 주제에 대한 깊은 관심을 보여주었다. 책이 나오기까지 여러 사항들을 세심하게 챙겨준 성기승 대표님 외 출판사 관계자들에게 감사의 마음을 전한다.

마지막으로 글을 쓰는 과정에서 응원과 격려를 아끼지 않은 가족들 모두에게 고마움을 전한다. 가족들의 애정과 지지 덕분에 무사히 집필을 끝낼 수 있었다. 그들은 항상 저자들의 글에 관심을 가졌으며, 애정이 담긴 말로 힘을 주었다. 가족들과의 대화에서 돌봄에 대해 새롭게 깨달은 점도 많았다. 그들은 출간이란 여정의 동반자였다. 가족들은 매일의 감사 이유이다.

머리말

1. 쿨라(Kula)는 파푸아뉴기니 동쪽 끝에서 수백 마일에 걸친 섬들 사이에서 붉은 조개 목걸이(소울라바soulava)와 흰 조개 팔찌(음왈리mwali)를 교환하는 "교역 체계"를 일컫는다. 인류학자 브로니슬라브 말리노프스키(Bronislaw Malinowski)는 쿨라를 교역 체계로 부르지만 그 주된 목적은 실용적 가치가 없는 물품을 교환하는 것이라고 지적한다. 사람들은 이 물건들을 착용하지 않기에 장식적 가치가 있는 것도 아니다. 그럼 이 물건들은 무엇이고, 왜 사람들은 물건을 교환하는가? 말리노프스키는 이 핵심 질문을 1922년에 나온 저서 『서태평양의 항해자들』에서 다룬다. 이 책은 인류학의 대표적인 방법론인 현지조사 및 참여관찰의 진수를 보여줄 뿐만 아니라 '가치의 개념'과 '사회적 관계의 본질'에 대해서 다시 생각하게 하는 고전이다. Bronislaw Malinowski, 1922, *Argonauts of the Western Pacific: An Account of the Native Enterprise and Adventure in the Archipelagoes of Melanesian New Guinea*, London: Routledge.

2. 전자 거래는 진정한 '자유 시장'을 제공하고, 사람들은 전자적이고 비인간적인 거래를 통해 더 합리적인 거래를 하는가? 인류학자 케이틀린 잘룸(Caitlin Zaloom)은 이른바 전자 시대를 맞이한 '선물 거래소'를 살펴본다. 전화기와 주문 종이를 들고 거래소 바닥을 뛰어다니던 '러너(runner)'들이 득실대던 거래소가 2000년대 들어와 '깔끔한' 전자 거래소로 옮아간 후의 풍경을 조명한다. 다음 책을 보라. Caitlin Zaloom, 2006, *Out of the Pits: Traders and Technology from Chicago to London*, Chicago: University of Chicago Press.

3. 오늘날 인류학자들은 인간들(humans)과 비인간들(non humans) 간의 관계를 탐구하며 '인간 너머'로 세계를 확장하는 것에도 관심을 갖고 있다. 한편 이러한 지적 흐름 및 경향에 대한 비판적 의견도 존재한다. 다른 분야들처럼, 인류학도 내부적으로 학문에 대한 다양한 관점과 입장을 갖고 있다. 그럼에도 불구하고 분명하게 말할 수

있는 것이 있다. 지난 150년 동안 인류학이란 학문은 "무엇이 우리를 인간답게 만드는가?", "우리가 공유하는 것은 무엇이며, 사회와 역사로부터 이어받은 것은 무엇인가?"라는 질문을 놓지 않았다는 점이다(Engelke, 2018:3-4). 인류학자들은 항상 '자연과 문화', 보편성과 특수성, 패턴과 다양성, 유사성과 차이점의 교차점에서 연구해왔고, 그 방식은 시간이 흐르면서 조금씩 변화해왔다. 인류학에 대해 더 알고 싶다면 다음 책을 참고하라. Matthew Engelke, 2018, *How to Think Like an Anthropologist*, Princeton: Princeton University Press. 그리고 Thomas Hylland Eriksen, 1995, *Small Places, Large Issues: An Introduction to Social and Cultural Anthropology*, London: Pluto Press.

4. 이러한 이해는 인류학자 메리 더글러스(Mary Douglas)의 저서 *Purity and Danger: An Analysis of Concepts of Pollution and Taboo*에 기초한다. 그에 따르면, 더러움은 '제자리에 있지 않은 것'([1966] 2002: 34-44)이다. 예컨대 신발 자체가 더러운 것이 아니라 식탁 위에 놓인 신발이 더럽다. 음식 자체가 더러운 것이 아니라 셔츠에 튄 음식이 더럽다. 즉, 더러움은 우리가 믿고 따르는 체계적인 질서에서 벗어난 상태를 말한다. 오염에 관한 그의 독창적인 정의도 흥미롭지만, 내가 주목하는 것은 사회가 '제자리에서 벗어난 것'을 다시 특정한 상태로 되돌리려는 움직임, 노력, 정화 의례를 행한다는 그의 분석이다. 더글러스의 논의를 참고해 오늘날 사회 현상들을 살펴볼 수도 있을 것이다. 가령 코로나19 사태 때 '감염/오염에 대한 두려움'이 아시아인에 대한 혐오와 폭력으로 나타난 현상, 난민들(이질적 존재)에게 요구되는 엄격한 건강 검진 및 행정 절차, 틈만 나면 울리는 '실종 치매 노인(사회 질서를 불안정하게 만드는 존재)' 경보 메시지, '의존적 노인(자율적이고 정상적인 사람을 힘들게 하는 존재)'은 요양시설에서 관리하는 것이라는 제도 및 인식 등을 떠올려볼 수 있다. 그런데 더글러스의 접근법에는 아쉬움이 있다. 만약 사회가 안정적인 질서를 유지하는 방향으로 움직인다면, 그 안정적인 질서는 누가 언제 왜 어떻게 만든 것인가? 더글러스의 논의에서 '사회'란 일종의 상수로서 인간과 문화를 조직하는 체계로 보인다. 사회의 역사적 맥락, 사회적 불평등, 정치적 역동성은 어디로 증발했는지 의문이 든다.

5. 이것은 이 책의 핵심 질문이라고 할 수 있다. 이 질문은 인류학자 디디에 파생(Didier Fassin)이 개념화한 '도덕 경제(moral economy)'에 영향을 받았다. 파생은 저서 『생명/인생: 비판적 사용법(La vie : Mode d'emploi critique, 2018)』에서 도덕 경제라는 개념을 생명/인생에 관한 문제 또는 더 넓은 사회적 사실을 둘러싼 감정 및 가치의 생산, 유통, 수용 및 도전을 다루기 위해 꺼내든다. 이 개념은 역사학자 에드워드 파머 톰슨(Edward Palmer Thompson)이 18세기 영국의 기근 폭동을 농민들의 도덕 경제, 즉 그들의 기대와 관행을 규제하는 규범과 의무로 설명한 분석에서 차용한 것이며, 또 다른 역사학자 로레인 대스턴(Lorraine Daston)이 17세기 지식 생산을 연구하면서 과학자들이 공유하는 가치와 감정을 강조한 도덕 경제의 해석을 차용한 것이다. 파생의 개념이 두 역사학자의 도덕 경제와 다른 점은 가치와 감정의 생산, 유통, 수용, 왜곡, 도전, 거부를 뒷받침하는 사회적 논리와 권력 관계를 이해하려

고 한다는 데 있다. 즉 특정 집단이나 분야의 도덕 경제가 아니라, 어느 시점의 한 사회에서 의미를 형성하는 도덕 경제(Fassin 2018: 18-19)를 조명한다는 데 있다. 프랑크푸르트 학파의 비판 이론과 조르주 페렉의 소설에서 영감을 받은 이 저서에서 파생은 도덕 경제라는 렌즈를 통해 오늘날 많은 사람들이 처해 있는 취약하고 불안정한 삶의 조건을 비판적으로 살펴본다. Didier Fassin, 2018, La vie : Mode d'emploi critique, Paris: Seuil.

6. 안락사에 대한 구체적인 논의는 이 책 4장 '증상'을 참고할 것.

7. 입원이 가능한 이른바 입원형 호스피스도 있고, 의료진이 가정을 방문하는 가정형 호스피스도 있다. 또 일반 병동과 외래에서 진료를 받는 환자와 그 가족을 위한 이른바 자문형 호스피스도 있다. 담당 주치의로부터 말기 진단 후 호스피스 의뢰가 적시된 진단서 및 소견서를 발부받은 환자는 누구나, 종교에 관계없이 이용 가능하다. 참고로, 자문형 호스피스는 말기 진단서 없이도 상급병원의 주치의가 자문형 호스피스팀에 의뢰 시 해당 서비스를 이용할 수 있다.

8. 완화의료와 호스피스의 차이에 대해서는 다음 설명을 참고하라. "완화의료는 질병 진행 단계와 관계없이 제공되지만, 호스피스는 우리나라에서 말기 환자와 그 가족에게만 제공되도록 제도화되어 있습니다. 둘 다 학제 팀원이 전인적 돌봄을 제공한다는 면에서 본질은 같으나 적용 시기와 방법에 차이가 있습니다. 말기에 제공되는 완화의료를 호스피스로 표현할 수 있습니다. 진행암(4기)과 말기는 다릅니다. 진행암은 전이 혹은 재발로 완치는 어려우며 질병조절 목적의 전신치료가 필요한 병기입니다. 적극적인 치료에도 불구하고 암으로 인해 수개월 이내에 임종할 것으로 예상될 때 혹은 암의 진행으로 인해 일상생활 수행이 어렵고 기능이 떨어져 회복을 기대하기 어려울 때를 말기암이라고 합니다." 서울대학교병원 완화의료·임상윤리센터 홈페이지에서 인용. https://hospice.snuh.org/sub/sub2_1.asp

1장 공간

1. 미셸 드 세르토, 2023, 『일상의 발명』, 신지은 옮김, 파주: 문학동네, 224-229. 프랑스의 종교역사학자이자 문화비평가인 미셸 드 세르토(Michel de Certeau)는 장소와 공간을 구별하지만 대립되는 개념으로 보지는 않는다. 그에 따르면, 장소는 '여러 요소들을 공존의 관계 속에 배열시키는 질서'다. 여러 요소들이 서로 섞이지 않고 각각의 위치에서 자리를 지키고 있는 모양이나 상태를 가리킨다. 예컨대 병원은 의료법에 근거한 '의료행위를 하는 의료기관'이란 공존의 관계 속에 진찰실, 응급실, 병실, 약품, 장비 등의 요소들을 배열시키는 질서라고 볼 수 있다. 그런데 우리는 병원을 장소로 이해할 뿐만 아니라 공간으로도 경험한다. 미셸 드 세르토에 따르면 공간은 '실천된 장소'다. 장소에 시간과 움직임이 포함된 개념이다. 제도에 의해 기하학적으

로 정의된, 즉 장소로서의 병원은 환자, 보호자, 의료진의 실천에 의해 공간으로 변형된다. 이들은 장소에 자리한 여러 요소들에 대해 말하고, 그것들을 이용하고, 그것들의 위치를 변경하고, 그것들을 사이를 걸으며 서로 관계를 맺는다. 연속적인 만남들, 상황들, 행위들은 교차하며 복합적 이야기를 구성한다. 그러한 '공간의 실천'은 사람들의 경험과 관계를 이해하는 데 중요한 단서가 된다.

2. 시슬리 손더스는 영국의 의사, 간호사, 사회복지사로 근대적 의미의 호스피스의 개념을 처음으로 확립한 인물이다. 신체적·심리적·사회적·영적 고통 등 총체적 고통의 의미를 역설하며 1967년 성 크리스토퍼 호스피스(St Christopher's Hospice)를 열어 호스피스 이론과 발전에 헌신했다. 호스피스는 원래 중세 유럽에서 여행 순례자에게 베푸는 돌봄과 환대를 의미하는 말이었다. 1960년대에 손더스 여사는 신체적 통증을 조절하기 위해 적절한 마약성 진통제를 사용하고, 말기 환자의 '총체적 고통'을 다학제적 접근을 통하여 돌보면 환자의 삶의 질을 현격하게 올릴 수 있다는, 이른바 현대 호스피스 운동을 시작했다. 이 운동은 이후 미국 및 다른 나라로 퍼져가며 말기 환자의 삶의 질 향상에 이바지했다.

3. 김현철, 2011, 「죽음 문화의 다지형성과 삶의 마무리에 대한 규범」, 『생명윤리정책연구』 5:2, 163.

4. 서울대학교병원 완화의료·임상윤리센터, 2021년 사업보고서.

5. '집단면역(herd immunity)'에 관한 인류학적 고찰로 다음 논문을 참고하라. David Napier, 2020, "I heard it through the grapevine: On herd immunity and why it is important," *Anthropology Today* 36, 3-7.

6. 송병기, 2023, 「코로나19: 국민의 생명을 지킨다는 말은 무엇일까」, 『각자도사 사회』, 서울: 어크로스, 191-203.

7. Daniel Kahneman, et al., 1993, "When More Pain Is Preferred to Less: Adding a Better End," *Psychological Science* 4:6, 401-405.

8. 문성호, 2020/5/18, "빅5병원 진료비만 4조 원. 전체 상급종병의 35.4% 차지", 「메디칼타임즈」.

9. 김현철, 앞의 논문, 163-166.

10. 김창엽, 2022, 「의료에는 돌봄이 없다」, 『돌봄이 돌보는 세계』, 서울: 동아시아, 165-191.

11. Lee KS, 2018, "National responsibility for the essential health services: is it the answer for the structural problem of health care?" *Health Policy Forum* 16, 9-14.

12. 이브 헤롤드, 2020, 『아무도 죽지 않는 세상』, 강병철 옮김, 제주: 꿈꿀자유, 54.

13. 다음 연구를 참고하라. Didier Fassin, 2018, *La vie. Mode d'emploi critique*, Paris: Seuil.

14. Jennifer S Temel, et al., 2010, "Early palliative care for patients with metastatic non-small-cell lung cancer," *The New England journal of medicine* 363:8, 733-42.

15. Nicholas A Christakis, and Theodore J Iwashyna, 2003, "The health impact of health

care on families: a matched cohort study of hospice use by decedents and mortality outcomes in surviving, widowed spouses," *Social science & medicine* 57:3, 465−75.

16. 돌봄을 확실과 불확실이 아닌 '미결정'으로 보는 관점과 관련해 다음 논문을 참고하라. 이지은, 2020, 「'연명'이 아닌 삶: 중증치매에서 경관급식 실행의 윤리적 문제들」, 『과학기술연구』, 20:3, 1-29.

2장 음식

1. 루프레히트 슈미트·도르테 쉬퍼, 2010, 『내 생의 마지막 저녁식사』, 유영미 옮김, 파주: 웅진지식하우스.
2. 다음 책을 참고하라. 青山ゆみこ, 2015, 人生最後のご馳走, 幻冬舎.
3. '요도가와 기독교병원 호스피스'의 유튜브 영상을 참고할 수 있다. https://www.youtube.com/watch?v=P82pOsC3_c4 ; 영상 제목: 〈最後の時. 食べたいものを 希望 かなえるホスピス 大阪〉(마지막 순간, 먹고 싶은 것을. 소망을 이뤄주는 호스피스─오사카)
4. 2022년에 한국어로 번역된 책 『바디 멀티플』과 읽으면/읽었다면 아네마리 몰이 왜 음식에 관심을 갖게 되었는지 그 맥락을 이해할 수 있을 것이다. Annemarie Mol, 2021, *Eating in Theory*, Durham: Duke University Press.
5. N J H Raijmakers, et al., 2011, "Artificial nutrition and hydration in the last week of life in cancer patients. A systematic literature review of practices and effects," *Annals of oncology: official journal of the European Society for Medical Oncology* 22:7, 1478−1486.
6. 보건복지부는 의약분업 정책을 다음과 같이 설명한다. "의약분업은 '진료는 의사에게, 약은 약사에게'라는 구호 아래 진료·처방은 의사가, 의약품 조제는 약사가 담당하는 제도입니다. 의약분업 시행으로 소비자는 진료·처방·조제를 위해 병원과 약국 두 곳을 방문하게 되었지만, 의약품 오남용 예방으로 더 건강한 의약 서비스를 받을 수 있게 되었습니다. 의사 또는 치과의사는 자신의 처방이 적정한지 여부를 한 번 더 생각하게 되었고, 약사는 처방 의약품의 배합 및 상호작용 등을 점검하도록 하여 의약품 사용을 합리화하고 국민에게 한 단계 높은 의약 서비스를 제공할 수 있는 체계를 마련하게 되었습니다. 의약품의 안전하고 합리적인 사용을 통해 국민 건강 증진이라는 목표를 달성하게 된 것입니다." 상기 내용은 보건복지부 홈페이지에서 인용했다. https://www.mohw.go.kr/menu.es?mid=a10702040100
7. 신유정, 2015, 「수액(링거)을 자양강장의 목적으로 이용하는 의료 관행에 대한 인류학적 연구」, 『비교문화연구』 21:2, 211−247.
8. Phillip Good, et al., 2008 Oct 8, "Medically assisted nutrition for palliative care in adult patients," *The Cochrane database of systematic reviews* 4(CD006274).

9. 인간존엄을 '위상적' 개념, '모두에게 비판적으로 좋은 삶'(손제연 2018:332)이란 관점으로 살펴본 연구로 다음으로 참고하라. 손제연, 2018, 「위상적 개념으로서의 인간존엄」, 『한국법철학회』 21:1, 295-338.

10. Eduardo Sánchez-Sánchez, et al., 2021 May 6, "Enteral Nutrition by Nasogastric Tube in Adult Patients under Palliative Care: A Systematic Review," *Nutrients* 13:5(1562).

11. Ki-Sun Jung, et al., 2020, "Effect of education on preference of parenteral nutrition for patients in palliative care unit: quantitative and qualitative study with an anthropological approach," *Annals of palliative medicine*, 9:5, 2793–2799.

12. Robert Horowitz, et al., 2016, "VSED Narratives: Exploring Complexity," *Narrative inquiry in bioethics* 6:2, 115–120.

3장 말기 진단

1. Cecilie Daugaard, et al., 2020, "Geographical variation in palliative cancer care in a tax-based healthcare system: drug reimbursement in Denmark," *European journal of public health* 30:2, 223–229.

2. 강지연, 2021, 「활성화되는 시간 말기와 말기 돌봄의 시간성: 서울 한 상급종합병동 말기암 병동의 사례를 중심으로」, 『한국문화인류학』 54:2, 53–96.

3. 김명화 외, 2018, 「입원형 호스피스완화의료 사업 효과 분석」, 건강보험심사평가원, xvii, 65.

4. 마크 피셔, 2018, 『자본주의 리얼리즘: 대안은 없는가』, 박진철 옮김, 서울: 리시올, 41-42.

5. Sharon Kaufman, 2015, *Ordinary Medicine: Extraordinary Treatments, Longer Lives, and Where to Draw the Line,* Durham: Duke University Press, 21-33.

6. 송화선·박범순, 2018, 「초대받은 임상시험」, 『과학기술학연구』 18:3, 1–44.

7. 이희재·김정아, 2023, 「쟁점 중심으로 본 연명의료결정법 제정 논의」, 『생명윤리정책연구』 16:2, 35–42.

8. 최지윤·김현철, 2009, 「무의미한 연명치료중단에 대한 환자의 자기결정권: 대법원 2009. 5. 21. 선고 2009다17417 등을 중심으로」, 『생명윤리정책연구』 3:2, 158.

9. 김현철, 2016, 「형사정책적 관점에서 본 연명의료결정법의 의의 및 쟁점별 논의」, 『일명 '웰다잉법'(존엄사법)의 시행에 따른 형사정책적 과제』, 서울: 한국형사정책연구원, 110.

10. 이병영, 2023/4/4, "마산 심정지 환자 연명의료 중단 동의 논란", 「경남매일」.

11. 배우자, 1촌 이내의 직계 존속·비속, 2촌 이내의 직계 존속·비속, 형제자매 순이다.

환자가 미성년자인 경우는 법정 대리인인 친권자가 결정한다.

12. 양정진, 2023/6/1, "9개월 아들 사경 헤매는데… 학대한 엄마는 '치료 그만'", 「SBS 뉴스」.

13. 해당 정보는 국립연명의료관리기관 홈페이지 '홍보콘텐츠'에서 확인할 수 있다. https://www.lst.go.kr/comm/cardDetail.do?bno=4177&brdctsclsno=

14. 고신정, 2017/3/22, "연명의료법 임박, 말기환자 진단기준 구체화", 「메디칼업저버」.

15. 지역주민과 의료인으로 구성되어 민주적으로 운영되며, 건강 예방 및 유지, 치료적 의료 서비스, 취약계층 지원 등의 활동을 하는 협동조합.

16. 송병기, 2023, 「말기 의료결정: 누구의 목소리에 귀 기울여야 할까」, 『각자도사 사회』, 서울: 어크로스.

17. 린 틸먼, 2023, 『어머니를 돌보다』, 방진이 옮김, 파주: 돌베개, 175-192.

18. 이승덕, 2023/5/30, "일차의료 방문진료 시범사업 전국 349개 의원 참여", 「의학신문」.

19. 안창욱, 2023/10/13, "요양병원 연명의료결정 공용윤리위 확대", 「의료&복지 뉴스」.

20. 보건복지부 보도자료, 2024/1/4, 「1월부터 61개 시·군·구, 83개 장기요양 재택의료센터에서 재택의료서비스 제공 시작」.

21. Didier Fassin, 2022, *De l'inégalité des vies,* Paris: fayard, 53.

4장 증상

1. Dylan Zylla, et al., 2017, "A systematic review of the impact of pain on overall survival in patients with cancer," *Supportive care in cancer : official journal of the Multinational Association of Supportive Care in Cancer* 25:5, 1687–1698.

2. Marc Augé, 1983, "Ordre biologique, ordre social: la maladie, forme élémentaire de l'événement," edited by Marc Augé, and Claudine Herzlich, *Le sens du mal. Anthropologie, histoire, sociologique de la maladie,* Paris: Editions des archives contemporaines, 35–91.

3. Nanya Wang, et al., 2019, "Factors associated with optimal pain management in advanced cancer patients," *Current problems in cancer* 43:1, 77–85.

4. 멜러니 선스트럼, 2011, 『통증 연대기』, 노승영 옮김, 서울: 에이도스, 333.

5. Kim J Reid, et al., 2011, "Epidemiology of chronic non-cancer pain in Europe: narrative review of prevalence, pain treatments and pain impact," *Current medical research and opinion* 27:2, 449–62.

6. Hyun Sook Kim, and Young Seon Hong, 2016, "Hospice Palliative Care in South

Korea: Past, Present, and Future," *The Korean Journal of Hospice and Palliative Care* 19:2, 99-108.

7. Keun-Sook Sohn, and Jae-Hwan Kim, 2012, "Recent Trends in Pharmacologic Treatment of Cancer Pain," *Journal of the Korean Medical Association* 55:7, 666-675.

8. Cicely Saunders, 2001, "The evolution of palliative care," *Journal of the Royal Society of Medicine* 94:9, 430-432.

9. 장일호, 2021, 「아픈 게 자랑입니다」, 『녹색평론』 179, 241-247.

10. 한국 호스피스 완화의료 학회, 2016, 「호스피스병동 입원환자에 대한 전인적 돌봄 상담 기록지침 및 표준양식」.

11. 강지연, 2022, 「말기의 이동 경로와 돌봄의 한 형태로서의 전원(傳院)」, 『한국문화 인류학』 55:2, 105-106.

12. 허대석, 2022/4/18, "캘리포니아에서 온 딸 증후군", 「한국일보」.

13. N I Cherny, and ESMO Guidelines Working Group, 2014, "ESMO Clinical Practice Guidelines for the management of refractory symptoms at the end of life and the use of palliative sedation," *Annals of oncology: official journal of the European Society for Medical Oncology* 25:3, iii143-152.

14. 진정은 진정 후 환자의 의식 수준에 따라 얕은 진정, 깊은 진정으로 나뉜다. 그리고 지속성에 따라서 간헐적 진정, 지속적인 진정으로 구분할 수 있다. 예를 들면 환자가 불면이 생길 때에는 '간헐적인(야간) 깊은' 진정을 한다. 환자가 너무 불안이 심하면 약물을 적절하게 써서 불안을 줄이는 '지속적인 얕은' 진정을 하기도 한다.

15. Elaine M Beller, et al., 2015 Jan 2, "Palliative pharmacological sedation for terminally ill adults." *The Cochrane database of systematic reviews* 1:1(CD010206).

16. 권복규·김현철·배현아, 2020, 『생명윤리와 법』, 서울: 이화여자대학교출판문화원, 76.

17. 엄주희·김명희, 2018, 「호스피스 완화의료와 의사조력자살 간 경계에 관한 규범적 고찰」, 『법학연구』 28:2, 20.

18. Véronique Fournier, 2016, *La mort est-elle un droit?*, Paris: La Documentation française, 135-145.

19. Kengo Imai, et al., 2020, "The Principles of Revised Clinical Guidelines about Palliative Sedation Therapy of the Japanese Society for Palliative Medicine," *J Palliat Med* 23:9, 1184-1190.

20. 〈An Honest Death A Palliative Care Doctor's Final Days〉, NHK World Japan.

21. 린 헌트, 2009, 『인권의 발명』, 전진성 옮김, 파주: 돌베개, 83-127.

22. 시슬리 손더스 여사의 일대기를 입체적으로 서술한 다음의 책을 참고하라. David Clark, 2018, *Cicely Saunders: A Life and Legacy*, Oxford: Oxford University Press.

23. Frank Brennan, 2007, "Palliative Care as an International Human Right," *Journal of*

Pain and Symptom Management 33:5, 494–499.

24. Danielle Blondeau, et al., 2005, "Physicians' and Pharmacists' Attitudes toward the use of Sedation at the End of Life: Influence of Prognosis and Type of Suffering," *Journal of Palliative Care* 21:4, 238–245.

25. 디디에 파생·리샤르 레스만, 2016, 『트라우마의 제국』, 최보문 옮김, 서울: 바다출판사, 131–162.

26. 해당 내용은 2016년 2월 2일부터 효력이 발생된 '생애 말기에 있는 사람과 환자의 권리를 위한 법률' 제3조에 명시되어 있다. 환자의 요청에 따라, 모든 고통과 불합리한 의료 행위를 피하기 위해, 환자가 죽음에 이를 때까지 '깊고 지속적인 진정'이 시행될 수 있다. 환자가 심각하고 불치의 질병을 앓고, 여명이 얼마 남지 않고, 치료에도 반응하지 않는 고통을 겪고 있는 경우가 이에 해당한다. 하지만 3장 '말기 진단'에서 살펴봤듯이 환자의 예후 예측은 매우 어려운 일이다. 환자의 질환에 따라서 그 어려움은 가중될 수 있다. 또 삶의 의미, 가치관, 생애 말기라는 시간을 느끼는 정도는 사람마다 다르다. 여명이 얼마 남지 않은, '그 시간'을 어떻게 규정하여 연명의료 중단과 진정을 시행할 수 있을까?

27. 의료인류학의 핵심 개념인 '사회적 고통'을 체계적으로 다룬 책으로 다음을 참고하라. Arthur Kleinman, Veena Das, and Margaret Lock, eds, 1997, *Social Suffering*, Berkeley: University of California Press.

28. 이 주제에 관한 연구로 다음 책을 참고하라. 서보경, 2023, 『휩쓸린 날들』, 서울: 반비.

5장 돌봄

1. 김희강, 2022, 『돌봄민주국가』, 서울: 박영사, 4.

2. '팰리어티브(palliative)'는 라틴어 명사 '팔리움(pallium)'에서 유래한 단어로, '팔리움'은 고대 로마에서 입던 한쪽 어깨에만 걸치는 망토를 뜻하며, '숨기다, 가리다'라는 뜻을 가지고 있다. Balfour M Mount, 2003 Jan, "Palliative Care: A Personal Odyssey," *Illness, Crisis & Loss* 11:1, 90–103.

3. 1958년 10월 4일 제정된 프랑스 공화국 헌법(Constitution du 4 octobre 1958) 제1조의 첫 문장은 다음과 같다. "La France est une République indivisible, laïque, démocratique et sociale."

4. Véronique Fournier, 2016, *La mort est-elle un droit?*, Paris: La Documentation française.

5. 김창엽, 앞의 글, 169.

6. 정현종, 2015, 「방문객」, 『섬』, 파주: 문학판, 33.

7. 신형철, 2022, 『인생의 역사』, 파주: 문학동네, 317.

8. 김희강, 2022,『돌봄민주국가』, 서울: 박영사, 4.

9. 조안 C. 트론토, 2014,『돌봄 민주주의』, 김희강·나상원 옮김, 서울: 박영사.

10. 더 케어 콜렉티브, 2021,『돌봄 선언』, 정소영 옮김, 서울: 니케북스, 81-82.

11. 한나 아렌트, 2004,『혁명론』, 홍원표 옮김, 파주: 한길사, 194-197.

12. 우에노 지즈코, 2024,『돌봄의 사회학』, 조승미·이혜진·공영주 옮김, 파주: 오월의 봄, 94.

13. Kyung-Ah Kang, et al., 2023, "Spiritual Care Guide in Hospice·Palliative Care." *Journal of hospice and palliative care* 26:4, 149-159.

14. 매들린 번팅, 2022,『사랑의 노동』, 김승진 옮김, 서울: 반비.

15. 여기서 언급한 '양손잡이'는 인류학자 로베르 에르츠(Robert Hertz)의 1909년 논문「오른손의 우월성. 종교적 양극성에 관한 연구」에 영향을 받은 것이다. 간략하게 소개하면, 이 논문에서 에르츠는 오른손과 왼손의 비대칭성 및 이원론적 대립을 탐구한다. 과거 한국에서도 왼손잡이에 대한 차별이 존재했고, 불어 'droit'와 영어 'right'가 오른쪽과 올바름/권리란 뜻을 함께 갖고 있듯이, 많은 사회에서 오른손은 우월함과 탁월함을 상징한다. 반면 왼손은 불순하고 해로운 기운이 깃들어 있다고 여겨진다. 에르츠의 연구에서 주목할 점은 그러한 양극성 자체가 아니라, 양극적으로 보이는 두 개의 세계가 실은 상호보완적이라는 것이다. 사회적 질서를 설명하기 위해서는 사회적 무질서를 전제해야 하고, 깨끗함을 말하기 위해서는 더러움을 알아야 하는 것처럼 말이다. 에르츠는 궁극적으로 그러한 이원적 분류체계를 넘어서는 세계를 상상한다. 오른손잡이는 왼손을 사용하지 못하는 일면적이고 손상된 존재에 머물 가능성이 있다. 즉, 우리는 그 비대칭성으로 인해 인간 세계의 또 다른 가치들을 간과할지도 모른다. 또 일상의 보이지 않는 아픔, 차별, 폭력과 마주하지 못할 수도 있다. 오늘날 에르츠의 연구는 종교 및 정치인류학 분야에서 재해석되고 탐구되는 경향이 있다. 나는 의료인류학에서도 에르츠의 연구가 재조명되어야 한다고 생각한다. 그의 통찰은 특히 의료와 돌봄의 비대칭성을 다시 살펴보고 그 둘의 '화해'를 이루는 데 참고가 될 수 있다고 본다. 로베르 에르츠, 2021,『죽음과 오른손』, 박정호 옮김, 파주: 문학동네, 71-98.

16. "의료기관에서 의료인이 제공한 의료 서비스(행위, 약제, 치료재료 등)에 대해 서비스별로 가격(수가)을 정하여 사용량과 가격에 의해 진료비를 지불하는 제도." 건강보험심사평가원 홈페이지(https://www.hira.or.kr),「제도·정책: 우리나라 진료비 지불 제도」에서 인용.

17. 호스피스 교육을 이수한 요양보호사가 간호사의 지도·감독 아래 호스피스 병동에 입원한 환자의 보조활동(위생, 식사, 이동 등의 기본적인 일상생활 보조) 서비스를 제공하는 제도이다.

18. 김창엽, 2019,『건강의 공공성과 공공보건의료』, 파주: 한울, 704-722.

19. 신은별, 2023/4/6, "내 '죽을 권리', 왜 정치인에 맡기나... 프랑스는 '시민의회'가

결정했다", 「한국일보」.

20. 사회보장기본법 제3조 1항.

21. 조문영, 2022, 『빈곤과정』, 파주: 글항아리, 28-40.

22. 송병기, 2022, 「건강이 밑천인 세계로부터」, 『죽는 게 참 어렵습니다』, 서울: 시사 IN북, 225-233.

23. 신정선, 2024/2/2, "[그 영화 어때] 75세가 되셨다구요, 국가가 죽여드립니다, 영화 '플랜 75'", 「조선일보」.

6장 애도

1. 죽음의 반대가 삶이 아니라 탄생이라는 명제를 역사적·이론적·인류학적으로 살펴 본 연구로 다음을 참고하라. Maurice Godelier ed., 2014, *La mort et ses au-delà*, Paris: CNRS Éditions.

2. Joanne Lynn, and David M. Adamson, 2003, *Living Well at the End of Life,* Santa Monica: RAND Corporation.

3. 캐슬린 스튜어트, 2022, 『투명한 힘』, 신해경 옮김, 서울: 밤의책, 12.

4. 피터 콘래드, 2018, 『어쩌다 우리는 환자가 되었나』, 정준호 옮김, 서울: 후마니타스, 22.

5. 강지연, 앞의 논문, 102-107.

6. 이재원, 2022/10/21, "호스피스 병상 부족 입원 대기 중 사망자 연간 100명 넘어", 「의학신문」.

7. 김희경, 2023, 『에이징 솔로』, 서울: 동아시아.

8. 조은희, 2022, 「생활동반자법 제정을 위한 소고: 생활동반자법 제정의 필요성과 입법내용을 중심으로」, 『법과 정책』 28:3, 151-190.

9. 김현경, 2015, 『사람, 장소, 환대』, 서울: 문학과지성사.

10. Bethne Hart, et al., 1998, "Whose dying? A sociological critique of the 'good death'," *Mortality* 3:1, 65-77.

11. American Academy of Hospice and Palliative Medicine, et al., 2004, "National Consensus Project for Quality Palliative Care: Clinical Practice Guidelines for quality palliative care, executive summary," *Journal of palliative medicine* 7:5, 611-27.

12. 한경구·박경립, 1998, 「한국인의 죽음의 공간에 대한 건축인류학적 고찰」, 『한국 인류학의 성과와 전망』, 서울: 집문당, 775-808.

13. 기세호, 2017, 『적당한 거리의 죽음』, 서울: 스리체어스, 8-33.

14. Marcel Mauss, 2013, "Une catégorie de l'esprit humain, la notion de personne, celle de «moi»", *Sociologie et anthropologie*, Paris: Presses Universitaires de France, 333-347. 「인

간 정신의 범주: '인격'이라는 개념 그리고 '나'의 개념」은 영국 왕립 인류학회의 초청으로 1938년 런던에서 헉슬리 기념 강연(Huxley Memorial Lecture)을 한 마르셀 모스의 발표 원고이다.

15. 최진영, 2023, 「홈 스위트 홈」, 『2023년 제46회 이상문학상 작품집』, 파주: 문학사상, 26-27.

16. 문미순, 2023, 『우리가 겨울을 지나온 방식』, 고양: 나무옆의자, 204.

17. 최진영, 앞의 책, 5.

18. 이슬비, 2023/9/27, "의료기관이 아닌 주민센터 활동 간호사 2000여명", 「데일리메디」.

맺음말

1. 로베르 에르츠, 2021, 『죽음과 오른손』, 박정호 옮김, 파주: 문학동네, 37-38.

참고문헌

한국어 단행본

권복규·김현철·배현아, 2020, 『생명윤리와 법』, 서울: 이화여자대학교출판문화원.

기세호, 2017, 『적당한 거리의 죽음』, 서울: 스리체어스.

김명화 외, 2018, 『입원형 호스피스완화의료 사업 효과 분석』, 원주: 건강보험심사평가원.

김범석, 2021, 『어떤 죽음이 삶에게 말했다』, 서울: 흐름출판.

_____ 외, 2022, 『서울대학교병원 완화의료·임상윤리센터 2021년 사업보고서』, 서울: 서울대학교병원 완화의료·임상윤리센터.

김순남, 2022, 『가족을 구성할 권리』, 파주: 오월의봄.

김영화 외, 2022, 『죽는 게 참 어렵습니다』, 서울: 시사IN북.

김유담, 2022, 『돌보는 마음』, 서울: 민음사.

김창엽, 2019, 『건강의 공공성과 공공보건의료』, 파주: 한울.

김창오, 2023, 『재택의료지침서』, 제주: 서울의학서적.

김현경, 2015, 『사람, 장소, 환대』, 서울: 문학과지성사.

김형숙, 2017, 『도시에서 죽는다는 것』, 서울: 뜨인돌출판.

김혜진, 2017, 『딸에 대하여』, 서울: 민음사.

김희강, 2022, 『돌봄민주국가』, 서울: 박영사.

김희경, 2023, 『에이징 솔로』, 서울: 동아시아.

더 케어 콜렉티브, 2021, 『돌봄선언』, 정소영 옮김, 서울: 니케북스.

드 세르토, 미셸, 2023, 『일상의 발명』, 신지은 옮김, 파주: 문학동네.

모스, 마르셀, 2023, 『몸 테크닉』, 박정호 옮김, 서울: 파이돈.

무라세 다카오, 2024, 『돌봄, 동기화, 자유』, 김영현 옮김, 파주: 다다서재.

문미순, 2023, 『우리가 겨울을 지나온 방식』, 고양: 나무옆의자.

박중철, 2022, 『나는 친절한 죽음을 원한다』, 서울: 홍익출판미디어그룹.

버틀러, 주디스, 2023, 『지금은 대체 어떤 세계인가』, 김응산 옮김, 파주: 창비.

번팅, 매들린, 2022, 『사랑의 노동』, 김승진 옮김, 서울: 반비.

보이어, 앤, 2021, 『언다잉』, 양미래 옮김, 서울: 플레이타임.

서동진, 2009, 『자유의 의지 자기계발의 의지』, 파주: 돌베개.

서보경, 2023, 『휘말린 날들』, 서울: 반비.

서울대학교 인류학연구회, 1998, 『한국 인류학의 성과와 전망』, 서울: 집문당.

선스트럼, 멜러니, 2011, 『통증 연대기』, 노승영 옮김, 서울: 에이도스.

손택, 수전, 2011, 『타인의 고통』, 서울: 이후.

송병기, 2023, 『각자도사 사회: 존엄한 죽음을 가로막는 불평등한 삶의 조건을 성찰하
다』, 서울: 어크로스.

슈미트, 루프레히트·되르테 쉬퍼, 2010, 『내 생의 마지막 저녁식사』, 유영미 옮김, 파
주: 웅진지식하우스.

스튜어트, 캐슬린, 2022, 『투명한 힘』, 신해경 옮김, 서울: 밤의책,

신형철, 2022, 『인생의 역사』, 파주: 문학동네.

아렌트, 한나, 2004, 『혁명론』, 홍원표 옮김, 파주: 한길사.

아리에스, 필립, 1998, 『죽음의 역사』, 이종민 옮김, 서울: 동문선.

에르츠, 로베르, 2021, 『죽음과 오른손』, 박정호 옮김, 파주: 문학동네.

우에노 지즈코, 2024, 『돌봄의 사회학』, 조승미·이혜진·공영주 옮김, 파주: 오월의봄.

이상운, 2014, 『아버지는 그렇게 작아져간다』, 파주: 문학동네.

장일호, 2022, 『슬픔의 방문』, 서울: 낮은산.

정의석, 2021, 『미움의 마음』, 이재원 옮김, 서울: 세미콜론.

정현종, 2015, 『섬』, 파주: 문학판.

조기현·홍종원, 2024, 『우리의 관계를 돌봄이라 부를 때』, 서울: 한겨레출판.

조문영, 2022, 『빈곤과정』, 파주: 글항아리.

조한진희 외, 2022, 『돌봄이 돌보는 세계: 취약함을 가능성으로, 공존을 향한 새로운
질서』, 서울: 동아시아.

최진영, 2023, 「홈 스위트 홈」, 『2023년 제46회 이상문학상 작품집』, 파주: 문학사상,

_____, 2023, 『구의 증명』, 서울: 은행나무.

_____, 2023, 『단 한 사람』, 서울: 한겨레출판.

콘래드, 피터, 2018, 『어쩌다 우리는 환자가 되었나』, 정준호 옮김, 서울: 후마니타스.

퀴블러 로스, 엘리자베스, 2018, 『죽음과 죽어감』, 이진 옮김. 서울: 청미.

키테이, 에바 페더, 2023, 『의존을 배우다』, 김준혁 옮김, 서울: 반비.

트론토, 조안 C., 2014, 『돌봄 민주주의』, 김희강·나상원 옮김, 서울: 박영사.

틸먼, 린, 2023, 『어머니를 돌보다』, 방진이 옮김, 파주: 돌베개.

파생, 디디에·리샤르 레스만, 2016, 『트라우마의 제국』, 최보문 옮김, 서울: 바다출판사.

피셔, 마크, 2018, 『자본주의 리얼리즘: 대안은 없는가』, 박진철 옮김, 서울: 리시올.

한국호스피스·완화의료학회, 2023, 『Textbook of hospice & palliative care』, 파주: 군자출판사.

허대석, 2018, 『우리의 죽음이 삶이 되려면』, 파주: 글항아리.

헌트, 린, 2009, 『인권의 발명』, 전진성 옮김, 파주: 돌베개.

헤롤드, 이브, 2020, 『아무도 죽지 않는 세상』, 강병철 옮김, 제주: 꿈꿀자유.

홍성수, 2018, 『말이 칼이 될 때』, 서울: 어크로스.

황정은, 2020, 『연년세세』, 파주: 창비.

한국어 논문

강지연, 2021, 「활성화되는 시간 말기와 말기 돌봄의 시간성: 서울 한 상급종합병동 말기암 병동의 사례를 중심으로」, 『한국문화인류학』 54:2, 53-96.

_____, 2022, 「말기의 이동 경로와 돌봄의 한 형태로서의 전원(傳院)」, 『한국문화인류학』 55:2, 102-107.

김보배·김명희, 2018, 「연명의료결정법의 한계를 극복하기 위한 대리인 지정제도 도입 방안 모색」, 『한국의료윤리학회지』 21:2, 95-113.

김현철, 2011, 「죽음 문화의 다지형성과 삶의 마무리에 대한 규범」, 『생명윤리정책연구』 5:2, 163-166.

이지은, 2020, 「'연명'이 아닌 삶: 중증치매에서 경관급식 실행의 윤리적 문제들」, 『과학기술연구』 20:3, 1-29.

손제연, 2018, 「위상적 개념으로서의 인간존엄」, 『한국법철학회』 21:1, 295-338.

송화선·박범순, 2018, 「초대받은 임상시험」, 『과학기술학연구』 18:3, 1-44.

신유정, 2015, 「수액(링거)을 자양강장의 목적으로 이용하는 의료 관행에 대한 인류학적 연구」, 『비교문화연구』 21:2, 211-247.

엄주희·김명희, 2018, 「호스피스 완화의료와 의사조력자살 간 경계에 관한 규범적 고찰」, 『법학연구』 28:2, 1-32.

이수유, 2024, 「수발의 기술과 윤리: 20세기 중후반 농촌지역 노부모 봉양의 실제」, 『한국문화인류학』, 57:2, 3-42.

이일학 외, 2024, 「생애말기 의학적 돌봄 향상을 위한 연명의료결정법의 개정방안」, 『한국의료윤리학회지』 27:2, 51-70.

이희재·김정아, 2023, 「쟁점 중심으로 본 연명의료결정법 제정 논의」, 『생명윤리정책연구』 16:2, 1-49.

조은희, 2022, 「생활동반자법 제정을 위한 소고: 생활동반자법 제정의 필요성과 입법 내용을 중심으로」, 『법과 정책』 28:3, 151-190.

최지윤·김현철, 2009, 「무의미한 연명치료중단에 대한 환자의 자기결정권: 대법원 2009. 5. 21. 선고 2009다17417 등을 중심으로」, 『생명윤리정책연구』 3:2, 155-172.

외국어 단행본

Augé, Marc and Claudine Herzlich eds., 1983, *Le sens du mal: Anthropologie, histoire, sociologique de la maladie*, Paris: Éditions des Archives contemporaines.

Barthes, Roland, 1980, *La Chambre claire. Note sur la photographie*, Paris: Éditions de l'Étoile/Gallimard/Seuil.

Bataille, Philippe, 2012, *À la vie, à la mort*, Paris: Autrement

Benedict, Timothy O., 2022, *Spiritual Ends*, Oakland: University of California Press.

Bennett, Gaymon, 2016, *Technicians of Human Dignity*, New York: Fordham University Press.

Carsten, Janet, 2003, *After Kinship*, Cambridge: Cambridge University Press.

Clark, David, 2018, *Cicely Saunders: A Life and Legacy*, New York: Oxford University Press.

Douglas, Mary, 2002, *Purity and Danger: An Analysis of Concepts of Pollution and Taboo*, New York: Routledge Classics.

Engelke, Matthew, 2018, *How to Think Like an Anthropologist*, Princeton: Princeton University Press.

Eriksen, Thomas Hylland, 1995, *Small Places, Large Issues: An Introduction to Social and Cultural Anthropology*, London: Pluto Press.

Fassin, Didier, 2022, *De l'inégalité des vies*, Paris: Fayard.

_____, 2018, *La vie: Mode d'emploi critique*, Paris: Seuil.

Foley, Rose-Anna, 2016, *Face au temps qui reste. Usages et symbolique des médicaments en fin de vie*, Genève: Georg

Foucault, Michel, 2004, *Sécurité, territoire, population: cours au Collège de France, 1977-1978*, Paris: Seuil, Gallimard.

Fournier, Véronique, 2016, *La mort est-elle un droit?*, Paris: La Documentation française.

_____, 2015, *Puisqu'il faut bien mourir*, Paris: La Découverte.

Godelier, Maurice ed., 2014, *La mort et ses au-delà*, Paris: CNRS Éditions.

Jain, Lochlann, 2013, *Malignant: how cancer becomes us*, Berkeley: University of California Press.

Kaufman, Sharon, 2015, *Ordinary Medicine: Extraordinary Treatments, Longer Lives, and Where to Draw the Line*, Durham: Duke University Press.

Kleinman, Arthur, Veena Das, and Margaret Lock eds, 1997, *Social Suffering*, Berkeley:

University of California Press.

Livingston, Julie, 2012, *Improvising Medicine: An African Oncology Ward in an Emerging Cancer Epidemic*, Durham: Duke University Press.

Lock, Margaret and Judith Farquhar eds., 2007, *Beyond the Body Proper: Reading the Anthropology of Material Life*, Durham: Duke University Press.

Lynn, Joanne, and David M. Adamson, 2003, *Living Well at the End of Life*, Santa Monica: RAND Corporation.

Malinowski, Bronislaw, 1922, *Argonauts of the Western Pacific: An Account of the Native Enterprise and Adventure in the Archipelagoes of Melanesian New Guinea*, London: Routledge.

Mauss, Marcel, 2013, *Sociologie et anthropologie,* Paris: Presses Universitaires de France.

Mol, Annemarie, 2003, *The Body Multiple: Ontology in Medical Practice*, Durham: Duke University Press.

_____, 2008, *The Logic of Care: Health and the Problem of Patient Choice*, London: Routledge.

_____, 2021, *Eating in Theory*, Durham: Duke University Press.

Papadaniel, Yannis, 2013, *La Mort à côté*, Toulouse: Anacharsis.

Saunders, Barry, 2008, *CT Suite: The Work of Diagnosis in the Age of Noninvasive Cutting*, Durham: Duke University Press.

Sontag, Susan, 1977, *On Photography*, New York: Farrar, Straus & Giroux.

Stonington, Scott, 2020, *The Spirit Ambulance*, Oakland: University of California Press.

Zaloom, Caitlin, 2006, *Out of the Pits: Traders and Technology from Chicago to London*, Chicago: University of Chicago Press.

青山 ゆみこ, 2015, 人生最後のご馳走, 東京: 幻冬舎.

외국어 논문

American Academy of Hospice and Palliative Medicine, et al., 2004, "National Consensus Project for Quality Palliative Care: Clinical Practice Guidelines for quality palliative care, executive summary," *Journal of palliative medicine* 7:5, 611-627.

Beller, Elaine M, et al., 2015, "Palliative pharmacological sedation for terminally ill adults," *The Cochrane database of systematic reviews* Issue 1. Art. No.: CD010206.

Cherny, N I, and ESMO Guidelines Working Group, 2014, "ESMO Clinical Practice Guidelines for the management of refractory symptoms at the end of life and the use of palliative sedation," *Annals of oncology* 25:3,143-152.

Christakis, Nicholas A, and Theodore J Iwashyna, 2003, "The health impact of health care on families: a matched cohort study of hospice use by decedents and mortality outcomes in surviving, widowed spouses," *Social science & medicine* 57:3, 465-475.

Daugaard, Cecilie, et al., 2020, "Geographical variation in palliative cancer care in a tax-based healthcare system: drug reimbursement in Denmark," *European journal of public health* 30:2, 223-229.

Engelke, Matthew, 2019, "The Anthropology of Death Revisited," *Annual Review of Anthropology* 48:1, 29-44.

Good, Phillip, et al., 2008, "Medically assisted nutrition for palliative care in adult patients," *The Cochrane database of systematic reviews*, Issue 4. Art. No.: CD006274.

Hart, Bethne, et al., 1998, "Whose dying? A sociological critique of the 'good death'," *Mortality* 3:1, 65–77.

Horowitz, Robert, et al., 2016, "VSED Narratives: Exploring Complexity," *Narrative inquiry in bioethics* 6:2, 115-120.

Jervis, Lori L., 2001, "The Pollution of Incontinence and the Dirty Work of Caregiving in a U. S. Nursing Home," *Medical Anthropology Quarterly* 15:1, 84-99.

Jung, Ki-Sun, et al., 2020, "Effect of education on preference of parenteral nutrition for patients in palliative care unit: quantitative and qualitative study with an anthropological approach," *Annals of palliative medicine* 9:5, 2793–2799.

Kahneman, Daniel, et al., 1993, "When More Pain Is Preferred to Less: Adding a Better End," *Psychological Science* 4:6, 401–405.

Kang, Kyung-Ah, et al., 2023, "Spiritual Care Guide in Hospice·Palliative Care," *Journal of hospice and palliative care* 26:4 149-159.

Kaufman, Sharon R., and Lynn M. Morgan, 2005, "The Anthropology of the Beginnings and Ends of Life," *Annual Review of Anthropology* 34:1, 317-341.

Kengo, Imai, et al., 2020, "The Principles of Revised Clinical Guidelines about Palliative Sedation Therapy of the Japanese Society for Palliative Medicine," *Journal of Palliative Medicine* 23:9, 1184-1190.

Kim, Hyun Sook, and Young Seon Hong, 2016, "Hospice Palliative Care in South Korea: Past, Present, and Future," *The Korean Journal of Hospice and Palliative Care* 19:2, 99–108.

Lee, K S, 2013, "National responsibility for the essential health services: is it the answer for the structural problem of health care?" *Health Policy Forum* 16, 9-14.

Mount, Balfour M, 2003, "Palliative Care: A Personal Odyssey," *Illness, Crisis & Loss* 11:1, 90–103.

Napier, David, 2020, "I heard it through the grapevine: On herd immunity and why it is important," *Anthropology Today* 36, 3-7.

Raijmakers, N J H, et al., 2011, "Artificial nutrition and hydration in the last week of life in cancer patients. A systematic literature review of practices and effects," *Annals of oncology* 22:7, 1478-1486.

Reid, Kim J, et al., "Epidemiology of chronic non-cancer pain in Europe: narrative review of prevalence, pain treatments and pain impact," *Current medical research and opinion* 27:2, 449-462.

Sánchez-Sánchez, Eduardo, et al., 2021, "Enteral Nutrition by Nasogastric Tube in Adult Patients under Palliative Care: A Systematic Review," *Nutrients* 13:5, 1562.

Saunders, C, 2001, "The evolution of palliative care," *Journal of the Royal Society of Medicine* 94:9, 430-432.

Sohn, Keun-Sook, and Jae-Hwan Kim, 2012, "Recent Trends in Pharmacologic Treatment of Cancer Pain," *Journal of the Korean Medical Association* 55:7, 666-675.

Temel, Jennifer S, et al., 2010, "Early palliative care for patients with metastatic non-smallcell lung cancer," *The New England journal of medicine* 363:8, 733-742.

Wang, Nanya, et al., 2019, "Factors associated with optimal pain management in advanced cancer patients," *Current problems in cancer* 43:1, 77-85.

Zylla, Dylan, et al., 2017, "A systematic review of the impact of pain on overall survival in patients with cancer," *Supportive care in cancer* 25:5, 1687-1698.

누구나 태어나 살고 죽는다. 당연하게 여겨지는 앞의 문장에는 빈 주머니가 수없이 많다. 그 주머니를 각자의 다양하고도 고유한 의미로 채워가는 과정이 삶이라면, 죽음은 주머니의 봉인이나 수거가 아닌 주머니를 채울 또 하나의 의미다. 삶을 너무 사랑하다 보면 죽음을 보이지 않는 곳에 치워두고 싶다. 그러나 병들고 아프고 죽는 것 또한 삶이다. 호스피스는 말기 환자를 이 사회의 구성원으로 대우하는 존엄과 환대의 장소다. 환자의 병명이나 치료에만 몰두하기보다 한 사람의 서사와 개성에 집중하는, 그리하여 내가 나로서 나답게 죽을 수 있는 공간. 호스피스의 다학제팀은 환자의 고통을 완화하는 동시에 인격과 품위를 지킬 방법을 찾아 지혜를 모은다. 삶의 종결 너머 성장을 바라보며 삶으로 죽음을 껴안는다. '죽으러 가는 곳'이 아닌 삶을 더욱 아름다운 의미로 채우기 위해 가는 곳. 호스피스에서 환자와 보호자는 죽음이란 자연스러운 과정을 함께 겪는다. 애도와 추모의 공간을 품고 사별가족의 돌봄까지 헤아리는 그곳에 '마지막 순간까지 인간으로서의 품위를 지키고 평화로운 임종을 맞이할 수 있도록 돕는' 사람들이 있다. 이 책에 담긴 두 저자의 깊고 넓은 대화는 호스피스 완화의료의 필요를 알려주는 동시에 '어떻게 사람을 사람으로 대우할 것인가'에 대한 해답을 보여준다. 두 사람의 대화에 아주 많은 사람이 동참하길 바란다. 존엄한 죽음을 가능하게 하는 돌봄의 순환, 이제부터 준비해야 할 정책과 제도, 서로 돌보고 돌봄받는 삶의 가치에 대해 이야기 나누길 희망한다.

_최진영
소설가, 『구의 증명』 저자

우리는 모두 가까운 사람을 잃어본 적 있는 유가족이다. 현대의학이 죽음을 궁지로 내몬다는 걸 경험으로 안다. 중환자실 입·퇴원을 반복하게 만들고, 변변한 임종실조차 허락되지 않는 한국의 생애 말기 의료 경험은 죽음이라는 예정된 미래를 혼란과 두려움 같은 단어로 상상케 한다. 호스피스 의사 김호성과 의료인류학자 송병기는 우리가 그것보다는 나은 미래를 발명해야 한다고 말한다. 그리고 미래는 "기존의 세계를 다르게 보고 대하는 사람들"이 만든다. 두 사람은 '살리는' 일에만 매진하는 현대의학이 놓친 죽음의 살풍경 속에서 미래를 위한 힌트의 조각들을 성실하게 줍는다. 공간과 음식, 돌봄과 애도를 가로지르는 깊고 섬세한 대화는 오염된 존엄의 의미를 새로 쓰는 작업이기도 하다. 치료와 돌봄은 본래 한 몸이며, 살리는 일만큼이나 '살아가는' 일을 돕는 것 역시 의학의 일임을 깨닫게 한다. 죽음을 사유하면 삶의 해상도가 높아진다. 이 책을 읽고 나면 당신의 삶 역시 일정 부분 해명될 것이다.

_장일호
기자, 『슬픔의 방문』 저자

나는 평온하게 죽고 싶습니다

1판 1쇄 펴냄 2024년 12월 1일

지은이　　　송병기 김호성
편 집　　　성기승 안민재
디자인　　　룩앳미 윤정
사 진　　　김여행
인쇄·제책　 아트인
종 이　　　월드페이퍼

펴낸곳　　　프시케의숲
출판등록　　2017년 4월 5일 제406-2017-000043호
주 소　　　(우)10885, 경기도 파주시 책향기로 371, 상가 204호
전 화　　　070-7574-3736
팩 스　　　0303-3444-3736
이메일　　　pfbooks@pfbooks.co.kr
SNS　　　　@PsycheForest

ISBN　　　979-11-89336-77-6　　03300

책값은 뒤표지에 표시되어 있습니다.

이 도서는 2024년 문화체육관광부의 '중소출판사 도약부문 제작 지원' 사업의
지원을 받아 제작되었습니다.